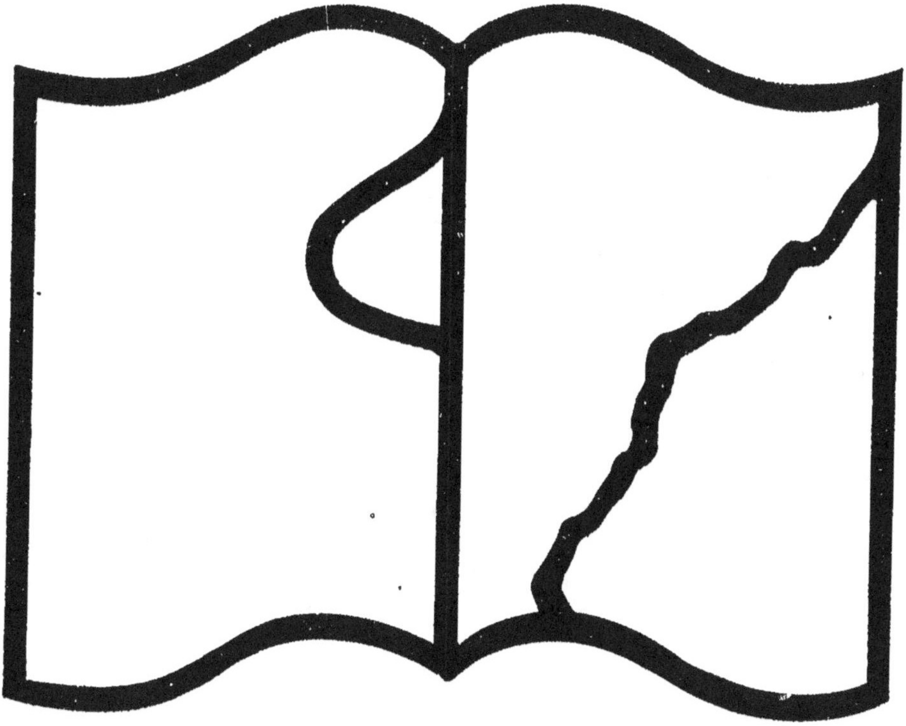

Texte détérioré — reliure défectueuse

NF Z 43-120-11

Symbole applicable
pour tout, ou partie
des documents microfilmés

HISTOIRE DE L'HOMME

SON ORIGINE, SES MŒURS, SES LOIS

Les Inventions et Découvertes
à la suite des âges

PAR

*Un autographe d'un talent et d'une expérience
de la plus haute pratique*

Dominique LAYE

ŒUVRES IDÉALES TRÈS INSTRUCTIVES
Au point de vue de la philosophie politique.

TOULOUSE
IMPRIMERIE MARQUÉS ET Cie, Bd DE STRASBOURG, 22

SOMMAIRE

HISTOIRE DE L'HOMME en dix-sept époques de l'ère du monde jusqu'à l'ère actuelle, dont chacune desquelles à partir de l'état sauvage ayant amené ses inventions et découvertes. — Le Christ transformé en archimilord du Vatican ; les guerres de religion. — Les rois et le buisson qui les a engendrés. — Le trône et le peuple ; la République et la monarchie. — La politique des nobles et celle des ouvriers. — Les riches et les pauvres. — Les adages de Père Michel. — La guerre des contre-partis en faction contre Philippe, par la graine de trôile en 1845 et 46. — Les évènements de la République de 1848, remplacée par l'empire ; le règne de Bonaparte décrit en quinze actes, depuis le 2 décembre 1851 à Sédan 1870. — La guerre des mêmes contre-partis tendant à sa chute par l'infâme accaparage du blé et des denrées. — Le siècle d'or. — Un rêve dans la lune contenant l'histoire de 1870 jusqu'à ce jour. — Le coup manqué du mémorable 16 et 24 mai ; jugement des coupables de..... — Les paysans réunis en Jacquerie contre la République, se plaignant que les denrées ne se vendent pas assez. — Les députés conservateurs, MM. de Champignon et de Bonnechose, en tournée électorale. — Georges et Guillaume faisant leurs terribles reproches aux députés Tantan, Chalotte et Piqueci-trouille, opportunistes, comme traîtres à la République. — La chute de la République prédite par une sorcière, etc.

HISTOIRE DE L'HOMME

SON ORIGINE, SES MŒURS

PAR

Dominique LAYE

TEMPLE DES NOUVELLES DOCTRINES

La Vérité ou Bibliothèque de l'ouvrier
des champs et de l'atelier

AVIS ESSENTIEL

Sans m'énoncer avec autant de franchise que du dévoûment il m'est possible d'y mettre, je ne pourrais dire combien me coûte le travail que j'ai l'honneur de livrer à la publicité pour le développement des intelligences humaines. Je l'avoue, à cet effet, je n'ai pas éprouvé de regret plus vif que celui de ne pouvoir joindre à mes efforts la facilité de la diction sous un relevé de phrases plus brillant. Mais on a pu lire, sur la biographie, qui je suis et quelles sont mes études. En suppléant à ce défaut par une largesse de sentiments et de bonne volonté, j'ai pensé que, m'exprimant le mieux qu'il me semble convenable chacun pourra assez facilement me comprendre, aussi bien que si je m'exprimais dans un ordre plus rafiné. Or, selon que cela se comprend, ce n'est point tout à fait dans l'intention d'exposer un langage plus pompeux qu'il n'appartient à mon habilité, que j'ai prétendu mettre au jour mes idées par cet important ouvrage, pour instruire mes lecteurs que je prie de bien vouloir me passer quelques digressions, comme une souche surchargée de fruit, sentant avant de mourir, en quelque sorte, comme un besoin de répandre une science nouvelle, de laquelle toutes les classes de l'homme ont besoin de se pénétrer. Et, en effet, je le répète, cette notion d'une importance assez grande, il serait essentiellement bon qu'elle se réalise et se communique comme le virus d'un vaccin que l'on donne contre toute contagion, pour dissiper l'ignorance populaire, cette plaie inexpugnable de la société. Si j'ai à redouter quelque chose au bout de ma grande entreprise, c'est que malheureusement pour beaucoup de gens, les porter à bien penser, à bien juger, à éviter le mal que chacun peut leur faire sans le croire en frappant les autres, c'est leur opposer une gêne mortelle, trop pénible à l'atteinte de leur liberté; et en même temps lire un ouvrage qui n'est pas de leur idée est leur mettre sur le dos un fardeau trop lourd qui, comme quelqu'un sans appétit, trouve toutes les sauces trop fades ou trop épicées. Tandis que pour d'autres le malheur est encore que ce n'est pas le sens de l'ouvrage qu'il leur faut, mais le nom de l'homme qui l'a écrit; et si le nom de l'auteur est à leur égard comme une grosse pomme dans leur bouche, ils ne font nul cas de l'homme ni de la science. Mais de tout cela, après ce que j'ai pu imaginer de plus intéressant, je présente, au service même de l'instruction, la vérité tout entière, traduite suivant la ligne d'une conscience la plus droite, sans autre passion que la haine du mal et l'amour de la justice; tant pis aux obstacles que la pointe de ma plume rencontre. Sur cette réflexion, souvent ceux d'une appréciation plus juste répondent : « Qu'est-ce que cela peut faire ? La véracité que l'ouvrage renferme remplace du moins l'élégance que le style peut laisser à désirer; ce qui est préférable. »

Bref, si on ne pouvait parler pour se faire comprendre sans le charme de la belle rhétorique, personne donc sans être lettré n'aurait droit de parler; bien malheureux serais-je alors. Or, comme des écrivains, est-ce que l'on n'entend pas de très beaux parleurs en longs discours même très diserts, d'une parole des plus faciles entretenant pendant des heures entières un auditoire, sauf toutefois que chacun à la fin trouve en ces oracles la part de ces aspirations dans le banquet d'une éloquence si belle qu'elle soit? et de même que certains lecteurs, les auditeurs la plupart du temps approuvent naïvement leurs exploiteurs sur ce qui leur paraissait un moment bien dit sans même que leur cause figure pour rien dans le boniment; n'ayant à la fin que la déception de leur confiance mise en leurs belles promesses. Qu'est-ce que cela peut faire pour la situation sociale, je suppose que de tous les temps on ait bien parlé, bien écrit, si on n'a jamais dit ce que les souffrants pensent et ne savent dire? Eh bien, moi je soutiens que réfuter la parole de cet homme parce qu'il n'aura pas été faire ses classes à la Sorbonne, ni au séminaire, c'est montrer à un arbre du dédain et le mépris de son fruit.

Du reste, l'acquisition, l'achat d'un ouvrage ne peut jamais être la ruine d'un homme, ni cet ouvrage, ce livre n'est pas un code ni un de ces livrets où l'on ne voit qu'une main levée obligeant à faire ce qu'il prescrit ou frappe. Comme qui choisit des pêches les plus belles dans un panier, on lit ce que l'on veut dans cet ouvrage et on laisse ce que l'on ne veut pas, rien de plus facile.

Un ouvrage ou livre, s'il ne sert au père, à la mère, peut servir à l'avenir des enfants; la somme qu'il coûte ne saurait jamais être une perte.

Pardon, parlant des écoles, on sait que les études font à la longue pour l'esprit ce que fait pour la main l'apprentissage d'un métier, mais quel est l'homme qui ne sait que ce qu'on lui a enseigné?

Moi, je suis bien de l'avis qu'on respecte l'instruction à une condition toutefois que l'intelligence, pour ne pas dire le don, soit comprise au même mérite, sinon on me ferait demander pourquoi a-t-on admis de Pierre Bell son système d'horloge de poche, vu que c'est lui qui, sans avoir appris aucunement ce métier, a inventé la montre. En fait de sciences, quelles qu'elles soient, elles partent bien d'un début, d'un principe, et comment eût pu les apprendre le premier s'il n'avait eu plus d'intelligence que les autres ?

Après tout, que voulez-vous, le mal de chacun est que nul ne s'est fait; alors nous n'avons pas le droit de nous prévaloir pas plus que de nous fâcher d'être ce qu'on est; la vertu de toute plante est bonne quand elle ne nuit pas aux autres. Mon seul but à ce sujet est d'abord celui de distinguer noblement le genre de l'homme d'entre le règne de tous les animaux habitant la terre; secondement, de le comparer identiquement à ses semblables, d'analyser la cause générale pourquoi les couches sociales sont divisées, de quelle origine part ce motif, cette raison; pourquoi les hommes ont moins de la sympathie entr'eux que la brute elle-même vis-à-vis de ses espèces; l'objet qui les divise, pourquoi entre eux les peuples ne sont pas amis et ne peuvent vivre au même régime égal de fortune. Et, en un mot, pour démontrer qui a fait roi, princes, seigneurs, riches, maîtres les uns, et pauvres, esclaves les autres.

En conséquence, si au prix de mes plus chers sacrifices, de ma santé même, messieurs les lecteurs, je mérite votre estime, daignez m'accorder fraternellement la faveur de ce pays où l'on entend dire que ce n'est pas tout à fait l'habit ni le chapeau qu'il faut écouter, pas plus qu'un livre de préférence à un autre, parce qu'il est signé d'un grand nom, mais c'est au discernement juste, à la finesse du jugement et aux qualités humaines de l'homme que l'on doit porter l'attention. Si cet homme raisonne juste, quoique *élève de nature,* on le considère comme une rareté, comme une merveille du jour, capable de dire ce que d'autres ne pensent ou n'osent; c'est tout ce qu'on peut préférer à toute son orthographe et à son athicisme. Dans ce pays, suivant le proverbe disant : « qui n'a jamais aimé, ne peut connaître l'amour, et qui n'a jamais souffert est comme quelqu'un qui ne fait que dormir, ne connaît pas la misère », cet homme, messieurs et dames, connaissant la pauvreté, se rappelant la douleur qu'on éprouve en cette situation, souffre en voyant les autres en ce piteux état. Disant avoir vu souvent tel qu'on croyait ne savoir qu'un peu savait beaucoup, et cet autre qui paraissait savoir beaucoup ne savait que très peu de chose.

Bien plus malheureux est d'autant plus cet homme s'il a abandonné une belle position et tout au monde pour entreprendre un grand travail, si la société réfute son ouvrage, concernant la nourriture de l'esprit, surtout si on ne peut alléguer que cet homme enseigne le mal; la vérité oui, que les femmes, les filles, la jeunesse ainsi que les hommes, il est important que chacun lise.

Beaucoup peut-être pourront se plaindre que je parle trop de Dieu. Pour réponse, je dis que deux choses sur la terre, aujourd'hui, sont indestructibles : la croyance et la République en France. Après tout, comme tels qui s'entendent en cette matière, sachant la raison pourquoi bien des gens ne peuvent croire sans néanmoins qu'ils soient les plus méchants à redouter, ni les plus difficiles à ramener à la foi, car il ne s'agit que de ne pas se montrer devant eux trop superbes, ni plus impérieux qu'eux autres, en se montrant leurs humbles plutôt, parce qu'à leur tour ils savent s'humilier aussi. C'est en leur disant la vérité et sans faire, par quelque intérêt, le mal à personne qu'ils croient que, par la dualité de son être, l'homme est plus qu'un animal, et après la mort « du corps » il voit, il entend, il comprend, il goûte, il sent de même et plus que de son vivant. Donc, nier de croire à l'Éternel, c'est nier d'être homme pour rabaisser son état à celui de simple animal, ce que nul ne peut admettre comme possible.

Loin de m'élever, sachant qui je suis, lisez, sans trop vous arrêter sur toutes les digressions. Ce que vous ne trouverez en moi comme méthodiquement correct au point de vue de la syntaxe, vous l'y trouverez en exactitude, en vérité. Lisez! lisez!

Résumé de l'Histoire de l'Homme

PREMIÈRE ÉPOQUE

Entrée en question

Au commencement de l'ère humaine, l'homme, comme arraché de l'obscurité nuageuse du néant par un fait merveilleux du hasard, fut jeté sur la terre pauvre, nu ; vivant et animé, respirant dans une atmosphère de ténébreuse ignorance, indigne de lui-même, dont les premières qualités originales sont les passions, la perversion, l'instinct de l'iniquité dans l'âme, objectif particulier qui l'a fait classer distinctivement à côté de tous les animaux, parmi lesquels il lui est donné de vivre en chef pour les dominer souverainement, c'est-à-dire en ne différant du singe que par le raisonnement et du serpent par le génie du mal. Où celui-ci se traîne en rampant sur son ventre avec la finesse du charme magnétique et le venin pour poison mortel à sa défense, l'homme porte en lui le germe du mensonge, de l'orgueil, de l'égoïsme, de la colère, et le mépris, l'empire, la domination sur les autres.

Les races de ce dernier s'étant, pendant très longtemps, comme les lapins de garenne, accrus dans l'état sauvage sans qu'aucun des sujets fut à peine désigné par un terme propre à pouvoir s'appeler par tel nom, il portait néanmoins sur le front comme stigmate le signe de la loi l'obligeant à vivre péniblement d'un labeur quotidien.

Mais la Terre, qui, comme un atome perdu dans les espaces célestes, repoussée de la société des autres astres par la puissance de leur contact répulsif, une raison, sur ce point se fait sentir à l'appui de l'assertion d'un grand écrivain attestant qu'à une de ces époques les plus antiques du monde, la Terre, dans un passage trop rapproché du foyer incandescent du Soleil, la conflagration aurait converti en état calcaire les parties les plus saillantes de cette planète en reduisant une partie à l'état de pierres, de rocher le plus solide jusqu'à l'extrême concrétion du silex qu'on trouve aux sommets des montagnes, ce qui prouverait que son existence remonterait à des millions d'années avant l'homme. Ce n'est qu'alors qu'elle serait descendue à un degré de température habitable ; et que la nature se développant selon tout ce qu'elle renfermait comme d'éléments, ovaires susceptibles d'une éclosion, concernant l'ordre vital et génital qu'elle cachait dans le sein de son inépuisable fécondité, et que vraisemblablement elle aurait en quelque sorte reçu contagieusement en frayant les bords de quelqu'autre planète, vu que la Terre à cause des lois et des mœurs déréglées de l'homme depuis les nouvelles communications avec les vivants d'outre-tombe on a fini par savoir qu'elle ne compte que pour le douzième des astres habités par des êtres animés.

Enfin, quoi qu'il en soit, les premiers de nos pères la trouvèrent couverte de friches vierges, informe, déserte, n'offrant qu'un aspect : celui de la couleur des bois ou de la bruyère, couverte d'aspérités, de pierres et de ronces. Or, comme les rats, vivant dans la tourbe ils eurent d'abord à se frayer des issues à travers les broussailles. Faute de l'auxiliaire du fer et du feu, pour eux alors toute entreprise visant les premiers intérêts sociaux était chose aussi difficile que pénible. Toutefois, cependant, le pressant besoin de vivre les obligeait de recourir à la recherche des fruits : du gland, des châtaignes ou des racines succulentes de certaines plantes. Cette nourriture sylvestre quoique fort répugnante, même rebutante qu'elle serait maintenant pour notre estomac, d'autant plus encore par le manque de préparation culinaire, les hommes avaient souvent à la disputer aux bêtes des autres règnes : herbivores, fructivores ou carnassiers, lesquelles étaient habituées à se repaître librement sans craindre la rencontre de personne. Soudain, en voyant l'homme, tous les animaux, redoutant sa présence, sentant quelque chose en lui qui marquait plus que de l'instinct : — l'intelligence et la puissance de son fluide magnétique, qu'il ne connaissait lui-même — n'osaient l'attaquer ; surtout en le voyant dans ses attitudes physiques, complètement dénudé suivant que le comportait l'auspice de sa situation dans un état si précaire; il inspirait la terreur même au lion et à tous les rois du désert le plus téméraire. Récemment mis, sans savoir pourquoi ni comment, dans ce paradis de tribulations et de joies, l'homme n'habitait que les climats les plus chauds, il n'avait pour domicile encore que les vieilles grottes, les excavations des rochers, le trou des terriers, après en avoir déniché les quadrupèdes qui les avaient creusés pour eux avec la puissance de leurs ongles, et qu'il remplissait d'herbes sèches ou de feuillages où ils couchaient. Au temps des grandes chaleurs, chassé hors de ce genre de foyer par la saleté, la mauvaise odeur ou par la vermine, on eut trouvé l'homme, cet être faible, n'ayant pour défense qu'une simple tige de bois mort à la main, endormi à la belle étoile, gisant aux pieds d'un roc ou des arbres les plus vieux ; où la rigueur du temps, le vent, le chaud rendaient la peau si rugueuse et d'un teint si brun que sa velure formait d'elle-même une sorte de tissu matelassé, tandis que, d'autre part, il suppléait cette couverture naturelle en cachant sa nudité par des nattes d'écorces d'arbres tressées ou avec des peaux d'animaux, etc.

Oisif, désœuvré, inoccupé, l'homme ne songeait qu'à assouvir la faim, et à satisfaire la fougue de sa concupiscence, car les autres appétits humains chez lui n'étaient point connus, l'or ni l'argent n'avaient point encore ouvert ses yeux à la dépravation, au mal ; ni corrompu ses mœurs, ses sentiments. Vivre et manger était alors l'objet de toute sa préoccupation.

D'homme parlant au singulier, bien plus tard par le multiple engendrement divisé en peuplades errantes ou indigènes, prit le nom qui convenait le plus relativement à la race et au pays où il s'était fixé ; puis en se séparant, les affinités de famille se perdant facilement, furent toujours en s'étendant, en se divisant par hordes jusqu'au peuplement sur tous les points du globe. Les bois qu'il habitait comme repaire patrimonial étaient, pour les nouvelles générations rassemblées en peuplades, ce que pour nous aujourd'hui sont les villes. A l'instar d'une foule immense de peuple réunie en foire, d'où, le soir, chacun se retire sans témoigner aucun regret de quitter ceux que l'on laisse, se on dirigeait les uns d'un bord, les autres de l'autre, de manière à ne plus se revoir ni se reconnaître comme semblables, moins encore comme frères, mais plutôt comme des êtres farouches les uns à l'égard des autres.

Le premier des hommes mis en cause par Moïse, c'est Adam, à qui la superstition religieuse a donné le nom, manière d'imprimer aux mortels une idée fixe sur la création du monde. Mais aujourd'hui, mieux renseignés sur cet article par une autre source plus précise, tel que nous venons de le voir, l'humanité part d'une époque bien plus avant les six mille ans de date que le même fanatisme, d'après la Bible, lui suppose. Et, par la même contradiction d'opinion, il s'en suit que l'origine des espèces humaines ne découlerait pas d'un seul homme, ni d'une seule femme, puisqu'elles étaient séparées par des ondes parsemées de récifs et très spacieusement larges — les mers de tout continent — par exemple, où la navigation n'avait jamais pénétré pour y emporter la semence humaine avant la civilisation des peuples, notamment l'Amérique, nation grandement étendue par ses parages et riche par ses produits, découverte par le célèbre Christophe Colomb, en 1492. Du reste, si ce n'était ainsi que nous avons l'honneur de le relater, quel souffle de vent aurait emporté dans les vastes contrées d'au-delà les mers la graine de l'homme ? Bref, soit d'un littoral à l'autre, même le plus opposé et le plus éloigné, l'être en question, en longeant les siècles, a eu énormément à souffrir pour surmonter les obstacles barrant sa marche vers la civilisation. Gagné bientôt par le dégoût de la crudité des aliments préparés au régime des autres bêtes, avec qui il respirait et s'abritait sous la même toiture des forêts couvrant la surface du globe, l'homme dut songer à l'agriculture et s'y adonner pour ouvrir les larges cours à la fertilisation du sol, puis à se fabriquer des engins à se défendre contre les animaux et ses semblables l'attaquant en même temps, à se préparer des moyens pour les mettre en fuite.

Dès la longue série des premières années, c'est-à-dire des premiers siècles, selon que cela se comprend, les hommes ne se sentaient pas moins poussés par l'esprit de dissention qu'ils ne le sont de nos jours. S'ils aimaient à bien vivre, tous n'étaient pas unanimement inspirés du même goût du travail. Ceux qui commencèrent le défrichement des terres eurent à abattre premièrement les arbres de toute taille et à extraire les ronces et le gazon, ce qui ouvrit le commencement et la suite des pénibles travaux auxquels nous dépendons encore. Quand les uns se disposaient à la culture des terres, les autres organisaient la piraterie, se préparaient par bandes et tombaient sur les pauvres agriculteurs, s'emparaient furtivement de leurs récoltes ainsi que des champs qu'ils avaient fertilisés, puis captivaient ou massacraient les laboureurs qui les avaient défoncés. De là, partent les guerres fratricides.

L'homme, aux premiers siècles de son existence ici-bas, n'avait au service de sa communication d'idée avec les autres aucun idiome, son langage consistait en gestes, en souffles de voix aigus ; car jusqu'aux relations de la parole, ils étaient non seulement bien pauvres, mais extrêmement malheureux comme de nos jours entre nationaux de diverses puissances : un Anglais, je suppose, ne comprenant pas un Français, ni un Français ne comprenant pas un Irlandais, etc. Si ceux d'une nation étrangère ne se comprennent pas sans interprète, la circonstance ne pouvait que les obliger à user de signes comme moyen dont se servent nos muets. Figurez-vous ce que devait être le monde du temps que les hommes ne se comprenaient pas entre eux, dont la seule articulation était le signe du bien ou de la douleur, de rechercher le bien et de fuir le mal. Tel se traduit le fameux texte qu'on appelle hébreu attribué aux premières langues.

DEUXIÈME ÉPOQUE

Pendant bien longtemps de naïveté et d'innocence humaine, l'homme ayant vécu en République, situation telle que celle à laquelle étant venu les yeux fermés aux merveilles de la vie future, aucune autorité autre que la sienne ne l'avait jusqu'alors suborné aux lois d'aucune force arbitraire, c'est-à-dire la terre n'avait point encore été soumise à la tyrannie d'aucun despote personnel. Ce ne fut qu'à la suite de l'accroissement multiple des générations que le trouble a commencé d'engendrer le désordre dans l'harmonie en suscitant la domination des forts contre les faibles, les méchants empirant sur les bons.

Donc, au fur et à mesure que l'espèce humaine se propageait, remplissant la terre, se formèrent les peuples; les hommes se convertirent en races et fixèrent chacun leur contrée. Mais en ces époques subséquentes, on n'avait point touché à la question des classes prééminentes, ce n'est qu'en avançant vers les nouveaux âges, qu'un esprit plus ou moins malin, plus ou moins artificieux, plus astuce qu'adroit dans le fond, qui, sous prétexte de rétablir l'ordre ou de le maintenir où souvent il l'avait troublé, afin de se ménager une grande réputation et la confiance des masses, a déployé la violence contre les règles naturelles. Or, les matois, les fourbes, les trigauds en ces premières époques de l'homme ne rêvaient que la fuite au travail, et, par conséquent, de mieux vivre que les autres, en s'estimant au-dessus de ceux qui créaient le pain en fouillant les arts grossiers par un travail pénible. La perversité, certes, commençait alors à mettre tous les subterfuges au service de la fourberie, cherchant à s'exercer au-dessus de tout sentiment de justice, car le désir de mal tourner la face des choses faisait en eux bien moins défaut que la rectitude de la conscience regardant les vertus civiques et autres; il fallait, nécessairement et avant tout, donner à la langue la faculté du mensonge, de la tromperie. Par conséquent, ceux des matoisement les plus intelligents se réunissaient par bandes, s'appliquant à donner un nom relativement propre à chaque objet. Jusque-là, c'était un grand bien imposé par le premier besoin de la situation; mais le mal dépassant la règle, c'est d'alors que part le commencement des préférences et des obstentations personnelles.

Pour donner aux termes une liaison connexe et aux phrases le bel assemblage de mots, il fallut encore beaucoup de temps, mais de période en période, et de siècle en siècle, on parvint à l'institution de quelque baragouinage, de quelque argot ou dialectes burlesques, de façon à pouvoir s'entretenir en société quoiqu'un peu confusément, car l'éloquence, les règles de la parole, en principe, ne furent connues qu'à force d'application et de longues époques plus tard.

Les sortes d'académiciens, qui des premiers âges formèrent les langues et les traductions, étaient eux-mêmes bien ignorants, d'une diction rustre, brève, tout à fait en rapport aux mœurs et aux habitudes farouches du temps, s'affolant quand même jusqu'au bavardage, se prévalant d'un mérite que nulle raison ne pouvait leur permettre. Tous sans contenance ni respect moral, rien ne les empêchait de songer à l'éminence des conditions avant même qu'il ne se parlât de sectes privilégiées ni religieuses. D'avoir imaginé l'art de communiquer à autrui sa pensée par la profération des mots n'était pour eux chose assez conséquente, il leur manquait en plus le droit de maître, le droit d'autorité, à ce dont on ne pouvait parvenir que par la crainte factice des êtres imaginaires qu'après leur invention on a qualifié dieux..... Ce nom de Dieu, oh! qu'il sera terrible, a-t-on dit avant cette invention.

Voyons, essayons de disserter un peu sur

cet article. Quelle signification entendait-on donner aux êtres constituant la divinité aux dieux ou déesses ?

R. — Pour lors, si malins que les hommes fussent, il leur semblait ne pouvoir inspirer aux autres assez de terreur; ils eurent recours à l'invocation des êtres divins créés à leur bon gré comme symbole de leurs insanités. Ces dieux, d'une invention la plus commode à la faveur des uns, n'avaient pour attribut unique que l'image la plus frappante à l'idée de ceux qui ne les admettaient à leur dévotion que comme un épouvantail tout puissant, leur servant à effrayer le monde et à le maîtriser en même temps.

Ces dieux et déesses, de fabrique féerique, en dehors du but principal pour lequel on les imaginait, ne pouvaient par leur puissance rien produire d'efficace concernant le bien commun. Et, du reste, il est notoirement certain que la munificence qu'on leur prêtait s'oppose formellement au caractère de toute paternité humaine, attendu qu'un bon père, un véritable père, ayant plusieurs enfants, ne sachant que souffrir dans la vie pour mieux leur témoigner sa tendresse paternelle, semblant ne les aimer qu'en raison du plus de contradictions et de chagrin ils peuvent lui avoir coûté, donne au dernier des plus libertins de quoi se rétablir libéralement avec presque plus de profusion qu'aux autres, car de les voir tous réunis à sa table, c'est assez pour le combler de joie jusqu'à l'oubli de toute faute, quelle qu'en soit la gravité.

Au lieu que les dieux à l'étiquette du stupide et sot paganisme que l'on vend sur facture, fabriqués depuis qu'il s'en parle, à la commande des druides ou au gré des marabouts, qui, seuls, en tirent à partie tout le gain ; ces dieux, pour tant qu'on les prône, qu'on les exalte, qu'on les élève en grandeur, en bonté, en perfection, on ne peut, sans arrière-pensée, leur accorder la même louange justifiant la paternité dont nous venons de faire allusion ci-dessus, puisque des diverses sortes de dieux, conformément faits à l'imagination de leurs maîtres parlant par la bouche de leurs prêtres, se disant les pères de tous les hommes, même de très bons et excellents pères, détestant l'iniquité et l'arbitraire, ils laissent mourir de faim leurs enfants les suppliant, et ôtaient encore ce qu'ils ont à ceux qui leur demandent de la nourriture et, pour témoigner à ces enfants combien ils les aiment, les flagellent ; puis pour récompense de leur constance, les accablent de mille maux, de tous les tourments de la vie : la pauvreté, les maladies, la peste, la grêle, le guignon tenant constamment leur large griffe planant, sur sa destinée, les empêchant de réussir à rien. Ces dieux, à la tête si dure que du bois, lorsqu'on les prie pour l'obtention de quelque chose nécessaire à l'entretien de quelques-uns de leurs enfants, n'ont pas d'oreilles, n'entendent pas quand il s'agit de faire matériellement du bien à quelqu'un; ils dorment, ne veillent que lorsque, par inquiétude, la patience échappe, qu'on manque à les combler de flatteries. Ces mêmes sortes de dieux soi-disant pères-créateurs, non contents de chagriner, de tourmenter leurs pupilles pendant le vivant, s'ils ne s'effacent à plat ventre comme le chien sous le fouet, léchant la main quand le maître le frappe, menace de les rôtir, de les brûler dans leurs feux éternels. Et qui donc des vivants, s'il vous plait, ayant de la justice ou pour si peu l'ombre du bon sens dans l'âme, pourra jamais demander à ses méchants dieux de naître, de venir au monde? et s'ils ne les créent que pour les faire souffrir, qui pourra dire sans mentir à sa conscience même, que ces dieux sont équitablement saints, bons et justes? Jamais !

A autrement parler, on dirait que l'homme dès son avènement sur la terre ne pourrait vivre sans fanatisme, sans reconnaître comme une nourriture essentielle à l'entretien de ses chimériques illusions un préjugé, une superstition religieuse, exagérée outre toute logique, il fallut à sa fausseté la croyance des choses imaginaires, les plus invraisemblables et les plus indignes de foi.

Mais notons, depuis que la superstition des doctrines sectaires ou religieuses s'est inoculée dans l'esprit des humains, ceux-ci ont toujours préféré manifester publiquement leur bêtise en prosternant leur hypocrisie devant leurs idoles que d'écouter le moindre souffle de la raison que, si on voulait, chacun du fond du cœur, pourrait entendre prêchant, de faire part aux souffrants de son abondance.

Sur ce point, voici l'argutie des prêtres de ces dieux ainsi que celle des hypocrites égoïstes de leur culte, adorant par habitude, parce qu'ils trouvent leur satisfaction d'adorer; priant parce qu'il leur convient de prier :

« Nos dieux ont à eux tous les droits et qualités de refuser leurs faveurs à tout le monde, parce que tout le monde n'est pas sage; alors ils font bien de ne récompenser que les leurs. »

Nous répondons aux prêtres et dévots de ces dieux antiques, que l'on est toujours mal justifié quand on se justifie soi-même, et on n'est jamais plus mal jugé que quand on est jugé par la haine de ses juges, ou par la rancune d'un prêtre. S'il y a des méchants sur la terre, qui l'est plus qu'un prêtre et un bigot ? Comment donc les dieux n'ont-ils pas commencé de frapper sur vous les premiers qui les trompez chaque jour? Aussi, vous méritez cet adage :

— Depuis l'ère du prêtre date la lèpre de la société humaine, le règne du mal, et la vérité étant pour lui un morceau trop âpre, il ne peut sortir de la bouche de cet être.

De l'universelle agglomération des dieux fabuleux ou d'invention matérielle ci-contre : 1º Vénus, déesse de la beauté; 2º Neptune, dieu des mers; 3º Mars, dieu de la guerre; 4º Baal, divinité païenne; 5º Vesta, 6º Minos, 7º Mithras, 8º Pluton, dieu des enfers; 9º Apollon, dieu du soleil, de la poésie, de la musique, des beaux-arts et de la médecine; 10º Junon, reine des dieux, etc. etc, de toutes ces espèces de divinités qui se partagèrent le ciel, la terre et les mers, même les enfers, reste à nommer le seul qui les prévaut toutes comme ostensiblement le plus puissant par l'action relevant de sa valeur omnipotente dans le monde sans exception; lequel est celui de la dernière création après les divinités de bois, de tuf ou de pierre, celui du Veau-d'Or, cousin en première ligne collatérale de l'argent par connexion d'échange l'un à l'autre, quoique le premier emporte quinze fois le second par la valeur qu'on attache à sa nature éblouissante le rendant précieusement plus riche, dont le charme attrayant et la vertu que l'une et l'autre de ces deux matières possèdent, il n'est pas un avare dans tout l'univers qui n'en soit épris jusqu'à l'adoration, avec une passion bestiale, à cause de la puissance qu'on lui attribue, une sorte de talisman, qui est celle de rendre aux uns le cœur heureux, fier, content, orgueilleux.

Oui, le Veau d'Or est le premier, le cadet, le puiné et le dernier de tous les dieux que le génie des hommes ait inventés; tous sont soumis à la force de son influence, à l'effet de son magnétisme fascinateur. Par sa richesse et l'affection que les mortels y ont attaché et y attachent, dieu Veau-d'Or a fait démoder toutes les anciennes divinités figurant dans la catégorie ci-haut, lesquelles sont tombées tour à tour en désuétude, sont venues se heurter et se briser aux cornes de ses autels pour ne plus se relever de leur chute éternelle; et le dieu Veau-d'Or leur a survécu. Il existait dès son triomphe; il existe, et trop chéri, trop aimé, il existera toujours sur la ruine des temples, malgré les Diane, les géants et les héros. Dans tous les pays, dans toutes les nations du monde, parmi tous les peuples, on n'entend que cette voix : Honneur au Veau-d'Or! Louange au Veau-d'Or! car sans sa puissance rien ne se fait, sans lui pas de faste, toute piaffe et toute célébrité s'efface et devient nulle. Mais, par son effet enchanteur, toute bassesse devient chose marquante et on prend son rang parmi les grandeurs superbes de la terre ; en un mot, par la vertu magique de ce Veau adorable, un très peu de chose la plus stricte devient beaucoup, et sans lui un être d'un mérite si sublime qu'on puisse le réputer n'est rien. Même la grandeur de Dieu, le roi des maîtres, le monarque souverain du ciel, des astres et de la terre, quant à l'appréciation de l'avarice bête et aveugle, perd son auguste prestige. Or, les cuistres, les avares, toute la rouille animale de l'imperfection humaine, n'approuve sa vraie déification simplement que comme agent à donner plus de force au rôle du rival auquel chacun donne sa préférence.

Veau-d'Or, Veau-d'Argent, tout est pareil. Vive l'or, vive l'argent ! Par l'un et l'autre, tout le mal se fait impunément ; c'est déjà beaucoup cela ! Puis, par l'Eglise, les comiques infernaux, aujourd'hui encore, pour de l'argent, effacent tous les crimes, c'est bien davantage. Eh bien ! de quoi donc se plaindre quand on n'est pas content.............

TROISIÈME ÉPOQUE

Simple aperçu.

Comme nous venons d'en donner l'idée tout

en passant, à proportion que la terre se peuplait elle s'épuisait de produits comestibles, elle se tarissait en fruits : châtaignes, glands ou racines, ne pouvant plus suffire abondamment en fruits sauvages à la nourriture de ses habitants. De rigueur et de force, il fallut se livrer au travail qu'elle exigeait pour son rapport ; enfin, de deux conditions l'une : mourir de faim ou travailler, puisqu'alors personne ne savait lire ni écrire et qu'il n'y avait point des bureaux d'Etat politique pour donner des places à occuper, ni finances pour se dispenser de cette rude tâche. Les premiers travaux agricoles, en effet, furent très pénibles faute d'adresses et de bons instruments, dont les premiers connus à cet usage furent une sorte de charrue toute en bois, mal confectionnée, et quelque ardoise de silex, disposée en sorte de pioche, emmanchée au bout d'un morceau de bois, quelqu'autre fois en forme de hache. Avec de tels instruments, on a très imparfaitement commencé à remuer la pellicule du sol le plus friable, à gratter la terre la plus douce, puis à y planter ou semer ce que l'on avait reconnu bon en légumes, en graminées, en fromentacées. En fait de ces dernières, ce serait probablement l'avoine qui serait entrée la première dans le grenier de l'homme, à cause que ce fut le premier grain que l'on a rencontré le plus disséminé et celui qui venait le mieux sans un grand labour; autre part, on rencontra l'orge; ailleurs; le froment devenu blé par le soin de la culture et du choix du temps propre à la semaille et à la moisson. Chaque ordre, chaque famille de plantes et de céréales avait son climat, suivait sa contrée ou celle qui lui convenait le plus ou le mieux; car c'est en les cherchant au hasard qu'on les a rencontrées. Puis vinrent les légumes, ceux-ci consistaient en substances sèches et grasses; les sèches comprenaient les pois, les fèves, les haricots, etc.; et les grasses, les molles, mélongènes, bulbeuses ou tuberculeuses, tels que choux, carrottes, navets, betteraves, chalottes devenues oignons; dans les grandes contrées des Amériques et du Japon, la pomme de terre qui plus tard a composé notre potager culinaire et domestique. Du temps que les uns s'occupaient du travail de la terre, d'autres vaquaient à la chasse, à la pêche; de cette façon, chacun apportait le sien à la table commune, où on faisait des échanges l'un contre l'autre, et à la fin tout le monde était content. Mais on mangeait les aliments toujours crus, ce n'est que plus tard qu'on faisait cuire les viandes au sel en les desséchant au soleil; les légumes, par la saveur de leur goût saccarifiable, on les mangeait comme on les voyait manger aux autres animaux.

En ces temps très obscurs, sans pouvoir en

douter, pour l'homme c'était une bien triste existence; rien ne l'empêchait de vieillir énormément plusieurs couples de siècles, même de grandir d'une taille disproportionnée à celle de nos jours, vu que l'on rencontre des squelettes humains pétrifiés, enfouis sous des couches profondes de terrain fort épaisses, dans des bois, sous des rochers déserts et arides, dépassant six pieds de long, prouvant ainsi que quelque chose de phénoménal avait existé. Or, ce fait, bien démontré, serait de nature à faire entendre que la volonté divine y eut été pour sa grande part, accordant une vie de très longue durée à ses créatures, afin qu'un seul, une seule puisse, pour la procréation, ce qu'aujourd'hui cinquante ne peuvent pas. Sans cependant, il s'en faut de beaucoup de siècles, que nos parents de ces âges puissent jouir d'un peu de progrès sans lequel l'humanité ne pourrait subsister. D'abord ceux qui commencèrent à se faire sentir aux premiers besoins de l'homme, ce sont le feu et le fer comme agents puissants au service de tous les arts et métiers.

Mais heureux celui qui s'en trouve. Au moins en ces premières époques, les hommes ne faisaient la guerre qu'aux animaux qui les attaquaient et non entr'eux pour le mobile d'un intérêt ignoble. Autrement pourquoi la guerre s'il n'y avait, après elle, d'autre but que le plaisir de s'entre-tuer sans espoir de satisfaire une ambition, un honneur frivole, une bonne fortune échéant d'une conquête, en prélevant quelque rançon? Ce n'était pas la peine de faire couler du sang sans autre utilité que celle, sans raison, de raccourcir la pousse végétale de la vigne humaine. Mais de cette étroite réserve, on le verra plus loin, avec le progrès le temps a diablement changé.

En ces époques très éloignées des siècles ultérieurs, le secret de la construction architecturale était encore enfoui avec l'invention de l'outillage qui lui faisait défaut, on n'avait pu construire ni barque ni bateau, toute rivière un peu large servait de démarcation aux contrées qu'on s'était créées, et, touchant à la mer on croyait être à la fin de la terre. Quelques uns d'entre les plus harsardeux conçurent de tomber le tronc de quelques vieux arbres, de les creuser à force de temps; calfeutrer, bitumer les crevasses avec de la terre glaise ou autres matières glutineuses, tel que la résine du pin, puis les lançant dans les eaux douces, apprirent à les conduire en voguant; s'élançant doucement dans les courants et au moyen de nasses tressées en scions d'osier, on prenait du poisson. De là quelques autres s'engageant sur le bord des mers, suivant les endroits les moins dangereux, y trouvant l'affaire de leur butin bonne, continuant, allant plus loin à l'aventure, d'autres les suivaient; quelques-uns y périssent victimes de leur courage. La perte des uns par accident valait pour les autres toute la précaution qu'ils avaient à prendre. De telle sorte, en languissant dans l'attente des siècles, apportant quelque merveilleuse invention, le temps s'écoulait de lui-même en souffrant.

De tous les animaux malfaisants qu'on avait à redouter le plus, c'était le serpent qui pouvait se glisser de nuit ou de jour dans leur cahute, mais aussi, par crainte, pendant le jour, lui faisait-on une guerre à part, et on tuait de cette espèce jusqu'aux plus petits.

Les prêtres de ce fameux jadis, remontant même avant les nymphes et au-delà des gnomes, si anciennement éloignés de notre existence, que longue est la ribambelle des centaines de siècles accumulées sur centaines qui nous séparent d'une époque infiniment éloignée, n'étaient que des écornifleures parasites, se couvrant du nom câlin que bien plus tard on a dit prêtre, s'étant fait respecter pour des hommes sacrés, dispensés du travail de la terre, de la pêche, de la chasse, n'ayant qu'à vivre des dons qu'ils recevaient de toute main, rien qu'en se disant privilégiés ou doués d'un pouvoir surhumain qu'ils disaient avoir reçu directement du Dieu qu'ils servaient. Et si des manifestations, des désordres, des mouvements populaires avaient lieu quelque part, ce n'était jamais qu'eux, ces mêmes fainéants, les fauteurs qui provoquaient la perturbation, en soutenant menteusement que si d'une rebellion il en résultait quelque victime c'était qu'on avait offensé le Dieu de son impiété, dont ils se disaient les dignes ministres, et que tant que le peuple serait infidèle à ses homélies, qu'il ne ferait pas la volonté de cette divinité; en faisant, bien entendu, premièrement — la sienne propre — de pareils évènements se renouvelleraient souvent.

Que fallait-il faire pour ne pas contrevenir à la volonté de ce Dieu inconnu? Saoûler le prêtre du meilleur, et le complaire en toute chose.

— Il est étonnant que l'on ne fît à cet imposteur quelque mauvais parti?

— Malheureux! vous ne connaissez donc pas la ténacité du fanatisme enraciné dans l'esprit des hommes dès le jour de leur naissance?

Or, les premiers de la secte des prêtres, comme à présent, ne craignant que la vérité et la justice, par ignorance ou par malice, n'avaient peur que des notions de cette science infuse que, cependant comme ces plantes muraires le vent, la pluie, le soleil ne peuvent empêcher de croître dans les lieux arides, même les plus secs, sur les rochers comme à la cime des clochers, au mépris de la terre qui semble leur refuser sa substance. L'idée naturelle grandissant dans l'homme, c'est pourquoi on l'a toujours pris au bas-âge pour ne lui enseigner que le revers de la médaille, avec garde qu'il ne vienne à connaître le droit de la chose et ne s'émancipe au plein de ses facultés mentales. Mais pourtant, la conscience droite et juste, plus forte que leurs anomalies bigotiques, la philosophie, depuis, n'a cessé de leur lancer quelques pamphlets, leur faisant sentir que les malheureux qu'ils ont fait périr misérablement lorsqu'ils sont tombés entre leurs mains impures, sont de tout et en tout d'un mérite plus grand que leur fausseté vivace éternelle.

QUATRIÈME ÉPOQUE

La vie de l'homme, sa carnation. — Découverte du feu.

On ne peut ignorer en effet qu'avant la découverte du feu, l'homme devait beaucoup souffrir, combien il devait être malheureux ! non-seulement par rapport aux résultats caloriques du foyer, mais encore par la privation de l'infinité des produits indispensables dont plus tard, par la source inépuisable des facultés, il a rendu si utiles aux arts et métiers.

D'ailleurs à ne pouvoir dévier de la raison, sans le feu impossible de parvenir à aucun résultat de la forge. Il est donc incontestable qu'après le pain, l'eau et l'air, le feu est le quatrième élément indispensable à la condition de l'homme.

Tout démontre du reste que sans le secours du feu et du fer, l'un et l'autre, venus à l'aide caractérisant ses plus grands services, l'homme n'avait jamais pu atteindre les avantages inappréciables dont il avait le plus grand besoin : d'abord par la combustion se débarrasser de la tourbe, des tas de broussailles et de la bruyère qui couvrait la surface de la terre afin de pouvoir plus librement lui donner les façons propres aux récoltes dont elle devait recevoir la semence, puis ensuite, pour chasser les animaux téméraires qui voulaient lui faire tête, en les exterminant.

En voyant ce que sont en hiver les animaux, que la rigueur de cette saison oblige à se tapir dans des étroits réduits, dans des tanières; d'autres, ceux que la nature a dépourvus de tout moyen naturel, à se creuser des trous autres que le gîte dans l'herbe, sous les ronces; on ne peut comprendre ce que l'homme devait être alors qu'il avait à disputer sa retraite avec le renard et tout ce qui soupait sous les rayons de la même lampe, au clair de la lune.

Quelques traditions égyptiennes, phéniciennes et grecques, rapportent qu'on n'eût connaissance du feu que par l'embrasement de quelques forêts incendiées par la foudre, et qu'on ignora longtemps le moyen de le reproduire à volonté; qu'on l'a considéré comme un fléau et non comme un élément utile. Quant à ce qui regarde cette question, on n'a jamais trouvé aucune trace de vestige tracée par une main humaine indiquant une date précise à combien de siècles remonte cette précieuse découverte; mais on comprend aisément depuis que le feu est mis en usage domestique, l'homme même le plus pauvre jusqu'à présent jouit de l'un des plus riches avantages que la nature ait pu répandre sur la terre. — Au reste, malgré l'assertion de quelques zoologistes bizarres qui, par analogie, aussi bête qu'irrationnelle, se disent parent, cousin, frère du singe, nous ôtons à ce dernier, ainsi que la malice de l'orgueil de l'homme se disant son semblable, l'art de reproduire sa pensée et d'allumer un feu comme nous.

Aucun signe traditionnel, certes, n'a jamais révélé le contraire que l'on ne dut la découverte du feu au hasard, trouvé comme un phénomène grâce à la chute du tonnerre, ayant, sur quelques points de terre, allumé le fourré de quelques broussailles vierges, la surface d'un vaste désert inhabitable à cause des reptiles et des autres animaux qui en faisaient leur repaire, lesquels fuyaient par bandes compactes à l'aspect de la dilatation des flammes dont l'ignorance peureuse n'osait approcher, considérant que cet élément si chaud, consumant, détruisant tout ce qu'il rencontrait d'inflammable, de combustible sur son passage poussé par le vent, était l'enfer dont on croyait se rappeler oralement comme d'un vieux songe tant Dieu aurait parlé à l'homme le jour de sa prétendue première faute, commise dans le vaste jardin de délice terrestre; que cet enfer devait être descendu pour tout consumer jusqu'à la fin. Mais des uns aux autres, se ranimant de courage et de hardiesse, s'y approchant à petits efforts, on finit par arriver jusqu'au mystérieux météore, duquel on se tenait à distance, tandis que, de près on trouva la respiration de son air fort agréable. Puis on en prit quelques tisons pour l'allumer au ménage rustique, où son apparition ainsi que son action jusqu'alors était restée ignorée; on s'en rendit familier, et on en fit l'hôte particulier de la force et de la richesse des inventions mécaniques, etc. parvenus à la suite et depuis, à l'aide de ce vénérable moteur, à la création des instruments qui nous sont de toute utilité.

Pour l'avenir, cette découverte fut pour

l'homme la trouvaille d'un si précieux trésor, qu'à la fin on l'admit comme un agent bienfaisant et facultatif, mais on lui dédia bientôt un culte à cause de sa propriété exceptionnellement grande. On lui affecta ensuite un grand respect religieux en le reconnaissant comme le quatrième Dieu de la santé et de la vie normale. Car on vénérait sa lumière sous les traits d'une divinité protectrice, parce que au moyen de la lueur de la flamme on se trouvait à l'abri du danger des animaux qui en fuyaient l'approche.

Suivant la même opinion, avant la découverte du feu, l'homme entassait dans sa hutte, où il trouvait une place saine, les céréales qu'il recueillait à travers les rocailles et les ronces après les avoir semées dans du fonds mal défriché, ainsi que nous l'avons dit, les mangeant crues sans aucune sorte d'assaisonnement. Mais dès qu'il connut le feu, il ne tarda pas longtemps à modifier, à bonifier, par l'expérience culinaire, les mauvais goûts suivant la qualité des plantes. A bien observer scrupuleusement la nature entre les animaux de la même espèce ou de la même famille; d'abord, les domestiques; ensuite, les sauvages, on peut remarquer la différence qu'il y a entre ceux qui vivent dehors et ceux qui vivent dedans sous la main d'un maître. Le manteau, le plumage des uns; la robe, le pelage des autres, ne sont plus la même chose. Les animaux, dits domestiques, habitués à vivre d'un soin réglé aux heures fixes du jour, sont d'une réplétion mieux fournie; leur structure est naturellement mieux développée, mieux requise. D'abord, ils sont plus charnus, plus gras; enfin ils atteignent une corpulence complètement mieux finie que celle des sauvages en général, qui ont un plumage plus roux, le croupion plus serré, la chair plus tenace. Le lapin est bien moins gros que ses frères de l'étable, le râble et l'échine plus menus, la bourre plus fauve, d'une construction svelte, moins rebondie.

Eh bien! sur le même rapport, aux époques avant la connaissance du feu, l'homme était scrofuleux, langoureux, vivant comme atteint d'une sorte de marasme, la carnation d'un teint brun, tirant sur un jaune terreux, d'un tempérament frêle, parce que les aliments crus ne produisaient à la nutrition de son estomac les mêmes effets digestifs que ceux de la cuisine assaisonnés, préparés au poivre, au sel et à la graisse; en plus, la nudité, l'attitude blottissante, la fraîcheur du sol sans autre calorification que la chaleur physique; une nourriture fade, indigeste, à laquelle l'amertume de quelques légumes verts, dont bien souvent la saveur vénéneuse remplaçait le piment de nos jardins, ne pouvait être bien tonique ni bien salutaire à l'égard du perfectionnement de nos cuisines, du vêtement, la propreté de la couche dans un lit, des habits d'étoffes bien réchauffants et pas si embarrassants que les peaux d'animaux sans coutures.

CINQUIÈME ÉPOQUE

Découverte du fer. — Impuissance de l'homme sans ce précieux métal.

Copie conforme au résumé de l'original historique. Ce métal si utile a longtemps été inconnu aux anciens peuples. La Bible, toutefois, elle-même attribue à Tubalcain l'art de le travailler. Une tradition grecque rapporte que le feu, ayant pris aux forêts du mont Ida, fît fondre le minerai que l'on vit couler et se répandre à la surface de la terre. On attribue à un pareil évènement la découverte des mines d'argent que renferment les Pyrénées. Quoi qu'il en soit, il paraît certain que le fer aura été, de tous les métaux anciennement connus, le dernier à découvrir et surtout à mettre en œuvre à cause des difficultés que présentait sa recherche et sa manipulation. Les Egyptiens attribuent à Vulcain l'art de la forge, 1950 ans avant Jésus-Christ, à Prométhée, aux Cyclopes, aux Chalybes et aux Neropes, quelques auteurs en placent la découverte sous le règne de Minos, premier roi de Crète, 1431 ans avant Jésus-Christ. Les Chinois l'attribuent à leur premier roi, Fou-Hi, qui trouva ce métal en brûlant des ronces dont la terre était couverte, 2953 ans avant Jésus-Christ. Cette dernière version, par le caractère de véracité qu'elle présente, serait la plus digne de croire.

L'objet d'une solidité la plus puissante et la plus utile à tous les usages et à tous les services de l'homme sorti de la famille des métaux, c'est le fer, sans lequel l'homme, né bipède, condamné à marcher debout, était pour ainsi dire un être des plus faibles avant cet inappréciable cadeau que les entrailles de la terre ont pu lui faire; quant au reste, **je laisse aux anciens émules le droit de se disputer** l'honneur du premier travail qui fut exécuté par son taillant. Si, comme il paraît certain que le fer soit le dernier des métaux soumis à la forge, sans nul doute, le cuivre dut bien longtemps avant le remplacer. Mais quel pouvait être le perfectionnement des objets d'art, le poli des produits industriels après le morfil d'un agent si mou que le cuivre, lequel s'émousse facilement faute de résistance contre le moindre corps dur? D'ailleurs, cela s'explique de soi-même. Le cuivre, n'ayant de bon que la ductibilité obéissant aux façons qu'on veut lui donner, ne pouvait servir pour figurer le bois en relief, ni donner à la pierre aucune façon.

— Enfin, parlant du fer, il est sans exception l'unique moteur tout-puissant, dont sans le feu et lui rien ne pourrait être travaillé par la main de l'homme.

Depuis que le fer est connu et admirablement adopté comme le principal auxiliaire à la force et à l'adresse de l'homme, l'agriculture et les arts ont toujours avancé dans le progrès. De toutes parts, des carrières se sont ouvertes, des mines se sont creusées, des canaux, des routes se sont faites et des montagnes se sont percées à travers le monde. Le mérite attributif à sa valeur servile ne se fait pas sentir seulement comme source outillère, mais bien encore comme la première branche industrielle et commerciale, à laquelle recourent même la physique et la chimie.

LE FER ET L'OR

Par exemple, le dialogue à discuter entre ces deux métaux, l'or et le fer, est une thèse si contradictoire que sans un examen précis on ne peut admettre sur le même point d'équilibre la similitude de celui qui affaisse la vie des uns par le travail rude et pénible en différant de celui qui procure la vie de plaisir, agréable, douce et oisive du salon. Le fer est le nerf et l'arc-boutant de la force motrice mécanique de laquelle l'homme ne peut se dispenser; évidemment, sans fer, l'homme est un corps démembré, attendu qu'en celui-ci on trouve dans la souplesse obéissante de son ressort, comme en la solidité aciérienne de sa pointe jusqu'à la fabrication des plumes à distiller sa pensée, est-ce que ce n'est pas assez de sa nature, que peut-on désirer davantage? Par conséquent, le fer fait l'or, le feu l'épure, et l'or ne fait pas le fer. Il peut le changer de main en remplaçant sa quantité, mais non le reste. Au lieu que de lui-même, l'or, si ce n'était la passion que la cupidité attache à la richesse de son luxe plus que par un besoin honnête, certes, pour un autre service ce n'est plus qu'un caillou, ni bon à construire ni à fabriquer aucun instrument aratoire ni autres, sans lesquels on ne pourrait rien faire, c'est-à-dire que l'or, l'argent et le fer, à côté l'un de l'autre, sont absolument la même chose qu'un joli laurier-rose auprès d'un poirier chargé de fruits, où la poire de l'un serait bonne à savourer, et le laurier-rose ne serait pour la vue qu'un agrément de passagère durée; tel est le cas eu égard à la digestion de l'estomac à celle de la vue.

Encore le thème de ces deux métaux à traduire ☞ le fer frappant, taillant, coupant l'autre, tandis que l'or ne peut rien sur le premier. D'une telle question, il en ressort un fort long dilemne à débattre en longeant le texte suivant, ramenant tour à tour sur le point des sciences profondes à conclure à ce sujet et sur des arguments nouveaux dont les idées, en général, ont besoin de se pénétrer. En un mot, où le fer est tout pour le bien de l'homme, l'or, à partir de son extraction des mines jusqu'à la bourse, n'est que la quintessence du crime.

Dans le sens de ma narration, j'y reviens une fois de plus, par son usage indispensable au mouvement actuel de chaque jour, à l'égard de l'or, je compare le fer à ce qu'est le pain par sa qualité, au premier aliment de la vie. Sans le pain, on ne pourrait vivre; pourtant il est moins cher que les autres mets : les viandes, à concurrence de sa vulgarité contre la rareté des autres avant-goûts ou ragoûts. De même, le fer qui est de tous les métaux le premier tout-puissant et le plus propre à tous les offices de la société viable, est aussi le meilleur marché. Cependant il n'est pas du règne métallurgique celui qui mérite le moins d'estime, malgré toute allégation ayant pour prétexte que les mines de celui-ci sont plus communes et plus abondantes en minerai que celles de l'étain, du cuivre, de l'or et de l'argent. Le fer n'ayant par son éclat d'un livide terne grisâtre, son oxydation trop salissante, ne montrant par son brillant aucun charme, si ce n'était l'usure résistant à la fatigue dont on l'expose, on ne l'apprécierait pas même à la valeur d'un caillou.

Or, le feu, le fer et le bœuf sont trois domestiques existant au service de l'homme. Mais changeant l'ordre des choses, il s'en suit que par la puissance de l'or, à leur tour, aussi relativement la vulgarité par le nombre et la rusticité, les hommes, comme le feu, le fer et le bœuf deviennent la machine aratoire et mécanique des mignons du perpétuel repos, se présumant les seigneurs de leur genre et les maîtres de la terre sous la puissance de l'or.

SIXIÈME ÉPOQUE

Création du règne monétaire. — Emission des monnaies.

La monnaie a été établie comme le signe représentatif des objets commerciables. Le commerce ne débuta d'abord que par l'échange de denrées, ensuite on se servit comme signe représentatif de leur valeur de certaines productions de chaque pays, telles que des coquillages, des grains de sel, etc.; mais bientôt l'imperfection de ce mode d'échange fit donner la préférence aux métaux, sans qu'on puisse toutefois en assigner l'époque. La monnaie, ou pour mieux dire l'échange au moyen des métaux, était connue du temps d'Abraham. Comment ajouter foi à l'assertion d'un historien qui attribue la monnaie à Caïn, fils d'Adam, qui aurait aussi inventé les poids et les mesures, et bâti plusieurs villes? Je ne veux point contester que l'émission des monnaies métalliques à l'échange des marchandises, datant de bien avant Jésus-Christ, soit oui ou non croyable. Mais attribuer à Caïn cette invention, ce n'est pas plus vrai que vraisemblable qu'il ait inventé les poids et les mesures. Pourquoi peser et mesurer, d'abord? Par qui et pour qui avoir bâti des villes, s'ils n'étaient sur la terre que trois frères, moins encore celui qu'il avait tué?

Enfin, à n'importe qui, monarques ou sujets, on fasse l'honneur de cette invention, Servius Tillius fit frapper la première monnaie des Romains (sixième siècle avant Jésus-Christ). Elle était de cuivre et marquée d'un bœuf ou d'une brebis, et d'où est venu le mot de Pecunia. On la divisait en AS qui pesait une livre, puis venaient successivement ses diminutifs. La monnaie d'argent ne commença à être en usage à Rome que 248 ans avant Jésus-Christ, et celle de l'or que 286 ans avant

Jésus-Christ. Hieron, tyran de Syracuse, est le premier souverain qui ait fait mettre son effigie sur les monnaies (troisième siècle avant Jésus-Christ). Jules César l'imita, ainsi que Constantin, qui, après sa conversion, y substitua une croix. Henri II ou Charles VII est le premier des rois qui ait suivi cet exemple en y joignant le millésime (au quinzième siècle). En Angleterre, on ne connut les monnaies de cuivre et de fer que l'an 37 avant Jésus-Christ. Les monnaies d'or n'eurent cours qu'en 210. La monnaie française fut d'abord imitée de celle des Romains et n'eut une véritable existence qu'en 537, époque à laquelle Théodobert, roi de Metz, fit frapper la première monnaie d'or. Les monnaies d'or et d'argent ne furent connues des Arabes et des Sarrasins qu'en 695, sous le règne d'Abdel-Malec. En 753, Charlemagne fit partager la livre d'argent et la subdivisa en sous, en liards et en deniers; le sou valait quatre liards ou douze deniers. Bref, la valeur de ces monnaies s'altéra de règne en règne depuis Philippe Ier. Au dixième siècle, Jean Zimmicès, empereur d'Orient, fit graver sur les monnaies l'image de Jésus-Christ, avec cette inscription : « Jésus, roi des rois. » Canut-le-Grand les fit connaître dans le Nord en 1025. Philippe-le-Long tenta, mais en vain, d'introduire en France l'uniformité des monnaies, et des poids et mesures. A cette époque, la plupart des seigneurs avaient droit de battre monnaie. Enfin, c'est en 1791, qu'eut lieu en France la première émission de la monnaie fabriquée avec le métal des cloches.

Nous venons d'indiquer brièvement les noms des différentes espèces de monnaies qui ont eu cours en France depuis l'établissement de la monarchie.

De toutes ces monnaies, il ne nous reste que le franc de la valeur de 20 sols. Les premiers francs furent frappés sous le roi Jean, au quatorzième siècle.

Mais encore bien avant que l'or et l'argent monétaire, cet œuf fécond de malédiction, d'injustice et de crime, n'existent, on ne pouvait en vouloir aux hommes du pouvoir à cause du bien que l'intérêt pécunier ne pouvait leur empêcher de faire.

Enfin, quoiqu'il en soit et quoique l'on dise, au nom de la VÉRITÉ bravant toute argutie, toute allégation, tout prétexte et toute réfutation, pouvant s'opposer à mon assertion, je soutiens hautement qu'avant l'émission de la monnaie, bien avant cette ignoble invention, les premiers souverains d'un peuple ne régnaient que par la grâce de leur dévouement populaire et de l'amour du bien à rendre selon la justice dont on les sentait capables de faire prévaloir par des lois rendues au respect de l'homme selon son mérite et des droits de chaque citoyen et de la propriété, non de celui qui l'eût achetée, mais de celui qui l'avait acquise par le travail. Car, auparavant, la circonstance obligeait les hommes de s'associer par agglomérations, une fois pour le travail et rationnellement pour le partage des fruits acquis en commun; puis, par le nombre, afin de réunir plus de force en cas de résistance forcée à leur défense contre l'anarchisme des vauriens, marchant par bandes, vivant du maraudage autrement qualifié vol. Sous une pareille institution, tout se réunissait par nomades, tandis que le pouvoir adopté faisait détailler à chacun, suivant le personnel de famille, un tant de terrain limité par des bornes, qui ne pouvait se donner à des étrangers sans une autorisation préalable du même pouvoir, excepté seulement celui qui n'avait point d'enfants; tout au plus on ne pouvait que changer de terrain par qualité et mesure par mesure égale avec un autre. Mais aucune propriété déclarée légitime n'était transitoire que de famille en famille ou par dot d'union conjugale de mariage, dont chaque nouvelle génération n'avait qu'à demander du fonds qu'on lui en donnait autant que ses forces lui permettaient de travailler.

De ces sortes de nomades, encore mi-sauvages, obligées par décret à fixer leur habitation, on en forma des hameaux, ce que sont je suppose aujourd'hui nos villages, nos villes ; puis se formèrent les tribus. Ces rois, proclamés en vertu de leur intelligence et de leur droiture de cœur, quand ils ne se proclamaient intrusement eux-mêmes par la violence, se trouvèrent bientôt dans l'impuissance de donner ordre à toutes les affaires concernant leurs Etats et vis-à-vis leurs concitoyens, ils eurent à nommer des seconds qu'on désignait sous le titre de princes et qu'ils déléguèrent aussitôt comme sous-directeurs de chaque tribu, ce que nous pourrions dire chaque province. Ces princes, de prime abord, se trouvaient heureux d'un bonheur particulier en se voyant, après le roi, occuper le premier rang dans la hiérarchie au-dessus des autres édiles, et, par conséquent, d'être considérés pour beaucoup dans l'arche sacrée disposant des dignités. Mais toutefois l'oubli de leur devoir, le charme de leur brillante position les rendirent trop faibles pour se vaincre eux-mêmes, se laissant lâchement corrompre par l'instinct de cette ambition insatiable d'honneurs, de fortune et de gloire qui pousse les hommes jusqu'au-delà de la bienséance. Il arriva qu'un roi ne pouvait mourir sans abdiquer la place à quelqu'autre de sa race à la satisfaction niaise de former une dynastie, et il testait en faveur de celui des dits princes qu'il préférait comme le plus digne de le remplacer. Plusieurs fois, il s'en suivait que les autres princes se formalisaient en vue de cette prédilection, se laissant gagner par la jalousie du choix du nouveau monarque, ils commençaient à suivre sa conduite et noter une par une toutes fautes qu'il commettait afin de les reproduire en les exagérant jusqu'à l'extrême amplification et déverser ensuite contre son règne la haine du peuple, en faisant entendre que, si lui, tel, actuellement, était le roi, il ne ferait pas ceci, ni cela d'anormal contre la plèbe, mais qu'il ferait mieux à l'égard de son peuple. De telle façon que du roi et des masses populaires, on trahissait l'un en le flattant et on abreuvait l'autre de belles promesses, du résultat desquelles, à la suite, il n'en sortait que des complications d'un très mauvais effet.

Les rois de ces époques n'étaient pas si hautins, si grossièrement orgueilleux que les pédamment fiers roturiers de nos jours, assottés par l'esprit qu'ils affectent sur le miroitage des quelques écus qu'ils prétendent avoir de plus que les autres.

SEPTIÈME ÉPOQUE

Les caractères littéraux, la diversité de leur invention.

On pense généralement qu'après l'invention de l'écriture hiéroglyphique, c'est-à-dire de l'écriture représentée par des figures, on reconnut l'inconvénient des signes qui présentent toujours une double idée à l'esprit; on remarqua que les articulations de la voix sont en assez petit nombre, et on chercha à les représenter par une égale quantité de signes. On tenta donc de peindre la parole et d'en exprimer l'effet aux yeux par des caractères, qui ayant un rapport unique et immédiat avec les sons qu'ils représentaient, n'offrissent à l'esprit que ces mêmes sons. On inventa des signes dont la propriété fut d'exprimer des mots et non des choses, qui, pris séparément, ne signifiaient rien, et ne pussent former un sens qu'autant qu'on les combinerait ensemble; chaque son fut donc représenté par un signe particulier, et dans cette écriture syllabique on n'employa qu'un seul caractère pour écrire chaque syllabe dont un mot est composé, sans distinction de voyelle ni de consonnes. Les traditions s'accordent à faire honneur de cette invention aux Syriens ou aux Sidoniens

(1850 ans avant Jésus-Christ). Les caractères syllabiques sont encore en usage chez les Ethiopiens et quelques peuplades de l'Inde. Les Phéniciens ou les Egyptiens simplifièrent ensuite cette méthode en employant des caractères purement alphabétiques; les Egyptiens en font honneur à Than, qui, suivant les uns, distingua les voyelles avec les consonnes, tandis que d'autres prétendent qu'il ne connut que les dernières. On sait que plusieurs peuples négligent encore l'usage des voyelles et n'emploient que les consonnes, notamment les juifs. Denis d'Halicarnasse attribue à Linus, maître d'Orphée, l'introduction des voyelles dans l'alphabet phénicien ou égyptien. Cadmers l'introduisit en Grèce, vers l'an 1520 avant Jésus-Christ; et 200 ans après, les Latins le reçurent d'Evandre, auquel le roi Latinus donna pour récompense une grande quantité de terres qu'Evandre partagea avec les Arcadiens qui l'avaient accompagné. Les premiers caractères écrits qu'emploieront les Chinois furent inventés par Fou-Hi qui leur donna le nom de Koua (vingt-septième siècle avant Jésus-Christ). Ces caractères avaient été précédés par des petites cordelettes auxquelles on faisait différents nœuds dont le nombre et la distance formaient une espèce d'écriture. Leur invention remonte à l'an 3050 ans avant Jésus-Christ. Les Quipos des Péruviens étaient un moyen analogue. On fait remonter à l'an 1600 avant Jésus-Christ l'invention des caractères courants que l'on attribue aux Arabes. Les caractères rhuniques, que l'on trouve quelquefois sur des rochers isolés, ont beaucoup occupé les antiquaires; on les attribue à Siggé ou Odin, ou Othon, conquérant, poète, magicien ou demi-dieu du Nord, dont l'existence remonterait, selon quelques-uns, au quinzième siècle avant Jésus-Christ, et suivant d'autres, au premier seulement; enfin on en fait également honneur à Magog, chef des anciens Scythes. Au quatrième siècle, furent inventés les caractères grégoriens, arméniens, albaniens et esclavons. Ces derniers sont dus à Méthodius de Thessalonique qui s'en servit pour traduire la Bible aux Bulgares. C'est encore de cette traduction que les Juifs se servent aujourd'hui. Les caractères gothiques sont attribués à Ulphilas, évêque des Goths, au quatrième siècle. Peut-être ne fit-il que traduire la Bible en langage gothique et ne lui a-t-on attribué l'invention de ces caractères que parce qu'auparavant ils étaient peu connus. On doit les caractères arabes modernes au visir Moclah qui, dans le cours du neuvième siècle, les substitua aux anciens caractères koufiques. Au quinzième siècle, le célèbre imprimeur Alde Manuce inventa les caractères italiques dont il prit la forme dans l'écriture de Pétrarque. Enfin, Garamond, célèbre typographe, fut le premier qui grava les caractères romains qu'il substitua aux caractères gothiques (seizième siècle).

HUITIÈME ÉPOQUE

Les fainéants et les tràvailleurs. — Le prétrisme originaire des druides ou des prêtres sauvages.

Rétrogradons encore de quelque tirage en arrière ; reprenons le fil de la narration dissertant sur les premiers peuples.

Quand l'essence des produits agricoles eut, ainsi que nous l'avons dit, remplacé le régime des fruits sauvages, des racines et des herbes crues, par cause de caractère dissident, les hommes se divisèrent, se répandirent comme une graine génératrice à travers la terre. Connaissant le fer et le feu, croyant avoir épuisé la source intarissable des découvertes, ils se trouvaient assez heureux. D'abord les uns prirent le parti du labourage des champs, les autres, ayant le goût d'un autre travail, s'exercèrent à l'art du grossier tissage des textiles; d'autres à la forge ; d'autres à la construction; d'autres au dessin, à l'architecture, tandis que ceux d'une autre idée étudiaient la manière de tailler la pierre à moudre les grains. Enfin, chacun de sa façon se donnait de la tête au progrès de l'industrie et des arts, à l'invention des métiers jusqu'alors. De telle sorte que ceux-ci, et ceux-là, les travailleurs produisaient des mains au profit de la même société; laquelle, par son genre de communisme, fournissait aussi ce qui était nécessaire à chaque personne. Mais hors des hommes d'honneur marqués sous le cachet du plus noble mérite par le talent industrieux, il restait un rebus crasseux, fainéant et parasite, comme une espèce d'animaux humains, sans aveu, ne prétendant vivre qu'aux dépens des autres. Ceux de ce rebut, ou les gueux de tous les temps, sous quelque titre que ce soit, ou sous quelqu'uniforme, les propres à rien, après le grabuge ou la main levée prêtée au viol de toutes les lois sacrées, n'étant que la honte, l'opprobre de l'humanité, que les honnêtes laborieux avaient charge à nourrir de leurs restes, et que depuis, les mêmes, ont gorgé de leur meilleure essence, une fois repus, revenaient se coucher derrière les buissons, faire paisiblement leur digestion à la nargue de l'antipathie générale qu'ils ne craignaient pas de braver.

On dit que souvent de l'oisiveté, de la paresse, en sort des grands esprits. Oui, mais il ne faut pas confondre, en fait d'esprit, il y a grand et grand. Où l'un peut être éminent par le bien, l'autre peut être grand, très remarquable par le mal; et si celui du mal a le dessus sur celui du bien, ce n'est pas une raison pour soutenir que tout soit pour le mieux, puisque les fainéants, du moment que les autres créent, eux emploient tout leur loisir à calculer des moyens et des mesures à prendre afin de vivre et jouir en méprisant ceux du travail. C'est dès lors et depuis que date l'ère des frêlons calculant sur le travail de l'abeille. Cette horde de paresseux, de fainéants, de lâches à la tâche, sans pudeur ni honte aucune, en se multipliant, prit des proportions plus qu'ordinaire, devint redoutable. Faute de larcin, au-delà des comestibles, il n'y avait aucun objet précieux sur lequel ils pussent faire main basse, on ne peut dire les voleurs mais plus proprement les coupables, les gourmands, les vauriens, formant la vile populace, venant de toutes les parties du monde s'associer à cette infestation suspecte. Et de là, cette sale multitude tirait des plans sur les astres, ils s'amusaient à composer des sornettes, des contes, des fables suivant les imaginations que l'enfer pouvait leur suggérer comme les plus accommodantes à leurs vices; commençant ainsi à acquérir la réputation des sciences. Les uns se targuaient être doués des rares vertus, d'autres des dons d'une haute importance et en conséquence de ces prétendus avantages, ils avaient la prétention de capter la confiance des simples, se soutenant réciproquement les uns des autres, le sujet de leur théorème, tendant à tromper la crédulité des classes travailleuses, en affirmant menteusement : un tel ou une telle est protégé sous la main des dieux reconnus, disposant des dons dont on s'imaginait être favorisé.

Et voici comment l'on procédait sur dessein bien volontaire : celui que je suppose qui prétendait posséder les dons de la sagesse, l'appelant, disait-il, à la vocation du prêtrisme, se tirait et s'installait prêtre lui-même sans savoir seulement ce que signifiait cette charge à seule fin de préconiser cet autre qui se vantait de posséder les charmes de la magie, au moyen de laquelle il disait faire la pluie et le beau temps ; à son tour, le sorcier exaltait les attributs du druide au service de la nouvelle secte, ainsi de suite, graduellement jusqu'à la fin de la docte hiérarchique, n'ayant pour talent et pour savoir que les chimères funèbres, parlant toujours de la mort ; procédé efficace à leur système pour gagner à eux la crédulité des bons par la peur d'un avenir incertain qui, en réalité, ne pouvait exister qu'au fond de leur ignorance : premièrement des prêtres, des magiciens, des sorciers, des devins, des juges, des légistes ou des brigands, faisant la justice et les fripons jugeant l'innocence, etc., y compris la bande des sicaires à ripaille, les géants, les hercules et toutes les brutes de sac et de corde.

Donc, la première chose qui résulta de cette tourbe de fainéants, aussi vagues que sots, fut les druides qui, les premiers, commencèrent d'exercer les fonctions de la prêtrise en débutant par le culte sauvage, puis vinrent les héros, les enchanteurs et toute la séquelle des classes sus-mentionnées, constituant le germe de l'éternelle pieuvre qui, depuis, jusqu'à encore aujourd'hui, s'attache sur toutes les veines du travail; laquelle, d'une innombrable division et subdivision, ronge le monde sous un vague d'instruction soi-disant scientifiquement plus élevé que les autres, fuient encore avec adresse tout ouvrage du marteau et de la sape, comme naturellement un peu trop pénible.

Enfin, les druides, les juges, les légistes, les magiciens, les enchanteurs, tous ces arts efféminés, à l'aide des héros, hommes si aptes au massacre que lâches en bonnes œuvres, des hercules, également solides à la prise, des géants et les brutes, tout ce qu'il y avait de plus capable d'inspirer la terreur et l'effroi dans les contrées en frappant, sans prêter l'oreille de la conscience à d'autres raisons que celle de plaire aux maîtres, commencèrent à jouer les destinées temporelles, et parvinrent par *la force primant le droit;* au moyen des bourdes fallacieuses ayant la superstition, le préjugé pour principe, à faire par les dieux au gré favori de leurs passions, et essayant d'abord de fanatiser la stupidité générale en s'infatuant eux-mêmes à force de suggérer aux autres une croyance vague, platement absurde, visant toujours la mauvaise intention de détruire tout ce qu'il y avait de noble caractère pour se rendre, comme d'un arbre au fruit d'or, totalement maîtres de la servilité en descendant ignoblement bientôt, du premier rang qu'occupait cette classe, au vil état du bœuf tremblant timidement devant l'homme. Et, comme nous venons de citer tout à l'heure, les prétendus magiciens de naissance ou de race, et les druides, pour donner à leur rôle plus de force, s'entr'exaltent au plus illustre.

La pierre de taille ni la sculpture, pas plus que l'érection des grands monuments, n'étaient pas encore découverts; les druides n'avaient à la célébration de leur culte d'autre temple à interner leur divinité, que l'abri des vieux chênes qui, par la toiture de leur branchage et de leur feuillage, étaient consacrés à l'usage des vénérations religieuses au commencement des premières sectes du paganisme superstitieux.

Embeguinés eux-mêmes par l'excès jusqu'au

non bon sens, cette saleté de prêtres chez qui aucun dévergondage ne pouvait s'estimer satisfait qu'en trempant criminellement les mains sacrilèges dans le sang d'une victime, manière de contrarier la raison jusque-là, choisissaient à cet effet le plus beau mâle des animaux que l'homme était parvenu à domestiquer avec soin, tel qu'un taureau, le plus sain, le plus beau, et à défaut de taureau, de préférence d'ailleurs, on rassemblait de la jeunesse vierge tout ce qu'il y avait de masculin, pour tirer au sort celui qui devait servir de victime, immolée, au sacrifice de l'holocauste, au pied des autels sous l'arbre sacré, les bras solidement attachés derrière le dos, et les jambes également liées, on étendait la victime le long d'une auge en pierre, la tête pendante tenue sous la main de l'homme divin qui, en attendant le moment fatal, enseignait aux assistants les doctrines sanglantes, en leur montrant combien on était peu digne de se dire homme, si on n'avait la même sauvagerie d'instinct que l'exemple allait se manifester, ne reculant devant aucun crime. Et au bout de cette courte exhorte, le prêtre de Lucifer plongeait transversalement la lame de son poignard dans la région du cœur du malheureux; et fort heureux était le célèbre druide si la lame du même poignard perçait le siège de la vie si chère de celui qui expiait, au prix de sa vie, la satisfaction du dit ministre féroce du Diable, qui l'avait condamné à la perdre par un acte de sa plus simple volonté et au plaisir de son dieu féroce. Et ce même druide recevait impassiblement le sang tout chaud coulant dans une coupe désignée exprès à cet usage, qu'il tenait d'une main d'où il faisait le semblant de tirer des conjectures ou d'autres signes très importants à la même superstition, présageant l'avenir selon les soubresauts ou les palpitations que manifestait, par ses derniers efforts, le mourant dans les étreintes d'une agonie intempestivement si effroyable, auquel, hélas! une fois expiré, pour le dernier plaisir du prêtre, on refusait un petit coin de terre, on se contentait de jeter son cadavre pêle-mêle à travers les ossements des autres animaux décharnés par les bêtes carnassières, avides à la curée des chairs infectes, rôdant dans les lieux saints tant la nuit qu'à toutes les heures du jour.

J'en demande au lecteur de ces récits révoltants, qui donc pourra être d'un cœur imperturbable pour ne pas s'émouvoir d'indignation et d'horreur sur des faits d'une monstruosité si écœurante? — Les chenapans, les coupe-jarrets seulement. — Cependant, c'est la première religion humaine qui a donné au monde entier cet exemple de vertu.

Dans ces premières époques de fanatisme

idiot et extravagant, on n'avait plus à compter sans le prêtre et le magicien, sans l'enchanteur, sans le sorcier, qui agissaient sous l'escorte des géants et des hercules, hommes choisis en qualité de leur témérité, comme capables d'en imposer à la timidité par leur seule présence; on se laissait éventrer sans pousser la moindre plainte, tandis que les spectateurs hébétés par la vue des scènes sans noms, regardaient indifféremment couler le sang du martyr de la bêtise que l'on répandait à effusions comme pour la gloire de l'on ne savait qui, faute d'intelligence ou plutôt faute d'instinct moins que bestial. Or, c'est donc de ce même fanatisme affolé que part le levain de la mauvaise pâte propageant toutes les sectes religieuses, qui en ont découlé ultérieurement.

Ces druides engendrés de la tempête, fils de la foudre ou disciples abominables de la peste, ne s'étant intrusement installés à rebours nature qu'afin de répandre la peur à leur soumission où manquait la civilisation, chacun a traditionnellement placé comme instrument de vengeance une fournaise à côté de son Dieu; mais à parler bien sérieusement, c'étaient eux qui entendaient être la divinité qu'ils mettaient en question; car ces prêtres ne redoutaient leur fournaise pas plus qu'il n'avaient crainte d'eux-mêmes. Leur divinité consistait au plaisir de dominer, voilà tout.

Par conséquent, si des grands esprits sont sortis de la paresse, voilà un génie déjà assez insigne qui n'est point issu d'aucun souci du travail, pas plus que de l'amour de la justice. Esprit de vice et de corruption, aussi grand que toutes les sources du mal qu'il a pu inventer dans le temps. Eh! comblé d'honneurs!...

D'aucuns prétendent que Lucifer et Belzébuth sont encore l'esprit de ces antiquailles, s'obstinant contre tout renoncement aux premières doctrines du sang, préférant errer dans les ténèbres, espérant tourner éternellement la corruption au profit de leur haine contre Dieu et les hommes, plutôt que de se repentir des crimes que depuis les siècles du monde sont le principe en permanance.

D'abord, sous la parole de qui tout semblait avoir peur, observez quelle influence maligne devait avoir ce génie druidique; lui parlant, tout devait obéir passivement; même les magiciens, les enchanteurs quoique d'un grade entre le pontife et la divinité, dans certaines circonstances, n'osaient souffler mot crainte de porter quelque atteinte aux oracles des prêtres diaboliques, qui ont toujours chanté contre le mérite de la fourmi, c'est-à-dire ayant toujours prêché contre l'estime et le mérite du travailleur, à tel point qu'il suffisait d'être homme de peine, de fatigue que par ces fainéants on était moins que rien.

Sachant toutefois que les essences mielleuses des goûts délicieux ne sortent que de l'ouvrage, du travail, dans ce cas ils aimaient le travail et non l'arbre ; ils aimaient les produits des mains autant qu'ils détestaient l'homme.

NEUVIÈME ÉPOQUE

L'homme et ses premières ébauches architecturales, la charpente, le tissage des étoffes, l'origine de la chaux, du plâtre. — L'étymologie du diable.

Des temps très longs où il n'y avait ni riches ni pauvres, où l'on ne parlait de fortune ni de misère, las de souffrir la douleur de la terre humide, alors, selon la coutume, chacun jouissait de la situation sa part égale telle qu'elle se trouvait en plein air sous la voûte des astres, l'idée prit aux uns de se murer un abri ; on commença par la construction de quelques cabanes en bâti de pierre sèche, couvertes avec de l'herbe, avec des joncs ou de la paille. Mais quoique de beaucoup préférables au terrier, à la grotte des rochers, on trouva, en hiver surtout, que ce genre de bâti mal solide laissait trop passer librement les courants d'air froid à travers le vide que faisait les excavations des pierres mal mises, creuses ou bossues, assises les unes sur les autres. Sans discontinuer la construction, on essaya d'y faire entrer de la terre en proportion suffisante. Ce procédé emporta la préférence sur le premier bâti en pierre sèche. A l'avenir, au lieu de cabanes, ce fut des huttes que l'on construisit dans des versants d'un aspect le plus assolé et le plus à l'abri des forts coups de vent; quoique toutefois encore ce grossier limousinage quant à la perfection, laissât tout à désirer. Le tissage des étoffes partant d'un principe de mailles fort grossières ne présentait aucune élégance, elles n'avaient d'utilité que de couvrir ce qui ne devait être vu en la nudité; avec le feu et le fer, ce fut encore une branche de plus au triomphe du progrès qui ait surgi de la nature au bien-être de l'homme. Des étoffes, alors, la coupe comme pour la couture, la main ne fut pas moins embarrassée que pour la construction. On coupait sur pièce une longueur autant qu'il en fallait au pan de devant et au pan de derrière, au milieu de laquelle on pratiquait un trou rond à y pouvoir passer la tête, et on laissait tomber d'elle-même, en sorte de chappe, cette étoffe de laquelle on nouait de chaque côté ensemble les deux bouts du fond qu'on ceignait aux reins à l'aide d'une corde; tandis qu'ailleurs d'autres se couvraient la tête du même morceau en forme de capuchon, que l'on serrait également autour du cou avec une lisière du même drap.

Quant à la maçonnerie débutant par le moellon et le mortier gras (mortier de terre), on trouva, à la saison rigoureuse, la construction tout-à-fait agréable lorsqu'on se sentit garanti des vents qu'elle ne laissait plus pénétrer, plus allègres encore quand les habitations étaient contiguës, tout-à-fait avoisinées les unes des autres ; on forma ainsi des quartiers, des bourgades. Par ce style de construction grotesque, les habitants, à quelque contrée qu'ils appartiennent, commençaient à avoir nargue des autres animaux dont les cris rauques, les hurlements sinistres ou le vagabondage nocturne pouvaient troubler leur repos. Eh ! vous plaisantez, avoir une demeure et du feu a pouvoir allumer au foyer sous une cheminée, chez lui, l'homme était roi. De la façon que cela s'explique, au point de vue des beaux appartements de notre siècle, un refuge composé de quatre murailles, nues et sans crépissage, ne pouvait être grand chose, ce ne fut qu'un pas vers la civilisation et une grande étape vers la distinction des hommes entre les animaux par la richesse du nouveau luxe, etc. Enfin des hommes d'une habileté plus marquante que les premiers de cet art, se réunissant en divers points, formèrent des corporations spéciales. De huttes, d'infimes réduits, ils parvinrent à construire des maisons et des grands hôtels, sous un style plus éclatant. Au même art, il manquait le façonnage de la pierre de taille propre à tel usage; ainsi que la chaux qui, jusqu'alors n'était point connue, et dont l'invention, comme tant d'autres, est due au hasard. Il paraîtrait que les Babylonniens voulurent combler de broussailles, de ronces et de bois mêlés de pierres rangées par couches superposées les unes sur les autres, moellons et bois, une espèce de ravin, qui leur aurait vraisemblablement rendu quelque communication difficile; une fois ce travail terminé, quelques passants, par amusement ou par malveillance, dans la nuit, auraient allumé ce terrassement, qui ne fut d'abord qu'un embrasement formidable. Et les mêmes incendiaires, avec d'autres observateurs, s'étant rendus au spectacle, s'amusaient à remuer les pierres afin de juger de la profondeur de la cinération, on s'aperçut que ces pierres recuites présentaient en quelque sorte, au tact une pesanteur moins inhérente que celle des autres pierres ordinaires; chacun en prenait et s'amusait à étudier la transformation de la crudité naturelle passée à l'état de cuisson, que l'action du feu avait décomposée et rendue friable. Ce ne fut qu'en les plongeant dans l'eau et les en retirant aussitôt que l'on découvrit le phénomène de la décomposition de la nature calcaire, fortuitement convertie en chaux, et que peu de temps après, on mit la propriété à l'épreuve ; on essaya de délayer ces dites pierres avec de l'eau et on obtint subitement une poudre aussi blanche que la farine. On fut d'abord demi satisfait de l'effet qu'elles produisaient ; en voyant aussitôt qu'on les avait retirées de la submersion, il s'en dégageait une forte chaleur, et par la dissolution au contact de l'acide carbonique avec l'eau, elles se reduisaient en pâte, ou en liquide blanc de ce nom. Plus tard on eut l'idée d'y mêler de la terre, d'autres du sable ; les premiers n'obtinrent aucun résultat relatif, les seconds eurent le bon, celui du mortier franc ; lequel, employé en bâti, reprenait immédiatement la consistance d'une seconde pétrification indissoluble dans l'eau, répondant par une résistance éternelle à tous les flux et reflux. Par son utilité indispensable, cette découverte fut encore une trouvaille considérable et une des plus nécessaires au service de l'existence humaine.

Par l'effet du mortier, chaux et sable, le génie du nouvel art s'est bientôt distingué par le trait du cordeau, l'équerre, le niveau et l'aplomb. La nature qui, jusqu'alors, cachait tous les plus riches trésors destinés au service de l'homme, mit dans l'idée de quelqu'autre la dextérité de donner au roc la forme désirée selon l'ordre du style imaginé, au point de vue de la maçonnerie, y comprenant la charpente, dont l'art remonterait à peu près vers le temps de Hoanc-Ti, règne chinois 2611, avant J.-C. A cette branche d'architecture, au moins 1800 ans plus tard, vint se joindre le plâtre, dont la connaissance, ne remonterait qu'à environ 800 ans avant J.-C.

Après tout et d'ailleurs, le tailleur de pierre, l'appareilleur, le charpentier, d'eux-mêmes, ne pouvaient rien entreprendre sans s'associer en une seule coterie. Or, de ces trois arts, depuis la mise en pratique, date l'érection des édifices dont ceux que nous avons signalés au rebours de la médaille : druides, magiciens et le reste, disputèrent longtemps aux hommes l'honneur de la technologie selon l'acception des termes relativement propres à chaque objet, qu'ils recueillaient avec soin et précision comme élément bon à leur curiosité et utile à leur répertoire historique.

Les seuls faits notoires qui pouvaient les élever à la distinction la plus haute qu'ils fussent à même de s'attribuer au-dessus de toute autre personne, était de bien vivre d'abord, et de s'instruire en copiant, en relevant oralement des copies sur les travaux des autres, seule chose qui puisse leur servir d'original en notant, plus mal que bien, sous forme de glossaire, les termes qu'ils retenaient, les mots qu'ils entendaient prononcer appropriés aux objets, aux ouvrages de chaque art, de chaque industrie, dont la collection encyclopédique était encore fort restreinte sans cependant que la clique des paresseux tienne compte d'aucune œuvre ni d'aucun bien fait au mérite de personne. N'ayant d'autre croyance que la prétention que tout le monde était leur sujet, que chacun devait humblement dépendre de leur extravagance, de leur caprice, suivant toujours de près pour imposer leur intendance, et se vanter que rien ne serait désigné ni appelé par d'autre terme que celui qu'eux auraient donné par leur baptême étymologique à chaque objet. En plus, à côté de ces loups dévorants, toujours le peuple-agneau, au lieu de maisons ordinaires, qu'ils ne méritaient seulement pas, ces malfaisants, sous menace d'excommunication ou de quelque mauvais évènement de leur part, exigeaient qu'on leur construise gratis des appartements bien au dessus du vulgaire. A telle fin tous les réputés maîtres d'art étaient requis bon gré mal gré pour y contribuer chacun à concurrence de la capacité et du talent ; au plus capable revenait l'honneur de donner allégoriquement à la pierre les reliefs qu'elle devait figurer ; sans considérer du tout que la richesse d'un pays pouvait s'y confondre, du moins en dépendre par le retard que pareille entreprise pouvait porter aux travaux de toute autre importance.

Or, il est donc manifeste qu'en ces premiers âges du monde, ce conspuable rebut si opposé à toute sympathie, loin de réfléchir contre l'instinct qui le poussait au mal, ce même rebut que nous pourrions qualifier de cigale oppressant la fourmi, de frêlon s'engraissant du miel de l'abeille, préoccupé à chercher dans la vague de ses rêveries des motifs de querelles religieuses, n'ayant qu'à répandre le bruit que le dogme, le culte des dieux était menacé de suite, un rien devenait sérieusement une question d'attaque et de domination. Par cette criminelle ardeur, il cherchait l'invention de certains engins de guerre bons à semer la mort par toute la terre, il promit de fortes récompenses et de grands privilèges à ceux qui lui en procureraient ; c'est aux artistes de la forge que cette promesse s'adressait. Malheureusement chez l'animal humain l'égoïsme personnel est plus cher que la vie des autres, les maîtres d'*enclume*, bien persuadés qu'en forgeant des armes, c'était infailliblement fournir à l'ogre des dents plus fortes pour croquer plus cruellement leurs frères sinon quelques fois leurs propres fils, mais

4

jusqu'à l'intérêt, on le sait, chez l'homme n'y a plus des lois, ni de conscience, ils se mirent à aiguiser des mauvaises lames de fer, d'où peu à peu on est parvenu au perfectionnement du sabre, de l'épée, des piques, des halebardes, etc. C'est par ces instruments de mort mal ébauchés, mais assez bons pour faire du mal, que se répandirent les premières effusions du sang ; œuvres iniques pour lesquelles dès l'origine du monde, le Diable a été bon, lequel voulant maîtriser le monde, voyant qu'il ne pouvait s'immiscer dans les grandes affaires, répandit la discorde dans tous les rangs sous prétexte de rétablir l'ordre, et il étendit son empire. Enterrer les morts et captiver les vivants, les exploiter par la conscience tel était son but final.

—Afin que l'on comprenne votre assertion, qui donc était le Diable ?

— Etait compris dans ce mot toute la gent d'office parasite ci-dessus expliquée dans la légende, et dont une fois de plus nous allons réciter le chapelet : les druides, les prêtres, les sorciers, les devins, les magiciens, les enchanteurs, les sbires, les sicaires, toute la racaille vivant en paresse, qui, depuis lors, de siècle en siècle, s'est honorabilisée et enrichie bureaucratiquement en vertu d'emplois et les places d'Etat, sous l'oripeau, à partir du sbire jusqu'au bourreau, vivant de la sueur des autres la plus pure, ou tout ce que l'on qualifie en dehors de tout ce qui est homme par le bien et le travail.

DIXIÈME ÉPOQUE

Dépravation de l'homme. — Submersion de la terre.

N'oublions pas de répéter jusqu'ici, qu'au moment où Dieu mit sur la terre avec la lampe de son arbitre pour se conduire lui-même suivant son libre examen, et nonobstant le frichage qui couvrait superficiellement le globe, l'homme, — ou les hommes, puissent soutenir que d'Adam et Ève, par l'origine du genre humain, n'est pas permis de le croire à moins d'insister dans l'erreur, — en pleine ignorance, sans le comprendre, comme un enfant qui n'a jamais failli, dans les espaces de son esprit, il lui semblait voir rayonner par reflets un mystérieux horizon le vivifiant, le ranimant d'une joie que par son innocence il ne savait traduire. Il lui paraissait n'avoir à se récréer, à se distraire qu'en s'occupant d'un travail pour vivre dans le délice d'une paix stable et durable. Mais au fond de cette horizon réellement plus spirituel que crépusculaire, il remarquait un point noir qu'il eut dit un orage se formant et s'obscurcissant en s'étendant sous l'astre brillant de sa candeur menacée ; c'est-à-dire plus tard il comprit, que cette espace d'aurore, d'un caractère plus radieux que celle du matin, était plus qu'humaine ; que cette espèce de point noir devait être le signe présageant l'existence de ce qu'à l'avenir on a appelé Démon, méchant esprit, promettant éclore de ses races pour venir de grand maître, de la création, corrompre le fruit sacré de ses œuvres. Et, en effet, à tel esprit incube, sorti des abîmes du désordre, en avançant dans l'avenir, l'homme crut compter jusqu'à sept têtes écarquillant chacune de grands yeux, qui prit le nom de légion, et que plus tard la philosophie surnomma hydre, à qui plus de têtes on paraissait couper plus il en naissait sous l'aspect d'autant de jets vomissant l'abomination et la malédiction.

L'homme étant encore vierge de tout contaminité d'orgueil, d'ambition et de toute autre passion, comme si une puissance intime l'eut transporté affleurant les aspérités sans toucher la terre, il lui semblait n'avoir à craindre la morsure d'aucun animal venimeux. Ce n'est qu'à la longue suite de l'engendrement, alors de l'émancipation des fils et arrière-petits-fils de l'homme à travers les âges, lorsqu'à sa seule gloire en vint ce qui pouvait faire le plus de mal et que le point noir couvrit presque entière l'aurore de ses sentiments et la clarté de ses vues morales, qu'il commença à sentir la douleur sous le souffle des vents froids ou chauds lui passer à travers la figure aux cheveux blancs ou noirs. Habitué à vivre en respirant un doux zéphir, il comprit la gravité des éventualités auxquelles il ne s'était point attendu; car l'homme, une fois démoralisé par le crime, n'appartient plus au calme de sa conscience, il sent d'abord toutes les fibres de son corps comme ébranlées; en outre, il est agité par le trouble et le remords importun provoqué par l'égoïsme, l'ambition, l'orgueil, tout ce qui engendre le malheur jusqu'au massacre de ses semblables. Or, comme une amante infidèle, ne sachant pour quel motif sa joie l'avait abandonné, il se plaignit au temps en lui réclamant sa primitive gaieté. Sur quoi le temps, par la voix de sa tristesse, lui répondit implicitement : « Nous, que tu appelle le temps, ne sommes que l'air qui s'écoule de seconde en seconde, minute en minute avec les heures du jour, mais l'Etre tout-puissant, à tes yeux moins apparent, moins visible que nous, de qui ta vie dépend, se servant de nous pour faire la pluie et le beau, dit qu'avant de lui demander, tu devrais t'examiner sur l'avenir du monde futur, duquel tu commence à souiller de ta perversité l'existence et lui payer toute la part de justice que tu lui dois, et non infecter l'atmosphère jusqu'à lui par la ruine, la misère et la mort de tes frères que par la folie de tes caprices tu fais égorger criminellement contre ses volontés paternelles. »

Pour lors, les plaintes que l'homme adresse au temps ne furent point entendues et moins encore écoutées, où alors le fer, la haine de ses proches et le feu étaient l'arme des méchants; lui-même, le temps, fut celle de Dieu. Arrive qu'arrive, le mal ne faisait que commencer. Les fainéants détestant le travail, par désir instinctif, beaucoup plus cupides que les gens laborieux, tenaient à jouir et posséder toutefois plus que personne; alors donc, en ces époques, la propriété n'appartenait qu'à titre de droit obtenu par acquisition du louable labeur qu'elle exigeait : justice de toutes la plus équitable. Mais les chefs des fainéants marchant licencieusement par colonnes, quoique caractérisant le misérable rebut de la société, ne prétendaient pas à la part la plus petite du domaine, ni à la nature du terrain le moins bon, au mépris de toute raison disputant aux travailleurs les contenances selon qu'ils les trouvaient plus ou moins agréables, et, par conséquent, celles qui leur paraissaient en meilleur rapport. Si les propriétaires possédant par droit légitime résistaient à la défense de leur propre cause, les fainéants se réunissaient en vrais sacripants et s'emparaient de la première part de leurs fruits, les expropriaient, et bien heureux si d'autre mal ne leur arrivait ; cela ne se terminait sans se battre et souvent l'un ou l'autre restait sur la place. Des demeures, des belles constructions comme du reste, la même piraterie trouvant que rien n'était contrôlé sous la garantie d'aucun acte officiel, faisait appel à la dernière crasse qu'on trouvait recrutable à toute occasion dans la tour pouilleuse qui, pendant le jour, rôdait les carrefours, ou se roulait saoûls le long des tertres, leur faisant entendre que la propriété, la terre n'avait pas été créée expressément pour un seul, que d'avoir seulement gratté la pellicule du sol ne pouvait suffire pour s'en dire le maître. Le pire d'une telle exaction ne pouvait continuer ou les uns auraient tout quand les autres ne pourraient jouir d'aucun bien, mais que toutefois par ordre supérieur des druides et des soi-disant magiciens, sorciers ou devins, il fallait par la force ou par la raison abolir ce mauvais régime de chose. En effet, quand les druides, les prêtres parlaient, il fallait écouter et obéir aux oracles, et, s'ils le commandaient, prendre les armes et s'entr'égorger. Les armes, en les prenant, s'était ne pas montrer de la désobéissance à leur volonté, surtout lorsque pour si peu l'intérêt y portait volontairement de soi-même. Et, haro! en sicaire, ou mieux dit en assassin, la crapule tombait sur les honnêtes gens et les massacrait. Puis, après avoir détruit la population mâle, on violait les femmes et on embrochait les mères et les enfants, sinon on les réduisait à la plus humble servitude, celles dont les lamentations effroyables inspiraient souvent de l'émotion aux cœurs de fer les plus téméraires.

Alors la justice avait déjà complètement disparu des cœurs humains, elle n'existait plus sur la terre, elle était bafouée, chassée de partout; la conscience anéantie, pour l'homme il n'y avait plus rien de sacré, tout était violé. Les bons, une fois démoralisés, redoutaient plus la rencontre fortuite des farouches que celle du lion, le roi du désert. Chaque famille cherchait à cacher l'objet dont elle pouvait être victime et tâchait de fuir la présence des forts, qui n'étaient pas ceux du bien, à tel point que les filles n'obtenaient la grâce de leurs parents que par le sacrifice de leur honneur. Enfin, étant reconnu qu'au désir de la secte infâme des magiciens, des sorciers, des devins et des prêtres, en principe, les hommes étaient descendus quelques bons degrés au-dessous de l'antropophagie et des bêtes immondes, les astres, par leur tristesse, exprimaient le regret que Dieu éprouvait d'avoir créé le monde; il envoya des terribles cataclysmes dans la résolution formelle d'exterminer la race maudite, errant en diverses parties du monde, essayant de l'engloutir sous les flots d'une submersion épouvantable. Il a noyé tout ce qu'il y avait de plus odieusement indigne à ses yeux et sans espoir de ramener à une conversion sincère. C'est ce que les écrivains de la Bible appellent le déluge universel; parlant aussi de Noé et de son arche construite par les ordres de Dieu pour la conservation des espèces animées à seule fin de régénérer la terre après l'écoulement des eaux. Or, déluge, oui, mais non universel. Cette dernière syllabe est de trop à l'hypothèse, vu que la nature du terrain elle-même par la diversité des couches qu'elle présente en la creusant, et les fossiles qu'elle renferme dans ses entrailles, fossiles qu'on découvre chaque jour ici et non ailleurs, prouve qu'aucun déluge n'a jamais couvert latitudinalement la surface de toute la terre au-delà des vastes contrées tout autant que les orgies l'avaient contaminée par la débauche et le sang répandu par les méchants. A ce monstrueux sujet, sans contredit, Dieu aurait bien conclu de mettre fin à toute existence si dans son auguste dessein il n'eut réfléchi qu'à force de passer par l'alambic de la justice tout ce qu'il y avait de mauvais, comme l'or se purifiant par le feu, pouvait se rectifier à force de passer par les épreuves de la métempsycose.

ONZIÈME ÉPOQUE

Avertissement du ciel à l'homme par le déluge. — Comparaison de l'homme aux autres animaux.

Comme un orage passant partiellement sur un champ, n'emportant par le dégât de la grêle que la moitié de la récolte, le déluge ne put entièrement submerger tout l'univers; donc, dans ce même cas, le monde entier ne pouvait périr sous la fatalité du même coup. Cette inondation diluvienne ne devait compter d'abord que comme châtiment, puis comme avertissement du ciel donné directement à l'adresse des hommes à cause de leur inconduite, car le maître de la nature préféra la destruction de sa part que de souffrir plus longuement l'horreur des calamités qui se réitéraient à chaque instant à la perte du mérite de l'homme, vu que l'homme sur la terre par sa supériorité de droit régnait avec empire sur tous les autres êtres; au contraire, lui, avait été créé expressément pour être lui-même la vie par le bien les uns envers les autres ; cependant, hors de ce précieux devoir, même à la honte de la bête des bois ou de la brute de l'étable, en se classant au-dessous de ses intérêts féroces pour mieux assouvir l'esprit de ses passions immondes en se vautrant dans le sang de ses égaux, il n'a trouvé son élément le plus délicieux qu'en pactisant avec la mort contre eux comme puissant aúxiliaire.

Par allusion au déluge dont parle la Bible, si dans un pays tout est mort, à l'entour reste la vie, et le pays se régénère de nouveau. La mort ne peut que changer les mœurs et le caractère ; mais les hommes, quelque costume, quelque déguisement qu'ils portent, ne sont jamais que des hommes, et après quoi les hommes ne sont plus que mal et faiblesse entre eux. S'ils sont libres en pleine émancipation, pouvant se dissiper à tous les freins, ils sont loin du bien et toujours prêts à faire le mal. Or, nécessairement, ceux qui sont inclins à le faire pour leur correction, tout effort devient inutile, on ne peut les corriger sans la répression d'une loi rigoureuse. Mais encore, ceux qui font les lois, sont-ils par vertu ou abnégation d'eux-mêmes, plus dignes que ceux les transgressant et étant passibles d'en subir les conséquences ? Et, mêmement, ceux qui les appliquent peuvent-ils se dire en quelque sorte plus justes que ceux qu'ils jugent ? Certes, non. Si de tous les temps les législateurs et les juges se sont flattés vaguement de quelque trait de sagesse à l'égard de tout autre individu, ce n'est point tout à fait exceptionnellement par un esprit de réserve, toutefois plus équitable que celui de ceux qui sont soumis à leur prévention ; comme ceux qui prêchent sur les fautes des autres et qui sont pétris du même limon ; s'ils s'examinaient bien premièrement, est-ce qu'ils auraient le droit de s'attribuer un mérite au-dessus de ceux qu'ils censurent? — Pas davantage.

Par conséquent, si nous prenons véritablement le déluge pour un coup du ciel, nous devons croire aussi que dans le nombre des victimes périrent également les bons parmi les coupables, ne restant qu'à Dieu à reconnaître les siens. Mais, comme chez les hommes, même les évènemeuts les plus récents et d'un caractère assez sérieux échappent à la mémoire, quelques siècles après la cicatrice du terrible fléau, on ne fit pas plus attention au déluge que s'il n'avait jamais existé. D'une façon plus adroite et avec une intelligence plus raffinée depuis, le mal s'est fait plus que jamais. Le mal semble un fait acquis tel que si l'homme ne pouvait se distinguer de l'animalité générale sans cette marque. Arrêtons-nous un peu, deux mots sur ce point. Tombant sur la question de tous les animaux, lequel comme l'homme est celui d'une espèce n'importe laquelle qui se proclamera ou qui oserait se proclamer roi ou le chef des autres et les assujettir, les tricher par un commerce astucieux et puis ensuite tuer ou faire tuer comme ses méprisables sujets? Aucune des familles animales n'aura la force d'avilir ainsi son instinct au-dessous de sa qualité dans le fond plus humain que l'homme. Encore, à quelle classe appartiendrait cet autre animal qui, non content de vivre en se régalant du miel des autres le plus délicieux, qui prétendrait en plus que ses égaux et toute la terre fut sa propriété à lui seul? Aucun. Est-ce que le lion, le tigre, la panthère, le renard, le loup, en vivant sans rois, sans princes, sans juges ni avocats se mangent entre eux? Pas du tout. Si chez eux il y a une querelle, cela vient de l'amour génital et non d'un égoïsme, d'une avarice insatiable, d'un orgueil pareil à celui de l'homme voulant être plus que les autres. Eh bien! alors, soit par le diable ou par le démon, selon les druides et les prêtres, l'homme manquant de vertu et de perfection, il résulte la différence que dans leur genre les animaux peuvent être réfractairement indomptables, mais néanmoins de mœurs plus régulières, n'ayant pas à l'instar de l'homme à entretenir de leur pitance un parasitisme si insolent. La vie humaine ne semble encore pas assez avancée pour existir en République sans craindre le désordre d'un anarchisme.

Chacun exposé aux trances de la révolte et du massacre que telle situation pouvait entraîner, n'osant sommeiller un moment de peur de trouver la mort en rencontrant un étranger, un inconnu à la famille, sinon sous une loi sévère pouvait tout aussi bien sortir de la moindre dispute entre voisins. Tellement que tous aimaient la sécurité, leur semblant que la société ne pouvait plus tenir dans un milieu si corrompu, se lassaient ennuyeusement par le dégoût de vivre, tellement la vie chaque jour leur venait à charge. Égarés dans leur moral, les uns pour échapper au déshonneur, d'autres à la honte du viol résolvaient d'y mettre fin en se suicidant ou en cherchant à se faire tuer. Enfin, d'elle-même, l'humanité jalouse de ne pouvoir vivre en bonne harmonie comme la brute que l'on supposerait le sanglier, le cheval, le bœuf vivant en état sauvage dans les parages des grands continents, elle sentait le besoin d'être sauvée, gardée sous la tutelle d'un pouvoir armé, la garantissant du danger constant, planant comme un glaive sur sa tête. Mais on ne savait comment ni sous quelle forme évoquer ce pouvoir qui devait couvrir la situation; surtout en n'ayant pas, de bien s'en fallait encore, ni chemins, ni routes pour les communications d'un commerce entre peuples, que, faute d'itinéraire, on ne savait où aller ni d'où venir; dont, en quelque sorte, ce qu'aujourd'hui nous dirions de distance assez éloignée, nos cités.

D'un bord ou d'autre, on désigna des délégués nantis d'un bon passe-droit, chargés d'organiser çà et là, partout où leur mission les appelait, des commissions préparatoires, devant immédiatement se transformer en comités d'entente à faire choix du personnage que l'on devait acclamer comme le plus influent et le plus digne d'accepter les rênes du pouvoir. Au bruit répandu à l'effet de ce choix solennel, il n'est pas d'individu qui manquait de venir se proposer comme très digne de remplir le grand rôle de maître, en promettant chacun du bien, beaucoup plus que d'intention et de cœur ne se sentait capable de faire. Selon le mode d'élection, on dressait des listes sur programme verbaux très ambigus et mal définis, puisque l'idiome du langage burlesque remplaçait les textes corrects du littéral, faute qui, bien plus tard, rendait souvent l'énonciation confuse, embrouillée, inintelligible. Mais jusqu'aux bornes de l'extrême ignorance, il nous reste à savoir si le premier souverain ayant paru sur la terre est sorti de quelque branche d'olivier, de quelque cep de vigne, de quelque tige du figuier ou du buisson, c'est-à-dire du parti des fainéants, écornifleurs, de ces viveurs en brigandage, ou des honnêtes gens de quelque classe du travail. Or, à quelque condition qu'il appartienne, il n'est pas moins réel que emberlocuqués de doctrines corruptrices, plus tard rois et courtisans se sont engourmandis au règne, au despotisme; rois ou empire, sortis du buisson ou de la grenouille, ces hommes tiarés ou couronnés, la vaniteuse parade leur fit d'abord oublier la cause du peuple. Le premier soin du nouveau maître fut d'organiser une hiérarchie toute d'hommes d'humeur en rapport à la souveraineté de son utopie. Si le monarque était fils du buisson, on peut croire que le personnel gouvernemental du royaume, constituant son entourage, n'était que le brigandage ramassé dans les plus basses couches de la vie. Mais toutefois, cependant, moyennant soumission aux règles partant d'un but fixe, les criminels d'audace commençaient à dépendre d'une force supérieure, les arrêtant et les punissant, ce qui en vue du peuple était un petit commencement de satisfaction vers la civilisation. C'est vrai, le mal que la canaille faisait réunie par bandes néfastes, un seul dans la personne du roi pouvait le faire également d'une autre manière; or, mal d'une main, mal de l'autre, pour l'innocence c'était toujours le mal; plus, toutefois, l'espoir au caprice d'un seul fétiche.

Successivement, l'autorité souveraine de ces

gouverneurs des peuples prit le terme techni-
que de gouvernements monarchiques, ce qui
explique encore autrement : malgré qu'à son
début le régime de cette espèce de royauté
laissât presque tout à désirer, l'homme, après
l'abri de la toiture de sa hutte, s'il plaisait à
ceux du pouvoir, commençait de trouver à la
défense de sa cause un peu de protection sous
la forme de quelques lois très grossièrement
exprimées et interprétées.

Eh bien! en conséquence du reste à décrire,
sans trop louer ce changement de chose entre
le bon et le pire, il faut ne pas oublier la lame
que l'on avait le plus à redouter en pleine oligarchie des forts faisant la loi à l'approbation
du brigandage. La main qui devait mettre
l'homme à couvert des chenapans brandissant
cette lame, en retour de cette perspective,
l'homme avait à craindre une fausse dénonce,
une parole mal portée, une plainte injuste
de la part des flagorneurs ne fut-ce seulement que d'un ministre, pouvait devenir un
danger très imminent. Car de tous les temps,
les rapporteurs, les espions, les mouchards, les
partisans anodins au nom du roi, ont fait plus
de mal que les rois. Mais au point de vue
moral ou matériel, alors la pécune en défaut,
rendait auprès des monarques les courtisans
moins fougueux que depuis l'ère de l'or, débor-
dant leurs poches pleines. Tandis que jadis,

anciennement, le même talent de paresse ne désirait entrer dans les administrations gouvernementales que pour s'exempter du travail, et le plaisir de baffrer, d'être maître ou laquais. Du peuple, quant à sa cote, par l'entrain, le faste, le luxe aux premiers temps des rois il ne lui était guère onéreusement plus à charge que ne l'est par ses folles dépenses, à sa famille, un simple paysan de nos jours; mais aussi ceux des premiers rois qui avaient à mérite la conscience du bien par la justice, en récompense étaient honorés, loués par le peuple.

DOUZIÈME ÉPOQUE

Les premiers rois et les peuples en révolte contre leur pouvoir despotique.

De période en période, d'époque en époque de quatre, de cinq à six en six siècles, le monde est arrivé au grand vent de la monarchie; rois de ça, empire ailleurs, despotisme partout à l'envi; par ambition et la gloire des conquêtes, entr'eux ils se déclaraient la guerre internationale quand d'autres, intérieurement, la faisaient aux places. De façon qu'on eût dit que l'arbre fait pour la vie, parvenu au développement complet de toute la vigueur qu'il devait donner à ses branches, de le décimer le temps était venu ; or, des peuples, depuis les rois despotes, le feu, la ruine, la mort, voilà leur part.

Aux époques des premiers règnes, si les rois ne portaient en naissant le signe de l'amour du droit de l'homme au cœur, ce n'est pas en leur éducation de principe que les couches sociales devaient espérer le bien. Car le dénouement des idées humaines par les sciences était encore si loin que l'invention des écritures ; que, comme nous avons cité aux passages ci-devant, à défaut de cette puissante faculté, on se servait de nœuds qu'on faisait sur une corde disposée à recevoir et retenir la mémoire des actes remarquables, puis des signes représentés par des figures pour rappeler traditionnellement les grands évènements des uns aux autres.

L'art de lire et d'écrire manquant, les finances aussi, la poudre demandant encore plus de temps avant de connaître le secret de son invention, qu'étaient donc les hommes alors ? pourquoi se faisaient-ils la guerre.

Ce qu'en termes hébraïques on disait les premiers, qu'à la suite on a appelé roi, par le seul plaisir de régner et l'envie de rendre leur royaume aussi grand qu'imaginable, ne lésinaient pas parcimonieusement de trop près sur la vie, n'étaient pas sordidement assez chiches de la vie humaine. Car dès lors un royaume ne comptait plus que comme la propriété d'un seul, et le peuple, comme le bétail du maître de cette même propriété, l'acquérant au prix du droit seul de pouvoir s'en déclarer le propriétaire sous le parangon d'un orgueil narquois. Enfin, c'est d'un tel début que partent les grandes divisions sociales. Les assez dits honnêtes, formant une classe à part, se multipliaient en même ligne ; et la racaille, la lie de la vile crapule s'accrût également par multiple, avec la différence que le peuple producteur était le mouton opprimé sous la griffe des frélampiers ; c'est-à-dire dès lors le peuple commençait à être l'agneau vivant entre le loup et le maître, veillant à ce que la brebis ne bêle et ne se révolte contre l'ogre qui voulait la croquer. Aux tournant le dos au travail, c'était des places légères et agréables, et de la fortune qui leur fallait et point d'outillage, ni des instruments aratoires ; et à cette fin, c'est le roi qu'on devait flatter. Et si la capacité à cette effet manquait au monarque, la ligue des gens à tout faire lui inculquait assez de moyens en vue de réaliser son affaire par la création d'un fonctionnement le mieux convenable à chacun et le moins favorable à tous.

Le résultat des évènements produits par la loi des forts outrageant l'équité, que le peuple froissé, frustré dans toute l'étendue de sa légitimité, ainsi qu'il est déjà dit, lui-même avec le terrain du royaume fut d'abord le premier objet constituant la propriété précieusement valable du roi, qui ne pouvait en jouir seul sans en faire aussi largement que possible la première part à la fourmilière des flaireurs qui s'abritaient sous le manteau de sa tyrannie royale, dont telle condition de défiance voulait lui dire: « Fais pour nous, sinon, prends garde! »

Bien que, comme les buveurs du bon temps se serraient la tête pour se garantir des fumées du vin, il paraîtrait que par de semblables allégories les subalternes donnaient à ces rois le diadème, manière de les avertir d'être en garde contre l'ivresse du pouvoir. En parlant de cette ivresse du pouvoir, on sous-entendait que le roi ne devait pas se laisser gagner par l'esprit de trop de liberté envers les souffrances qui pouvaient dépendre de son absolutisme, mais que sa puissance devait veiller au soin des tyranneaux. Si des emplois à donner manquaient au souverain du royaume, ce n'était certes pas les aspirants; il devait en créer même de tels que ceux-ci eussent également leurs dépendants, leurs subordonnés. Et comment faire alors? En propageant le paganisme, en construisant partout des temples aux idoles, aux dieux préconisés, en comblant de faveurs les prêtres et les druides.

De telle sorte, les Etats politiqués par le roi avaient leur hiérarchie ; les sectes paganistes de même, chacune avait la sienne ; le département de la guerre constitué aussi avait encore la sienne. Voilà comment les fainéants parvinrent à la trouvaille de leur bonne affaire. Hiérarchie politique, hiérarchie religieuse, hiérarchie prétorienne, en voilà pour le peuple d'alors assez de la vermine à nourrir à ses dépens! En ces époques-là, on ne pouvait rassasier d'argent cette grande famille de pillards affiliés, constituant la force du roi, lequel ne devait absolument représenter que leur cause et, pour récompense, leur gaspiller largement à volonté la fortune des misérables en faisant des riches cadeaux aux uns, et faire les autres maîtres d'un pays, d'une contrée, d'une tribu, d'une peuplade, etc.; puis, à ce titre, contents de pouvoir s'intituler pompeusement et de faire trembler tout le monde au nom seul qu'ils se donnaient de grand personnage, manière de faire respecter la tradition à leur égard. Enfin, c'est de cette drôle de façon que les pauvres se trouvaient furtivement expropriés, que les gens de travail se voyaient déshérités même de la plus petite mie de terre qu'ils pouvaient couvrir de la plante de leurs pieds. Depuis, les infortunés qui étaient le tout par le tout, de siècle en siècle et d'une génération à l'autre, ont vécu, très mal vécu ; serrés, gênés, dans une position très étroite, tandis que les autres, de même, en bonne vie, ont pullullé dans un rang plus ample, plus élégant et, par le même procédé, ont fait fortune en festoyant. Mais, plus tard, des grandes têtes sont sorties de la ligne des opprimés et ont lutté contre les régimes oppresseurs; s'étant fait des partisans, ils ont protesté contre les abus du pouvoir arbitraire et contre les abus du fanatisme des diverses sectes infectant la terre, ce qui, en un mot, n'était qu'un recommencement de guerres sans fin. Si les champions du peuple étaient vainqueurs, les terres usurpées, volées par ordre supérieur du pouvoir, revenaient de bon droit à leurs maîtres. La propriété, tant qu'il n'existait en sa faveur aucun contrôle garanti par l'Etat, n'était qu'un objet de discorde et le premier sujet occasionnant le vol dont les fruits étaient encore l'unique objet du larcin. Mais qui était le voleur? N'importe qui, fut-ce rois, princes, empereurs et larrons, l'étaient ceux qui agissaient de violence envers ceux qui l'avaient acquise de la façon que l'on sait.

L'un des champions adverses, le premier auteur des complications belliqueuses, avait à la défense de ses caprices une troupe de déguenillés, mal chaussés, mal disciplinés, mal épuipés, où le défenseur du peuple, marchant sous la noble tactique de la raison et des plaintes légitimes s'élevant de toutes parts contre le régime à combattre, avait pour adeptes des hommes éprouvés par l'amour de la justice, que la souffrance sous le joug de l'iniquité et de la misère avaient exaspérés jusqu'à la provocation, à la révolte contre les ravisseurs ; sans être du tout exercés au métier de la guerre, sans chamarrure ni uniformes soldatesques, ils promettaient de le suivre vaillamment jusqu'à la mort. Si le même défenseur du peuple remportait la victoire, souvent il détrônait le tyran, et, sans aucune perte de temps, renversait tout obstacle provenant ou émanant de ses institutions ; et le despote, une fois déguerpi, on proclamait à sa place la République, en vertu de laquelle on donnait aux travailleurs ordre de rentrer en possession de leurs droits primitifs. En foi de tels actes d'intrépidité valeureuse et de reconnaissance, chacun se dévouait à qui mieux pouvait s'unir à la bravoure de cet homme. Mais s'il tombait malheureusement sous les armes de l'ennemi monarchique, à ne pouvoir échapper de la captivité, les soi-disant républicains, sans chef et en débandade, étaient un par un horriblement condamnés à subir le sort d'une représaille sauvage ; car d'avoir recouvert sa liberté, un peuple, que tyrans et tyranneaux ne pouvaient voir jamais assez astreint, était pour un despote une fatalité mortelle.

A ne pouvoir en douter, la tyrannie d'un roi ou d'un empereur est comme un cancer : si on lui donne le temps d'organiser ses forces, il prend des racines à tel point que les plus tenaces à son appui sont celles qu'il prend en s'alliant malencontreusement au grand danger des sectes religieuses — qui, la plupart du temps, ont été la corruption ou la perte des rois et la ruine des nations. — Or, de par le même fléau du peuple et du bas peuple, c'en était fait pour lui; quand par le fait d'un grand malheur on le réduisait passivement à un état moins indépendant que celui de l'esclavage ordinaire.

N'omettons pas qu'au temps de la première royauté, un monarque tombé en défaite ou tué, le peuple triomphant, un autre roi ou plusieurs rois jaloux sur la perte d'un confrère, prenant témérairement du mort ou vaincu le fait à venger, recommençaient la guerre contre ce peuple qui, au prix de ses plus chers efforts, venait de conquérir ses libertés : si un ou deux ne suffisaient, trois s'y mettaient; ce n'était plus qu'un va et vient, un prendre et laisser. La vie étant ce que l'homme a de plus précieux à conserver, le peuple harassé, épuisé, las de combattre inutilement, qu'à la fin, terrifié jusqu'à la stupeur et ne sachant plus de quel côté balancer, finissait par s'incliner vers le parti du plus fort. La ruine devenant de plus en plus grande et les rancunes, comme une contagion virulente, s'inoculant dans les esprits, se communiquaient, se transmettaient, passaient d'une race à l'autre et de siècle en siècle jusqu'au dernier vainqueur.

TREIZIÈME ÉPOQUE

Différence des fainéants entre les laboureurs des champs et de la vigne.

Pour tant de mal qu'on veuille en dire, comme des instruments au besoin de la terre, à bon escient, s'il satisfait par les actes le vœu populaire plutôt que de tourner ses promesses en déception, pour le peuple, au contraire, un roi, de toutes les formes politiques, eût été le meilleur gouvernement au bien de tout le monde. Mais nul, au moins je le crois, n'est assez homme d'un mérite d'abnégation pour se prêter à la faveur du nombre, comme un bon père envers ses enfants; et s'il lui manque toutes les qualités désirables pour être ainsi, qu'on en juge, moins encore il peut l'être quant aux circonstances présentes; faute de caractère, il n'est ni homme ni femme, bourreau seulement.

Avant de m'étendre en pleine dissertation, comme des enfants à l'école, il faut observer d'abord que des fainéants aux laboureurs des champs et de la vigne, il existe toute la différence que l'on puisse établir entre les deux ordres de monde : les uns travailler et les autres flâner, voilà déjà le premier point de cette grande différence ; qui ne faisait rien, mangeait le foin et buvait le bon vin ; qui travaillait, mangeait la paille et buvait l'eau, deuxième point de la même différence : obliger les uns à la courbette, au porte-respect en tremblant, et les autres mépriser sottement, encore un troisième point sur cette différence ; où les mains calleuses de la production des œuvres bonnes et nécessaires devraient être classées au premier rang des valeurs précieuses, ce sont des mains douces et fines, ne créant ni ne produisant rien de bon et d'essentiel.

D'admettre pour le droit l'envers de la chose, que voulez-vous y faire, le monde, alors, premièrement par les docteurs, les rois et les sectes ayant débuté pour être ainsi fait. Tant pis !

Les rois, d'une mémoire fort courte, oublièrent bientôt l'allégorie du diadème. Ils n'ont jamais eu la prudence de réfléchir sur aucun point de la différence mise en question. Or, comme les pêcheurs, ils faisaient volontairement le mal parce qu'il leur plaisait de le faire, et non le bien parce qu'ils ne croient pas être faits pour cela. Mais, toutefois, nous ne pouvons outrepasser la mesure sans y revenir en second ; dès leur commencement, les rois ne s'entouraient que du mal, ne pratiquaient que le mal et, quand ils mangeaient, à table, le mal était leur commensal. Le bien pour eux n'était pas chose facile, ni guère agréable, aussi ne cherchaient-ils pas les moyens de le faire, ils le fuyaient en y mettant plus de méthode qu'autrement. Il leur était de beaucoup plus agréable d'emprisonner ou de faire pendre un million d'innocents que de soulager mille douleurs à la misère. Le bien, non seulement ils refusaient de le faire, mais ils refusaient dédaigneusement ses raisons, ses plaintes les plus clairement exposées sur des motifs les mieux établis et les mieux renseignés ; ils n'ont pas su éviter cette ivresse de présomption royale les offusquant, ils ont chassé loin d'eux le devoir sans lequel il n'y a point de mérite, ils ont préféré céder lâchement aux obsessions du génie qui les a fait détester en accédant à tous les sentiments de l'orgueil défendu.

Alors, comme un vieux tronc d'arbre moitié mort, enserré par l'étreinte des mille bras du lierre l'étouffant, les premiers rois, sans aucun souci de la classe ouvrière, se sont laissés entortiller par la séduction de cette pieuvre à jamais maudite qui s'est appelée les religions, que des écrivains célèbres ont surnommé autrement, laquelle a enfanté Lucifer, n'inventant rien que l'objet de ses rêveries : la superstition, l'absurdité de la croyance, le préjugé, le mensonge et la fourberie, enfin tout ce qu'à la honte de la vérité et du bon sens il peut y avoir de plus astucieux. Oui, de cette avanie sans nom dégradant la morale, est sortie la division de l'homme entre l'homme, faisant que là misère et le mépris est la part de celui qui travaille, la fortune et les honneurs la part de ceux qui n'ont fait qu'inventer la guerre, la haute police, et puis hypocritement ces vains mots : justice, charité, amour, providence, alors que justement la tête lourdement appesantie par le fumet des libations bachiques et par toutes les exaltations les plus flatteuses, au bruit des douces jactances et des expressions emphatiquement séduisantes, les rois fermaient l'oreille du cœur à toute autre motion plus sensée, plus digne d'être comprise, se laissant bercer et assoupir agréablement par les beaux discours de grand salon.

Tellement enfin comme un homme inerte, indolent, abruti de plaisirs et de boisson, se laissant dépouiller, déchausser, mettre au lit, puis s'éveillant sans se rappeler, le matin, ce qu'il a fait la veille, les rois sont restés éblouis, ivres de bien-être, choyés, calinés, épris d'enthousiasme de tout côté par les adulations des pires renards des cultes et autres sans nombre.

QUATORZIÈME ÉPOQUE

Invention des écritures — leurs résultats — les écrivains, les poètes, les philosophes.

Que l'on se fasse encore une idée sur l'homme vivant en état sauvage avant l'invention des écritures, avant l'art de peindre la parole, avant de savoir donner un corps, une apparence visible à la pensée ; lorsque rien ne pouvait se faire ni traiter avec personne qu'en présence d'un témoignage à faute de facultés pour contrôler les accords et les conventions ; hors du domicile ou éloigné d'un voisinage confidentiel, on tirait mal à comprendre, et à se faire comprendre, à interpréter des uns aux autres ce qu'il fallait expliquer. Sur cette question, je me demande ce que l'on peut concevoir aux signes d'un sourd-muet sans idiome ni méthode, de même devait être des cordelettes dont nous avons parlé auxquelles on faisait des nœuds.

Enfin, nous voilà arrivés à l'époque à laquelle parurent les premières lettres syllabiques, toutefois encore on n'employait qu'un seul caractère pour écrire chaque mot, qui était composé sans distinction de voyelles et de consonnes. — De cela, à peu près dix-neuf cents ans avant le Christ. — Puis, peu à peu, on est parvenu à la modification facilitant la vue de l'esprit, l'impression de ce qu'on voulait se représenter des uns aux autres sans voir ni toucher, tel que : les sons de la voix et les combinaisons des mots désignant les objets par leur terme, ainsi que les entretiens usuels en rapport aux choses et aux personnes. Des grandes récompenses furent décernées à ceux qui se rendirent à jamais célèbres par cette inappréciable invention, même de grandes quantités de terres leur furent données à cet égard ; mais on garda exceptionnellement le secret, qu'on interdit aux particuliers, ne permettant qu'aucun vulgaire eut droit d'y voir la moindre chose. C'est que l'art d'écrire, quoique exercé sous une règle imparfaite, la translation de la parole d'un individu rendue portative, dans la poche d'un autre, aux yeux du grand nombre, fit l'effet d'un mystère fort surprenant, duquel on ne pouvait se remettre de si grande qu'on trouvait la merveille ; sans toutefois comprendre l'importance que renfermaient les écritures littérales au riche avantage de la civilisation humaine.

Bien plus tard, on créa des académies ; ce qui, après les écritures en effet, venait essentiellement de plus urgent, dont les premiers devoirs qui s'y attachaient d'abord furent ceux de donner un nom à chaque objet et à chaque espèce d'animaux, des plantes, puis de composer un dictionnaire propre à chaque langue et à chaque nation.

Encore, ce précieux don des lettres, des écritures, que la nature a pu faire comme d'un héritage fort important et très recommandable au service des idées de l'homme, tomba premièrement au profit des dits fainéants qui en tirèrent tout le premier bénéfice et surtout le plus de force à leur suprématie autoritaire.

Quoique l'arrivée au temps d'écrire à la main courante fut un des plus grands pas vers le progrès, ce n'était point encore l'abolition du barbarisme; car il s'en manquait de longs siècles avant de parvenir aux sciences qui devaient développer les idées, éclairer les esprits sous les reflets de la grande torche des écrivains, des poètes et des philosophes, que je n'appelle pas des hommes ordinaires, mais des athlètes d'éloquence combattant les ténèbres au profit de la lumière intellectuelle; distingués des vulgaires comme une rareté à cause de leur louable talent par lequel ils voulaient illuminer les esprits et persuader les idées de chacun. Mais ne pouvant atteindre au but si honorable pour eux et si riche au bien de tous, c'était pour eux un regret douloureux, alors surtout qu'ils se sentaient poussés par le besoin de dénoncer la rogne cancéreuse afin de prévenir publiquement les causes morbides que, présentement et à l'avenir, cette même rogne pouvait causer à la société. Et pour le compte des mêmes vénérables écrivains, poètes ou philosophes, qu'en est-il advenu? Hélas! la persécution, l'ignominie, le martyre, le supplice du feu ou d'autres cruautés analogues.

En vue de la lumière en question, à peine commençant à poindre, la malice de la même horde, enragée de dépit et de peur que cette lumière, en illuminant les idées, ne fasse son malheur, poussaient les rois et tous les messires à prendre des mesures sévères contre ceux qu'ils appelaient barbouilleurs d'écritures; de les poursuivre sans trêve ni grâce et de les châtier rigidement.

De cette heure en avant, les monarques eux-mêmes, à cause du mal dont ils avaient toléré le système, commençaient à s'apercevoir sur quel volcan leur vie était exposée, ne pouvant plus ignorer qu'ils étaient entourés d'agents suspects, de qui ils avaient le plus à se méfier; n'osant trop les contredire. Avisant leurs ministres qui n'étaient aussi que des mauvais garnements, leur ordonnant de décréter sans pitié, la mort de quiconque se permettrait d'écrire, de répandre des libelles injurieux ou d'autres productions soi-disant réputées séditieuses, pouvant troubler la sécurité de leurs États politiques, même contre l'honorabilité de quelqu'un de leurs dignitaires. Pardine, les sectaires ne faisant de leur souverain qu'un instrument à exercer leur vengeance, une machine, une sorte de panique pour faire retomber sur leur grosse tête la responsabilité de leurs crimes; ce n'était pas malin! les fainéants, constituant le personnel de la cour, au moyen d'une telle main, n'avaient qu'à serrer un demi-tour de plus la vis du pouvoir exécutif, que la vie de ceux qui avaient le malheur de leur déplaire s'envolait sous la plate-forme de l'infernale pression.

Au moyen de telles lettres alphabétiques, les mêmes fainéants, gourmands et fripons, aux heures habituelles, s'attroupaient, s'amusaient, se livrant à divers jeux; ils s'exerçaient à qui dirait le mieux une phrase, l'écrirait avec plus de règle. Un mot aujourd'hui, deux mots demain, ils parvenaient à griffonner très imparfaitement des formes de mémoires en hébreu ou en grec, en arabe, travail sans valeur ni suite qu'ils avaient à retoucher d'un moment à l'autre. La difficulté qui les mettait le plus dans l'embarras c'était l'insuffisance des lettres de l'alphabet qui, de prime abord, n'était composé que de seize, tandis que le nôtre, aujourd'hui, est de vingt-cinq. Il arrivait souvent que les auteurs même de ces écritures ne pouvaient à peine s'y reconnaître; mais, peu à peu, quoique trivial, ils commencèrent à dépeindre un petit savoir à eux, jusqu'à l'entreprise de l'histoire, c'est-à-dire des copies sur les évènements du temps. Les instants qu'eux dépensaient à enregistrer les documents du moment et à faire des monstreux démons de leurs victimes innocentes, ailleurs d'autres, retirés dans des obscures retraites, rédigeaient véridiquement contre eux l'histoire de leurs crimes.

Or, la rectitude de l'équité en souffrance, l'esprit de droiture emprisonné, comprimé sous la force arbitraire, vexé, irrité, plus fort que la crainte de la mort, finit un jour par renverser les barrières qui l'enclavaient et brisait en éclat les barreaux de ses cachots lorsqu'on voulait trop l'empêcher de se prononcer.

QUINZIÈME ÉPOQUE

Question et réponse sur les fainéants d'origine. — Leurs mœurs, leurs actes. — Le fétichisme et le vrai Dieu. — Les prophètes.

D. Les fainéants-paresseux, les fripons, la canaille, de qui vous faites une très nombreuse classe, pourriez-vous me dire quelle était leur attitude, leur conduite, leurs mœurs?

R. Ceux qui dans le texte sont traités de fainéants, etc., je crois qu'il n'est pas besoin de mieux vous l'expliquer. Ceux qui se font honneur d'une tâche à remplir chaque jour peuvent très facilement comprendre que tels mots ne sont pour personne une enseigne trop embarrassante à traduire. Supposons un père d'une grande famille, très équitablement juste, sans mépris ni préférence entre aucun de ses enfants. Malgré sa bonté paternelle, il est forcé de faire abstraction de ceux qui refusent de se conformer à ses ordres. J'entends par fainéants et le reste, tout individu robuste, fort, bien construit, bien portant, ne faisant rien, ne créant rien, existant oisivement comme un objet inutile, conspué, vomi, craché, qu'on rejette hors d'une société d'amis ou de frères; clique, vauriens, prêtres, ou druides et plats serviteurs de basses-œuvres, comme le diable, lorsque n'ayant dans son royaume plus du mal à faire, plus d'hommes à égorger, ni des villes à réduire en fumée, songeait à la construction du temple pour s'y enfermer et s'y faire adorer. Comme les plus roués, tâchant de persuader chimériquement le nombre sur l'existence des ombres obscures, en parlant constamment de l'état d'outre-tombe ou d'autres chimères lugubres. A cet effet, concevant le dessein de se métamorphoser en je ne sais que dire d'extravagant et de singulier, afin que les plus stupides des masses, les reconnussent pour tels sous l'insigne et les considérassent respectueusement sous le nom de Facial, lesquels partout où ils passaient se faisaient remarquer exemplairement comme le modèle de toutes les vertus. Ces gaillards ne pouvaient mieux faire passer la leur qu'en se prévalant d'une intuition aussi baroque qui, en cette qualité, flattait délicatement l'honneur de leur personne. Pour se métamorphoser, tel que nous l'avons déjà dit, ils s'accoutraient d'une espèce de jupe épaulaire, qu'ils laissaient négligemment, sans corde ni ceinture, tomber jusqu'aux talons, dont l'aspect de l'affublement, d'homme ni de femme, semblait un déguisement de sexe individuel plutôt qu'un ornement d'ordre. Dans cette bizarrerie de costume, ils cachaient une physionomie agreste et sinistre, aux traits hideux d'une âme dure ou bien mieux d'un cœur sans âme, plus barbares que spirituels, dont la sauvagerie naturelle ne semblait ricaner qu'en se voyant entourés de victimes et de misères humaines comme précieuses holocaustes au sacrifice des Idoles qu'ils inventaient eux-mêmes, aux images les plus invraisemblables à toute Divinité.

Longtemps après le chêne vénérable, après que les hommes avaient commencé de mettre la main à la maçonnerie, ils ont fait construire des enceintes pour y célébrer leur culte ; et ce que nous appelons église, eux l'appelaient leur temple sous le nom de Cromleck. Au pied des autels qu'on y renfermait, on célébrait, même à la honte d'un chien, les passions que la plume, au respect de la pudeur, n'ose écrire en toutes lettres. Seulement la première phrase de leurs doctrines impies commençait par un semblant de chasteté la plus dévergondable : celle d'enseigner aux hommes de renoncer aux droits de la nature, d'abord celui de mépriser la femme; de se livrer intimement de préférence à des relations les plus abominables : entre......

Après les inondations du sang qu'on avait fait sucer à la terre, c'est de ces professeurs d'une telle morale que part l'esprit de dépravation dont la monstruosité du vice et le comble des abominations provoquèrent la ruine de Sodome et Gomorrhe.

A force d'horreurs et de crimes abominables, en ces temps funèbres, le mal était monté à une extrémité si haute qu'on eût dit avoir chassé de partout même le droit de bien penser, et celui d'espérer le retour des hommes à la raison. Tout paraissait en souffrance sous la dépendance de leur dérèglement. La malédiction semblait obscurcir jusqu'aux astres, tous les espaces de la terre et du firmament, Sans lois, le brigandage de toute sorte s'exerçait librement à tous les freins; personne ne pouvait espérer du lendemain. Nul ne pouvait comprendre le motif pourquoi il semblait en proie à un deuil perpétuel, en pressentant le sinistre qui se répandait chaque jour des hécatombes humaines, ne pouvait ranimer leur espérance qu'en croyant entrevoir dans la candeur des astres scintillant au-dessus de leur tête la justice méconnue, outragée, espérant toutefois un jour qu'elle viendrait mettre fin aux scènes infernales, par lesquelles les hommes se rendaient indignes de leur nom.

En effet, l'état auquel l'homme avait été mis à seule fin qu'il se perfectionne en ne faisant que le bien prescrit par la loi de l'Invisible, il avait de ce grand commandement fait un fumier d'inqualifiables orgies en poursuivant avec une furie outrée la déprédation et la ruine de tout ce qu'il y avait de plus vénérable comme pur et juste, à tel point que la terre fut terriblement frappée de plaies : la peste, la famine causée par des brouillards de sauterelles et d'autres insectes qui dévoraient les récoltes jusqu'aux plus tendres bourgeons des plantes; ailleurs, on entendait dire avoir vu pleuvoir du soufre; autre part, le feu consummant tout ce qu'il rencontrait de combustible. Mais l'Incréé s'étant promis de ne point exterminer les races jusqu'au dernier sujet, qu'inutile d'user de tels procédés pour la conversion des hommes, vu que pendant les plaisirs et les fêtes ils ne peuvent seulement croire à la mort que juste au dernier moment qu'ils sont à ne pouvoir lui échapper, pris dans ses étreintes. À cet égard, il accorda à certains le don de présager l'avenir, à d'autres le don des sciences, à celui-là le don d'annoncer la vérité, de prêcher la justice afin d'instruire les peuples, de pénétrer les idées et de les élever à la hauteur de comprendre la raison, de connaître le bien et de n'adorer d'autre Dieu que lui seul.

Et tels, moyennant des communications qu'il permit avec des légions du monde immatériel, manifestaient aux yeux physiques quelques petites merveilles religieusement curieuses, attirant à cet effet une affluence de personnes plus nombreuse, afin de mieux gagner la confiance publique à leur exhortation, en les engageant à abjurer les erreurs de la superstition du maudit paganisme, surtout pour les détourner du sacrifice impur qu'on offrait au Veau-d'Or : que, continuer de leur sacrifier des chairs et autres choses impures, c'était une bévue éternelle. Ces hommes en relation avec les esprits séparés de la matière, que l'on disait inspirés aux choix du ciel, étaient au commencement des prophètes, nom donné à tels hommes par la tradition des anciens ; ce que, bien plus tard, je suppose, on eut dit les philosophes. Alors les prophètes combattaient les erreurs qui par le fait reculaient l'homme appelé à l'intelligence bien au-dessous des autres bêtes. Les dits prophètes travaillaient par la morale civique et la croyance à faire des hommes par les lois de la raison et des amis par le bien, la paix et la justice; les orgueilleux du fanatisme croyaient s'être rendus tout à fait maîtres du ciel et de la terre; jaloux et se sentant blessés dans leur cause, ils s'en prirent contre les prophètes et contre les sages de l'époque, leur firent une guerre à mort.

Au reste, ces hommes de bien appelés prophètes, avaient déjà fait un sacrifice de leur vie et se lancèrent avec la lampe des bonnes lumières à la main à travers le monde, semant partout la parole de paix, d'amour et de concorde; on les accueillait avec enthousiasme et souvent même avec jalousie quand ceux de loin ne pouvaient les engager à se faire promettre de venir chez eux. De cette façon, si les prophètes avaient le diable charnel pour ennemi, ils avaient aussi des amis, des adeptes, des disciples qui, à leur exemple édifiant, se soulevaient en masse et les suivaient pour les protéger contre le danger. Et ceux-ci même engageaient les autres à renoncer aux erreurs de la superstition et de passer aux doctrines du bon sens, de se révolter au besoin en nombre aussi formidable que possible pour renverser les autels et réduire en cendres les temples de Mithras, de Baal, etc., et publier, dénoncer hautement la fausseté des dieux de la terre et de la mer : puis, sus aux Faciaux qui voudraient persister contre la vérité dont l'exemple leur serait chastement donné.

Déjà engagé dans la bonne voie, le peuple finissait par comprendre que par un sacrifice dans une bonne intention pour l'Eternel, c'était à une œuvre double qu'il consacrait ses efforts pour celle de l'admission d'une divinité bonne une fois et enfin pour celle de ses droits sociaux ensuite.

Par ce changement de conduite infernale en bonne chose et la cause du bien essentiellement revendicable, la part égale à chacun mise en lumière surexcita de nouveau plus que jamais les colères, souleva les guerres de religion sans autre raison que le but bien déterminé, toujours le même : celui des fainéants gouverner et exploiter les travailleurs honnêtes en les abreuvant de préjugés en litige contre la saine croyance inclinant le plus vers la réalité mystique synonyme de l'enfer humain aux prises contre le ciel moral et spirituel, l'erreur contre la raison, le mal contre le bien, le mensonge religieux contre la vérité patente. Ces sectes dont l'ensemble réuni est ce que j'appele Satan, qui tenaient presque toute la prolonge, ne voulant pas lâcher la rêne, voilà encore la guerre.

Alors, la foi dans les nouveaux convertis étant presque indécise, ne se fortifiait qu'en voyant incarcérer les prophètes, et plus encore en les voyant fermement confesser leur conviction et résignés à tout souffrir de la barbarie que les incivils pouvaient exercer de cruel sur eux, qui ne faisaient que protester contre l'imposture de leur athéisme idolâtre, en les voyant mourir courageusement en vrais martyrs, en confessant les doctrines du vrai Dieu, ce que, de tous les âges, depuis les pseudo-idolâtres, juifs, protestants ou catholiques, ont tant crié que les prophètes sont morts martyrs dans un esprit exclusivement religieux, parce que précisément la religion est leur propriété exclusive à eux ; nous affirmons en plus que les mêmes prophètes sont morts martyrs de l'homme en revendiquant sa liberté et ce qui lui fait besoin pour vivre et qu'il ne peut obtenir qu'au moyen d'une politique autre que celle qui s'oppose à ses plaintes.

Le démon ou Satan, ci-haut assez dénommé, assez compris (l'homme méchant, pervers) alors exaspéré de furie et de rage, non pas absolument contre le Dieu maître de lui et de ses divinités, mais contre ce que les prophètes par leurs mansuétudes angéliques annonçassent aux peuples l'avènement des choses nouvelles en leur expliquant que le créateur de toute chose commandait particulièrement à chacun de manger le pain à la sueur de son front, et malheur à qui le mangera aux dépens des autres, malheur à qui reniera Dieu pour contempler d'autres images taillées par la main des hommes, malheur à qui ne considèrera le père et la mère comme ses chefs temporels et qui ne leur portera un respect exceptionnel à cet égard, malheur à qui fera de son semblable un esclave ou une machine à ses propres intérêts, malheur à qui usurpera et qui prendra astucieusement ou violemment la part des biens terrestres revenant de droit à chacun ou qui les détiendra sans en faire part aux autres, malheur à quiconque violera le serment conjugal contracté pour se livrer à d'autres personnes qui ne seront pas légitimes, etc.

SEIZIÈME ÉPOQUE

Dieu, Adam et sa femme. — Moïse et le feu dans le buisson. — Communication des lumières aux prophètes. — Promesse du Messie 1,500 ans avant son avènement.

Quoique l'on dise, personne ne peut soutenir qu'au commencement Dieu ait eu des longs colloques avec Adam et sa femme pour instruire sur ce que renferme le texte de sa loi, pas plus que la thèse n'a de la vraisemblance en soutenant avoir apparu à Moïse comme une masse enflammée dans un buisson. Si de pareils faits étaient possibles à admettre, comme nous l'avons démontré, Dieu étant tellement grand, qu'aucun homme des plus spirituels ne peut se figurer l'immensité, comment donc Dieu aurait-il pu s'effacer, se rappetisser au point d'être visible et de parler verbalement à deux hommes, à deux de ses créatures, et non à d'autres, sinon à tous? Impossible, surtout en ayant à son service assez de milliards d'anges; Dieu n'avait qu'à désigner celui qu'il eût jugé d'un caractère compatible de se manifester sous des formes les plus frappantes et par des relations les plus mystérieuses. D'abord, le vent qui a soufflé depuis Adam à travers tant de siècles d'ignorance, de péripéties et de monstruosités barbares, explique que sans écritures, depuis si longtemps, il est impossible de pouvoir conserver mémorablement la tradition en la faisant passer des uns aux autres, de la main à la main, de génération en génération, et prouve d'autant plus que ce qu'on dit est plutôt une fiction qu'une réalité de l'ordre véridique.

Il est donc incontestable qu'en mettant l'homme sur la terre, Dieu fit comme un ouvrier qui prendrait un morceau de bois très mal uni, le débrutissant, avant de lui donner la figure qui lui convient, il le plaça parmi les autres animaux; avec la différence que l'homme lui-même n'a su comprendre, celle que de tous les êtres qui rampent sous le ciel, il est le seul qui soit à la fois animé d'une double existence conjointement unie dans une seule connexité, intimement très étroite, savoir : dans l'une de ces deux vies, il revêt naturellement une nature animale, synonyme de matériel visible et mortel, qui est le corps et ses organes, tandis que l'autre c'est la raison, l'intelligence, synonyme d'esprit, qui reste immortellement après la personne.

Les druides, les pontifes du paganisme dont nous avons parlé avaient en quelque sorte une espèce de notion à peu près dans ce sens, mais loin d'être éclairés sur aucune règle de ces doctrines; c'est pourquoi, de la figure du premier objet qui leur convenait, ils en faisaient leur idole à la place de la Divinité qu'ils ne pouvaient adorer sans un signe d'apparence. Mais le tort qui les rendait plus coupables, c'est d'admettre l'attribution de ces sortes de dieux au service de leur aberration pour dominer avec plus d'empire. Quoi qu'il en fut, ils n'étaient pas devant Dieu si coupables que beaucoup de prêtres de nos jours, qui l'adorent sans amour que celui de l'argent. Ce n'est qu'à force de turpitudes immorales et d'écarts de justice qu'ils se rendirent le plus indignes. Car l'existence du vrai Dieu ne fut révélée premièrement au monde hébreu que par des personnes illuminées, bien avant que l'on ne parlât d'aucun grand ni petit prophète, même encore bien avant Moïse, à qui une voix surnaturelle ordonna d'annoncer publiquement aux nations, que Dieu avait promis, dans quinze siècles, d'envoyer aux hommes un Rédempteur devant les racheter à la vraie croyance, on pouvait déjà espérer qu'il viendrait sous le nom illustre de Messie, et dont l'avènement ne pourrait se produire sans l'effet d'un miracle qui devait étonner l'univers. Ces derniers, après Moïse, ne firent que continuer l'œuvre et confirmer ce que d'autres grands esprits, dont le nom personnel a échappé à la mémoire, avaient commencé au point de sortir l'humanité des mœurs bestiales. Et ils donnèrent à la Toute-Puissance le nom de Dieu, afin de rendre le caractère dignement plus auguste et d'un éclat plus majestueux, et afin que le peuple pense plus généralement le reconnaître sous la même acception, car les Hébreux, dans leur langage, ne l'adoraient que sous le nom de père ou de seigneur.

Par conséquent, las de souffrir que son nom serve plus longtemps de jouet, mis au jeu des agioteurs, Dieu ne pouvait faire autrement qu'en se servant d'hommes reconnus les plus justes. De cette façon, peu à peu on est arrivé à la grande époque des prophètes. Ceux-ci, prévenus des secrets qu'ils devaient recevoir en confidence, étant ravis d'être appelés à une si glorieuse mission, malgré qu'ils savaient déjà les facheuses éventualités qui devaient leur arriver, résolurent fermement d'accomplir leur devoir jusqu'au bout; ne s'étant armés que de la crainte de tomber en faiblesse plutôt que mourir glorieusement pour la cause du bien physique et pour celle de la morale en arrosant la terre de leur sang. En effet, la plupart furent hommes stoïques jusqu'au martyr, et nous, à bon droit, tenons à honneur grand compte de leur courage. C'est eux, les prophètes, hommes pleins d'adnégation et de dévouement, qui, les premiers, commencèrent à contribuer de leur vie à rendre de la vérité et de la justice méprisée, traînée, la perle précieuse en commençant, pour ainsi dire, à écrire de leur sang la première page du martyrologe du monde par la vive résistance à l'attaque contre le démon ou diables qui ont vomi la fortune de l'iniquité au doux plaisir d'enrichir, de gorger les fainéants et fainéanteaux, en leur donnant graduellement des titres suivant le droit de protection, malgré les misérables qui n'avaient qu'à se mêler de cracher la pécune; lesquels faute d'union, d'accord et d'entente se résignaient à tout souffrir plutôt que se soulever en masse et l'écraser, l'engloutir sous les débris de l'enfer qui leur faisait tant de mal ici-bas; et hélas! au lieu de cela, se sont laissé ligoter et fouetter sous le joug au train de toutes les platitudes. Mais certains des prophètes, mourant en protestant, emportèrent avec eux la palme de l'héroïsme et le prix de tous les mérites:

Isaïe, 826 ans avant le Christ, fut scié en deux par ordre de Manassé; Daniel, 602 ans avant le Christ, qui était de la tribu de Juda, fut emmené captif à Babylone, il expliqua le songe à Nabuchodonosor et parvint aux dignités. Ayant refusé de rendre les honneurs divins à Darius le Mède, il fut jeté dans la fosse aux lions, mais la protection divine le couvrit dans ce danger. Il obtint de Cyrius le renvoi des Juifs à Jérusalem et le rétablissement du temple. Ce n'est que de Jérémie, 603 ans avant le Christ, et d'Ezéchiel, 600 ans avant le Christ, que la tradition ne fait aucune mention de leur massacre.

Au reste, toujours est-il que c'est des Juifs, d'abord peuple hébreu, puis israëlite, enfin, après la conquête de Babylone ils prirent à jamais le nom qu'ils portent; c'est de ces races

6

humaines qu'est sorti le premier peuple qui ait reconnu le dogme de notre divinité souveraine; et c'est un grand hommage à cet égard que nous ne pouvons leur disputer. Mais outre cela, leur extrême avarice même usuraire, en eux, réduit à peu de chose ce qui eût été assez louablement grand; et ce qu'après tout, nous provoque en doute, si chez eux, à part le mérite exceptionnel, il n'y avait pas autant d'hypocrisie que de la bonne foi. Car nous aussi actuellement, nous sommes d'avis que de penser souvent à Dieu et d'en parler des uns aux autres sans nulle crainte, sans scrupule ni honte, est un des premiers devoirs d'une personne digne respectant sa conscience; mais non dans un but d'argent et d'autres fins si avilissantes.

Enfin, bref, en raison de ces défectuosités, par les juifs ou par les israëlites, Dieu et l'équité étaient comparables à un malade, dont l'état demandait un bon lit de repos, qu'on le mit sur des fagots ou sur des pierres, le corps du souffrant ne serait pas moins à malaise. Les uns faisant la guerre pour de l'argent, les autres pour des questions prises à parti de caprice, guerre ou mal par caprice ou par vengeance revient au même, Dieu et les dupes d'un parti ou d'autres, ne pouvaient qu'être mal satisfaits. Les prophètes avaient beau et bien parler, ils n'étaient point compris par ceux qui ne voulaient pas les comprendre. Les oisifs, les contradicteurs, les loustics ne les écoutaient que pour trouver à redire sur tout, et pointiller sur les fautes de leur langue incorrecte; dont, en certains endroits, il arrivait que, malgré toute leur bonhommie, ils attiraient sur eux le ridicule des polissons, la raillerie des sots qui ne tâchaient que d'empêcher le silence à l'attention des honnêtes enseignant les doctrines ; que les mêmes tapageurs, à force de bruit et de tumulte, dégoûtaient les auditeurs, de telle sorte qu'on se les renvoyait d'un pays à l'autre à coups de pierres.

Revenant toujours au même, comme celui qui semblait passionné de désordre et avoir la vertu en horreur, le mal qu'il n'osait plus faire ostensiblement d'une manière il le faisait autrement, mais la situation sans progrès civique restait sur le même point. A Moïse peut-être, même aux prophètes au moins, il leur manquait le beau luxe de l'éloquence que l'avide curiosité recherche avec plus d'affection que d'appréciation des idées profondes que, malheureusement, presque toutes les fois les meilleurs orateurs ne savaient exprimer dans des siècles trop reculés de notre époque. Or, le monde en faisant son cours vers l'avenir, en défiance de lui-même, se conduisait comme sur deux rangs, mais non toutes les fois sans agression ; les Païens et les Juifs suivaient chacun leur ligne de conduite sans cependant aboutir à aucun résultat d'amélioration efficacement bien senti.

Les peuples, jusqu'alors trompés par les hommes en qui ils mettaient leur confiance, la terre et le reste avec elle semblait dépérir en langueur ; un lendemain ne laissait pas à espérer plus que le jour finissant la veille. Chacun semblait vivre sans tenir à la vie ; c'était un laisse-aller complet ; un véritable dégoût d'exister faute de lois en de pareilles circonstances, c'est-à-dire on ne peut se faire une idée sur la triste position de l'être faible, alors dépouillé de toute fourrure naturelle pour se garantir du froid, ne pouvant vivre d'herbe ; de naître, non sans raison, lui semblait ne pas en valoir la peine, vu qu'une fois sevré du sein de la mère on ne s'appartenait plus. Autrement dit, l'homme semblait ne venir sur ce théâtre que pour ouvrir un instant les yeux aux abominations de nature à ses instincts, auxquelles il s'habituait avec complaisance ; puis, comme de tous les temps, rentrait dans les obscures ténèbres du néant après le passage d'une existence incorrecte. Ce n'est que Dieu qui ne pouvait se fatiguer de cet ordre de chose. Se rappelant de la promesse qu'il avait faite à son peuple par Moïse en disant : « Un jour je leur enverrai mon ange, qui fera trembler les tyrans et leurs oppresseurs, et il rassurera les bons et les humbles ; il prendra en main la défense des innocents et des faibles. Et c'est par l'organe de ce même ange que s'éveillera la mise en vigueur des décrets qui seront lancés contre les irrégularités de la situation existante. »

DIX-SEPTIÈME ET DERNIÈRE ÉPOQUE DE L'ÈRE DU MONDE

Origine de la royauté bien avant Abraham jusqu'à l'indépendance des peuples gaulois. — Question sur le peuple et les rois. — Le martyrologe des nations.

Encore, l'humanité, à mesure qu'elle s'éloignait de l'état sauvage auquel la nature l'avait plongée, en tant que de tous les animaux respirant l'air, c'est la seule qui ait le plus travaillé à la destruction d'elle-même sans qu'aucune autre puissance animée eût à l'empêcher grâce aux familles spéculant l'unique fortune, celle de faire entre elles à qui la plus nombreuse, la terre habitable, fertilisable, ne s'est pas moins peuplée en se divisant par nations, dont le type et la couleur de la carnation des espèces, blanches, noires, rouges, ou jaunes, d'une taille plus ou moins haute, plus ou moins basse. Ces races jusqu'alors inconnues sous une dénomination propre à part celle du barbarisme naturel, prirent le nom de la contrée à laquelle ils se donnaient, qu'ensuite on transforma en empires, en royaumes, jusqu'à l'indépendance de la Gaule dont les principaux, constituant la pluralité, furent d'origine germanique, surqualifiés Visigoths, Aquitains Goths, Gepides, Ostrogoths ; dont ces parties de la terre divisée par contrées, aujourd'hui collectivement réunies en système encyclopédique, est l'Europe, composée de tels États.

La terre départie en puissances limitées, très bien, si ce n'était l'exception à exclure celle : qu'à partir même de bien longtemps avant Abraham jusqu'aux derniers règnes de l'an du monde, que l'on n'avait encore compris ce que voulait dire le mot équité. Donc en parlant de bien avant Abraham, 1821 ans avant le Christ, je veux dire depuis la fameuse origine des rois, ne régnant que pour le plaisir de massacrer, de détruire. Enfin le peuple, le pauvre peuple, par aucun fait de bien plus d'une part que de l'autre point, n'avait à se faire honneur d'appartenir à un royaume plus qu'à l'autre, qui puisse se dire heureux ici plus qu'ailleurs en vivant sous la dépendance d'un industriel d'aventure, ne pouvant se dire célèbre que par la cruauté de son règne.

D'après les récits consignés, le peuple incivil était tellement abruti à la cruauté fauve, qu'on regardait comme un paria indigne d'obtenir en mariage la main d'une femme tout individu qui n'avait jamais de sa vie éventré un ou plusieurs de ses semblables à l'aide de son couteau, car la vie d'un homme était estimée bien au-dessous d'un morceau de pain, puisque tuer une personne à ce prix ne valait pas une réprimande judiciaire; alors même que le fort tuait le faible, c'était une œuvre portée à l'honneur du malin qui restait impuni, si les parents n'étaient plus forts que le fort pour venger la mort de la victime; au contraire, les autorités légales estimaient l'assassin comme un sujet capable de toutes les actions dignes de l'épée aux circonstances agressives des arènes sanglantes.

— S'il n'y avait pas de justice, pourquoi donc des lois?

— Des lois, il n'y avait que celles instituées par les puissants et les riches pour astreindre les misérables à la corvée, à la servilité, et leur apprendre à craindre et à servir bassement les maîtres dans leur grandeur.

— Mais encore on ne peut comprendre. Pourquoi donc un roi sur la terre, s'il n'était bon à rien?

— Un roi sur la terre, en ce temps-là, était comme un sac à malice, dans lequel, en vertu de la baguette (du sceptre) magique, il ne sortait que des places, sans lesquelles, en vivant de la plus pure substance de cette classe qui remuait, travaillait et inventait, les bons messires croyaient banalement anéantir par le souffle de leur dédain, et qui, cependant, de tous les temps, a fait la force et la gloire des Etats.

— A quoi sur la terre un roi était-il bon, me demandez-vous? Ah! ah!... et pourquoi un tique à l'oreille d'un animal sinon pour le faire souffrir en le piquant? Pourquoi un cancer s'attache-t-il justement sur la partie la plus sensible d'un malheureux que pour le faire souffrir? Ah! c'est que, voyez-vous, en paralysant le corps, l'une et l'autre de ces deux malignités épuisent à leur profit toutes les forces qui finissent par manquer au malade prêt à s'éteindre sous le suçoir du parasite.

Les rois, disait un jour un grand homme (et c'était un prêtre), sont, dans l'ordre physique, ce que sont les monstres dans l'ordre moral; leurs cours sont l'atelier des crimes, et leur histoire est le martyrologe des nations. Et, peste! pourquoi faire les rois s'ils n'étaient bon à rien, vous dites; eh bien! lisez attentivement le martyrologe en question, y comprenant le prêtre « qui n'est pas Grégoire » qui, l'un sans l'autre, ne pouvaient rien faire. Celui-ci, tout en semblant faire publiquement le bien de la main gauche en donnant cinq centimes au gueux qui lui baise la pantoufle, signerait de la main droite les crimes les plus horribles et aussi la mort d'un million de combattants et la ruine d'autant de familles pour la gloire du trône. Puis, en suivant la même lecture, vous comprendrez mieux pourquoi les excellents rois étaient essentiels dans la vie de l'ancien monde avec toutes leurs racines, à partir de leurs premiers ministres jusqu'au gendarme le plus petit; et ce qu'ils sont actuellement pour le bien des contribuables les moins aisés, quand ils sont en bonne compagnie, faisant face à la table la plus somptueusement décorée en couverts d'or le plus artistement guillochés, brunis, ciselés, où tout brille et où l'odeur de tous les parfums restaure les poumons, et où les vins, les meilleures liqueurs pétillent, et ils sont entourés de leurs belles. Quand les têtes chauffent, les cœurs s'enflamment d'amour, les passions s'éveillent à la vue du sexe, dans une toilette la plus haute et la plus charmante, puis tombent dans toutes les infernales orgies. Vous verrez aussi par le même spectacle comment ils s'occupent, s'intéressent, comment ils se soucient, comment ils pensent à la misère de la pauvre femme dont le mari est mort, restant mère de trois ou quatre enfants, d'un vieillard, d'un infirme abandonné des siens, qu'une de leurs médiocres racines, nommée madame la collecte, a laissé sans de quoi déjeuner ou souper, en s'emparant même du bois de leur table, de leur dernier objet hypothécable, saisissable, vendable, qu'ils avaient septublement gagné en suant au vent chaud du midi, sous un soleil brûlant... Oh! non, certes, une réflexion si sinistre ne leur a jamais empêché de rougir la trogne au teint rubicond. Mais, vous badinez! vous ne savez donc pas que héréditairement d'un coup de couronne, malgré les dieux et les diables, le royaume, les hommes, leurs terres, leurs bœufs, leurs ânes, leurs chevaux, leurs porcs, leurs moutons, leurs volailles, tout était leur propriété. Et, d'ailleurs, ainsi maîtres de tout, les bons sires étaient les forts. A ce titre et qualité, il fallait non se taire, mais s'anéantir en criant : Vive le roi!...

Sauriez-vous nous dire quelle est la première terre du monde qui a donné naissance à la famille de tels champignons, dont la tige vivace, vénéneux et indestructible, poussant en grande fécondité, dépasse toutes les sommités humaines qui ont ainsi réglé le monde à l'instar d'une société de fripons réunis comme dans un très vaste champ de foire, où le plus filou et le plus voleur de tous est élu, appelé à faire la loi, les plus iniques à faire la justice, les criminels les plus coupables à juger les innocents ou les plus dépravés, les plus obscènes enseignent la morale, et où les démons de l'avarice profane la plus impie sont promus et adoptés chefs des doctrines à la tête des religions?

— Il est presque difficile de répondre exactement à cette question autrement que par cette hypothèse : Tout ce que l'on peut affirmer sur ce point, c'est que l'Egypte, la Palestine, la Turquie, l'Afrique, la Judée jusqu'à la Sibérie, tous ces Etats, tribus, trétarchies et vice-états sont la terre du théâtre renommé pour avoir le plus anciennement fourni au monde de ces évènements remarquables. Par ce seul fait, il est presque probable que c'est de ces contrées de l'Orient que part l'origine du cryptogame engendrant les malheurs terrestres.

— Sur cet article touchant les rois, vous n'êtes pas du même dire avec la Bible, qui les considère comme des hommes sacrés, choisis par le ciel afin d'établir l'ordre où la paix serait troublée par la division entre les peuples.

— Savez-vous si l'esprit qui a traduit la Bible était plus partisan des rois que de la justice sans les rois? D'ailleurs, fut-il partial ou impartial : autres temps, autres mœurs, dit le proverbe. Je vous ai dit d'abord, qu'en certains pays et certaines époques, un roi, comme chef d'une nation représentant un père relati vement à la sécurité d'un royaume et non comme despote fier et orgueilleux, était un meuble fort utile. Mais, à part ces conclusions, je vous le répète, ce n'est pas toujours du mal que je souhaite à une personne que je ne connais pas, qu'autant de bien souvent, je n'en pense, car ce n'est pas à l'homme que j'en veux parce qu'il est roi ou empereur, mais à son orgueil, à son despotisme, à l'oppression qu'il exerce tyranniquement sur le peuple en vertu du titre capital de roi ou d'empereur, à qui j'adresse formidablement ma critique en donnant ma leçon au peuple pour le prévenir contre les abus du pouvoir dont il a grandement besoin d'être renseigné, parce que c'est lui toujours le plus en risque d'être la première victime. Du reste, ne jugez pas de la question avant de préciser la comparaison de ce que coûte au budget national le luxe effréné des monarques de nos jours, à partir du moyen-âge à l'égard de celui du temps d'Homère, au neuvième ou dixième siècle avant Jésus-Christ. Ce poëte illustre, qui loue tant le palais d'Ulysse, ne parle que d'un mur, d'une haie qui le défend et de la solidité de ses portes. Allez aujourd'hui chez un monarque de notre siècle, vous ne verrez pas une tête de clou qui ne soit en or.

Vous me parlez de la Bible, en disant que je ne suis pas du même avis avec elle au sujet des rois, lisez les deux chapitres ci-après que j'ai extraits avec le plaisir de vous les soumettre.

PREMIER LIVRE DES ROIS (LA BIBLE)

CHAPITRE VIII

Les Israélites demandant un roi. — Samuel veut les détourner de leur dessein.

Samuel, étant devenu vieux, établit ses enfants pour juges sur Israël. Son fils aîné s'appelait Joel et le second Abia. Ils exerçaient la fonction de juges dans Bersabée, mais ils ne marchèrent point dans ses voies ; ils se laissèrent corrompre par l'avarice, reçurent des présents et rendirent des jugements injustes. Tous les anciens d'Israël s'étant donc assemblés, vinrent trouver Samuel à Ramatha, et lui dirent : Vous voilà devenu vieux et vos enfants ne marchent point dans vos voies ; établissez donc sur nous un roi afin qu'il nous juge.

Cette proposition déplut à Samuel, voyant qu'ils disaient : Donnez-nous un roi afin qu'il nous juge. Il offrit sa prière au Seigneur. Et le Seigneur lui dit : Ecoutez la voix de ce peuple dans tout ce qu'il vous dit, car ce n'est point vous, mais c'est moi qu'ils rejettent afin que je ne règne point sur eux. C'est ainsi qu'ils ont toujours fait depuis le jour où je les ai tirés de l'Egypte jusqu'aujourd'hui. Comme ils m'ont abandonné et qu'ils ont servi des dieux étrangers, ils vous traitent aussi de même. Ecoutez maintenant ce qu'ils vous disent, mais protestez-leur de ma part et déclarez-leur quel sera le droit du roi qui doit régner sur eux.

Samuel rapporta au peuple qui lui avait demandé un roi, tout ce que le Seigneur lui avait dit, et il ajouta : Voici quel sera le droit du roi qui vous gouvernera : il prendra vos enfants pour conduire ses chariots, il s'en fera des gens de cheval et les fera courir devant son char; il en fera ses officiers pour commander, les uns mille hommes, les autres cent ; il prendra les uns pour labourer ses champs, et les autres pour lui faire des armes et des chariots ; il fera de vos filles des parfumeuses, des cuisinières et des boulangères ; il prendra aussi ce qu'il y aura de meilleur dans vos champs, dans vos vignes et dans vos plans d'oliviers et le donnera à ses serviteurs ; il vous fera payer la dîme de vos blés du revenu de vos vignes pour avoir de quoi donner à ses eunuques et à ses officiers ; il prendra vos serviteurs, vos servantes et les jeunes gens les plus forts, avec vos ânes, et les fera travailler pour lui ; il prendra aussi la dîme de vos troupeaux et vous serez ses serviteurs.

Vous crierez alors contre votre roi que vous

avez élu et le Seigneur ne vous excusera point, parce que c'est vous même qui avez demandé un roi.

Le peuple ne voulut point écouter ce discours de Samuel. Non, leur dirent-ils, nous aurons un roi qui nous gouvernera. (Et les pauvres grenouilles de la Fable persistèrent). Nous serons comme toutes les nations, notre roi nous jugera, il marchera à notre tête et il combattra pour nous dans toutes nos guerres.

Samuel ayant entendu toutes ces paroles du peuple, les rapporta au Seigneur. Et le Seigneur dit à Samuel : Faites ce qu'ils vous disent et donnez-leur un roi qui les gouverne. Samuel dit donc au peuple d'Ismaël : Que chacun retourne en sa ville.

LIVRE DES JUGES

CHAPITRE IX

Abimelech se fait déclarer roi. — Les Sichemites lui dressent des embûches. — Il prend Sichem et est tué.

Alors Abimelech, fils de Jérobaal, s'en alla à Sichem trouver les frères de sa mère, et tous ceux de la famille du père de la mère, et il leur parla à tous en ces termes : Représentez ceci, leur dit-il, à tous les habitants de Sichem : lequel est le meilleur pour vous, ou d'être dominés par soixante-dix hommes tous enfants de Jérobaal, ou de n'avoir qu'un seul homme qui vous commande ? et de plus considérez que je suis votre chair et votre sang.

Tous les parents de sa mère ayant donc parlé de lui en cette manière à tous les habitants, ils gagnèrent leur cœur et leur affection pour Abimelech en leur disant : c'est notre frère. Et ils lui donnèrent soixante-dix sicles d'argent, qu'ils prirent du temple de Baal-Borith. Abimelech avec cet argent leva une troupe de gens misérables et vagabonds qui le suivirent ; et étant venu en la maison de son père, à Ephra, il tua sur une même pierre les soixante-dix fils de Jérobaal, ses frères, et de tous les enfants de Jérobaal il ne resta que Joatham, le plus jeune de tous, et on le cacha.

Alors tous les habitants de Sichem s'étant assemblés avec toutes les familles de la ville Mello, allèrent établir roi Abimelech près du chêne qui est à Sichem. Joatham, en ayant reçu la nouvelle, s'en alla au haut de la montagne de Garrizem, où, se tenant debout, il cria à haute voix, et parla de cette sorte : Ecoutez-moi, habitants de Sichem, comme vous voulez que Dieu vous écoute.

Les arbres s'assemblèrent un jour pour s'élire un roi, et ils dirent à l'olivier : Soyez notre roi. L'olivier leur répondit : Puis-je abandonner mon suc et mon huile, dont les dieux et les hommes se servent, pour venir m'établir au-dessus des arbres ?

Les arbres dirent ensuite au figuier : Venez régner sur nous. Le figuier leur répondit : Puis-je abandonner la douceur de mon suc et l'excellence de mes fruits pour venir m'établir au-dessus des arbres ?

Les arbres s'adressèrent encore à la vigne, et lui dirent : Venez prendre le commandement sur nous. La vigne leur répondit : Puis-je abandonner mon vin qui est la joie de Dieu et des hommes, pour venir m'établir au-dessus des arbres ?

Enfin tous les arbres dirent au buisson : Venez, vous serez notre roi. Le buisson (sans se faire prier lui qui ne valait rien pour rien), leur répondit : Si vous m'établissez véritablement pour votre roi, venez vous reposer sous mon ombrage ; vous ne le voulez pas, que le feu sorte du buisson, et qu'il dévore le cèdre du Liban.

Considérez donc maintenant si ç'a été pour vous une action juste et innocente d'établir Abimelech pour votre prince. Si vous avez bien traité Jérobaal et sa maison ; si vous avez reconnu comme vous deviez le faire les grands services de celui qui a combattu pour vous, et qui a exposé sa vie à tant de périls pour vous délivrer des mains des Madianites, et, si vous avez dû vous élever comme vous avez fait contre la maison de mon père en tuant soixante-dix fils, et en établissant Abimelech, fils de sa servante, pour prince sur les habitants de Sichem, parce qu'il est votre frère.

Si donc vous avez traité comme vous deviez Jérobaal et sa maison, et que vous ne lui ayez point fait injustice, qu'Abimelech soit votre bonheur et que vous puissiez être aussi le bonheur d'Abimelech. Mais si vous avez agi contre toute justice, que le feu sorte d'Abimelech et qu'il consume les habitants de Sichem et la ville de Mello ; et que le feu sorte des habitants de Sichem et de la ville de Mello, et qu'il dévore Abimelech.

Ayant dit ces paroles, il s'enfuit ; et s'en alla à Bera, où il demeura parce qu'il craignait son frère.

Abimelech fut donc prince d'Ismaël pendant trois ans. Mais le Seigneur envoya un esprit de haine et d'aversion entre Abimelech et les habitants de Sichem, qui commencèrent à le détester, et à faire retomber sur Abimelech, leur frère, et sur les principaux de Sichem qui l'avaient soutenu, le crime du meurtre des soixante-dix fils de Jérobaal, et de la cruelle effusion de leur sang. Ils lui dressèrent donc des embûches du haut des montagnes ; et en attendant qu'il vint, ils s'exerçaient à des brigandages, et volaient les passants. Mais

Abimelech en fut averti. Cependant Gaal, fils d'Obed, vint avec ses frères, et passa à Sichem et les Sichemites à son arrivée ayant pris une nouvelle confiance, sortirent en campagne, ravageant les vignes, foulèrent aux pieds les raisins ; et dansant en chantant, ils entrèrent dans le temple de leur Dieu, ou parmi les festins et les pots, ils faisaient des imprécations contre Abimelech, et Gaal, fils d'Obed, criant à haute voix : Qui est Abimelech ? et quelle est la ville de Sichem pour être assujettie à Abimelech ? et cependant il a établi un Zébul sous-serviteur pour gouverner sous lui ceux de la maison d'Hemor, père de Sichem, pourquoi donc serons-nous assujettis à Abimelech. Plût à Dieu quelqu'un me donnât l'autorité sur ce peuple pour exterminer Abimelech ! Cependant on vint dire à Abimelech : Assemblez une grande armée, et venez.

Zebul, gouverneur de la ville, ayant entendu les discours de Gaal, fils d'Obed, entra dans une grande colère et envoya en secret des courriers à Abimelech, pour lui dire : Gaal, fils d'Obed, est venu à Sichem avec ses frères, et il presse la ville de se déclarer contre vous. Venez donc de nuit avec les troupes qui sont avec vous, tenez-vous caché dans les champs, et, au point du jour, lorsque le soleil se lèvera, venez fondre sur la ville. Gaal sortira contre vous avec ses gens, et alors usez de vos forces contre lui.

Abimelech ayant donc marché de nuit avec toute son armée, dressa des embuscades en quatre endroits près de Sichem. Gaal, fils d'Obed, étant sorti de la ville, se tint à l'entrée de la porte et Abimelech sortit de l'embuscade avec toute sa troupe, son armée.

Gaal ayant aperçu les gens d'Abimelech, dit à Zebul : Voilà du monde qui descend des montagnes. Zebul lui répondit : Ce sont les ombres des montagnes qui vous paraissent des têtes d'hommes, et c'est là ce qui vous trompe.

Gaal lui dit encore : Voilà un grand peuple qui sort du milieu de la terre et j'en vois venir une grande troupe par le chemin qui regarde le chêne. Zebul lui répondit : Où est maintenant cette audace avec laquelle vous disiez : Qui est Abimelech pour nous tenir assujettis à lui? Ne sont-ce pas les gens que vous méprisez? Sortez donc et combattez contre eux. Gaal sortit ensuite à la vue de tout le peuple de Sichem et combattit contre Abimelech; mais Abimelech le contraignit de fuir, le poursuivit et le chassa jusqu'à la ville, et plusieurs de ses gens furent tués jusqu'à la porte de Sichem. Abimelech s'arrêta ensuite à Ruma, et Zebul chassa de la ville Gaal avec ses gens et ne souffrit plus qu'il y demeurât.

Le lendemain, le peuple de Sichem se mit

en campagne, et Abimelech ayant eu nouvelle de cela, mena son armée contre les Sichemites, la divisa en trois bandes et leur dressa des embuscades dans les champs. Lorsqu'il vit que les habitants sortaient de la ville, il se leva de l'embuscade, il les chargea vivement avec ses troupes et vint assiéger la ville; cependant les deux autres corps d'armée poursuivaient les ennemis qui fuyaient çà et là dans les campagnes.

Abimelech attaqua la ville pendant tout ce jour; l'ayant prise, il tua tous les habitants et la détruisit d'une telle sorte qu'il sema du sel à l'endroit même où elle avait été.

Ceux qui habitaient dans la tour de Sichem ayant appris ceci, entrèrent dans le temple de leur dieu Borith, où ils avaient fait alliance avec lui; c'est de ce lieu extrêmement fort qu'est venu le nom de Borith. Abimelech ayant appris de son côté que les habitants de cette tour s'étaient réfugiés et renfermés ensemble, monta sur la montagne de Selmon avec tous ses gens, coupa avec une hache une branche d'arbre qu'il mit sur son épaule, et dit à ses compagnons : Faites promptement ce que vous m'avez vu faire. Ils coupèrent donc tous des branches d'arbres et suivirent leur chef; environnant la forteresse, ils y mirent le feu, qui prit avec tant de force, que mille personnes, tant hommes que femmes, qui demeuraient dans cette tour de Sichem, furent étouffées par le feu ou par la fumée.

De là, Abimelech marcha vers la ville de Thèbes, qu'il investit, assiégea avec son armée et la prit. Il y avait au milieu de la ville une haute tour où tous les principaux de la ville, hommes et femmes, s'étaient réfugiés en ayant le soin de bien fermer les portes; ils étaient montés sur le haut de la tour pour se défendre par les créneaux. Abimelech, au pied de la tour et combattant vaillamment, s'approcha de la porte et voulait y mettre le feu; mais en même temps, une femme jeta du haut de la tour un morceau d'une meule de moulin qui atteignit Abimelech à la tête et lui en fit sortir la cervelle. Se sentant blessé mortellement, il appela son écuyer, et lui dit : Tirez votre épée, et, de crainte qu'on dise que j'ai été tué par une femme, tuez-moi. L'écuyer, faisant ce qu'on lui avait commandé, le tua.

Abimelech étant mort, tous ceux d'Israël qui étaient avec lui retournèrent chacun à leur maison, et Dieu rendit à Abimelech le mal qu'il avait commis contre son père en tuant ses soixante-dix frères. Les Sichemites aussi reçurent la punition de ce qu'ils avaient fait, et la malédiction que Joatham, fils de Jerobaal, avait prononcée, tomba sur eux.

CONCLUSION

De la Bible, les deux chapitres ci-haut, sont notoirement, de toutes les matières qu'elle renferme, les plus importants quant à l'instruction de la politique moderne.

Or, comme on le voit, s'il est croyable que Dieu permit qu'une femme mit fin d'un seul coup aux œuvres scélératesques de la destruction entreprise par un diable des plus forcenés contre les saintes lois de la création. Après le coup de pierre reçu sur la tête, l'ogre fut bien mort, mais il resta du monstre engendré du buisson une longue queue, que, depuis, le monde, faute d'énergie, n'a point raccourcie. Le résultat d'une telle incurie, c'est que le même dragon a constitué son pouvoir sur les ignorants et les faibles pour subjuguer les forts, voulant protester contre ses lois arbitraires au nom de l'innocence même.

LIVRE DEUXIÈME

Entrée du monde dans l'ère nouvelle. — Avènement de l'ange prédit par Moïse.

Le 25 décembre, à minuit du dernier jour de l'an du monde et du premier jour de l'ère actuelle, par un miracle du ciel, surprenant tout ce qu'il y a d'animé respirant sur la terre, le Christ dit le Verbe, dit Jésus, dit le Messie, dit l'Ange de grand conseil, naquit à Bethléem dans un état le plus misérable qu'il ait pu rencontrer en venant dans cet enfer d'avarice et de mal; une poignée de paille entre des animaux dans une étable, en plein hiver, fut son berceau, car l'étoile qui conduisait le grand évènement s'est arrêtée en ce triste réduit, parce que les esprits chargés d'annoncer le grand message de la naissance savaient qu'ailleurs, pour le père et la mère d'un air trop pauvres, il n'y avait aucune place dans les hôtelleries ; et, du reste, c'eût été un début mal préparé en s'obligeant d'avance à la partie adverse dont justement il devait combattre moralement, car ne pas emprunter à son ennemi, c'est déjà un pas de fait pour le vaincre plus témérairement sans égard et sans se laisser vaincre timidement.

Sans besoin de bien nous étendre sur cet entretien, le fait seul explique qu'en ce que les uns voyaient clairement par l'œil de leur intuition spirituelle, trouvaient en ce moment bien plus doux les ébats de l'âme que ces autres d'un esprit que les affections de la matière rendaient obscurs, c'est-à-dire aux premiers ; ce n'était pas le défaut du luxe de l'enceinte qui les préoccupait, mais plutôt l'admiration inexprimable qu'ils sentaient les ranimer d'espoir et de joie, au point de leur ôter toute crainte, tandis que les plus matérialistes, ne croyant qu'à leur affaire d'intérêt principal, regardaient comme puéril ce qui à leur différence enthousiasmait les autres.

Enfin, n'importe quoi que les hommes puissent argumenter sur cette nativité que certains regardaient comme un mystère, il n'est pas moins certain que sans connaître l'enfant ni être informés à quelle famille il appartenait, la nouvelle de sa naissance produit un effet dont l'écho fut si retentissant, que d'abord la nouvelle se répandit dans tout le vaste univers habitable. Aux uns, l'idée seule d'entrer dans une ère nouvelle leur semblait sortir d'un hiver rigoureux changé en saison printanière, ou comme sortir d'une nuit ténébreuse et entrer dans une sphère de lumière, se sentant comme transportés d'un nouveau contentement et d'une nouvelle espérance; d'autres s'émouvaient de terreur et de crainte que, plus tard, cet enfant, d'une augure si puissante, ne fut un héros redoutable; les rois surtout eurent peur que ce fut un grand conquérant né pour les détrôner. Hérode, comme voisin le plus près du berceau, fut à ce sujet le premier à ressentir son orgueil troublé, le changeant aussitôt en aversion, et, par conséquent, le premier de le traquer comme coupable de ne pouvoir être plus innocent et d'être venu au monde sans ses ordres et malgré son autorité. Mais une lumière occulte, plus puissante que les artifices de tous les Hérodes infestant la terre, avant la mise à exécution de l'heure criminelle, vint avertir les parents sur le piège que l'on préparait contre le nouveau bébé, cherchant à le faire mourir.

Alors tout le monde ignorait ce que promettait d'être un jour ce tendre personnage, et sa réputation eut resté dans l'ombre si des actes plus qu'humains n'avaient marqué expressivement d'un jour à l'autre quelque chose d'immortellement divin, car à l'âge de trois ou quatre ans il parlait si correctement qu'un grand maître de sciences ; à dix ans, il faisait des merveilles plus curieuses que celles d'aucun professeur de physique ou de magie ; à quinze ans, il raisonnait avec plus de concision qu'aucun docte moral et qu'aucun orateur politique libéral. Son nom relatif aux doctrines devint tellement populaire, que du plus loin à la ronde, chacun avait plaisir de venir l'entendre parler.

— Très bien. Mais le plus fort de la question, tout n'est pas là ; parlons de ceci : Est-ce que le Christ est réellement Dieu selon que les religions catholiques et protestantes le divinisent ?

— Non, le Christ n'est ni Dieu ni homme ; il est moins que l'un et plus que l'autre.

— Quoi donc ?

— Après Dieu, le Christ n'est qu'un ange de la plus haute pureté qui, par la volonté du Ciel eût à se revêtir des apparences humaines sans quoi il ne pouvait faire entendre aux hommes un langage qu'ils n'avaient encore pu comprendre, parce qu'à leur attention il ne fallait que du nouveau ou de l'extrêmement curieux ; sans cela ils ne pouvaient croire. Et, tous sont les mêmes : Les larrons, les adultères, les ivrognes, les médisants, les gens aux mœurs corrompues prêts à tout propos à jeter leur défi le critiquent (voir à l'autre volume).

Les voyants, dits prophètes d'avant le Christ, parlaient avec une grande réserve, mais parce qu'ils commandaient de faire le bien et défendait le mal, ils n'étaient crus et approuvés que par ceux qui souffraient. Quant aux incorrigibles voyant toujours de travers les choses mises systématiquement en droit, en entendant des hommes ne parler qu'à des hommes, toutes les fois, manière de ne pas passer pour contradicteurs, se contentaient de dire : oui un tel parle bien, mais du cœur n'écoutant que leur tête.

Tandis que le Christ a d'abord manifesté sa grandeur par la première parole qu'il a prononcée de sa bouche pure, touchant le crime, le mal, que par le trône et les autels, le monde grossier, méchant, honorait et sanctifie encore sous l'adage de respect au trône, à l'autel et à la propriété; que par manque de jugement, ceux du peuple, même les victimes du régime inique, mourant de faim ou de misère à côté des millions de fortune, ne savaient imputer et ne blâment point encore comme un tort illégal, comme un vol pratiqué au préjudice des générations. Car il n'aurait point été le Christ s'il ne s'était expliqué dans ce sens, vu que celui qui ne sait que répéter ce que les autres disent n'est pas plus intelligent qu'eux ; son mérite et le leur est compensé. Or étant le Christ, il a parlé comme tel parce qu'étant venu pour parler autrement que les hommes n'avaient jamais parlé, il ne pouvait l'être qu'en tenant des raisonnements plus élevés que les hommes. Mais le trône et les autels, honorant le crime, n'ayant peur que de la vérité et de la lumière, l'admirant de l'entendre tout en le détestant, disaient : « Oh ! qu'il parle bien cet homme ! » Il parle bien oui, mais il devrait savoir que toutes les vérités ne sont pas bonnes à dire, répondaient ceux d'entre les plus hypocrites ; qui, s'ils ne s'appliquaient à l'écouter se mettaient du moins à compter ses jours, à taxer sa vie.

Revenons-y. Les uns disent que l'avénement du Christ n'avait point d'autre terme que celui concernant l'innovation de la religion; d'autres soutiennent que c'était pour mettre en vigueur la demande des abus du pouvoir politique des Etats en réforme ; de quel côté entendez-vous la raison ?

En parlant de la religion et de la politique, le Christ, pas plus que Dieu lui-même, ne comprennent rien à ce jargon dont les hommes usent au calcul de leur bénéfice particulier. La politique, on ne l'estime plus que comme un simple atelier de lois, devenant un état professionnel de gouvernants et de maîtres à poigne, auquel souvent on ne parvient gourmandement que par l'intrusion des compétitions spéculant plus souvent le vague des promesses, au moyen desquelles les élus s'enrichissent aux dépens même de qui les élit. La religion, sans dire une telle, dans le sens que les hommes l'interprètent, par l'exemple d'eux-mêmes non plus, n'est qu'un métier d'oisifs dénués de la conscience qu'on leur suppose après celle qu'on leur connaît sous ce voile.

Donc à la bravade de tout démenti, la religion et la politique, maintenant, ne sont plus considérées que comme des métiers de duperies et de flibusteries trompant les apparences de la modestie, où les hommes ne se sont donnés que le soin de veiller au respect de leur seule cause. Or la politique et la religion mariées ensemble, je le répète, font partie de la même famille du buisson, comme deux branches inséparables l'une de l'autre, se titrant d'infaillibilité et d'autorité suivant leur réclame, en effet, vu qu'elles ne peuvent se tromper que si elles faisaient le bien ; mais ne faisant que le mal, c'est une habitude si familière que de leur part on appelle le bien que l'une et l'autre religion et politique font sans se tromper.

C'est en conséquence de ces règles métaphysiquement ou théogoniquement tortueuses, répondant au grand système inégalitaire, que dans sa splendeur d'âme inaltérable de justice, le Christ, investi des attributions de son ministère, est venu froisser l'excellence de sa dignité en la sacrifiant au contact populaire avec les habitants de cette grossière planète pour moraliser, civiliser ceux que le régime des lois avait tenus abrutis sans progrès entre l'instinct et l'intelligence, et pour protester contre les meneurs de tout pouvoir téméraire; question à laquelle les prophètes n'avaient osé toucher.

D. Parlant du Christ, la tâche qu'il s'était donné la mission de remplir n'était donc pas tout à fait celle d'exhorter seulement les hommes à la pratique des vertus mystiques en préparant la conscience au bonheur de la vie spirituelle, sans prendre aucune part aux intérêts de la vie temporelle?

R. Un bon arboriste ne peut espérer du bon fruit s'il ne prodigue à l'arbre le soin que la qualité comporte. L'homme qui vit du jour au jour avec le très peu qu'on lui donne à la journée, des deux vies, celle du corps, à toute circonstance, est la première qui doit l'occuper avec souci comme la plus pressante, et après celle-ci, il doit penser souvent au pain de la seconde, dont la saveur qu'on doit lui donner est l'amour des autres et l'amertume des adversités qui se présentent dans ce passage d'épreuves. Mais éteindre la première de ces deux vies en se donnant spontanément la mort, dans la croyance d'acquérir plus de mérite à la seconde, comme il est déjà dit au premier tome, est aller trop au fond de la superstition, presque même à la bêtise, en s'exposant à faire mentir Dieu dans la première de ses œuvres.

Or, quant à la profession du bien, le Christ était en tout plus conséquent qu'aucun arboriste. Sachant que si le corps est tourmenté par le besoin trop pressant, l'homme n'a point tort s'il oublie quelques soins à ce qu'il doute même exister faute de mieux comprendre et de ne voir plus que naturel en lui. L'urgence d'abandonner ce qu'il croit incertain, pour soulager la douleur plus sensible de ce qu'actuellement il considère comme effectivement plus réel au point de sa croyance, telles sont les maladies auxquelles le Christ entendait d'abord porter le remède en combattant la cause qui provoque en nous ce mal à chaque heure du jour. Dans ce cas il est donc manifeste que le premier soin de l'homme est celui de songer à sa condition physique, puis à la seconde en songeant à celle des autres.

— Sans plus de détours, alors vous croyez donc que le Christ serait venu prêcher l'égalité et aux hommes de vivre en commun.

— Tant mieux, si ce mot ne sert à la réalité de fait, il sert du moins à juger, vu le nombre des âmes pieuses, combien il est grand ; car bien pauvres d'esprit sont ceux qui ne comprennent pas qu'égalité et communisme n'effraie que les n'aimant premièrement que soi avant leur prochain. Mais quand on est sincèrement désintéressé selon que doit l'être un vrai croyant, bien entendu, ayant l'œil du fond de l'âme fixé vers le Dieu de toute équité, on comprend que si un père n'aime pas également ses enfants sans nulle différence, il n'est pas digne de ce nom ; et une personne, après les siens si elle n'aime que soi et regarde les autres comme des étrangers et non comme des frères, est méprisable par ceux-là même qui ne sont pas elle ; et celui qui se sert de son semblable sans plus du respect que d'une mécanique, pire encore s'il le rend esclave, est un Caïn.

— Eh bien, si approbativement au point de votre interrogatoire, le Christ ne s'est textuellement prononcé ainsi catégoriquement dans ce sens, quoique incisivement, il s'est très bien expliqué assez intelligiblement pour que l'on puisse comprendre, sans besoin de revenir deux fois sur la même question, ne s'agissant que de vouloir bien saisir quand il a dit : que celui, celle qui ne vivra que pour ramasser des trésors dans la proportion autant qu'il lui sera possible, sans réfléchir aux sources qu'il peut essuyer par l'amas de ses trésors, pour ne faire que vivre en empêchant de vivre, un temps plus ou moins court, ce quelqu'un qui en dépend à son entour, pour se distraire de tout scrupule, à ce sujet, profiterait du prétexte de la loi à deux poids et double mesure ne protégeant que les gras et fins voleurs, ne recherchant qu'à exister plus tranquillement en avare sans perplexité sur la situation de ceux qui en souffrent, sera banni et tourmenté, poursuivi par la soif inextinguible de sa cupidité réservée à l'ombre de sa conscience qui un jour l'empêchera de goûter un moment de bonheur innocent.

Longuement avant et alors comme aujourd'hui sans intermission, la situation humaine dépendait à peu près de la même tension comparable à une batterie électrique, dont la pile principale accumulant les forces partirait de l'usine aux lois, donnant tout aux riches et prenant tout aux pauvres. Du Christ, ses paroles saintes, d'une impression grave, choquant scientifiquement cette pile, la fomentation haineuse commença d'abord à graduer insensiblement jusqu'à l'extrémité de l'aiguille du pôle thermoélectrique, ne manquant qu'un simple froissement sur le bouton de l'isolateur pour faire éclater toutes les foudres contre lui, car en ce temps-là comme en ce temps-ci, mépriser et oublier la pauvreté, c'était la manière de donner aux plus folles grandeurs une marque de distinction suivant la maxime du siècle ; mais, par contre, discuter hautement en démontrant les actes résultant de l'Etat donnant tout d'une part et retenant tout de l'autre, c'était un crime intolérable, très difficile à absoudre impunément. Le cas était encore plus grave, si on expliquait le mal que les lois faisaient tout en disposant des privilèges, mais celui-ci n'était que peu de chose auprès du criminel qui se permettait de faire connaître publiquement les rôles iniques que jouait sur l'esprit des nations l'hypocrisie des grands prêtres, ce que l'on dirait actuellement des papes et de leurs cardinaux. Or, lui, le Christ, jusqu'alors se l'était toujours paré belle tant qu'il ne lançait que pamphlétairement quelque petite escarmouche sur l'utopie des Césars; ce ne fut qu'alors qu'il fraya de trop près l'aiguillette de la batterie de picrate, surchargée d'antipathie et de haine, visée contre lui à cause de ses doctrines déblatérant vivement sur les docteurs et les scribes en les traitant d'hypocrites, contre l'avarice des pharisiens ; en disant que la prière seule, si longue qu'on la récite, ne fait point les qualités qu'il faut pour être homme de bien, qu'il n'y avait ou qu'il n'y a de grand en fait de mérite que ceux qui souffrent pour ce qui ne saurait être le mal et qui regardent tout le monde comme leurs frères, c'est-à-dire quand il expliquait au peuple qui l'écoutait le dommage que lui causait l'attitude, la réprochable conduite de ces autres en question, qui sont l'iniquité en personne, priant beaucoup d'un cœur sans foi, sans amour du prochain, ni d'aucune justice; au contraire, si de cette dernière ils éprouvent quelque contradiction, ce n'est que la crainte de son triomphe. Maintenant, voilà le gros de la machine qui, contre le Christ, fit explosion; voilà l'objectif pourquoi toutes les furies commencèrent à se déchaîner contre lui en l'accusant d'imposteur et de blasphémateur. A ne pouvoir plus en douter, comme ç'a toujours été, les lâches des pouvoirs, trop poltrons pour exécuter eux-mêmes les œuvres infâmes de leurs crimes, comme nous l'avons cité maintes fois, faisant appel à ceux du fond le plus suspect, facilement récoltable dans la voyoucratie et parmi les soulographes, les bandits de profession contents d'accepter le métier de sicaire comme le vrai moyen de vivre de la mort, pour commander à cette même racaille de faire du grand libérateur le jouet de leur mépris, pour le lapider et l'empêcher de continuer la propagation de ses maximes et prêcher contre ce qui faisait le paradis et la gloire de leur corps. En effet, cette espèce de diable forcé reconnaissant lui-même par l'évidence que le Christ était plus qu'un homme ordinaire, réfléchissant qu'il montrait néanmoins les mêmes sensibilités mortelles et tenant au nom plus qu'à la personne, le même loup dit à lui-même : Une fois que l'agneau ne sera plus, tu chargeras sa peau et on croira que c'est vraiment toi le Christ ressuscité. Ça y est !... Le dessein infernal ainsi conclu, Satan n'eut qu'à convoiter la grandeur de ce nom devenu traditionnellement célèbre, et, pour se l'accaparer, il prit la résolution réprobable de le faire accuser. Ne le connaissant pas distinctement avec ses disciples, il s'est trouvé parmi les douze apôtres un scélérat séduit par cet amour de l'argent qui ne rend aucun animal plus bas que l'homme, le lui fit connaître et livrer moyennant une vile somme; on le prit et on le mit en accusation comme un brigand; mais les juges, ne pouvant trouver à sa charge un motif assez grave, furent aussi embarrassés pour l'inculper que pour le juger. Ce ne fut que par un débordement de brutalité et d'ignorance populaires, que les hourra acclamant sa mort se firent entendre bruyamment pour couvrir les protestations du bon sens en faveur de son innocence.

Les juges, en ce temps-là pour ne pas dire de ce temps-ci, plus scrupuleux que les princes des prêtres, parce qu'étant reconnu et prouvé que si un prêtre naît avec une conscience ne va pas étudier l'avarice à la même école des autres, que pour la perdre, il n'est plus besoin de demander ce qu'est un prêtre. En somme, en fait de conscience, rien ne pesant sur celle du grand Juste, les mêmes juges s'en lavèrent les mains et le rendirent au peuple, le laissant ainsi libre d'en faire sa proie ; le peuple s'exultant de pouvoir assassiner le plus grand des combattants qui eut jamais pris sa défense, non par raison de quelque faute imputable, mais pour affecter l'honneur d'avoir fait mourir le plus illustre de deux co-détenus : le Christ eut la préférence d'un certain Barrabas. La foule, depuis et à jamais remarquablement insigne, est responsable d'un si grand crime, dont de génération en génération, par les écritures, les peuples comprendront à la fin que l'ignorance est l'opprobre de leur classe. On le prit de là en le couvrant d'imprécations et on le dirigea vers un petit mont chargé d'une lourde poutre ; arrivé sur le lieu, on plaça verticalement son précieux fardeau et il y fut cloué dessus entre deux misérables, et on finit de lui. Le souvenir de ces deux autres malheureux condamnés à périr également sur le gibet révèle qu'alors aussi le larcin était autrement considéré que la vie de l'homme au point de vue de la malice trop spirituelle. Enfin, tout était consommé ; la haine des braillards du peuple, des scribes, des pharisiens, des princes et des prêtres était satisfaite, il ne restait ultérieurement que la

« Vente de la complainte » par laquelle on pouvait dire aux pleurnicheurs faciles, aux cuistres sans cœur que notre Seigneur Jésus-Christ est mort pour nos péchés. Je vous demande si c'est possible qu'un innocent, victime d'une iniquité judiciaire, en mourant, s'il pourrait se rendre responsable des crimes d'un coupable et, par le même acte de plus que juste le criminel puisse s'éteindre en paix! C'est bon de le dire à ceux qui sont habitués à se nourrir tous les jours du bon pain sorti du travail des autres, faisant croire que c'est eux qui ont labouré telle ou telle vigne, en disant : J'ai travaillé mes terres, je ne perdrai rien de les avoir travaillées de bonne heure, mes récoltes s'en porteront mieux, j'ai moissonné, j'ai commencé ou fini de dépiquer mon blé, j'ai vendangé, je décuverai, je fais du bon vin et j'espère le vendre, etc.; tandis qu'après les plaisirs du théâtre, du beau voyage, des bals, des fêtes, des noces de chaque jour, des belles soirées, des jeux récréatifs, du salon, de la table et du lit, ils ne connaissent aucun des instruments aratoires ou autres, avec lesquels Jean est tenu du fond à remuer toute leur place.

D. Mais que pensez-vous lorsqu'on dit que Notre Seigneur Jésus-Christ est le vrai rédempteur du monde. Comment donc le Christ est-il le rédempteur du monde?

R. Voyez-vous, le mot rédempteur a pour description deux questions qui se heurtent souvent l'une à l'autre faute d'appréciation d'aucun côté de la discussion. Rédempteur, oui, le Christ est le rédempteur d'une partie du genre humain. Le prêtre, qui d'habitude est plus superficiel et, en général, le moins profond des corps savants, même des hommes spirituels, son affaire personnelle, d'abord, lui commande d'affirmer que le Christ est le rédempteur, parce que ce titre est indiscutable, à raison, dit le même prêtre, qu'il est venu sur la terre pour nous racheter de la damnation éternelle et parce qu'il est mort pour nous dans cette intention. Mais qui d'entre les moins intelligents ne peut subtilement l'arrêter sur cette parole, en lui répondant : Si, selon vous, Jésus-Christ est mort pour nous, d'où l'avez-vous su? Qui vous l'a dit? Pourquoi donc l'on meurt après lui, s'il est mort une fois pour nous?

Voilà le premier point vague de la question. A nous revient de traduire le second. Nous aussi, nous croyons que le Christ est le premier rédempteur du monde, à la seule différence que nous n'allons pas interpréter la thèse de la même façon que les prêtres. En parlant de rédempteur, nous entendons, et il est tel, parce qu'il est le premier vrai libérateur, autrement dit le premier martyr de la vérité, de la justice et de la liberté, qui a tenté de mettre en brèche le despotisme, parce qu'il est le premier qui a dit ce que nul n'avait osé dire, parce qu'il a dit que tous les hommes sont frères et qu'il a revendiqué l'abolition de l'esclavage en demandant que les hommes ne fussent plus sujets les uns des autres, que tous fussent mis en liberté, car de les tenir captifs est un crime abominable qu'on fait peser sur eux contre leur droit, et, dans le même sens, par lui, toutes les portes de la captivité de l'homme devaient être ouvertes, au lieu que par le prêtre tous les anneaux de la chaîne ne sont que plus solidement rivés en cet endroit, parce qu'il a réprouvé sévèrement les tyrans et parce qu'il a dit laconiquement dans un petit volume ce que contiendrait une grande histoire. Tel s'explique le mystère de son avènement et de sa rédemption.

En s'expliquant de la sorte, le Christ a dit que l'homme est un être susceptible à plusieurs existences, mais à double vie; pour chacune de ces vies, la première nécessite d'abord la nourriture qu'il lui faut pour le soutien du corps et des forces dont il a besoin; la seconde, exige ensuite pour vivre éternellement d'une vie sans épreuves, le pain de la Vertu. Pour cela, il a tranché le grand dilemne qui s'oppose entre l'oisiveté et le travail, entre le riche et le pauvre : Rends à César, ce qui est à César; et à Dieu, ce qui est à Dieu. Cette maxime, certes, a une bien grande signification autre que celle que lui donne le prêtre, celle de dire à Crésus : De tes millions, rends à tes semblables ce que l'Eternel n'a pas fait pour toi ; rends aux pauvres ce que tu détiens et qui n'est pas de toi, venant d'eux, et qui est en superflu au besoin de ton corps, de quoi tu n'en fais que la litière à tes immodérables folies, qui en prenant tous les soins au sensualisme de ta matière, tu empoisonne chaque jour ta conscience au fruit impur de tes œuvres abominables et, par ce seul fait, tu recules à grands pas chaque jour du bonheur qui n'est pas d'ici-bas, mais je ne sais à combien de siècles en arrière, sans parler des terribles épreuves que tu peux éviter de subir encore bien avant, en souffrant pour ce que tu vois souffrir par ta cause. De la pile électrique, par supposition, dont la charge se serait précipitée sur la personne du Christ, lorsque touchant le bouton de l'électromètre (de la sensualité humaine), le tuant ignominieusement de la manière que l'on sait et il est mort, du moins il en fait le semblant, en signifiant comme tous les grands hommes : mourir victime de la sottise humaine, ce n'est pas là le plus grand malheur, puisqu'il savait d'avance ce qui devait lui arriver de la part des deux capitaux ennemis de Dieu et des hommes : l'orgueil et l'égoïsme. Mais que une seule goutte d'un sang si pur se soit versé inutilement; que ce qui ne devait plus avoir lieu après lui, qu'il soit en mal pire que s'il n'était jamais né et que s'il n'était jamais mort; de manière encore que ce sang si précieux, après sa disparition de ce théâtre, personne n'a plus cru en être responsable d'une seule goutte, on l'a oublié. Ce n'est, hélas! que ceux qui pour le plus grand honneur de la sibèle, donnent à son nom un si grand bruit à en fatiguer le monde et à empêcher d'y penser ceux qui l'aiment encore.

MORT DU CHRIST

QUESTION SUR L'ÉTAT DE CHOSES APRÈS LUI

D. Quand le Christ, que vous dites le grand représentant de la justice, fut assassiné par les hommes, quelle différence ressentit l'ordre des choses d'avant lui après sa mort?

R. Sa mort fut un grand regret pour plusieurs et considérée comme un obstacle, une gêne de moins pour les autres. L'homme naissant avec le germe du mal au cœur est tout ce qu'il sait faire; un changement d'étoffe pour une autre, voilà tout. Le mal que faisaient les païens, depuis lui ce sont les chrétiens qui le font. Si le temps n'a rien gagné, les hommes n'ont rien perdu; où les druides se couvraient d'une longue espèce de sarreau, nos pontifes et nos cardinaux se couvrent des richesses les plus recherchées de l'art : soie dessus, dentelles dessous, mitres et crosses en or, diamants à la main, pour le seul prix des longues prières et des longues demandes importunes qu'ils adressent tous les jours à Dieu, le priant de les exaucer sans exiger d'eux de trop grands sacrifices, pour la récompense d'occuper sur la terre une place comme les grandes dames qui sont dispensées de toutes les obligations civiques.

Enfin, le Christ, la veille de sa condamnation à la peine capitale, avait dit à ses affiliés ou apôtres qui le survivaient, qu'en mémoire de lui et de ce qu'il n'avait pu finir de dire à l'instruction des hommes durant sa mission, il leur laissait pour tradition fraternelle un banquet auquel devraient être invités tous les hommes et toutes les femmes, afin de réconcilier les plus divisés et les plus en mauvaise intelligence. Ce banquet devait se composer de pain et de vin, car pour y ajouter tant d'autres plats qu'on dessert à une noce, cela aurait coûté trop cher à ne pouvoir y faire honneur. Dans ce banquet, il ne devait être question que de Dieu et de redevabilités humaines, du bien que les hommes devaient se faire entr'eux et même de les instruire sur un bon principe de manière à bien se conduire au moyen d'une bonne politique sans laquelle nulle société n'est possible.

Avant d'être livré aux premiers inquisiteurs de sa cause ou de ses vraies doctrines, le jour de la Cène, il leur dit : En vérité, je vous le dis, désormais il n'y aura plus des prophètes, il n'y aura que des bons penseurs, des écrivains, des poètes et des philosophes spirites qui aimeront le bien et combattront le mal; beaucoup de ceux-là, à cause des mauvais exemples qui leur seront donnés faussement et à mon nom par les hommes de l'Eglise nouvelle, ne pourront croire en Dieu, mais, néanmoins, ils consentiront à ce que je vous dis et feront quand même la volonté de Dieu. Or, que chacun en soit persuadé, ceux-là, à cause de leur talent, aimant la vérité, seront méprisés, beaucoup même seront emprisonnés, proscrits ou massacrés; donc, en me succédant, vous devez le devancer au martyr s'il est nécessaire, car la vérité et la justice ne peuvent exister en grand caractère parmi les méchants et qu'il n'en manquera jamais de ceux-là qui sortiront du sacrifice s'il le faut jusqu'au sang. Ceux-là jouiront en récompense d'un bonheur très difficile à dépeindre et qui les ramènera d'une telle force d'âme que l'abnégation leur vaudra la grandeur d'un nom couvert de gloire dont la tradition les élevant leur tiendra éternellement compte dans une belle page d'histoire; mais le malheur sera d'autant plus terrible pour ceux qui les détesteront, qui les maudiront, qui les feront mettre en prison et qui, sous la substance du pain et du vin, se diront vous ou moi pour tromper en même temps la croyance en abusant de vains mots de piété, de justice et de vérité pour agir avec impiété contre la justice et la vérité.

Que voulez-vous? Il fallait être comme les

premiers hommes de la raison, c'est-à-dire d'une constance jusqu'au-dessus de leur force, lorsque instruits d'avance sur le sort qui les attendait, devant sortir des conditions de se dire honnêtes et gens de bien plus que les autres. Pierre et Paul furent massacrés à Rome à coups de foulou, en 66, entre le règne de Tibère et l'empire de Trajan; Marc fut martyrisé à Alexandrie en 68; Mathieu subit la même peine en Perse, et Thomas trouva dans l'Inde le même sort. A se le demander, est-ce que tous les disciples n'avaient pas reçu de leur maître les mêmes ordres, la même autorité apostolique; comment cela se fait-il qu'en Alexandrie, en Perse, dans l'Inde et ailleurs, on n'ait point fait de leurs martyrs ce que Rome seule a fait de Pierre, érigeant sur son martyr la monumentale Eglise comme la métropole du monde?

Après Athènes, capitale de l'ancienne contrée d'Attique, en Grèce; après Babylone, la première capitale qui se soit illustrée dans le monde par l'horreur du crime d'abord, et par le sensualisme ensuite, venait Rome, dont l'origine de la célébrité de son renom remonte à la République romaine du temps de Jules César, Pompée et Crassus, à cause des grands événements historiques qui se sont produits sous ses remparts par les prises, ses défaites ou ses conquêtes et la suite des péripéties guerrières de ses empereurs, des héros qu'elle a vus vivre et mourir, souvent victimes de leurs propres massacres consommés dans les temps, sans parler d'autres choses et de ses monuments féeriques qui font sa gloire et la richesse de sa beauté. Rome, où les aspects sur tous les points reflètent à l'œil des regardants les reliefs de la plus élégante architecture, ouvrages exquis exécutés au goût des plus anciens styles, corinthien ou gothique, ainsi que les décorations les plus riches de leur temps, desquels, la plupart, l'histoire pittoresque a puisé ses principaux éléments. En un mot, l'ensemble réunissant le riche et le beau, fait qu'elle n'était point seulement une capitale de premier ordre, mais encore la reine de tous les muséums des Etats civilisés, résultat de ses charmes attrayants, que certaines épaves de la prinçaille des prêtres qui avait signé ou acclamé la mort du Christ s'y étaient réfugiés pour y vivre heureux parmi les plus hautes sommités en se donnant l'apparence des grandeurs et y exercer à plaisir l'usage du fanatisme primordial, tuer l'innocent sans aucun autre motif que celui de déplaire à ses bourreaux, et enfin de l'exhumer, de le béatifier, de le canoniser plus tard, puis vendre aux dévots ses reliques, tel était le but.

On le sait, l'homme, si de son vivant on est moins fort que lui, pour le vaincre, il faut le trahir. Mais une fois par terre, les os nets de chair, mort victime des rancunes, pour s'en rendre maître, il n'est pas plus difficile de relever ses restes que de nommer Pierre apôtre, quoique exerçant la profession de simple pêcheur de truites. On a dit : « Pierre, tu seras la pierre sur laquelle nous construirons notre Eglise, quand un peu hier, un peu demain, à la suite d'autres ayant répété par les actes : Quand Pierre ne sera plus, nous en fabriquerons un en bois ou en or, de manière qu'il ne parle pas, et nous en ferons le plus grand de tous les saints, sous la pose et la figure d'un homme le plus humble et au pied de qui nous élèverons un tronc qui s'appellera le Denier de saint Pierre, dans lequel pleuvront toujours à notre bonne fortune, de tous les côtés, les offrandes des pieuses gens. Car il ne faudra qu'être ou se dire de l'ordre des dieux pour que toutes les machines de notre invention portent leur fruit ; et comme deux et deux font quatre, disent les plus félins, il est certain que du très petit denier, atome sur atome, nous accumulerons des millions, et de ce chiffre, nous passerons aux milliards, ce qui sera la ficelle de notre puissance à constituer le levier par lequel nous devons manier le monde selon notre volonté.

Et pour la réalisation de ce projet, cette Eglise, en qualité de mère de toutes les autres, est passée à l'état de banque générale, en sculptures au dehors très opulentes, et en peintures magnifiques au dedans, puis des crucifix en argent les plus ordinaires et en or les plus riches, soigneusement déposés sur d'élégantes broderies en émail superbe. Le luxe ruineux de cette Eglise souleva plus tard partout des grands obstacles contre la grandeur et le prestige qu'elle pouvait acquérir d'une autre manière.

Quand après le dernier des apôtres de Jésus-Christ, Pierre ne fut plus, il fallut bien le remplacer. Comment et pourquoi donc? Ici, le point culminant de la question capitale.

Pour cela on dut choisir probablement un homme aux traits et mœurs souriant à la fortune et non à l'air si vulgaire d'un raccommodeur de filets, vu que pour un homme de telle condition c'était déjà lui faire beaucoup d'honneur de lui dresser une statue de plâtre ou de bois et de lui confier la garde du denier sacré. Quant à ce qui regarde le reste, bonnement, si les pauvres, comme tout le monde qui voulait, avaient à s'honorer d'avoir eu leur christ, trop juste semblait-il à leur exclusion enfin, que les riches, les grands à leur tour eussent aussi le leur. Qui donc osa-t-on présenter à un bonheur si enviable parmi tous les hommes de la terre? En hésitant et à force de réflexions sur cette proposition si solennelle, qui fut promu à cette dignité si élevée ? Un satrape ne pouvait être assez digne, un burgrave trop peu de chose. Encore qui donc ? Quelque grand Machiavel, sans doute, le plus capable de parler latin. Enfin, quel qu'il fut, comment s'est-il présenté, sous quel programme ? Très difficile à comprendre, mais on le devine sans exiger de lui toutes les virgules de la dilection, pourvu qu'il eût, du Christ d'abord, assez de talent pour dénaturer les caractères du régime réclamé et par lui les justes doctrines connues ; qu'il eût aussi l'adresse de tourner une fois de plus, au nom du Christ la chose en sens inverse, en cachant délicatement sous la dextérité pieuse d'un vernis de fausse sagesse les apparences d'un orgueil trop saillant.

Mais comment l'installation de cet homme s'est-elle pratiquée ? Selon qu'il est très facile de le comprendre, étant l'homme le plus fait contre les nobles idées du Christ qu'il devait représenter, bouffi d'embonpoint dans l'or et le bien-être, mol, indolent et apathique de lui-même dans le fond, à se faire porter dans une auguste espèce de brancard sur les épaules de quelques vigoureux gaillards, jouissant dans tout ce qu'il pouvait désirer de mieux comme un ange dernier voltigeant à tous les grés au milieu des ondes les plus délicieuses. Pour cet homme, il manquait une qualification, et embarrassé on était de ne savoir quelle lui donner d'assez fine au point d'exhausser sa gloire au-dessus de son trône sur les richesses et un pied sur les branches de tous les trésors de la terre d'où commençait à lui arriver de tous les pays et de toutes les nations presque jusqu'à être l'égal de Dieu. Bonne raison pour Sa très Sainteté, comme l'on dit depuis, qu'il était dispensé de toutes les sollicitudes dont la terre est parsemée, provoquant l'impatience et d'autres incongruités, cet homme était bravé, surtout à la place où le Christ se montrait un peu violent contre l'hypocrisie des pharisiens et des scribes, des riches difficiles ; du moins aujourd'hui, s'il vivait, toutes les dames, les dévotes le diraient. Tout le monde alors flattait le nouveau Christ, le couvrant de louanges, d'autant qu'on le trouvait doux, aimable, tellement que personne ne songeait à lui faire le mal qu'on avait spontanément fait au véritable Christ.

Ainsi comblé de bonheur et de félicité jusqu'à la plénitude, trouvant un plaisir pour les apôtres en voyant que comme maître, le Christ se soit abaissé, humilié, jusqu'à leur laver les pieds pour donner un exemple à l'orgueil humain. Se voyant chéri comme la fleur la plus tendre et la plus belle du paradis terrestre, que l'on voudrait conserver longtemps en la préservant de tous les mauvais contacts de l'air. On lui accorda des faveurs plus qu'il ne pouvait en souhaiter; il en vint au rêve d'une hiérarchie sans laquelle d'aucune façon n'aurait pu bien se distinguer, dont le subalternat partait d'un, deux, trois et même quatre degrés après lui. Alors il n'était pas un être fait à engloutir tout le pain de la terre, mais censé le propriétaire universel de tout son nouveau christianisme européen et le dispensateur général des grâces et de la réprobation, c'est-à-dire de toutes les puissances, même celle d'absoudre moyennant pécune tous les crimes pouvant affaisser la conscience.

D'ici part le petit commencement de l'antéchrist. Le Christ a lavé les pieds à ses apôtres pour dissimuler sa grandeur en montrant par ceux-ci à tout le monde qu'on ne pouvait grandir en mérite qu'en s'effaçant et en élevant les autres; au lieu que pour montrer au monde et à ses subalternes qu'il était leur maître, il a commencé par donner l'exemple au rebours en ne se lavant pas lui-même, mais en se faisant laver le bout des ongles par ses prêtres, par ses sujets.

Par-dessus tout, une chose manquait à cet homme. Laquelle? Celle de ne pouvoir ressusciter les morts et, pour de l'argent, empêcher personne ni lui-même de mourir.

LE CHRIST ET LE COMMENCEMENT DE L'ANTÉCHRIST

C'est-à-dire le Christ transformé en archimilord du Vatican.

Il est assez dit par les uns, à ceux qui veulent bien l'entendre, que le Christ était venu représenter Dieu sur la terre pour instruire les hommes sur des principes, que même les prophètes n'avaient su expliquer. Et plus fort encore, aucune maxime de sa part n'a pu produire aucun effet réel dans le monde; son grain, comme il dit lui-même, est tombé dans les épines, et l'on comprend dans quelles, et quels oiseaux ont mangé l'autre partie tombé le long du chemin. Quand même, je suppose, son nom eût été cent fois plus puissant, plus illustre, l'antéchrist, son contraste, en venant après lui par son Église transformée en inépuisable comptoir, etc., etc., a fait plus de mal dans un an que de bien n'auraient fait les peuples en entendant de sa propre bouche ses justes doctrines pendant mille ans. Pour cette assertion, il nous reste à faire la comparaison des siècles écoulés depuis le premier qui a commencé d'agir au revers de ce qu'a dit Jésus-Christ. Du temps qu'on voulait se faire admettre au nombre des désirant s'instruire pour être quelque chose au service de tous, on ne regardait point qui savait le mieux parler latin, mais de préférence étaient présentés ceux qui pensaient le mieux et qui étaient les plus capables de rendre la justice. Donc, le seul amour du bien suffisait. Mais de bien longtemps encore on ne parlait pas de papes, de très Saintetés, ni de monseigneurs, car le lavage des pieds seul le démontre.

Bientôt las de traîner dans la bouche, comme une trivialité, le nom de Christ ou de chrétien, le premier de ces hommes remarquables s'intitule catholique, puis apostolique et romain (car ils vaquaient tout le temps à s'inventer des noms et des titres, des dignités). Les œuvres qui se joignent à ces mots fantasques sont le coup d'assommoir le plus terrible que la papauté ait pu, hélas ! porter au Christ et à ses attributs, alors que la nouvelle superstition préférait le diviniser que professer son enseignement. Avant la fin du premier siècle de l'ère chrétienne, il avait commencé de jeter sur le monde entier le grand filet de son fanatisme, auquel les fiers, les contents de la situation à l'époque en voyant la chose si facile, si accommodante au vice de chacun, même en usant de la parole du Christ sans exiger de plus grands sacrifices que celui d'être dévot (flatteur) pour se livrer sans faillir aux excès d'une vie de débauche à pouvoir tout faire : voler, violer, assassiner. Sous la bannière de ce fanatisme toute tâche était par ce savon enlevée de la conscience comme presque avouer au pénitent qu'il était pour ainsi dire bon de commettre pour revenir plus souvent à l'eau salutaire de la pénitence.

Or, à bien approfondir la chose que le dit Antéchrist n'aurait pas toujours travaillé pour la seule cause du ciel, mais autant peut-être afin d'augmenter graduellement le nombre des prosélytes dans un but d'acquérir plus de force, c'est pourquoi il se serait souvent rendu si compatissant à toute circonstance. Au moment qu'il se serait cru assez fort, il aurait d'abord bien fanatisé ses fidèles par des vues ou des raisons qu'il leur aurait fait entendre. Croyant que toutes les masses de l'Europe pourvu qu'elles voient un de ses envoyés déguisés en costume contraire à celui des hommes ordinaires partout auraient le plaisir de se faire embrocher pour ses plaisirs, il tente quelques sorties ; et en effet une fois hors de l'église, l'antéchrist donne à ses hordes, qu'aujourd'hui on dirait rangées en tactique vendéenne, les ordres d'aller partout au nom du Christ arborer l'étendard de la nouvelle Église parlant par ses pieux caprices. Et suivant certains récits oraux, aux premières sorties qu'il tenta, cette sorte d'antéchrist a commencé à se rendre détestable en voulant effrontément immiscer son fanatisme dans la politique des Etats ; ne comprenant pas que tous les Néron, les Maximilien, les Constantin, les Dioclétien, etc., étaient des roches stoïques dont la solidité résistible exigeait la mine. Tous ces empereurs auprès desquels il allait solliciter des mesures qu'aucune morale, jusqu'alors, n'avait imposé contre leurs sujets, les souverains restèrent quelque temps dans leur réserve sans répondre à aucune de ses exigences, pas au moins par faute de concertation préalable entre eux. Quelques-uns des siens faute d'expérience, plus légers d'esprit, que sérieusement graves, dans le fond, voulurent porter le trouble, y trouvèrent la mort avant terme ; une fois tombé s'ils s'étaient fait tuer fanatiquement au gré du pape, on les relevait et on leur accordait vite publiquement la réputation de martyrs « de la religion », car notons-le bien, il ne faut pas croire que les émissaires de la cour de Rome fussent envoyés en mission auprès des despotes monarcaux pour revendiquer ou défendre les droits de la plèbe, ni pour prêcher aux mauvais riches de l'évangile que leur entrée dans le ciel est pareille à celle d'un bœuf dans le trou d'une aiguille, mais bien pour les corrompre si précisément ils les sentaient trop libéraux en faveur de leur peuple.

Enfin tel fut le commencement et le pire de la suite des guerres de l'Eglise contre les États, dont en échange les États, une fois provoqués, la firent contre l'Église.

Par les premiers actes de la comédie religieuse, voilà son véritable rôle de cuistres, où la morale et le bon sens disant que si de deux champions se battant à armes égales l'un tombant sous les coups du plus adroit tant pis, mais néanmoins toute haine doit être satisfaite, le mourant ne doit garder aucune rancune sur le vivant, ni le vivant, non plus, ne doit en vouloir au mourant ; la conscience tant d'un côté que de l'autre doit rester en paix, ce qui par exemple n'existe pas fraternellement ainsi chez les riches, premiers propriétaires de l'Église. Quand un fanatique exalté affilié à la bande du pape, comme l'on dit, un peu léger de cuisine, se faisait tuer en voulant tuer les autres, répétons-le une fois de plus, c'était un athlète mort glorieusement en combattant vaillamment pour le triomphe de la religion, méritant la canonisation. Et si cette espèce de martyr ou de saint tuait un autre homme à raison plus forte que son intention, cet homme eut pu croire à des absurdités lui paraissant émises avec trop de complaisance par la dite Église, en considération des hautes décisions papales c'était de la part dupieux assassin une grande action, celle d'avoir réduit l'enfer en nombre d'un démon de moins sur la terre ; on n'avait plus qu'à louer Dieu en bien le remerciant d'avoir permis qu'un monstre d'hérétique ait péri par une main sacrée. — Toujours le même ivrogne accusant de péché d'ivresse un autre ivrogne. Et l'Église, cette farceuse, comme les moutards de l'école, tant de mal qu'ils fassent à leurs camarades en s'amusant, jamais ne se fachent qu'alors qu'ils se sentent payés de revanche ; trop hardiment d'une manière ou d'autre, la vénérable Église infaillible, qui se trompant alors combien souvent depuis pourquoi elle allait taquiner la partie qui ne demandait mieux que de vivre en paix ? Alors elle n'a pas raison de se plaindre des chiquenaudes qu'on lui ripostait non sans mérite ; puis braillant à cor et à cri que la religion était menacée. Cependant alors ce n'était qu'un simple début. Ceux d'entre les partisans qu'elle avait, tenant de leur restant de conscience encore quelques bonnes qualités, se rappelant des paroles du Christ, ayant au cœur plus de charité des meilleures qualités que ceux se qualifiant l'Église, n'avaient point de ce qu'en termes bigots on dit dévotion mais conservant de l'homme un peu plus d'estime. D'un petit commencement ces rixes religieuses, plus tard prirent un caractère des plus agressifs. Lorsque le premier, second ou troisième diable de Rome, voyant qu'il ne pouvait mieux faire, il tâcha de s'unir avec les chefs des États de l'Europe qui voulurent s'allier à sa cause dont le même, par ses ruses patelines, flatteuses, a de suite rétrogradé l'esprit des véritables doctrines chrétiennes jusqu'aux premières calendes de l'ancien judaïsme pour capter la sympathie des rois ; car au commencement s'il ne pouvait guère gagner que celle des plus de sa trempe, mais avec les uns, le malin, faisait succomber les autres. De telle transaction papes et rois se jurèrent fidélité et protection les uns par la morale religieuse, les autres par la force, par la loi. A cette condition, la dite Église se crut au sommet de toutes les puissances humaines, ne faisait plus qu'étendre son influence, sous l'étiquette de catholicité. Mais comme un laboureur à force de mener trop loin la raie du sillon, la charrue finissant par accrocher quelque racine, la catholicité a de même rencontré de l'opposition à sa résistance, dont contre quoi toutefois depuis le Quirinal, alors je crois, ne restait pas moins de faire sa tête et de recruter des hommes autant qu'elle pouvait pour les envoyer se faire tuer en voulant tuer. Telle fut d'abord, des premiers papes, la manière de planter sur la terre l'arbre de la paix entre les hommes, où le grand martyr avait tant recommandé de ne point semer la discorde.

En faisant la guerre dans un but que les fauteurs de ce genre ne comprenaient pas toujours bien eux-mêmes, tout le mal n'était pas dans l'homme qu'on faisait tuer, mais la haine éternelle qui restait après les conquêtes ou les défaites, de génération en génération, entre nations.

Et si, comme aux très mauvais temps du barbarisme, aux longues époques avant le Christ, on éprouvait de la jalousie de ce qu'une idée se communiquait lorsqu'elle était bonne, voulant qu'elle reste latente afin que personne n'en profite en soi, ce soi n'était qu'orgueil. Alors la bande de la Rome universelle ayant la prétention d'être seule capable d'écrire l'histoire, c'est pourquoi elle en a écrit une qui, à ses yeux, paraissait fort correcte, parce que la teneur, au point de vue de la vérité, était aussi pauvre que brève, et dans laquelle il n'y avait d'écrit que le mal qu'on lui avait fait, moins la réticence ne disant pas celui qu'elle méritait ou qu'elle avait fait. Au vu d'une pareille histoire, plus tard, une discussion ne fut pas chose évitable au sujet de l'autographie, du moment que chacun pouvait avoir raison, lorsque les uns soutenaient que c'est un prêtre, d'autres un jésuite à robe longue ou courte, ces autres, que c'est un clérical, etc., qui l'a écrite. Enfin, quel qu'en soit l'auteur, il résulte en principe de cette histoire la traduction d'un martyrologe imprimé, contenant quatre volumes, revus, corrigés par la très bonne plume d'un abbé. Mais si bonne que fût cette plume, à la fin de la lecture de tel ouvrage, une idée s'est présentée à moi, comparant ces livres à un panier destiné à ne recevoir que le fruit de son propriétaire et à rejeter celui des étrangers, un esprit, une autre idée me dit secondement que là dedans il n'y avait de compris que le nom de ceux qui étaient morts pour la foi de l'Eglise, et pour gratitude de sa reconnaissance, la même Eglise les avait canonisés comme les martyrs de sa fondation. Mais qu'est-elle donc, cette Eglise, cette religion qui a seule le droit d'expédier chaque jour tant de malheureuses victimes pour l'autre monde? L'esprit, dans ma pensée, me répondit alors : Sans une religion nous ne pouvons pas vivre ; de rigueur, il en faut une. Et pourquoi faire, pour mourir plutôt que sans religion ? Ce n'est pas nécessaire, car parler de religion et ne pas comprendre ce que ce grand mot veut dire, même en l'écrivant, autant vaut rester sans religion à la même place. La religion, ce n'est que les hommes en robe qui ont inventé ce mot; le Christ n'en a jamais parlé. Le mot religion n'est de ce que signifie la croyance, la foi, que le voile tiré par les antireligieux de cette signification tout exprès pour couvrir le sens de ce qui exprime amour, vérité, justice. Et religieux, que chacun le sache bien, ne le sont pas ceux qui s'en disent, qui s'en croient. Si de martyrologe et de religion nous sommes à parler, il n'y a de religion et de martyr de ce genre bon et de vrai que ceux qui meurent ou qui souffrent en combattant pour la défense des faibles contre les forts, de la pauvreté contre la mauvaise fortune, de la vérité contre le mensonge ; tandis que ceux qui se groupent du côté faible, se battent, se disputent pour la défense du parti ou pour la cause des forts contre les faibles, pour la cause des riches contre les pauvres ou pour soutenir le mensonge contre la vérité, ne peuvent se dire martyrs.

Dans un sens plus raisonnable, ce nous semble, martyr l'est même encore toute personne qui meurt par accident en travaillant au service de quelqu'un, attendu que si cette même personne, le jour de son malheur, était restée chez elle ou ailleurs, elle ne serait peut-être pas morte. Eh bien ! beaucoup de martyrs de l'ordre dont la question court ne sont, dans le fond, que de simples victimes de leur entêtement aveugle. Or, comme Dieu ne vit que du bien que par amour les hommes se font entre eux, il ne peut adopter de meilleur culte que celui qu'on dédie à cette intention. Par conséquent de deux choses l'une : croire en Dieu, c'est beaucoup; lui offrir souvent quelque bonne pensée est encore bien mieux; donner, prêter, soulager la misère des autres, c'est l'adorer et le prier tout à la fois. Mais le prier du bout des lèvres en songeant à exploiter ceux qui auraient besoin de notre secours, c'est un acte d'hypocrisie, un crime mortel, sept fois digne de l'enfer; donc c'est à cette hypocrisie si commune, si répandue, si enracinée dans l'esprit de toutes les religions, que nous prétendons faire la guerre.

Ah! que voulez-vous, me dira-t-on, chacun son métier. Les hommes de religion sont comme les marchands de biens : ceux-ci vendent de la terre et les papelards vendent le ciel. Un autre dira : Ils vendent le ciel, dites-vous, et moi je soutiens qu'il ne leur appartient plus depuis longtemps, qu'ils l'ont perdu. Tout ce qu'ils peuvent vendre, c'est quelques gouttes d'eau bénite, quelque sacrement de leur pure invention, dont le Christ et les apôtres n'ont jamais connu le sujet.

Pour revenir à la question de l'histoire, on y voit un passé horrible et lugubre, force pages ensanglantées, qu'on ne peut lire sans tressaillir d'horreur. Et ces larges taches, nous savons aujourd'hui sur qui retombe la responsabilité. Eh bien! mille tonnerre! il faut que nous dénoncions les coupables qui ont non-seulement fait couler le sang, mais qui le feraient couler encore si, par malheur, ils revenaient aux affaires ; témoins sont les actes que l'on voit se manifester chaque jour au temps où nous écrivons ce précieux ouvrage. Suivant les mêmes propos de l'histoire, lisez celle des papes à partir du fameux Borgia, sans en dire plus long, dont la présumée fille et femme, dans un accès de jalousie, craignant la découverte du secret infâme, assassina son frère, ce qui prouve incontestablement que si un homme de cette caste commet une faute, tous peuvent faillir mêmement, sans toutefois que leur très sainteté, comme ils disent, les empêche de faire périr un rival ou le père et la mère d'une jolie fille prise dans un cas de fougue extrême.

D. En divulguant si librement le mal que soi-disant les hommes de religion ont fait, vous ne craignez pas que l'on vous traite d'apostat conspirant contre les lois de l'Église?

R. L'œil de ma conscience fixé sur le Christ, le considérant comme le plus intime ami de la chasteté et des humbles, est l'arme pour ma défense, je n'ai à craindre aucun imposteur qui le déshonore en trompant et en flibustant le public en son nom. Toute personne qui est faite pour le bien, avons-nous dit, doit non-seulement éviter de faire le mal, mais chacun est obligatoirement tenu de le prévenir. Eh bien, pour leur prouver combien peu nous importe leur bile, ajoutant à cela que nous tenons plus qu'au reste que tout le monde sache, soit instruit, comprenne, connaisse sans erreur ni méprise que ceux qui affichent des airs de bonté et plus honnêtes que quiconque, lesquels, il est vrai, ne font pas le mal en frappant, en tuant ou en volant d'une manière matériellement défendue, tout ce qu'on ne peut leur reprocher; mais que cependant ils sont eux-mêmes le mal en personne sans ressentir l'effet d'aucun trouble ni remords dans l'âme, chose qu'ils n'entendent pas et qu'ils évitent évasivement de comprendre si on les prévient en leur faisant l'explication, en leur montrant palpablement comme aux enfants du catéchisme, la cause sans pouvoir les convaincre, parce que telle idée ne part pas du fond de leur bonne volonté. Ce mal, je crois l'avoir mentionné en abrégé dans le premier volume; mais dans le cas où l'on pourrait lire l'un et non l'autre de mes deux tomes, je le répète : Un jour, il y eut un homme que la rectitude d'un jugement droit et qu'un talent d'écrivain philosophe véridique, très rare, fit publiquement connaître, sans toutefois être pape ni prêtre, qui disait comme le Christ, en le prouvant au bout de l'ongle, QUE LA PROPRIÉTÉ est un VOL manifeste.

De telles paroles, vous le savez, ne sont jamais entendues ni écoutées par ceux-là même qui vous appellent leur frère et disent vous aimer comme eux-mêmes pour l'amour de Dieu, encore moins. Cette parole d'or fut sans doute inspirée dans un sentiment non sans épreuve, mais elle n'a jamais pu rencontrer que la froideur glaciale des âmes avares. Rarement quelqu'un, bien longtemps après, ne la répétée qu'à la façon des autres racontars, lorsque, pour s'amuser, l'on ne sait plus que dire à la suite d'un repas orgique, où la chaleur des vins quelquefois monte à la tête faisant dire plus qu'on ne pense. En s'expliquant ainsi, dans un seul mot, le grand homme a exprimé l'aphorisme de l'histoire à définir que chacun peut facilement traduire.

Heureusement pour le célèbre Prudhon qu'il n'ait pas dit en public ce qu'il pensait à l'ombre, car le lion vindicatif du pouvoir téméraire l'aurait sans quartier peut-être enserré entre ses griffes de fer ; mais n'entendant de l'oreille rien de la vérité que, par sa hardiesse, le digne homme voulait propager, n'est qu'après la plume avoir été jetée au vent qu'il aperçut qu'un petit moucheron, dans un ton un peu trop acoustique, avait librement fredonné une ébauche en sorte d'avant-propos sur la question sociale ; or pour faire même le semblant de ne pas s'arrêter sur aucune de ses mentions, fit comme l'ours en dépit d'orgueil, croyant vider sa colère en levant la jambe sur la crête d'une borne en passant, le lion eût un air de dire piteusement en haussant les épaules : Ah ! le misérable ! . . . . .

Si à Prudhon revient la gloire d'avoir commencé, l'œuvre, à nous maintenant reste l'honneur de continuer la traduction ; par conséquent voici comment elle s'explique, écoutez : Prenez la chose dans son sens, faites de manière qu'elle soit dégagée de tout esprit de préférence personnelle, jugez-en exactement suivant la comparaison présente : Un crésus, un riche possédant en propriété la terre de tout un quartier, d'un hameau, d'un village, et que ce riche fut seul, que serait toute cette terre ?

— Une friche.

— En friche, cette terre pourrait-elle rapporter ?

— Non.

— Qui défriche, qui défonce, qui la fait rapporter ?

— Les pauvres, les voisins du riche ; ceux qui en sont dépossédés, déshérités.

— En ne retirant pour salaire de leur travail, que la moitié de la récolte, même pas tout à fait, s'il faut en déduire la semence, le nombre des voisins dix, vingt, trente, quarante ou cinquante, peuvent-ils jouir des mêmes avantages aussi bien que le riche qui, seul, détient autant que quarante ou cinquante ?

— Non. Il s'en faut d'abord de la peine, de la fatigue, de la veille, de la table et des autres privations faute de l'argent que crésus fait de la vente des denrées qu'il renferme dans son grenier à concurrence, autant que les dix, les vingt, les trente, les quarante ou les cinquante mercenaires.

— Alors donc vous reconnaissez par vous-même que, où l'homme ne jouit pas de ses droits, il souffre ?

— Certainement.

— Si la souffrance de la pauvreté est un mal, une douleur morale ou physique qui n'existerait pas chez nul des voisins si chacun avait à lui propre la part du terrain qu'il travaille, constituant la propriété que le riche n'a point créée, gagnée, ni achetée avec de l'argent provenant de sa sueur au point de vue de la loi divine disant : le pain tu mangeras à la sueur de ton front, on peut dire voilà le larcin, voilà le voleur, patronné par la même loi des forts primant le nombre, lui autorisant de tout prendre en croyant ne rien devoir à personne, pas même le respect dans la prétention contraire que tout doit inclination et soumission à sa morgue.

Moi, notamment parlant ici, je suis un des blessés atteints de cet infâme régime de flibusterie et dupes. Mes parents de père en fils, ont travaillé, labouré le sol; et moi aussi, toute ma vie j'ai travaillé, fatigué, soucié, chagriné et j'ai, ce me semble, mené une conduite économiquement assez réglée; cependant, comme le Christ, je ne puis disposer d'une pierre pour reposer mon corps sans payer ma place, tandis que je vois à mon entour un tas de ces matadors oisifs et pédants, n'existant que pour bien manger et boire ce que la terre, par mon travail et celui de mes confrères d'infortune, abonde de quintessent, c'est-à-dire que l'on voit des désœuvrés, incapables de rien faire, posséder la terre, l'or, l'argent, ma part, la leur, celle de tant d'autres. Et puis on entend ceux-là, parce qu'étant ce que l'on appelle riche, se prôner plus honorables que ceux qui ne le sont pas. Plus honorables! et de quel droit s'il vous plaît? Qu'ils s'examinent sur le Christ, et non en contemplant leur pourriture devant les trumeaux de leurs salons; et que les pauvres apprennent à leur répondre sans timidité ni crainte, et les respectent comme leurs semblables et non comme riches, et de retour à se faire respecter; voilà tout.

Eh bien! à tous risques et périls, exposé même à celui de me voir fermer la porte des écoles laïques, puisque de celles des congréganistes je ne puis en douter, je veux et il faut que tout ce qui fait l'honneur et la fortune de la société par la vie du travail soit instruit jusqu'à comprendre que du pauvre et du riche, la seule différence est celle que le pauvre est le créancier du riche et le riche le débiteur du pauvre, c'est-à-dire que le riche doit tout au pauvre, tandis que le pauvre ne doit rien au riche.

Pour le pauvre, après l'instruction physique et morale, religieuse et politique, voilà tout ce que je souhaite.

Lisez :

LE SANG VERSÉ PAR LES RELIGIONS

Discussion de la forme de la religion par les deux abbés Luther et Calvin, contre le pape Léon X. — La guerre de la Sainte-Ligue. — La croisade contre les Albigeois. — L'Inquisition. — La persécution de Louis XIV contre les hérétiques (les dragonnades). — Les massacres de la Saint-Barthélemy.

Après toute réflexion sérieusement faite avec examen sur la source de l'ancien fainéantisme, n'ayant, de génération en génération, existé que pour vivre en riche parasite de la meilleure croûte du pain des pauvres, à partir des premières époques du monde jusqu'au Christ et du Christ jusqu'à nous, sans excepter de la lisière, ni galon, ni couronne, ni épée, ni épaulette, ni crosse, ni mître, ni tiare, en un mot tout ce qui mange ou dépense dix fois plus qu'il ne faut; tout ce personnel d'oisifs et de désœuvrés, par comparaison, le tout lié, fagotté ensemble, malgré toute présomption, ne saurait produire dans un an le travail que fait en un jour un homme de nos conditions.

Sans avoir besoin de répéter toujours le même chapelet, on sait assez pourquoi ce peuple sensuel et orgueilleux, enfant des rois et du prêtre, vient au monde occuper au soleil une place plus grande que les autres. De cette même espèce rongeant le bon, se triant encore à part, reste cette autre hiérarchie calottine de l'ignorantisme, chez qui le copieux de la table et les riches émoluments remplace l'esprit et tout autre talent que nul n'a le droit de leur disputer. De cette même colle de l'obscurantisme, de parade et de luxe, enfin tous ceux qui s'attribuent le droit de pouvoir vivre sans rien faire à la plus grande table du monde, ne sachant que faire le mal en prêchant le bien, l'affaire était connue; et, d'une autre façon d'entendre, nous répétons que jadis, au commencement de notre ère, les païens ou ce que nous pourrions dire les juifs, à tort ou à raison, faisaient la guerre aux chrétiens, avec la différence que plus tard les chrétiens ayant dégénérés en catholiques de mauvais aloi, sans cœur, sans âme, dénués même de toute crainte d'infraction à la morale, bénéficiaient de la force, de l'ignorance et jugeaient les autres avant que personne ne les juge. A l'endroit où le maître a dit aux siens : Quiconque du carquois sortira l'épée, périra par l'épée; eux, les faux docteurs, les mauvais serviteurs, ne se servirent pas de l'épée, mais du bourreau armé de la dague, ou de l'assassin à défaut du poison, et contre ceux dont par rapport à leur conscience refusaient d'être chrétiens ou catholiques, tellement leur modèle était horrible, toutes les fois j'étais à me poser cette question : Celui d'entre vous, papes et rois, le premier qui organisa et qui commanda le massacre contre les soi-disant infidèles, pensait-il bien à Jésus-Christ? Pas plus que ceux de nos jours qui se disent chrétiens pour dix, vingt, trente, quarante ou cinquante mille francs par an, annuellement rognés à notre râtelier, sans parler du cumul de député ou de sénateur, si le fanatisme imbécile les élit au plaisir de se faire garrotter par leurs mains sacrées.

— Quel fut le premier engagement que les catholiques mirent à exécution contre l'ennemi qu'ils ne savaient de quel blâme couvrir le traitant d'infidèle?

— D'après les indications puisées de l'histoire, les premiers actes d'horreur que le catholicisme mit en œuvre sont ceux de l'Inquisition en Italie, en Espagne, en France et ailleurs, vers 1215, et puis sous la désignation de tribunal secret, établi sous prétexte de punir les hérétiques par la torture d'abord, et en les finissant par les flammes pétillantes du bûcher ensuite, procédés si horribles qui firent perdre aux papes Urbain. IV et V, et à leurs subordonnés, Pierre Arbus et le reste, non l'estime de chrétien, car après leur jouet le Christ était mis à ne plus y croire comme Dieu ni comme homme de bon sens, mais à travers les broussailles de la sauvagerie d'instinct barbare pour s'avilir au-dessous de ces bêtes qui, après leur ventre, n'ont plus rien à craindre, se vendant pour un repas au service du premier diable présent pour exécuter cruellement l'innocence sur l'échafaud des martyrs au plaisir de l'enfer descendu sur la terre.

— Qu'avaient fait les hérétiques pour les punir et pour leur faire subir de telles atrocités? Etait-ce donc à Satan à convertir ses frères en les brûlant?

— Du moins, il voulait le faire croire par un semblable commencement d'ignominies, continuant par la croisade, nom ainsi donné à huit expéditions successives à partir de 1096; mais celle qui a imprimé dans les annales et la tradition un caractère plus mémorable, est la croisade entreprise contre les Albigeois décriés comme hérétiques en 1208, sept ans avant l'Inquisition, parce qu'elle avait pour chef Raymond Roger, vicomte d'Albi et de Béziers, contre Simon de Montfort, lequel, en véritable graillon de la peste, d'Albi à Muret, où il périt, ne fit qu'une razzia et une hécatombe en semant partout où il passait l'horreur, l'effroi, la ruine et la mort, en disant

aux farouches cannibales soumis à ses ordres :
Volez, pillez, violez, massacrez, tuez toujours
et Dieu reconnaîtra les siens !... Il n'est pas
nécessaire de nous étendre plus longuement
sur les autres sept expéditions qui toutes
n'avaient pour but que les mêmes monstruosités, signifiant que si la religion catholique
papale, non chrétienne, se plaint de ce qu'on
l'ait menacée ou faite souffrir alors qu'elle
était encore jeune fille à cause de son innocence, certes, les cachots humides, noirs,
pourris, infects que les premiers papes de
l'ordre mentionné firent ériger pour faire souffrir les misérables et la suite des actes courant
les époques citées, à l'âge de 1529 ans de son
adolescence, nous montrent assez qu'elle n'a
pas toujours raison de se plaindre si dolemment qu'elle le fait, car, à son tour, de plus
récente mémoire, elle a fait trop de mal pour
être crue dans toutes ses jérémiades et pour
être écoutée dans sa justification elle-même ;
donc, qu'elle apprenne plutôt à se taire et à
se cacher plus souvent sous le fardeau des
crimes abominables qui l'accablent, et non à
beugler qu'elle est menacée dans ses droits,
lorsque précisément elle sert de premier tison
à pousser les peuples à la désunion partout
où sa présence ne peut être la paix.

Une faute de cette sorte, si grosse qu'elle
soit, souvent s'excuse, deux difficilement, mais

huit, l'une à la suite de l'autre, c'est impardonnable. La religion sus-comprise, aux âges que l'ignorance des fidèles l'écoutait, ne fut qu'un serpent replié sous ce nom. Un jour, cette hydre, finissant par se brouiller entre elle-même, s'en prenant la tête contre la queue, l'une en voulut à l'autre ; trois esprits en scission qui, à vrai dire, ne pouvaient réunir une idée essentiellement bonne, entrèrent en contestation pour débattre la droiture ; l'un de ce petit nombre qui aimait exclusivement pour lui toute licence, la liberté et le seul respect à ses sens, voulait que la situation de ceux qui n'étaient pas pour lui fut restreinte dans un principe de gêne, à l'intention que le fruit des privations de chacun revienne à sa richesse ; celui-ci, comme à une citadelle en défense, se cramponnant de toute sa force aux colonnes les plus solides de l'Eglise, sans s'occuper à part cela s'il était plus que les autres dans l'erreur ou dans le vrai, comme un menteur, dans la crainte d'être pantois par le plus formel démenti, une fois qu'il a tant fait d'avancer une parole la soutenant *mordicus*, il en expulsa ceux qui réclamaient la réforme des intolérables abus de la diète de Spire, qui restreignait absurdement la liberté de conscience.

Ces trois cervelles dissidentes furent : Martin Luther et Jean Calvin contre le pape

Léon X. L'homme cramponné aux barreaux de l'Eglise, trouvant que pour lui le morceau n'était jamais assez gros, trouvait toujours celui des autres avantageux ; il excommunia les deux qu'en raison de toute superstition trop puérile ne pouvaient acquiescer à ses avis comme trop insignifiants.

— De qui les trois, Luther, Calvin et le pape, approuvez-vous la raison?

— Celui qui demandait la réforme des abus était dans le droit de soutenir sa thèse comme juste; et celui qui ne voulait pas reconnaître le pape comme vice-Dieu ou comme demi-Dieu ou encore moins, sans aucun égarement de la raison, était dans la même force de droit; ce ne fut que le pape qui resta, sans jamais changer, le même palladium du fanatisme romain, de l'Eglise et de la religion de ce nom, et toujours l'anti-Christ en corps et en âme au fond de la même équivoque, et, lequel, par conséquent, des trois à discuter la chose, le plus opposé aux vraies doctrines du Christ.

Par ce seul fait, voilà encore un témoignage convaincant que le Christ a été mal compris dans ses maximes de justice, d'amour et de paix selon la forme que nous défendons après lui, vu que les trois principaux de la religion blanchie de son nom, abbés ou papes, 1520 ans plus tard, en étaient encore à contester la traduction des doctrines, sinon le caprice d'intérêt politique avec une autre d'importance.

D'ailleurs, que voulait le pape Léon X, que désirait Luther, que demandait Calvin? S'il n'est que, suivant l'abnégation que nous devons rendre justice aux hommes, très certainement, sur aucun point de cette question, ce n'est pas au pape que le mérite revient.

Mais, à franchement raisonner, un peu trop de fanatisme des deux côtés et beaucoup plus de cagotisme de l'autre, notre approbation en vertu et place de jurisconsulte se porte à l'honneur de celui qui annonce le plus de stabilité pacifique et qui enseigne le don gratis, ce qu'il a reçu au même prix; et la réprobation déterminée par le même jugement retombe sur celui en qui l'argent substitue Dieu et le Christ, et chez qui la dévotion en excès remplace l'amour de personne.

Ces trois esprits, d'un dissentiment tellement tranché, qui ne purent s'accorder sur la question du dogme sans en venir à des cas si déshonorants pour la cause, que depuis le catholicisme n'est plus considéré par les grandes intelligences que comme le règne de l'hypocrisie et des fictions irréalisables, dont la plupart des adeptes n'ont ni foi ni jugement bien clair, mais la superstition de ce qu'on leur enseigne.

Au quinzième siècle, quand le monde européen sortit de la profonde nuit du moyen-âge, aux premières lueurs de cette aube nouvelle qui s'appelait printemps, épanouissant en pleine espérance, l'occident chrétien commençait à ouvrir les yeux, voulait voir et connaître par lui-même. Les arts, les lettres et les sciences, toutes ces fleurs de l'intelligence humaine s'ouvrirent à la fois, tandis que la raison, soleil du jour nouveau, montait à l'horizon. Ce fut alors que Luther s'arma du livre et commença l'instruction des erreurs papales, d'où est sorti le protestantisme, et plus tard la liberté religieuse, d'où un jour ces obstinations semi-politiques finirent par la guerre sacrilège dite la Sainte-Ligue, par laquelle Henri III, s'étant déclaré contre le calvinisme, son frère, le duc d'Alençon, et Henri de Navarre s'unirent contre lui. Les avantages que les calvinistes avaient obtenus par un édit de pacification en 1576, donnèrent naissance à la Sainte-Ligue; ceux qui entraient dans cette Ligue, devaient s'engager à défendre la « religion et le roi » en obéissant aveuglément à leur chef, Henri de Guise.

Pour la défense du roi et de la religion!.... Par ces mots, on laissait donc bien entendre qu'il n'y avait que le prêtre catholique et le roi qui avaient droit à la défense des intérêts? Et le peuple?

Il n'y avait que le prêtre et le roi qui déclaraient la guerre à leur bon plaisir pour forcer les misérables, arrachés au travail, à marcher à la mort; tandis que le roi et le prêtre avaient encore l'ignoble audace d'imposer de force l'engagement à leur défense!... En cela seul, le prêtre et le roi montraient bien assez la vérité que les écrivains intrépides et libéraux dépeignent contre leur despotisme, en disant ce que sur la terre, par le fait, n'est bon à rien, veut être le lion tenant l'agneau sous la patte, et semblant dire : Tu dois y passer quand même, gare si tu bouges!

BOUQUET MONUMENTAL

Le Jésuitisme à la tête de l'édifice.

Au commencement et depuis la papauté catholique romaine, ces hommes n'ayant jamais eu des cadets un poil d'amour pour les premiers des « ayant besoin d'être aimés », que les aînés étaient toujours au droit du trésor et de ronfler insoucieusement à leur souhait dans la splendeur des objets et des choses énoncées les plus nécessaires au délice du Vatican et des autres palais épiscopaux, ainsi jusqu'à la fin des jubilations des grades, étant par égard et par respect le doux Jésus des grands et des riches par excellence, contrairement à ce que pour l'honneur des masses ouvrières et la défense des misérables était le Christ de Nazareth, que la cupidité des popes et l'égoïsme des scribes et des pharisiens fit dénoncer comme improbateur rebelle des illégalités, et accusé d'avoir répandu des doctrines trop équitables réprouvant les héritages d'outre-règle, lésant les petites dots. Les popes, le contrastant sur tous les points de la couture, n'étaient que le demi-anti-christianisme et ne pouvaient se glorifier d'être l'anté-Christ tout entier; à ce grand corps religieux auquel la tête manquait, c'est le jésuitisme qu'il fallait. Le poète a bien dit qu'un certain Loyola (Ignace), vivant dans la paresse et dans la crasse, était venu d'Espagne à Paris jeter les bases de son ordre détesté; or, le bon ou triste ère jésuitisme, ne pouvait sans charger la peau être le loup parodiant l'agneau. Après avoir fait assez de mal, la caste, en se disant jésuite et connaissant la confiance que la crédulité publique avait en l'homme dont l'honorable bande se pseudonymait du nom sans que personne s'en aperçoive, pensait pouvoir, sous ce nom, dissimuler à l'avenir le moyen d'en faire davantage; et, aux risques et périls de sa cause, il le fit et il le fait actuellement encore.

Or, il est bon de savoir avant tout que les hommes les plus opposés à l'Etre divin à cause de ses rigueurs sur toute justice, des deux termes s'étant donné le premier, non pour enseigner au monde entre voyageurs terrestres à se partager la largeur de la voie en commun avec ceux engagés dans l'étroite, mais pour l'effrayer de ce nom doux et sévère par leurs œuvres, en le rendant redoutable afin de mieux manigancer leurs affaires, en se servant des propos de l'ange crucifié, de sorte à faire croire qu'en se qualifiant de la dénomination générique de jésuite, il serait réellement lui vivant encore en eux, disant : Tout ce qui de notre part ne pourra être du bien et quiconque en dira du mal, au nom du Christ, sera réprouvé.

D. Mais enfin, si toute caste, pour se désigner, a besoin d'un nom, pourquoi celle-ci prend-elle le pseudonyme de jésuite ?

R. Voici comment : Ce qu'au point de vue moral, Jésus-Christ, et au point de vue du travail, veut dire ouvrier ; ou ce qu'on dirait ne pas être homme, si on ne vit d'un mérite acquis, ce qu'est la vie de salon qui n'a point de rapport à celle du travail, considérant l'un et l'autre comme une côte trop rapide devant des bœufs traînant une montagne, à qui il ne faut ni un travail pénible, ni un mérite acquis à aucun prix trop coûteux, mais du mérite par flatterie simplement. Oui, une sorte de diable, las de mal faire, craignant toute fatigue corporelle du travail, conçut le projet de dénaturer l'homme et ses grands attributs en mouillant des lettres de son nom l'intitulé de la caste : Jésuite, pour laisser entendre Jésus, en disant : Où le Christ s'est montré trop austère à l'égard de tout le monde, je modifierai la rigueur à son nom, et où il a prêché la pauvreté, moi et mes adeptes entasserons des richesses, et où, par ses doctrines, lui a dit une chose, par mes préceptes, moi, j'en dirai et en enseignerai une autre.

Cet homme, je crois d'origine espagnole, revient à la personne du dit Loyola, soldat d'aventure, doué des passions ardentes d'une ambition jointe à une forte dose de ce que l'on appelle la vanité castillane, il avait, après une jeunesse orageuse, embrassé la carrière des armes. C'est en 1521 que ce fondateur de la compagnie de Jésus ou de « l'anti-Jésus », vint à Paris jeter les bases de son ordre.

Il se trouva alors que les Français assiégeaient Pampelune, et il reçut en combattant une blessure dont les suites décidèrent de son existence; Ignace avait eu la jambe cassée et, redoutant une difformité plus que tout au monde, il fit casser sa jambe; puis, comme il restait un os qui faisait saillie et empêchait qu'il fut chaussé proprement, il fit couper cet os dans la crainte de paraître boiteux; il se fit même tirer la jambe. On peut juger de la trempe énergique de sa nature qui, pour éviter une légère difformité, se condamnait aux plus rudes souffrances.

Il faut croire néanmoins que le résultat ne l'a pas satisfait, puisque ce fut en ce moment qu'il prit la résolution de renoncer au monde et d'embrasser la vie religieuse. Un homme du caractère d'Ignace ne pouvait prendre ce parti simplement : il imagina donc de se faire chef de l'ordre et de fonder une nouvelle religion. Dans l'œuvre de sa pensée, il apporta ses idées de soldat à l'œuvre dont il jeta les bases et qui fut envisagée par lui-même comme une armée, l'armée du Christ. De là, ce précepte d'obéissance absolue et aveugle, qui est le principal fondement du jésuitisme. Pendant qu'il était retenu sur son lit, Ignace avait demandé des livres, des romans de chevalerie pour se désennuyer; le hasard voulut qu'à défaut de romans ce fut une Vie des Saints écrite en style romanesque qu'on lui apporta, et remplie d'aventures merveilleuses. Ces livres agirent sur son esprit déjà surexcité par la souffrance, il eut des visions, des extases, et, comme dit un de ses disciples, « il en vint à comprendre le mystère de la sainte Trinité aussi clairement que je vous vois. » Notez qu'il n'avait auparavant reçu nulle instruction sur la religion, ni fait d'études d'aucune sorte. Sa conversion fut complète.

Dès qu'il fut en état de se lever, Ignace alla se confiner dans une grotte solitaire (la grotte de Maurèze, restée célèbre parmi les jésuites); il y demeura longtemps livré aux rigueurs de la pénitence volontaire, macérant son corps par la privation et les coups, arrivant par là à l'état d'halluciné comme les fakirs de l'Inde. C'est alors qu'il eut cette fameuse vision des deux armées, l'armée du Christ contre celle de Satan, et qu'il conçut le projet de créer un ordre qui fut aussi comme une milice. Le soldat survivait toujours en lui.

Ce fut aussi dans la grotte de Maurèze qu'il composa ses exercices spirituels, dont le père Ravignan a dit, dans sa défense des jésuites, qu'ils ont créé la société de Jésus et qu'ils la maintiennent. Nous essaierons tout à l'heure d'en donner une idée.

Le projet d'Ignace était vague encore. Il passa les premières années de sa conversion en pélerinages et en mortifications; il cherchait sa voie, mais sa profonde ignorance l'exposait aux risées, et il résolut de se mettre à l'étude et d'apprendre le latin. Il avait alors trente-sept ans. Cependant, en 1526, il alla à Alcala faire sa philosophie et crut après cela pouvoir prendre des disciples, mais le proverbe : Nul n'est prophète dans son pays, se vérifia pour lui. Sur une sentence du vicaire d'Alcala, il lui fut interdit d'enseigner, n'étant pas théologien, et on le mit même en prison.

Ignace prit alors le parti de venir à Paris recommencer ses études. Ses disciples l'ayant abandonné, il en fit des nouveaux; les premiers furent des Français qu'il connut à l'Université. Le Fèvre avait été son répétiteur et François Xavier son maître de philosophie. Plus tard, il leur adjoignit quatre Espagnols. Enfin, le jour de l'Assomption de l'année 1534, il voulut lier sa petite troupe par des engagements irrévocables et la conduisit dans l'église de Montmartre. Le Fèvre, qui venait d'être fait prêtre, dit la messe dans une chapelle souterraine de cette église et leur donna la communion; puis, après le serment de se vouer au service de Dieu, ce fut d'aller offrir leur dévouement au pape. Ainsi, Paris fut le véritable berceau de la compagnie de Jésus; cependant, ce ne fut qu'à Rome et deux ans plus tard, qu'ils prirent cette dénomination. Le mot de « compagnie » fut adopté par Ignace à suite de ses idées guerrières. Le nouvel ordre fut approuvé en 1539 par une bulle du pape Paul III; en 1540, l'ambassadeur du Portugal demanda à Ignace quelques-uns de ces compagnons pour aller prêcher dans les Indes. Xavier fut désigné.

Paul III favorisa beaucoup le nouvel ordre, qui ne tarda pas à prospérer et lui accorda des privilèges particuliers en le dispensant des règles communes; quant à la discipline, le supérieur eut aussi une autorité sans contrepoids. A l'encontre de la Réformation, qui tendait à rendre aux infidèles les droits qu'ils exerçaient dans la primitive Eglise, et notamment à faire découler de leur consentement et de leur élection toute autorité dans le sacerdoce, les jésuites s'efforçaient d'établir dans la catholicité l'autorité d'une monarchie absolue. Il y eut aussi une double révolution dans l'Eglise : les réformés marchaient vers le libre examen et les jésuites organisaient le despotisme par l'obéissance aveugle.

SUPPLÉMENT DE L'ARTICLE PRÉCÉDENT

Les effets produits par les religions chez les gens de ce zèle. — Le prêtre catholique et le protestant repris par une bonne âme.

Une personne me racontait qu'un jour, se promenant sur une route à peu près à quinze cents mètres d'une petite ville où, en été, beaucoup de monde après la chaleur de la saison, sur le soir, jouissait d'aller se promener à l'ombre des vieux ormes la couvrant de leur vert feuillage, s'y trouva en même temps qu'un voyageur étranger et le curé de la localité. L'un et l'autre, à force d'aller et venir, finirent par s'accointer et tomber en conversation. Le bon prêtre demande curieusement au prétendu touriste qu'elle était sa spécialité. L'étranger répondit: Monsieur, que cela ne vous contrarie, j'appartiens à la religion reformée; je vends la bible de Luther. Ce mot de Luther produisit dans l'esprit du prêtre une impression tellement émouvante qu'une discussion s'engagea entre les deux. Sur cette entrefaite, une pauvre femme menant deux petits enfants, laquelle portait l'un sur le bras et menait l'autre par la main, s'adressa à la charité de ces deux saints, mais elle eût beau dire : donnez-moi, s'il vous plait, quelque chose pour l'amour de Dieu, elle ne fut point entendue; les deux hommes du Seigneur se disputant de plus fort en plus fort l'honneur à qui était le plus agréable à Dieu; celui-ci en le servant à gauche, celui-la en le servant à droite; continuant leur chemin, feignant de ne pas voir l'infortunée, ils la laissèrent passer sans rien lui donner. Plus loin, elle rencontre un charretier qui lui demande aussi la charité; celui-ci descend de la charrette : Si j'ai dans la poche un petit sou je vais vous le donner, sinon tant pis; en voilà un double, rendez-m'en un simple.

— Je n'en ai point de double ni de simple.

— Eh bien, gardez les deux sous, un pour vous et l'autre pour les pupilles.

Cette personne, à force d'entendre la conversation devenir de plus en plus forte tant d'un bord que de l'autre, manière d'éviter un conflit qui paraissait éminent, prêt à dégénérer en querelle, elle s'approcha des hommes en contradiction, leur disant : Eh! messieurs, à vous entendre, on dirait que vous avez des grands intérêts à disputer.

Le curé. — Il y a ce monsieur qui veut

soutenir que les doctrines de Luther sont préférables aux doctrines catholiques; qu'en dites-vous?

— Pourquoi ? parce qu'il est protestant discutant contre vous, et vous parce que vous êtes catholique, vous le combattez à lui. Mais catholique ou protestant, ne veut pas dire qu'il vous soit loisible de vous juger de mérite je suppose entre scissionnaires, pas plus que de vous prévaloir d'un ascendant que ni l'un ni l'autre n'avez droit de vous arroger en vous renvoyant l'un à l'autre le — qui veut soutenir. — Car ce que vous disputez chacun à votre fait est fort peu de chose. Mais à mieux raisonner que tout ça laissons, des religions, cette question à part. Il y a longtemps que je connais M. le marchand de bibles, je me rappelle à une époque, en parlant, il me dit qu'il avait à sa levée chaque matin six francs à dépenser par jour; dans la proportion, je pense que M. le curé doit en avoir autant; eh bien! chez nous la religion que l'on discute et la seule que l'on accepte comme telle est en assistant, en secourant ceux que l'on sent avoir besoin. Donc suivant que cela devrait se pratiquer ne fâche personne: si un salaire de six francs par jour et l'affranchissement de toute contribution, sans loyer à payer ni famille à entretenir, un homme ne peut économiser un sou pour faire l'aumône, il faut déclarer que le charretier, que toute à l'heure vous venez devoir est plus riche, ou plus généreux, ou s'entend mieux que vous à ce que vous contestez vaguement. Il a fait envers cette femme et ses deux petites créatures, sur qui vous n'avez pas seulement daigné jeter piteusement un regard, plus du bien que de votre vie vous n'ayez jamais fait en excitant la dérision publique sur la chose que vous affectez vouloir défendre. Rappelez-vous que tout le monde comme vous, avec vos prétendues doctrines religieuses, ne serait pas étonnant demain de trouver cette femme et les deux enfants, pressés l'un à côté de l'autre, ayant cessé de vivre faute de pain.

— Donner, faire l'aumône à des gens de cette condition, c'est vouloir les entretenir dans le vagabondage et les habituer au vice.

Eh! qu'ils travaillent s'ils veulent vivre!...

— Pourquoi ne les prenez chez vous et ne les occupez? peut-être qu'ils ne demanderaient pas mieux que de travailler. Vous ne comprenez pas que cette femme est veuve, ou qu'autrement elle pourrait avoir son mari infirme ou malade. D'ailleurs que voulez-vous qu'elle puisse faire avec les deux êtres faibles qui l'accompagnent?

— N'ayant rien à lui faire faire, nous ne pouvons l'occuper.

— Il faut donc qu'elle meure de faim?

— Que cela ne vous chagrine, quelqu'un leur donne bien.

— Oui, il fait besoin que quelqu'un leur donne. Mais par sa construction, si beau que soit l'édifice, qu'est-ce que pourra vous faire si faute d'y avoir contribué de quelque prix on vous refuse l'entrée ?

La bonne âme, convaincue par ces deux hommes qu'elle eût cru meilleurs, en effet, après avoir apprécié des religions la conséquence des œuvres selon que vous venez de le voir, s'écria dans un cœur brisé, hors d'elle : Oh ! que Dieu est mal servi en ses enfants par des docteurs si faux qui n'ont de dévot que la sonorité des belles paroles !!...

LES AGES D'OR, LES EFFETS DE L'ARGENT

PERVERSION DE L'HOMME

Par sa nature et les éléments qu'il renferme, le globe terrestre doit être regardé comme une création, et tout ce qui gravite, rampe, vit et meurt à sa surface : l'homme, les plantes, et les animaux, doivent être considérés comme une ·créature. Avant l'émission des métaux comme monnaie, on échangeait leur valeur représentative contre celle d'un autre objet ; le monde existait sans le savoir, l'homme lui-même ignorait pourquoi il vivait ; car toute son existence consistait à manger, aimer ou haïr. Telle était la vie.

Ce ne fut qu'en fouillant les entrailles de la terre, en creusant des trous profonds, en perçant des montagnes, moitié nu, l'échine découverte, avec toute sa sale barbe, plus sauvage qu'autrement ; c'est entre des bancs de pierres sèches que l'homme a commencé de trouver quelques rares filons d'argent, plus loin quelques paillettes d'or, voisines du cuivre. Ce dernier ne diffère des précédents que par l'oxydation et l'odeur désagréable qu'il laisse au contact de la main, et par la causticité vénéneuse du vert-de-gris, funeste en certains cas. De l'or et de l'argent, rouge, jaune ou blanc, d'un brillant inaltérable dont à cause de quoi plus que par leur richesse, comme par curiosité d'une merveille admirable, plus tard cette saveur du charme plût d'abord à ce goût délicieux qu'on y attachait en se le faisant passer de la main à la main comme un phénomène de beauté singulière. Etant encore en lingots, on hésita longtemps sur l'usage auquel on pourrait employer ces deux métaux précieux. On essaya de les travailler. Voyant que l'un et l'autre se prêtaient facilement à toutes les figures du travail auxquelles on désirait les soumettre, on commença par en faire des objets de parure, tels que joyaux, bijoux, bagues, boucles d'oreille, colliers, bracelets, etc. ce furent les premiers ouvrages qu'ils reçurent de la main de l'art, matières qu'alors on donnait la moitié de leur poids pour la façon. L'or et l'argent non dégrossis de leur nature brute, plus on les portait dans les poches, plus ils brillaient. De sorte qu'ils servaient à la fois à la parade et à l'orgueil de ceux qui en avaient le plus à leur disposition. Censé de cailloux naturellement mats qu'on les trouvait, on finit par les convertir en sortes de petits jetons pour remplacer le coquillage et les grains de sel adoptés pour l'échange commercial, c'est-à-dire en pièces de monnaie. La première forme qu'on leur donna à cet effet était celle d'un sexagone, portant la figure hiéroglyphique d'un fruit, d'un insecte, d'un bœuf, d'un bélier. Plus tard, d'après certains documents, ce fut Hiéron, tyran de Syracuse, le premier souverain qui fit mettre son effigie sur les monnaies (IIIe siècle av. J.-C.). Jules César l'imita, ainsi que Constantin. Henri II, — d'autres disent Charles VII, — est le premier de nos rois qui ait suivi cet exemple en y joignant le millésime. Seulement, d'après une mention que l'on croit exacte, l'or n'aurait pas toujours eu la valeur que le commerce lui a donnée de nos jours. En 753, sous Charlemagne, la livre d'or ne valait que 72 sous. La même livre vaut aujourd'hui 15 francs.

Les monnaies restèrent pendant de bien longues années sans que leur cours fût recherché, avant que l'avarice les préconisât avec la passion que les hommes y ont attachée depuis. Ce n'est qu'en altérant leur valeur de règne en règne que, d'un mode légal, elles ont passé au caprice jusqu'à la déraison de la folie. Mais revenons y, comme sont maintenant les poudres et les tabacs sous le contrôle de l'Etat qui en était le seul garant et le dépositaire, elles n'entraient chez les pauvres qu'en sorte de reliques ou de bimbeloterie de luxe qu'on

10

n'échangeait à peine qu'en cas d'extrême nécessité.

Enfin, quoi qu'il en soit de cet élément essentiel à l'industrie et comme agent indispensable aux relations commerciales, par l'or et l'argent, au plus fort de ces âges, les hommes ont perdu tous les caractères de l'innocence morale. Lorsqu'ils vivaient pour être les amis de quelqu'un, ils ne se sentaient jamais plus heureux que quand ils pouvaient se rendre mutuellement service. Mais depuis, en vertu de cette puissance infernale, tous sont tombés d'accord, au contraire, à se faire réciproquement le mal, et les uns les autres se rendant le même mépris, à reconnaître spontanément qu'il n'y a plus d'amis sans intérêt, pas plus que des hommes sans argent. L'amour de l'argent a pour seul fait la conséquence de tous les malheurs du corps et de l'âme, question que tous les pinceaux, tous les burins, toutes les plumes ont refusé de débattre à fond. A nous donc la tâche rude de le définir.

Attention aux strophes que la vogue du temps, à l'exemple des cent mille préférences que le monde, au mépris du reste, porte sur l'argent.

La grandeur des qualités, des vertus, de la sagesse de l'homme, du talent, de l'esprit, des idées de la perfection même, tout s'anéantit à défaut d'argent.

La laideur et l'improbité comme la beauté, si on a de l'argent, tout fait honneur et tout a de la valeur.

Si on est riche, de la sotte ignorance au savoir, on ne regarde pas la chose de si près. Comme une petite grenouille moitié gonflée, pour l'amour de l'argent, chacun se pique en disant :

Ah! si mon oncle, ma tante, mon cousin, mon frère, mon père, ma mère mouraient, je serais maître de ceci, je serais propriétaire de cela, je disposerais de telle chose, j'aurais tout à souhait.

Si quelque chose peut porter atteinte à mon bonheur, c'est la trop longue attente de l'une de ces morts.

En comptant heure par heure les jours et les années de ces donateurs de fortune, au fond d'une sobriété fausse, l'héritier présomptif dit dans son calcul : Il ou elle, de qui il attend les biens, a un tel âge et ne peut vivre que tant de temps ; avec ce que j'ai et ce que j'aurai de cet embarras, après son départ de ce monde, je serai autant qu'un tel, et même plus riche que cet autre. Je ferai, je dirai, et de grand cœur, tout le monde m'écoutera comme un oracle et, m'entourant en faisant cercle autour de moi, chacun m'appellera monsieur, comte, baron, grand duc ou maître. Et en effet, un jour je serai le notable du hameau, du quartier ou le maire du village, voire même sous-préfet de l'arrondissement ou préfet du département.

Et cháque bête de cet ordre faux, sans y songer, fait ou pense de ses prédécesseurs ce que déjà d'autres disent et souhaitent de lui-même. Oh! l'argent, qu'on ne me dise pas de mal de l'argent! Que c'est bien, que c'est délicieux, que c'est aimable, cela, l'argent! Alors que chacun dans soi s'écrie : L'argent! Béni soit l'argent.

Sans argent, triste mine; tout est morne et silencieux sur la terre, puisque l'homme qui a de l'argent n'est ni anxieux ni timide. Personne ne parle, ne raisonne et ne gouaille mieux ni si bien que celui qui a le cœur fier et content.

Il est tellement beau et agréable de causer et de fréquenter ce quelqu'un qui a beaucoup d'argent qu'il est présumable qu'un temps viendra, du moins il est permis de le croire, que le tableau poétique d'un peintre célèbre, récemment trouvé au Louvre, se réalisera; tableau sur lequel on voit un grigou occupant la place administrative d'un tel culte, habillé en prêtre catholique, tenant de la main droite un gros louis de cent francs, le présente à un enfant en lui disant : Voilà le seul dieu que tu adoreras et aimeras parfaitement, car les fautes des hommes, l'autre divinité les punit sévèrement; celui-ci efface, absoud et pardonne tout péché, si sanglant que soit le crime. Par conséquent, il vaut mieux tenir qu'espérer, parce que l'un est sûr et l'autre est incertain.

Nous avons parlé de l'argent que, non sans beaucoup de peine et souvent même au risque de la vie, on sortait de la pierre grise si dure qu'on ne peut la briser qu'à coups de mine. Après la fatigue de cette extraction, vient celle de l'épuration. Quand l'argent est alchimiquement pur, arrive cette large et lourde main des maîtres qualifiés rois, qui, par l'Etat et l'arbitraire de leurs lois, sous prétexte d'obligation qu'on leur doit, jusqu'au droit de vivre, ce qui veut dire en s'imposant, surtout sur la propriété, sur le travail de nos doigts, sur l'air et même sur l'eau, prennent l'argent à grande brassée, sans avoir à fournir aucune explication ni condition. Pourquoi, quand c'est la loi? Paie ou je saisis la place où tu gis. Ainsi dit, ainsi fait; l'or et l'argent entrent dans les griffes de l'ogre comme dans une seconde mine; l'une est le sein des vieilles montagnes, la seconde est celle de Gargantua, monstre avide que le célèbre Rabelais a justement bien imaginé, se permettant avec autorité d'en prendre en le prélevant sur la fortune du peuple en quantité beaucoup plus qu'il ne lui en faut pour l'entretien du fastueux parasitisme qui constitue le personnel de sa cour et la piaffe de sa couronne ; puis distribuant le reste sans parcimonie, à large profusion, à ceux de la grande famille les plus fidèles au budget, de qui il veut se faire des amis, des partisans et dont il éprouve le besoin de se faire aimer. Après lui se payant à centaines de millions, aux uns par an, les gorgeant à centaines de mille, à d'autres par cinquantaine de mille francs, ce n'est que les facteurs postaux, les instituteurs et les cantonniers qui entretiennent la voie en bon état, tous faisant le plus de bien à la société qui gagnent le moins, et qui, comme les ouvriers de la première façon de l'argent, et comme ceux qui ne pouvons en avoir tout juste à peine pour ne pas mourir de faim eu arrosant chaque jour de notre sueur le sillon ou le travail d'autres métiers, ont presque la même peine à prendre pour le soutirer très lentement du trou ou du Styx des mêmes maîtres abhorrables qui, avec le levain de l'or et de l'argent, l'un et l'autre comme trait d'aspiration à s'approprier le reste, afin de détourner au profit des gros bourdons la fortune des petites fourmis ; et s'il ne reste à ces dernières suffisamment de quoi subsister à la fin de leur ressort mécanique, si on les y veut, et c'est bien assez, un coin d'hôpital est leur partage. Ainsi le tour fait, la vie n'est pas trop mal jouée au point des conditions que, sans consultation de conscience, on a voulu bien organiser. Quand je remuais du matin au soir la terre des champs, en réfléchissant sur bien des choses, je me disais en voyant du jour au lendemain croître la récolte, fruit de mon labeur : Ah! qu'ils me coûtent de la peine et de la fatigue ces jolis épis de blé! Par exemple si de dix de ces beaux épis de blé, un malheureux, forcé par les circonstances rigoureuses qu'impose la misère, venait m'en prendre un, si on l'y prend et qu'on le dénonce à la gendarmerie, ce sera un voleur de délit commun. On l'empoignerait, on l'emprisonnerait immédiatement, ensuite jugé et condamné indécisivement à la peine qui plairait au caprice des juges et à la perte de l'honneur et de ses droits civils et politiques, si bon leur semblait (bagatelle à laquelle peut-être il ne s'arrêterait pas, mais très importante cependant). Sans compter que cette justice frappe non seulement le délinquant en personne, mais, si honnête qu'elle soit dans son mérite, la famille entière à laquelle il appartiendrait. Le malheureux, assez, d'avoir pris un de ces jolis épis, puisque un évêque ou un juge en vole de ces pauvres épis, qu'aussitôt il serait un paria indigne de paraître dans la société des vivants pour avoir volé un épi. Et la griffe qui m'en prendra deux et même trois, est-ce que ce n'est pas un vol aussi manifeste que celui du misérable paria de la minute ?

— Oh! mais pardon, quand on est maître ou serviteur d'une loi, prendre, ruiner, condamner un innocent, détruire un homme, pour un juge, rien ne peut être qualifié crime ni vol.

— Mais Dieu? mais la conscience?

— Bah! qu'est-ce que c'est ça! Les rois, les juges et les grands exploiteurs en vertu des lois, de l'argent, de l'or, ce n'est pas des gens à croire en Dieu ni à avoir de conscience, attendu que leur affaire unique est celle de se damner pour mieux jouir du bonheur dont est parsemée la voie spacieuse couverte de tous les plaisirs que leur présente le théâtre de la terre.

Quant à la question du sillon, j'oubliais de dire, du temps que je travaillais la petite propriété paternelle, mes parents trouvant presque forte la perte d'un, de deux ou de trois épis de blé sur dix, je n'avais pas réfléchi sur le grand nombre qui travaille les vastes propriétés: un seul faisant le travail de deux, de trois ou de quatre, pour n'en retirer que le cinq, le quatre ou le trois des mêmes épis chaque dix, tandis que le cinq, le six, le sept de l'autre part se le partagent entre les bourgeois et la dite griffe, qui les récompense de notre argent et de sa protection. En voilà, par exemple, de quoi critiquer! Enfin le sillon, les arts, les métiers, l'industrie, le commerce sont autant de mines fécondes et autant de sources abondantes, coulant la première essence et le premier gluten de la farine pour engraisser, au gaspillage des petites bourses privées, les enfants de cette famille provenant à souche la plus antique des anciens gnomes; que de mon existence, pour tant que je me creuse la tête, je n'ai pu comprendre ce à quoi la branche de cette épine de vie ou de mort m'était propre, que pour me gouverner selon la justice de nom contraire, m'opprimant, me grugeant. Et encore! ils ont des airs de ne point permettre que je leur parle sans me décoiffer, sans que je ne tienne le chapeau à la main, ni si je ne les traite de Monsieur ou de Monseigneur et d'autres qualifications épicées, en les saluant fastueusement..... Oh ça pardon, s'ils ne le savent, qu'ils apprennent qu'ils ne sont rien sans nous tous confrères; et que s'ils ne me prenaient un et deux et trois épis de mon blé sur dix, je ne m'en porterai que tout à fait mieux.

— Mais il faut bien que quelqu'un nous gouverne?

— Ruiner et gouverner font deux; et tyraniser, cribler despotiquement de subsides font quatre. En conséquence de cette bonne raison, je ne voudrais, plus que je ne l'aime, qu'une espèce de si vilains maîtres, qui ne peuvent gouverner sans voler aux hommes leur argent et sans prendre aux pères et mères leurs enfants, avec l'un faire massacrer l'autre à cause de la moindre vérité que l'on dise contre la mascarade de leur orgueil ridicule, croient par ce faste déguiser la nature qui les a sortis de la même boue des autres, quoique se roulant dans l'or, dans la fortune du peuple souffrant, leur sortant des yeux, ronflant dans la pourpre et la variété des galons, la chamarrure et les décorations, reflétant de pierreries les plus fines et des diamants des pieds jusque sur la tête, alors que le peuple souvent se meurt de faim.

Eh bien! moi je vous le dis aussi naïvement que je le pense: avoir un tigre des plus féroces ou un serpent pour voisin, et des pareils êtres pour père, l'enfer serait de peu moins enviable. Alors donc que le peuple se gouverne souverainement lui-même, et guerre aux tyrans et à leurs bourreaux.

Continuons. Aux siècles de la fougue d'or, en outre, les hommes firent plus que s'oublier dans l'amour les anobilisant, mirent le dévolu, sacrifièrent leur prestige au-dessous du métal adorable, c'est-à-dire ce qui était fait pour être grand en eux par l'abnégation ou mérite de toutes les vertus humaines, et dans ce précieux élément de discorde ils ont perdu le souvenir de leur pieux devoir; et, comme le vin aux ivrognes, l'argent est le siège de leur raisonnement grossier, fier ou brutal. De telle façon, en galoppant aux temples, aux synagogues aux mosquées, aux églises, si c'est les catholiques ou les protestants, ils parlent beaucoup du fils de l'homme, et de tout autres; ils font une précieuse relique de sa croix: sur laquelle a expiré le crime de leur cupidité, dont l'aspect sinistre de laquelle, en la regardant, inspire des hommes la même horreur que la boiserie d'un échafaud de guillotine, lors surtout que venant d'être souillée du sang d'un criminel; combien plus forte raison lui, le fils de l'homme étant innocent, ils ne s'intéressent curieusement que de savoir s'il était réellement Dieu ou homme; tout ce qui les préoccupe plutôt qu'à apprendre à bien interpréter l'énigme de ses paraboles, etc.

Encore hélas! le comble du mal le plus grand que le créateur de toute chose puisse souffrir de cette hypocrisie mortelle est de voir la terre, premier objet de ses œuvres, converti en marchandise achetable, vendable, tripotable hypothécable à la garantie des fiers et des usuriers spéculant la ruine des malheureux insolvables, c'est-à-dire, à son nom même, en théâtre, aux folies humaines.

Au reste tant qu'une chose ou autre intéresse la curiosité, lira qui voudra, je dirai qu'un peu de tout est bon à narrer. Parmi mes expérimentations, j'ai plus que moins aimé à étudier les cours du monde ; sur ce chapitre, pas un mot n'est faux de ce que l'être révérable a dit. Me rappelant de cette parole rapportée sur les documents de chaque évangéliste, disant: Où l'homme a l'idôle de ses affections, là se transporte et se perd la noblesse de ses idées.

J'ai, presqu'à ce sujet, causé avec plusieurs sortes de monomanes dominés par divers caprices, esclaves de leur manies; mais quelque fût la passion, impossible de les empêcher de croire que tout le monde n'eût, comme eux, l'idée fixée, portée sur le même objet. En parlant à des ivrognes, ceux du dérèglement le premier qui me vient à la plume, j'ai compris que ceux-ci croient que, jusqu'à perdre la raison, il n'est pas du monde qui ne soit comme eux, ne pouvoir vivre sans aimer le vin à l'excès ; un joueur passionné au jeu, lui aussi, à chaque personne qu'il rencontre, croit trouver un partenaire effréné ; un voleur croit n'avoir de l'attention pour se méfier tant lui semble que tout le monde court après sa bourse ; une personne sensuelle incline à la luxure, ne rêvant que son affaire et le moyen de réussir aux actes de son commerce. Souvent un voisin le plus chaste peut le rendre jaloux ; et c'est une femme de ce vice qui lui fera une chose; notons qu'au moins ceux-ci après leur dépravation, il reste un peu de cœur prêt à faire quelque bien. Mais les grigous, les harpagons, les avares sans cœur ont tous l'esprit à peu près métallisé également. Si on leur cite qu'un événement n'importe s'est produit fortuitement, ils ne savent attribuer la cause générale qu'aux effets de l'argent: tellement que selon leur mysanthropie rien ne peut se faire par amour ni d'autres sacrifices que pour l'argent. Aucun sentiment loyal, franc ne peut se sympathiser, si la conversion ne roule sur le but de leur aberration. Ils sont discrets, ne s'étendent que le moins possible en prolixité; le moindre propos si peu qu'il sente la générosité leur est incompatible, reste question morte, et s'ils se trouvent en société, toute compagnie où l'on ne parle pas d'argent les ennuie. Enfin ordinairement des avares le portrait se dessine ainsi: ils sont si peu inventeurs que philosophes moraux et brefs en conseils; les lèvres fines pressées contre les dents; les amis ne les importunent guère, ne tiennent même pas en avoir; le capitalisme les réjouit, les fatigue moins que d'entendre parler de sciences. Ils agissent avec beaucoup de prudence; s'ils traitent des conditions avec quelqu'un, ils sont habituellement plus stricts que larges, préméditant avec la vigilance du renard que la part afférente aux autres ne soit pas la plus avantageuse; le contraire les afflige, les contrarie à la mort. S'ils rient n'est ironiquement qu'alors qu'ils voient les affaires aller mal chez qui la fortune les mate. Loin de plaindre personne en pareille circonstance, s'ils font le semblant, c'est par hypocrisie. De l'argent! quand j'entends parler de cette pierre à fainéants, d'orgueil et de crimes représentés sous l'effet d'une iniquité féconde, quand je vois ses effets par les actes de l'homme: un fils, une fille riche, laisser le père, la mère aller mourir à l'hospice, ça m'énerve!

Eh bien! sur ma parole d'honneur sans défaut, je puis dire que de tous les vices précités, j'ai vu bien de misérables rentrer en eux-mêmes, des bons esprits les ramener à la morale; mais pas un seul avare, ce qui m'a prouvé qu'un cœur métallisé est aussi dur que le métal du dieu qu'il adore avec toute la force et la volonté du caprice.

— Mon ami, vous en dites verbeusement si long dans un temps de coquetterie et de luxe, où l'on ne salue que le pardessus et la robe de soie, surtout en ces mêmes âges, de tabac, de jeux et d'absinthe; l'amour de l'instruction par la lecture excepté, que les hommes, les femmes préféreraient la mort que de ne pas jouir, sinon réellement au moins d'espoir à la crains que le pénible travail de toute votre vie ne soit vainement que de la fumée en l'air.

— Que voulez-vous que j'y fasse, on ne peut grandir devant l'Eternel, sinon devant les hommes, sans souffrir quelque chose, ne pouvant à peine connaître les beaux jours de ce monde qu'en développant les appréciation qui m'ont paru les plus justes; je dis ce qui est le bien et je proteste contre ce qui est le mal. Ne l'enseignant pas, je suis content de n'avoir pas à me faire ce reproche, si mon travail ne profite à quelque chose je resterai du moins martyr de mes œuvres.

J'ai souvent lu dans ces paroissiens que les dames portent à la messe, et pas une page je n'ai ouverte sans y voir: Mon doux Jésus... trouvant ce mot si beau, qu'il me fait l'effet d'une pierre angulaire, que le titre seul embélit toutes les faces du monument, comment donc je ne pourrais pas aussi bien que ceux qui ont écrit ces parroissiens romains parler du Christ à sa louange d'abord et ensuite, à l'appui de ce, j'affirme contre ceux qui le prononcent des millions de fois par jour les mains jointes levées au ciel, le priant pour faire ce qu'ils ne devraient pas faire et le reniant, l'oubliant quand au bien qu'il leur commande? Chacun son affaire, on parle bien d'autres grands personnages connus: de Voltaire, Cabet, Prudhon, Rabelais, Chateaubriant, Jean-Jacques-Rousseau et de tant d'autres selon la partie ou la question que l'on traite; hors toute insulte ni critique, tout cela est un bien quand on parle à la louange de quelqu'un après sa mort. Eh bien, pour moi, le Christ est mon sujet favori, j'en parle et le prône à ma manière, comme le premier médiateur de l'humanité et de la morale. Car ne pas parler de lui comme par honte pour ne pas s'obliger à quelque bien, c'est vouloir s'abandonner entièrement aux propres volontés de soi-même. A présent, quant à la divinisation, je laisse chacun libre dans sa conscience; mais le prendre pour Dieu lui-même c'est une erreur, et bien plus grande encore de l'imoler, de le sacrifier au bénéfice de ses intérêts matériels, et de s'en prévaloir comme d'un instrument à faire trembler le monde.

Bien heureux même je serais si par mon ingénuité je pouvais ramener bien de bonnes consciences à la raison que dans mon ouvrage je fais suivre; qui, certainement à cause des exemples du trône et de l'Eglise, ne peuvent le considérer, ni l'estimer comme tel sans horreur, parce que en proférant ce grand nom il leur semble que cela fait trop prêtre, faisant de cette manière qu'ils adorent l'un et ils

cœur si léger que leur peu de cervelle, e[t]
priant Jésus-Christ comme Dieu sans y croir[e]
rendent le culte au prêtre et point à lui ; i[ls]
adorent l'homme qu'ils contemplent ave[c]
extase et point l'esprit qu'ils ne voient.

PÈRE MICHEL

SA VIRTUALITÉ — SA TRADITION SUR LES TEMPS ANCIENS — DISSERTATION DES HABITUDES DU PEUPLE — LE JOUG DE LA TYRANNIE LE DOMINANT — LA NOBLESSE ET L'ŒUF DUQUEL ELLE EST SORTIE.

Père Michel était, de tous les hommes de son temps, d'une virtualité d'esprit vénérable; et s'il y en avait, d'une très longue mémoire, car il avait beaucoup vu, beaucoup retenu, même très souvent au-dessus de sa tête a entendu le tonnerre gronder. Il ne savait à peine lire, et il n'avait pas des livres, mais sa proverbialité en si grand renom de prévoyance réelle le faisait considérer comme le prophète des évènements, tant lui semblait voir encore au moins de mille à douze cents ans en arrière dans la profondeur de l'obscurité des siècles écoulés. De telle manière qu'on le considérait comme l'histoire vivante des autres âges. Pour remplaçer la lecture qui lui faisait défaut pour son affaire, le Père Michel n'avait que la curiosité toujours avide des nouvelles à apprendre à son instruction.

Quand il mourut, le Père Michel avait cent dix ans, il tenait les éléments de sa tradition historique de d'autres qui avaient cent vingt ans, cent sept à cent huit ans de plus que lui et ceux-ci encore avaient parlé à d'autres qui, également, étaient plus que centenaires, ainsi de suite ; telle était en principe sa manière de former un enchaînement de siècles jusqu'aux époques du commencement des lumières. Suivant la comparaison, des sentinelles placées de distance à distance, je suppose de Toulouse à Paris ou de Paris à Rome, de l'un à l'autre transmettraient un ordre, une nouvelle. De même, c'est par les anciens aux anciens, et de la main à la main, des plus anciens aux plus anciens que Père Michel parlait de fort longtemps sur les évènements de l'homme.

— Mais l'histoire dit bien quelque chose aussi ; de quoi veut parler cet homme ?

— Hé ! l'histoire... disait-il : dans des temps si mauvais que personne n'était guère capable de l'écrire que ceux justement qui faisaient le même mal que l'histoire devait dénoncer à la connaissance de l'avenir, qui voulez-vous qui puisse mieux citer les passages qu'elle doit reproduire au savoir des générations nouvelles, que celui qui voit, entend et se rappelle ? Seulement, au commencement du moyen-âge, il fallait à l'homme vingt ans d'études pour apprendre à lire et à copier l'histoire. Pendant ce laps, bien des choses pouvaient se passer et bien des faits pouvaient échapper au burin de la tradition et plus encore avant de connaître les habitudes et de comprendre les rigueurs. Il dit se rappeler avoir vu les plaines et les coteaux que l'on voit aujourd'hui verdoyant, couverts de belles vignes, qui alors n'étaient que des bois ou des terrains incultes, couverts de genêts et d'épines ; sans communications faute de routes ni chemins praticables. Les gens aux mœurs et habitude presque aussi fougues que rustres étaient accoutrés d'étoffes ourdies en gros fil d'étoupes et de laine mal filée, toujours cousues sur la première coupe. Les plus riches alors étaient pauvres. Les habitations sans meubles ni chaises, quelques huches seulement pour serrer leurs frumentacés, et des mauvais bancs pour sièges, voilà l'ameublement d'alors, autour desquels tant chez les riches que chez les pauvres les poux faisaient la ronde. Les maisons construites en mauvais torchis ; mais pour le chauffage toutefois ce n'est pas le bois qui manquait. Le gland, la châtaigne occupaient à la table du ménage, toute la place qu'aujourd'hui y tient le maïs et la pomme de terre. Du maïs, l'importation de cette céréale dont le nom vulgaire (blé de Turquie), paraîtrait annoncer qu'il vient de l'Orient, est cependant originaire de l'Amérique, d'où les Espagnols l'apportèrent en Europe en 1543 ; l'honneur est dû à leur mérite, vu qu'en quelque contrée de la Gascogne, on le nomme encore blé d'Espagne. La pomme de terre, cette solanée, est originaire du Chili (Etat d'Amérique méridionale) et c'est peut-être des présents que nous ait fait ce pays lointain, le seul véritablement utile, également en 1500.

Qu'on juge de la vie en ces temps obscurs, avant que ces deux récoltes le maïs et la pomme de terre, ne fussent connues, lorsqu'on n'avait pour vivre que le blé, l'orge, l'avoine, le seigle, à l'égard de nos siècles ; tout le monde était pauvre, nul n'était heureux.

A des intervalles inopportuns, dans un sens, de très mauvais règnes, rois ou empereurs, tyrans ou despotes, étaient venus s'établir en maîtres des grandes affaires changer les destinées, et les remettre de mal en plus mal, sans pouvoir en accepter un seul, duquel on pusse se faire l'espoir d'un autre bonheur que celui d'en être loin pour le bien de certains états de choses. Car le premier des maux qu'ils commençaient à faire comme bien selon eux, quand on ne sait en faire d'autres, était d'abord la guerre aux lumières ; et le seul but qu'ils se proposaient pour les éteindre était la mort aux intelligences, à tel point qu'à l'oubli spontané de tout devoir humain, laissaient mal vivre, souffrir ou mourir dans la misère au fond des bois, ceux du plus misérable servage, dont la seule liberté qui restait au bénéfice des pauvres esclaves, était celle de ne pas les voir de près, et de ne point les connaître. Mais le sang du crime allait simultanément son train en se répandant partout à effusion, dans les grandes et petites villes. A Paris plus qu'ailleurs il y avait des fortes prisons d'Etat pour y incarcérer exclusivement le grand monde ; aux centres ordinaires on assassinait presque impunément en plein jour ; dans les campagnes, pays de broussailles et de fourrés, peuplés de loups, de renards, de sangliers, de reptiles et de gibier, quand quelqu'un, fut-ce un père, une mère, une sœur, un vieillard, un frère, embarrassait par haine ou à défaut de quoi les nourrir, on s'en défaisait en les tuant ou en les faisant tuer ; puis la nuit on n'avait qu'à porter le cadavre sur l'endroit le plus fréquenté par les bêtes carnassières, très à portée de leur flair, lesquelles mangeaient le mort, ne laissant que les os pour débris à constater légalement par des voisins le plus près le cas comme accidentel, que le lendemain, le surlendemain on allait trouver en faisant le semblant de se lamenter sur la disparition de tel membre manquant à la famille, et lesquels voisins au service de la recherche, en cette concurrence, se prêtaient assez volontiers, allaient avec les mauvais parents de la victime, les suivaient en voyant faire les éplorés ou les mourants d'un chagrin hypocrite. J'oubliais de dire qu'avant la découverte du cadavre, ces derniers avaient soin de bon matin, d'aller observer premièrement le spectacle, et si le corps était intact on attendait, quoique c'était un cas rare quand la décomposition, par la voracité des bêtes, ne s'accomplissait pas la première nuit ; et si elle était effectuée, on s'en revenait content. Puis avec les personnes désignées à témoin on reprenait la campagne, on rôdait deçà delà prenant des tours jusqu'à ce qu'on y tombait dessus, ce qui n'était point difficile. Un grand cri de surprise, d'horreur et un semblant de pleurer aux larmes sèches, éclatait sur le malheur, et toute justice humaine était satisfaite. Car en ces âges encore barbares, de trouver au premier endroit le cadavre d'une victime humaine n'était pas chose plus rare que de nos jours trouver celui d'une poule, d'un chien, d'un chat mort dans un fossé commun. Et l'émotion, voici celle que produisait à ces instincts de brutes la mort de fait ou d'accident : Les voisins un peu éloignés de la maison du mort sans presque de la différence aux bêtes fières à l'odeur du sang, se disaient d'un ton frétille : — Tu ne sais pas ? — Et quoi ?

— On a trouvé mort un tel, une telle dévorée par les loups. — Comment le sais-tu ? — On a trouvé son squelette complètement décharné par ces animaux. — Eh ! les pauvres bêtes, il faut bien qu'elles mangent elles aussi, et qu'elles se nourrissent de quelque chose. Entre cannibales de ce genre, sans cœur, sans amour sans regret, ils se soutenaient en cas d'un pareil coup de main au besoin.

— Et vous dites qu'il n'y avait pas des lois, qu'avait-on à craindre?

— L'affront, la honte en public.

D'ailleurs, des lois au respect des pauvres, il n'en existait point. Si un voyageur inconnu venait à s'égarer et tomber dans ces parages solitaires, mi-déserts, mi-sauvages, ne voyant que ciel et bois, quelque petit champ de terre labourable, quelque préau dans ces trous perdus, il s'exposait beaucoup chez du peuple qui reniait leur père, leur mère, vivant comme les lapins, la moitié du temps sans être inscrits sur aucun registre d'état civil.

Ce ne fut qu'alors que les premiers despotes, intéressés à avoir des esclaves en nombre supérieur à celui de leurs rivaux qui, en ordonnant la division du territoire en provinces, soumises à des égides hiérarchiques pour savoir à peu près le nombre chiffrable de leurs sujets, qui furent chargés de procéder à un récensement général et d'inscrire sur le baptistaire toute créature humaine aussitôt venue au monde, et pour donner un nom et prénom à tous ceux, s'il s'en trouvait, ne pas en avoir un. Et à l'effet de la même ordonnance, on établit une loi dite cadastrale, on fit mesurer à l'arpent la contenance des biens fonds à fin de connaître leur divers genres de culture, les revenus qu'ils produisent pour imposer tout le sol du domaine compris dans le relevé de ce plan. C'est le moyen par lequel les lois étendirent leur ressort, et dont leur vigueur atteignit ruralement tous les coins même les plus déserts. Et censé, c'est depuis lors que date la peine de talion : — Tué sera qui tuera. — Ce qui toutefois n'empêchait pas au peuple de souffrir grièvement. Etant porté sur le rôle des tailles, n'ayant pas des pécunes, ne connaissant pas l'argent avec quoi payer les dotations imposées ? Saisir leurs terres ou les vendre, personne n'en achetait, si elles n'étaient d'un beau site et d'un des meilleurs rapports ; et si le gouvernement s'en fut emparé, il n'aurait qu'agrandi le domaine des friches, qui l'était déjà de reste, pour la satisfaction de ruiner une famille. Ce qui par cet arpentage était mal d'un côté, était bien de l'autre. Chaque pauvre, qui avait su s'emparer du terrain assez par le travail dans des bas fonds impraticables, sans avoir acheté ni payés, pris à l'état communal, une fois compris dans le rôle cadastral, la propriété fut reconnue légitimement propre à celui qui la possédait, reconnu être le premier l'avoir défrichée. Jusque-là très bien. Mais séquestrer un homme trop misérable, parce qu'il ne pouvait payer son tribut, était si facile et un poids trop léger sur la conscience des premiers officiers du roi, qu'ils auraient fait périr mille malheureux s'il l'eut fallu pour plaire à leur maître, sous prétexte de donner l'exemple aux autres. Car déplaire à un sbire, à un agent de l'ordre, à un garde-château, regarder un gendarme d'un œil de travers, il y avait du danger à encourir, il ne fallait qu'une plainte pour être arrêté et introduit.

En ces mauvais siècles, ce qu'à la plèbe semblait de plus empressant concernant sa position, c'était une influence médiatrice, capable d'intervenir à sa protection. Or, ainsi du passé plus ancien, les despotismes draconniens ont, pour établir une distinction, eu besoin d'un second étage existant entre eux et le peuple; ils avaient soin de ménager par égard quelques privilèges à l'avantage de ce qu'il y avait alors de plus bourgeois; et cette bourgeoisie était trop heureuse en se voyant choyée de chaque bord, premièrement par le peuple implorant sa protection, et secondement par le roi qui l'adulait pour qu'elle l'aidât à faire précisément contre le vœu du peuple.

Que fit à cet égard, premièrement, le peuple? Dans son malheur, sans s'en douter, il s'efforça de son mieux, un peu chacun sa part, à construire d'abord des jolis châteaux à un tel et tel par rapport à la relation la plus directe qu'on lui attribuait avec le roi ; on voulait de ce tel ou tel mériter son estime, espérant qu'au moyen du crédit d'un protecteur semblable, on pourrait acquérir au moins l'épargne de quelque coup de lois trop rigides, et vivre un peu mieux tranquilles ; et le peuple s'endormait dans la confiance de ses inertes et égoïstes protecteurs, pensant qu'ils exposeraient sa situation auprès de qui disposait du droit de ces grâces selon qu'on le lui promettait pendant qu'il se sacrifiait dans cet espoir.

Mais point, les personnages présumés grands référendaires auprès de la cour, et comme les conciliateurs entre le roi et le peuple, oublièrent les promesses dont ils s'étaient engagés ; s'enrichissant d'abord des dons qu'ils recevaient de toute main en sacrifice de la part des bons et faibles; puis les abandonnant. De roturiers qu'ils étaient, ils cherchèrent desuite, auprès du roi ou de par le roi à devenir grands maîtres. — Et de cette sorte, quand il dit, sans expliquer quoi, *que d'une extrémité à l'autre, des trois est toujours celui du milieu qui peut sentir le plus mauvais,* jusque-là l'adage du Père Michel est très exact.

Ce demi-monde qui encore alors trouvait du gateau sa part d'honorabilité trop petite, d'hobereau à seigneur, c'est la condition qu'il rêvait. Les rois eux-mêmes, se sentant excités par l'ambition dans le cœur sans un brin de paternité populaire, ne demandaient qu'une espèce de mécanisme mobile, agissant à leur volonté, organisé d'esclaves, à l'instar des grands chasseurs des montagnes à qui l'honneur fait exciter les meutes les unes contre les autres à la piste du sanglier, tant pis pour le chien qui se fait éventrer; un de mort pour cette affaire, cent de ressuscités. L'amusement des monarques entre eux, au lieu d'exciter des chiens à la piste du gibier, à leur plaisir, c'était des hommes qu'il leur fallait pour les faire égorger entre eux, à la piste de leur gloire, ce qu'ils ne savaient pas apprécier avec toute l'importance du bonheur, si rouge qu'il fût, de la plante des pieds jusqu'aux oreilles, si l'honneur ne relevait que du sang versé pour des conquêtes rendues chèrement précieuses à force de massacres et de pertes douloureuses, afin que l'on puisse leur apprendre : « Sire, nous sommes vainqueurs, mais la victoire nous coûte cher, beaucoup d'hommes ont péri! » Et qu'eux puissent répondre : « Des hommes, bah! des hommes, est-ce que ça vaut seulement la peine d'en parler. La victoire, pour nous, c'est tout. Bravo! mes officiers (mes piqueurs), et ne parlons plus des hommes. Si un, deux, trois, quatre cent mille sont morts, autant de mères qui ne le sont pas, parole de roi, et qui les remplaceront. Que tout soit fini, pas de scrupule. »

Des esclaves, puisque nous sommes à en parler, aux braves rois, c'est des esclaves qu'il leur fallait. A ce prix, de grandes récompenses furent promises aux entremetteurs qui pourraient leur en procurer en quantité assez grande. Un seul homme pour un tel sacrifice n'était qu'un atome : c'était des milliers qu'il fallait pouvoir en enrégimenter et les leur amener bien exercés, bien équipés, prêts à marcher au combat, et leur dire en les flattant : « Sire, voilà tant de centaines d'hommes m'appartenant, je les offre au service de votre majesté ; par conséquent, le plus grand plaisir qu'elle puisse me faire, c'est de vouloir bien les accepter avec autant de satisfaction que de la cordialité peut dépendre de ma gratitude afin de vous être agréable. Ils sont équipés, prêts à combattre pour votre grandeur, votre gloire et le bien de votre royaume. Ainsi je souhaite que le règne de votre éminence royale soit prospère et domine souverainement tous ses sujets. » Ces gentillâtres, moitié campagnards, moitié bourgeois, quelquefois perruquiers ou marchandots, pour arriver au but qu'ils poursuivaient, se ruinaient en promesses faites aux pauvres d'alentour les plus éprouvés par la souffrance et la misère, leur promettant mille bonheurs, ne sachant que devenir, qui avaient du caractère la faiblesse de se laisser enjôler, se mêlaient avec la crapule qu'on pouvait racoler dans toutes les bandes, sans marchander la qualité de si près, même les brigands que la faim et la crasse décharnaient et défiguraient à l'effroi.

— Si alors il y avait tant de misère, la terre était-elle plus aride, moins féconde, trop peuplée, ou bien ne la travaillait-on pas assez?

— L'affaire des grands était de croupir nonchalamment en donnant des repas, des bals, des soirées, des fêtes, au lieu de s'occuper des souffrances qu'ils auraient pu soulager par d'autres moyens, en encourageant l'agriculture par des concours et en donnant la liberté aux échanges des denrées et de l'industrie. Au contraire, les rois ont toujours tâché d'affamer les peuples pour les rendre plus dociles et en être plus maîtres. Donc on peut ajouter à leur histoire de mal, qu'ils ont préféré ne pas déranger de leur repaire les renards, les loups, les sangliers, et de leurs nids les couleuvres et les lézards, et laisser la misère faire son cours. Du reste, qu'on le sache bien, aucun despote n'a jamais pu régner avec des idées plus en faveur de l'homme, puisque les monarques sont de cette invention, après celle de la destruction, la mort partout.

Reprise de la ligne. De pareils présents faits au roi valurent en retour pour récompense aux offrants des titres de noblesse. Plusieurs même devinrent de grands seigneurs. C'est de là que sont venues ces qualifications mousseuses : comte d'une province, duc d'une ville, baron d'une terre, marquis d'une côte ou d'une plaine, chevalier, etc. Enfin, que ce fût d'une ville, d'une campagne ou d'un moulin à vent qu'on les fît, ce n'est pas le nom qui était le mal, mais les droits qu'ils s'arrogeaient sur la misère des villes et des campagnes en assujettissant les unes et les autres à la dîme et autres impositions censitives ; tellement qu'aucun sentiment moral ne pouvait dissimuler l'indignation devant la surcharge des impôts qu'on autorisait à se faire payer. De récemment nobles on est passé à la féodalité ; de laquelle ne devait résulter que l'iniquité au comble outre-passant la mesure, dont à la sans-valeur du terme, on a faussement et mensongèrement ajouté le résumé suivant :

Féodalité. — Par féodalité, on entendait constituer un régime établissant une subordination hiérarchique de personnes et de choses. Les hommes faibles et pauvres devaient se grouper autour des hommes forts et riches pour en obtenir protection, et leur promettaient en retour fidélité et entière dépendance; ceux-ci s'étant attachés à des hommes plus puissants qu'eux (aux rois), cette chaîne de protecteurs et de protégés liait la société depuis le monarque jusqu'aux plus humbles serfs. Pour qui veut le comprendre, de sujet à noble et de noble à roi, il y a plus que de la différence, il y a, au point de vue de la conscience humaine, quelque chose qu'on ne sait expliquer d'intolérable.

Mais des termes de cette vanité inique ruinant les pauvres dans le but de les rendre plus faibles, et enrichissant ceux à qui par ce même moyen il n'était pas difficile d'être forts; la première des conséquences continuant le mal, il en sortit le droit d'aînesse; les aînés présomptivement héritiers, puis intégralement maîtres de toute la fortune paternelle, tandis que les cadets, les puînés, devaient être mis hors du régime héréditaire et renvoyés comme des bâtards condamnés à suivre la destinée qui leur était tracée d'avance : la carrière des armes, celle des études, prêtre ou avocat. Ceux destinés à l'art militaire n'étaient rien sans l'avancement en grade supérieur, capitaine, commandant, colonel, général; grades qui, du reste, étaient exclusivement réservés aux conditions nobles, car nul roturier n'y avait droit. Non plus avocat; ce n'est que ceux provenant du même sang qui avaient droit au barreau, à l'académie, au parlement, et les autres au sacerdoce, prêtres, évêques, grands vicaires ou cardinaux. Ainsi la part faite au bon choix de la justice prise au poids et d'après la taille du boisseau mesurant celle d'un chou sur la comparaison d'un peuplier, le roi et la noblesse marchant blanc bonnet dans le même bonnet blanc. Et c'est dès ce moment, ainsi que du bon vieux temps, l'humanité fut ignoblement divisée en nobles et manants, en travailleurs et fainéants. De ces grands mangeurs de pauvres, la terre en était triplement peuplée. En fait de prêtres, Louis le Gros, roi de France, comme le plus libéral et peut-être comme un des plus intelligents de la ligne, ayant porté le premier coup mortel au féodalisme absurde; dans sa grande œuvre, il n'avait pas établi assez de communes pour donner à chacun une paroisse à desservir, que, pour la ruiner davantage, avec l'argent du pauvre on construisait des chapelles et des églises à chaque hameau, au premier endroit qui leur convenait. De sorte que les paysans n'avaient jamais des poules assez fécondes à la ponte pour donner des œufs frais ou couvés par douzaines à ces hommes, ni ne saignaient des porcs assez gros et gras pour les gratifier de pots de graisse et les gorger de saucisse et de jambons toute l'année. On finit par trouver que ce genre d'aumône faite aux bouches fines était souvent trop maigre ; on établit la dîme c'est-à-dire un dixième de chaque produit, ce qui allait bien mieux.

Les seigneurs du château, en qualité d'aînés de la famille, jouissaient de tous les avantages et privilèges désirables, même celui de laisser vivre ou de faire périr un misérable, après l'avoir avili par ces dénominations abjectes : sujet, vilain, manant, serf, esclave ; celui de leur faire battre l'eau des viviers ou des étangs pendant la nuit, afin que le croassement des grenouilles ne troublât point leur sommeil. Et s'il prenait un jour à un des messeigneurs la fantaisie d'assembler sa meute pour la chasse, il envoyait la veille un de ses valets donner l'ordre aux fermiers de ne point mener paître leurs troupeaux jusqu'à l'heure qu'on leur assignerait, afin que l'odeur du suint n'interrompît pas l'odorat des chiens lancés à la piste du lièvre ; cet autre de défendre expressément à François ou à Georges de faucher la luzerne ou le trèfle s'il était convaincu qu'une perdrix couvait ses œufs dans son nid. La préférence seigneuriale était que François ou Georges perdissent dix charretées de fourrages plutôt qu'une couvée de perdreaux fût détruite, et nonobstant le danger qu'une grêle ou une inondation emporte toute la récolte. Défense expresse était également faite d'enlever des champs une paille avant que le seigneur eût reconnu sa part. Et par dessus tous ces droits et privilèges, cet autre, le plus révoltant de tous, celui d'aller avant le mari avec la femme, le premier soir de la noce...

Puis, sans l'oublier, ajoutons que la béatitude féodale permettait au premier de l'auguste caste, venant de la chasse, plein d'emportement de n'avoir pu rien mettre dans sa gibecière, pour décharger son arme dans le même dépit, ne voulant pas rentrer au château le fusil garni, qu'un recouvreur sur un toit ou un paysan au soleil devant la porte servît de but de complaisance aux honnêtes gens, et poum! l'homme roulait par terre pour ne plus se relever.

Toujours à ce sujet, en continuant sans pouvoir épuiser son mémoire, voici comment parle PÈRE MICHEL : « La cour des roys, à six lieux de nous, ne me plaît point. Rendons aux grands ce qui leur est dû, mais tenons-nous-en loin le plus que nous pourrons et ne nous approchons jamais d'eux, tâchons qu'ils ne s'approchent point de nous, parce qu'ils peuvent nous faire du mal et qu'ils ne sauraient nous faire du bien. A la cour, tout est grand, jusqu'aux marmitons. Ce ne sont là que grands officiers, grands seigneurs, grands propriétaires. Ces gens qui ne peuvent souffrir qu'on dise mon champ, ma maison, qui veulent que tout soit terre, parc ou château, et tout le monde seigneurs, laquais ou mendiants, ces gens ne sont pas tous à la cour. Nous en avons ici, et même c'est de ceux-là qu'on fait nos députés; à la cour, il n'y en a point d'autres. Vous savez comment ils nous traitent : jeunes, ils chassent à travers nos blés, avec leurs chiens et leurs chevaux, ouvrent nos haies, gâtent nos fossés, nous font mille sottises, et plaignez-vous un peu, adressez-vous au maire, ayez recours au maire, aux juges, au préfet, et vous m'en direz des nouvelles quand vous serez sorti de prison. Vieux, c'est encore pis : ils nous plaident, ils nous dépouillent, nous ruinent juridiquement, par arrêt des messieurs qui dînent avec eux, honnêtes gens comme eux, incapables de manger de la viande le vendredi ou de manquer la messe le dimanche, qui, leur adjugeant votre bien, pensent faire œuvre méritoire et recomposer l'ancien régime. Or, dites si un seul près de vous ces honnêtes éligibles suffit pour vous faire enrager et souvent quitter le pays. Croyez-moi, mes amis, quelque part que vous alliez, quelqu'affaire que vous ayez, ne passez point par là; détournez-vous plutôt, prenez un autre chemin, car en marchant, s'il vous arrive d'éveiller un lièvre, je vous plains. Voilà les gardes qui accourent. Chez les princes, tout est gardé; autour d'eux, au loin et au large, rien ne dort qu'au bruit des tambours et à l'ombre des baïonnettes, vedettes et sentinelles observent et font le guet ; infanterie, cavalerie, artillerie en bataille, rondes, patrouilles jour et nuit, armée terrible à tout ce qui n'est pas étranger. Le voilà : qui vive ! Dugau; ou bien laissez-vous prendre et mener en prison. Heureux si on ne trouve pas un pétard dans vos poches ! Ce sont là, mes amis, quelques inconvénients du voisinage des grands. Y passer est fâcheux, y demeurer est impossible, du moins pour qui ne veut être ni valet, ni mendiant.

Vous seriez bientôt l'un et l'autre. Habitant près de vous, vous feriez comme tous ceux qui les entourent. L'un présente la serviette, l'autre le vase à boire. Chacun reçoit ou demande salaire, tend la main, se recommande, supplie. Mendier ce n'est pas honte à la cour: c'est toute la vie du courtisan. Dès l'enfance appris à cela, voué à cet état par honneur, il s'en acquitte bien autrement que ceux qui mendient par paresse ou nécessité. Il y apporte un soin, un art, une patience, une persévérance, et aussi des avances, une mise de fonds; c'est tout, en tout genre d'industrie. Gueux à la besace, que peut-on faire ? Le courtisan mendie en carosse à six chevaux, et attrappe plutôt un million que l'autre un morceau de pain noir. Actif, infatigable, il ne s'endort jamais; il veille la nuit et le jour, guête le temps de donner, comme nous celui de semer, et mieux : aucun refus, aucun mauvais succès ne lui fait perdre courage. Si nous mettions dans nos travaux la moitié de cette constance, nos greniers chaque année rompraient. Il n'est affront, dédain, outrage ni mépris qui puissent les rebuter. Éconduits, ils insistent; repoussés, ils tiennent bon; qu'on les chasse, ils reviennent; qu'on les batte, ils se couchent à terre. Frappe, mais écoute et donne. Du reste, prêt à tout. On est encore à inventer un service assez vif, un action assez lâche, pour que les hommes de cour, je ne dis pas s'y refusent, chose inouïe, impossible, mais n'en fasse point gloire et preuve de dévouement. Le dévouement est grand à la personne d'un maître. C'est à la personne qu'on se dévoue, au corps, au contenu du pourpoint, et même quelquefois à certaines parties de la personne, ce qui a lieu surtout quand les princes sont jeunes.

La vertu semble avoir des bornes. Cette grande hauteur, qu'ont atteinte certaines âmes, paraît en quelque sorte mesurée, tels ou tels personnages montrent où peut s'élever le plus beau, le plus noble de tous les sentiments, c'est l'amour du pays et de la liberté. Au-dessus on ne voit rien. Mais le dernier degré de bassesse n'est pas connu; et ne me parlez point de ceux qui proposent d'acheter des châteaux pour les princes, d'ajouter à leur garde une nouvelle garde; car on ira plus bas, et eux-mêmes demain vont trouver d'autres inventions qui feront oublier celles-là.

Vous, quand vous aurez vu les riches demander, chacun recevoir des aumônes proportionnées à la fortune, tous les honnêtes gens adorer le travail et ne fuir rien tant que d'être soupçonnés de la moindre relation avec quiconque à jamais pu faire quelque chose en sa vie, vous rougirez de la charrue, vous renierez la terre votre mère, et l'abandonnerez ou vos fils vous abandonneront, s'en iront valets de valets à la cour, et vos filles, pour avoir seulement ouï parler de ce qui s'y passe, n'en vaudront guère mieux au logis.

Car, imaginez ce que c'est. La cour... il n'y a ici ni femmes ni enfants. Ecoutez: la cour est un lieu honnête, si l'on veut cependant bien étrange. De celle d'aujourd'hui, j'en sais un peu de nouvelles; mais je connais, et qui ne connaît celle du grand Louis XIV, le modèle de toutes, la cour par excellence, dont il nous reste tant de mémoires, qu'à présent on n'ignore rien de ce qui s'y fit jour par jour! C'est quelque chose de merveilleux; par exemple, leur façon de vivre avec les femmes. Je ne sais trop comment vous dire. On se prenait, on se quittait, ou, se convenant, on s'arrangeait. Les femmes n'étaient pas toutes communes à tous; ils ne vivaient pas pêle-mêle, chacun avait la sienne, même ils se mariaient. Cela est hors de doute.. Ainsi je trouve qu'un jour dans le salon d'une princesse, deux femmes au jeu, s'étant piquées comme il arrive, l'une dit à l'autre: bon Dieu, que d'argent vous jouez! combien donc vous donnent vos amants? Autant, repartit celle-ci sans s'émouvoir, autant que vous en donnez aux vôtres. Et la chronique ajoute: les maris étaient là. Elles étaient mariées; ce qui s'explique peut-être en disant que chacune était la femme d'un homme, et la maîtresse de tous. Il y a de pareils traits, une foule. Ce roi eut un ministre, entre autres, qui aimant fort les femmes, voulut les avoir toutes; j'entends celles de la cour qui en valaient la peine: il paya et les eut. Il lui en coûta. Quelques-unes se mirent à haut prix, connaissant sa manie. Mais enfin il les eut toutes comme il voulut. Tant que, voulant avoir aussi celle du roi, c'est-à-dire sa maîtresse d'alors, il la fit marchander, dont le roi se fâcha et le mit en prison. S'il fit bien c'est un point que je laisse à juger; mais on en murmura. Les courtisans se plaignirent. Le roi veut, disaient-ils, entretenir nos femmes, c......... avec nos sœurs, et nous interdire ses.... je ne vous dis pas le mot; mais ceci est historique, et, si j'avais mes livres, je vous le ferais lire. Voilà ce qui fut dit, et prouve qu'il y avait au moins quelque espèce de communauté nonobstant les mariages et autres arrangements.

Une telle vie, mes amis, vous paraît impossible à croire. Vous n'imaginez pas que, de pareils désordres, une famille, une maison subsistent, encore moins qu'il y eût jamais un lieu où tout le monde se conduisit de la sorte. Mais quoi? ce sont des faits, et m'est avis aussi que vous raisonnez mal. Vos maisons périraient, dites-vous, si les choses s'y passaient ainsi. Je le crois. Chez vous on vit de travail, d'économie, mais à la cour on vit de faveurs. Chez vous, l'industrie du mari amène tous les biens à la maison, où la femme dispose, ordonne, règle chaque chose. Dans le ménage de cour, au contraire, la femme au dehors s'évertue. C'est elle qui fait les bonnes affaires. Il lui faut des liaisons, des rapports, des amis. Sachez qu'il n'y a pas en France une seule famille noble, mais je dis noble de race et d'antique origine, qui ne doive sa fortune aux femmes; vous m'entendez. Les femmes ont fait les grandes maisons; ce n'est pas en cousant les chemises de leurs époux, ni en allaitant leurs enfants. Ce que nous appelons, nous autres, honnêtes femmes, mères de famille, à quoi nous attachons tant de prix, trésor pour nous, serait la ruine d'un courtisan. Que voudriez-vous qu'il fît d'une dame honnête, sans amants, sans intrigues, qui, sous prétexte de vertu, claquemurée dans son ménage, s'attachant à son mari ? Le pauvre homme verrait pleuvoir des grâces autour de lui et n'attraperait jamais rien. De la fortune des familles nobles, il en paraît bien d'autres causes, telles que le pillage, les concussions, l'assassinat, les proscriptions et surtout les confiscations. Mais qu'on y regarde et l'on verra qu'aucun de ces moyens n'eût pu être mis en œuvre sans la faveur d'un grand, obtenue par quelque femme. Car pour piller, il faut avoir commandements, gouvernements, qui ne s'obtiennent que par des femmes ; et ce n'est pas tout d'assassiner Jacques Cœur ou le maréchal d'Ancre ; il fallait, pour avoir leurs biens, le bon plaisir, l'agrément du roi ou son ministre. Les dépouilles des huguenots, des frondeurs, des traitants, autres faveurs, bienfaits qui coulaient, se répandaient par les mêmes canaux aussi purs que la source. Bref, comme il n'est, ne fut, ni ne sera jamais, pour nous autres vilains, qu'un moyen de fortune, c'est le travail ; pour la noblesse non plus, il n'y en a qu'un, et c'est... c'est la prostitution, puisqu'il faut, mes amis, l'appeler par son nom. Le vilain s'en aide, parfois, quand il se fait homme de cour, mais non avec tant de succès.

C'en est assez sur cette matière, et trop peut-être. Ne dites mot de tout cela dans vos familles ; ce ne sont pas des contes à faire à la veillée, devant vos enfants. Histoire de cour et des courtisans, mauvais récits pour la jeunesse, qui ne doit pas de nous apprendre jusqu'à quel point on peut mal vivre, ni même soupçonner au monde de pareilles mœurs. Qu'une fois ils entendent parler de cette honnête vie et d'un lieu, non loin d'ici, où l'on gagne gros à se divertir et à ne rien faire, où pour être riche à jamais, il ne faut que plaire un moment, chose que chacun croit facile, en n'épargnant aucun moyen ; à ces nouvelles, je vous demande qui les pourra tenir qu'ils n'aillent d'abord voir ce que c'est ; et, l'ayant vu, adieu parents, adieu le champ qui paie un labeur sans fin, rendant quelques gerbes au bout de l'an pour tant de fatigues, de sueurs. On veut chaque mois toucher des gages, et non s'attendre à des moissons ; on veut servir non travailler. De là, mes amis, tout ce qu'engendre l'oisiveté, plus féconde encore quand elle est compagne de servitude. La cour, centre de corruption, étend partout son influence ; il n'est nul qui ne s'en ressente, selon la distance où il se trouve. Les plus gâtés sont les plus proches ; et nous, que la bonté du ciel fit naître à cent lieues de cette fange, nous irions payer pour l'avoir à notre porte ? A Dieu ne plaise !

Un bonhomme disait un jour : « Les princes, ce n'est pas ce qu'il y a de plus détestable. Nous voudrions bien, dit-il, avoir des princes, mais non la cour. Les princes, en général, sont bons, et, n'était ce qui les entoure, il y aurait plaisir de demeurer près d'eux ; ce serait les voisins du monde les meilleurs : charitables, humains, secourables à tous, exempts de vices et des passions que produit l'envie de parvenir, comme ils n'ont point de fortune à faire. J'entends les princes qui sont nés princes ; quant aux autres, sans eux eût-on jamais pu deviner jusqu'où peut aller l'insolence ? Nous en pouvons parler après l'expérience. Mais ces princes, enfin, quels qu'ils soient, d'ancienne ou nouvelle date, par la grâce de Dieu ou de quelqu'un, affables ou brutaux, nous ne les voyons guère ; nous voyons leurs valets, gentilshommes ou vilains, les uns pires que les autres ; leurs carrosses qui nous écrasent, et leur gibier qui nous dévore. De tout temps, on nous fit la guerre. Une seule fois il fut vaincu, en mil sept cent quatre-vingt-neuf : nous le mangeâmes à notre tour. Maîtres alors de nos héritages, nous commencions à semer pour nous, quand le héros parut et fit venir d'Allemagne des parents ou alliés de nos ennemis morts dans la campagne de Quatre-vingt-neuf. Vingt couples de serfs, destinés à peupler les bois, et ravager les champs pour le plaisir d'un homme, et la guerre ainsi allumée, continue. Depuis lors nous sommes sur le qui-vive, menacés chaque jour d'une nouvelle invasion de bêtes fauves, ayant à leur tête Marcelus ou Marcassus. Paris en saura des nouvelles, et devrait y penser au moins autant que nous. Paris fut bloqué huit cents ans par les bêtes fauves, et sa banlieue, si riche, si féconde aujourd'hui, ne produisait pas de quoi nourrir les gardes de chasse. Pour moi, je vous l'avoue, en de pareilles circonstances, songeant à tout cela, considérant mûrement, rappelant à ma mémoire ce que j'ai vu dans mon jeune âge, et qu'on parle de rétablir, je fais des vœux pour la bande noire, qui, selon moi, vaut bien la bande blanche, servant mieux l'Etat et le roi. Je prie Dieu, dit le même illustre écrivain, qu'on achète Chambord. — Il paraît que c'est du comte de Bordeaux dit Henri V, qu'il entendait. — En effet, qu'elle l'achète six millions, disait-il ; c'est le moins à cinq cents francs l'arpent : tel arpent de la futaie vaut dix fois plus ; que le tout soit vendu huit millions à trois ou quatre familles, comme nous avons vu dépecer tant de terres ici et ailleurs. Premièrement, acheteurs et vendeurs s'enrichissent, travaillent, cultivent au profit de tous et chacun, l'Etat, le trésor ou le roi, ou enfin qui vous voudrez, reçoit, tant en impôts que droits de mutation, la valeur du fonds en vingt ans. Huit millions, c'est par an quatre cent mille francs qu'on diminuera le budget, quand le budget se pourra diminuer ; nous, voisins de Chambord, nous gagnerons sur tous. Plus de gibier qui détruise nos blés, plus de gardes qui nous tourmentent, plus de valetaille qui nous tourmente près de nous, fainéante, corrompue, corruptrice, insolente ; au lieu de tout cela, une colonie heureuse, active, laborieuse, dont l'exemple autant que les travaux nous profiteront pour bien vivre ; colonie qui ne coûtera rien, ni transport, ni expédition, ni flotte, ni garnison ; point de frais d'état-major ni de gouvernement ; point de permission ni de protection à obtenir de l'Angleterre ; c'est autre chose que le Sénégal. Et, de fait, remarquez, dit le même homme, que l'on envoie ici des missionnaires chez nous, et en Afrique des gens qui ont besoin de terre ; double erreur : en Afrique il faut des missionnaires ; en France, des colonies. Là doivent aller ces bons Pères, où ils auront à convertir païens, musulmans, idolâtres ; ici doivent rester les colons, où il y a tant à défricher, et où les domaines de la commune sont encore tels que les trouva le roi Pharamond.

Cette pensée me plut ; mais les gens de Chambord, comme vous le voyez, ont peu envie de faire partie d'un apanage des princes, et pour l'intérêt que chacun peut y avoir personnellement, car il n'en est pas un, je crois, qui n'achetât plus volontiers un morceau de Chambord que le tout pour les courtisans ; ils aiment mieux, d'ailleurs, pour bons voisins, des paysans comme eux : laboureurs, petits propriétaires, qu'un grand, un protecteur, un prince, et je suis de cet avis. Je prie Dieu pour la bande noire, qui elle-même doit avoir Dieu favorable : croissez, multipliez, remplissez la terre, c'est-à-dire cultivez-la bien, car sans cela comment cultiver ? Or, c'est à faire ce partage d'accord, aimablement, que s'emploie la bande noire, bonne œuvre et sainte s'il en est.

Mais il y a des gens qui l'entendent autrement. La terre, selon eux, n'est pas pour tous, et surtout elle n'est pas pour les cultivateurs, elle appartient de droit divin à ceux qui ne la voient jamais et demeurent à la cour. Ne vous y trompez pas, le monde fut pour les nobles et la part qu'on nous laisse est une pure concession émanée du lieu haut; la petite propriété, octroyée seulement, peut être suspendue et le sera bientôt, car nous en abusons ainsi que la charte; d'ailleurs, c'est le point, la grande propriété est la seule qui produise. On ne recueillera plus et on mourra de faim si la terre se partage et que chacun en ait ce qu'il peut labourer. Au laboureur, cultivant pour lui seul sans ferme, censive, la terre ne rend rien, il la paie bien cher, il achète l'arpent huit à dix fois plus cher; et le gros éligible qui place à deux et demi, c'est qu'il n'en tire rien. Si tant est qu'il laboure le petit propriétaire, la bêche, l'ignoble bêche, disent nos députés, déshonore le sol, bonne tout au plus à nourrir une famille, et quelle famille! en blouse, en guêtres, en sabots; et pis, c'est que la terre morcelée, une fois dans les mains de la gent corvéable, n'en sort plus. Le paysan achète de monsieur, non celui-ci, de l'autre, qui ayant payé cher vendrait plus cher encore. L'honnête homme bloqué chez lui par la petite propriété ne peut acquérir aux environs, s'étendre, s'arrondir (il en coûterait trop), ni le château avoir les champs qu'il a perdus. La grande propriété, une fois décomposée, ne se recompose plus. Un fief, une abbaye sont malaisés à refaire, et comme chaque jour les gens les mieux pensants, les plus mortels ennemis de la petite propriété, vendent partout leurs terres, alléchés par le prix, à l'arpent, à la perche, et en font les morceaux les plus petits qu'ils peuvent, la bêche gagne du terrain, la rustique famille bâtit et s'établit sans aller pour cela en Amérique, aux Indes; les grandes terres disparaissent, et le capitaliste, las d'espérer, de craindre la hausse ou la baisse, ne sait comment faire. Il y aurait moyen de se faire un domaine sans acheter en détail : ce serait défricher. Mais, diantre! il ne faut pas, et les lois s'y opposent; on en viendra là cependant si le morcellement continue : les landes et les bruyères périront. Quelle pitié! quel dommage! O vous, législateurs nommés par les préfets, prévenez ce malheur, faites des lois, empêchez que tout le monde ne vive! Otez la terre au laboureur et le travail à l'artisan par des bons privilèges et des bonnes corporations; hâtez-vous, l'industrie aux champs comme à la ville envahit tout, chasse partout l'antique et noble barbarie; on vous le dit, on vous le crie : Que tardez-vous encore? Qui peut vous retenir? Peuple, patrie, honneur? Lorsque vous voyez là : emplois, argent, cordons et le baron de Frimont.

(Ce dernier passage est extrait du livre de L. P. C.)

CHAPITRE SECOND

Suite de la même description sur les rois.

Père Michel disait qu'il ne pouvait croire qu'un prince, un roi ou un noble soient des hommes. — Quoi donc? — L'un prince, l'autre roi ou noble, parbleu! mais ce ne sont pas des hommes...

Hommes, insistait-il, ne le sont, et ne doivent l'être que ceux qui naissent dans un magasin, dans un atelier d'arts, dans un cabinet de sciences ou sur l'établi d'un ouvrier dont les parents acquittent leur impôt au devoir quotidien, que le père travaille pour lui en particulier et pour chacun en général, ou chez des gens de la pioche tenant à la main la charrue et travaillant la terre. Mais les rois, les nobles d'ancienne ou de nouvelle race, avec tous les encenseurs de trônes qui, de mœurs et de vie, ne sont ni homme ni animal, si des deux termes se disent le premier, c'est justement parce qu'ils profitent de ce que personne d'assez logique n'est là présent pour leur dire : Tu as menti; que d'hommes par le cœur et les qualités qu'il faut réunir à ce nom n'en sont encore qu'à la première forme du fœtus en apparence d'homme, c'est-à-dire à la première des trois ou quatre existences qu'ils ont à user alternativement avant de l'être.

Les pauvres insensés! eux qui croient être hommes en n'étant que maîtres de la terre et en se donnant le droit d'écraser les hommes comme des mouches.

Enfin, tel que nous venons de le voir dans l'esquisse empruntée aux œuvres du très honorable P. L. COURIER, les nobles, tant ceux de la première invention que ceux de la dernière fabrique : marmitons, chambelans, palefreniers, tous les bénéficiants du même foyer royal, qui, comme des hyènes en compagnie de chacals, celui qui a moins d'instinct suivant ceux qui ont le nez le plus fin à la piste de la proie, suivaient le roi de fort près pour l'importuner et lui demandaient des places d'honneur et d'argent. Comme l'a dit Henri IV, le seul roi dont le peuple ait conservé la mémoire, lorsqu'un ministre, à son insu, ordonne une quête dans tout le royaume pour fêter ou sous prétexte de fêter la naissance de l'auguste fils nouveau-né, sachant qui donne au roi donnait aux allécheurs du roi eux-mêmes. Les habitants de La Rochelle, sous le zèle excessif du maire d'alors, priant ses administrés de ne point donner à l'égard des autres lieux un exemple d'ingratitude contre l'enfant royal. Cette commune de La Rochelle, par une quête, fit une somme ronde de cent mille écus (300,000 livres), que le maire, accompagné de quelques notables de la municipalité, fut avec cette somme trouver le roi Henri IV, lequel, après leur avoir parlé et su le motif pourquoi le maire et les adjoints étaient venus, à la vue du chiffre montant de la somme, moitié surpris, s'écria et leur dit paternellement : « A quoi bon tant d'argent? C'est trop, mes amis, c'est trop pour une bouillie; allez, revenez-vous-en, et, avec cette somme, rétablissez chez vous ce que la guerre a détruit. »

Et ne croyez pas que ceux qui demandent pour le roi, souvent sans son information, c'est bien dans leur panier qu'ils entendent que la poire tombe; ne croyez pas également que ceux qui montrent tant de zèle et tant d'affection soient les plus fidèles amis du roi et les vôtres; non, le contraire, c'est contre eux que nous devons prendre des mesures de précaution et nous en méfier plus que des autres.

A l'exception de Louis XII et de Henri IV, les autres rois ou empereurs, à l'exemple du dernier Bonaparte, faute de pain, nourrissaient le peuple avec du plomb (voir l'*Histoire des mines houillières du Creusot et de la Ricamarie*). Toujours quelque regret plus ou moins amer sur le souvenir des beaux jours du passé les fait accompagner par une affluence plus grande à la dernière demeure, mais personne ne voit ce qui se passe dans eux comme dans un songe sous le catafalque à ne pouvoir se détacher, non comme pénible, mais terrible, surtout lorsque toutes les misères qu'ils ont fait souffrir au peuple, comme une grande glace se réflétant à leur approche, et qu'ils commencent d'entrevoir une plage à l'aspect hideux d'un vaste bassin contenant le sang des malheureux qu'ils ont fait massacrer par des guerres de plaisir, répandant une odeur fétide qui les empestait, état auquel leur esprit ne peut se transporter nulle part sans qu'il ne se voit entouré d'une montagne d'ossements et de crânes d'où sort une voix mystérieuse les sommant sous d'effroyables menaces, d'oublier les folies du paradis sombre et de s'éveiller, de se rémémorer sur les cas du beau passé.

Là est le commencement de l'entrée dans les écritures du prophète et dans lesquelles on lit : Le jour de sa colère, le Tout-Puissant détruira les grands de la terre et renversera de leur trône les princes et les rois qui auront été l'objet d'abominables scandales devant lui. Leur orgueil sera confondu et réduit dix mille fois plus bas que le mépris qu'ils manifestent de la justice; ils auront bel et bien appeler à leur secours le subalternat hiérarchique de tous ceux qui les ont solennellement servis jusqu'aux œuvres les plus hideuses. C'est alors que les gens fiers, comme le superbe roi Louis XIV, se souviendront des cent mille misères qu'ils ont fait souffrir aux huguenots, sous l'impulsion d'une haine criminelle, prêchant sottement et bêtement qu'on ne peut être religieux ni chrétien sans être royaliste sur leur modèle. M'adressant aux personnes dignes et judicieuses, je demanderai quel diable pourrait vomir une pareille incongruité, et quel démon le prêtre peut-il croire que son eau bénite chasse, si en les aspergeant de son goupillon il ne craint de leur brûler la peau du front.

Sans oublier la mémoire du célèbre roi Louis XIV, parlons sommairement du fameux pacte de famine, créé à des époques très abondantes et où ce roi indigne favorisa la flibusterie des marchands, achetant partout autant du blé, des denrées et des farines qu'ils trouvaient, pour les vendre à un prix exécrable quand les trois quarts du peuple mourrait de faim, alors qu'en certaines contrées de la France les masses se nourrissaient de chardons, d'insectes, de limaces et de charrognes, tandis qu'il n'y avait que les mi-aisés qui mangeaient du pain, toutefois juste avec un grand reste d'appétit, acheté au plus vil prix d'usure, alors qu'un notable de Blesois, à qui les pauvres gens se plaignaient de la disette factice en le priant de leur faire avoir du blé, d'autres céréales ou du pain, que l'ex-honorable leur répondit narquoisement, manière de les ranimer d'espoir : « Prenez patience, mes amis, prenez patience, l'herbe pousse. » Et puis l'on voudrait que l'on qualifie « d'hommes » de tels êtres ! Certes, non, ce n'est pas possible, dit encore Père Michel, dont la chasteté, sans être jésuite, lui permettait d'avoir souvent des relations autres qu'avec des hommes.

Oh ! rois, frelons nuisibles, tous ivres de la gouttière des fumets les plus délicieux que vous puissiez respirer commensalement à la même cour, vous voudriez que l'on dise à votre louange ce que vous n'êtes pas? Eh bien! vous, à qui dont le sensible touche le plus sont les adulations et les courtoisies, écoutez ce que dit encore à votre sujet le Père Michel : « Tuer un homme pour sauver la vie à deux, c'est-à-dire tuer un individu qui doit en tuer deux, est un bien; atteindre par le fer, le feu ou le poison, un tyran qui asservit une nation, qui l'expose aux périls de la misère, de la guerre, de la famine, ne saurait être un crime, mais plutôt l'accomplissement d'un grand acte de justice. »

Mais, me dira-t-on, Dieu défend à l'homme de faire verser le sang de ses semblables. Oui, Dieu défend les effusions du sang innocent que les oppresseurs font verser par leurs caprices, mais pas l'impur corrompu par des scènes sanguinaires mises en pratique comme la leur, que nulle plume ne peut écrire sans frémir d'horreur. Qu'un sujet soit roi ou noble et tout ce qui n'est point homme comme les autres, est indigne de faire partie d'aucune société humaine et moins de s'élever au-dessus de toute personne.

En 1614, sous Louis XIII, les actes authentiques des Etats-Généraux constataient l'existence des faits ci-inclus. Le Tiers, ainsi nommé, ayant osé dire que les trois ordres étaient frères, la noblesse répondit qu'il n'y avait aucune fraternité entre le Tiers ; que les nobles ne veulent pas que les enfants de cordonnier ou de savetier les appellent leurs frères, et qu'il y a autant de différence entre le Tiers comme entre le maître et le valet.

Puis, déléguant un député pour porter plainte au roi de l'insolence de ce valet, cet organe officiel de l'ordre entier de la noblesse s'exprima ainsi : J'ai honte, sire, de vous dire les termes qui de nouveau vous ont offensés ; ils comparent votre Etat à une famille composée de trois frères ; ils disent que l'ordre ecclésiastique est l'aîné, le nôtre le puiné, et eux les cadets.

Oh ! vipère d'orgueil, à cent millions de dards pour faire le mal, que l'on ne peut que pamphléter et non tuer, te disant noblesse, te disant aristocratie, et dont de si peu de chose que tu es, il s'en faut d'un million comme toi pour faire un cordonnier, un savetier, selon toi, qui te plains de ce que l'on t'honore d'une si misérable condition. Mais apprends que si tu n'étais en pareille cécité d'ivresse, infatuée de toi-même, tu comprendrais seulement par les œuvres que la terre demande de l'homme, que s'il y a de condition à apprécier comme basse, c'est toi ; car d'humain tu n'as que la forme, mais d'homme tu n'en es qu'à la plus simple radicule qui pousse la plante qui produit l'homme. Donc apprends encore, qu'un cordonnier ne peut être deshonoré par son métier mais qu'il t'honore de son travail en te chaussant, quand un autre t'habille, te coiffe, t'engraisse, te nourrit, t'enrichit, te décrasse, te blanchit ; enfin te fait ce que de toi-même ne saurais rien être. Mais collectivement les ouvriers que toi, orgueil, le vrai misérable, tu conspue, sont l'or, sont le luxe de tes palais, qu'en ton être pour ne pas dire ta personne, exalte la fougue de ta morgue méprisable ; t'aveuglant de sorte à ne pouvoir comprendre que rien autour de toi n'existe, qu'il ne soit ouvrage de la main de l'ouvrier, que dans ta sotte impertinence tu sembles vouloir dédaigner en disant de lui, ce qu'à très juste raison, lui, le contraire peut dire de toi n'étant ni travail ni ouvrage. A quoi bon ton arbre, quel est ton fruit ? on te dira mauvaise plante, si tu n'es qu'un embarras à la vie humaine, bon à rien pour ce dont la terre est faite.

Si tu n'étais pas insensé, aussi folle qu'hypocrite, tu saurais à qui tu dois de vivre, et tu ne serais pas plus ingrate que l'animal qui ne peut nier la main qui lui donne. Tu as donc l'intelligence bien résumée que tu ne comprennes que sans l'ouvrier tu n'est qu'un petit ver de nudité, au lieu que sans toi vrai parasite, qui détrousse chaque jour son existence, l'ouvrier serait ce qu'il ne pourra jamais être tant qu'un seul de tes rejetons sera à son côté pour se nourrir du meilleur en broutant chaque jour la pousse de sa vie.

CHAPITRE III

Continuation de la poursuite contre les rois et la noblesse. — L'assassinat de Calas à Toulouse.

Nous venons de lire Père Michel, disant que tuer un homme dans l'intention de sauver la vie à deux est un bienfait, occire un tyran, sans esprit de haine ni d'intérêt autre que celui de conserver la vie à un million, à cent mille, à mille, à cent hommes qu'il ferait périr par les guerres inopportunes, ou proscrire, déporter, emprisonner, pourrir dans des cachots obscurs et humides, les braves, qui auraient le noble courage de dénoncer le mal que par sa politique il peut faire est un bien qu'il n'appartient point au monde à apprécier, ni à juger. Car celui qui débarrasserait l'humanité d'un tel monstre serait plus grand que toutes les grandeurs d'apparence humaine.

Dieu, comme on le sait, dans ce cas, est toujours favorablement disposé à récompenser ceux qui font le bien, mieux encore ceux qui exposent leur vie à cet effet ; s'ils meurent victimes de leur dévouement il les bénit et les classe au rang des martyrs ; mais du reste, il n'est pas moins sévère que bon envers ceux qui font le mal ; pis encore ceux qui le font à son nom. Jugez combien plus forte raison ceux qui tuent, qui font tuer, qui détruisent les plus sacrées de ses œuvres avec ses enfants, lui qui, de tous, est le seul père juste et bon.

Ajoutons en plus, que Père Michel, et je crois qu'il a raison, parlant que Dieu en créant l'homme, ayant dit que chacun doit vivre de son travail ; qui ne travaille pas ne doit pas manger ; sans parler de qualité de rang ni de fortune ; plus fort que lui, il ne pouvait voir de bon œil ces fiers gaillards de fêtes et de la promenade, très forts, robustes, aux larges échines, bien membrés, dans une désœuvrance continuelle, ne travaillant pas, brandissant un morceau de bois poli seulement manière de ne pas sembler à ces statues sans bouger qui regardent passer tout le monde, continuant que ces individus méritent d'être traités selon qu'on traite les derniers de fainéants paresseux.

Ensuite, pour un peuple, sous l'existence d'un roi belliqueux ou trop despote c'est la vie aux transes toujours comme en état de siège, de la peur en permanence des funestes évènements ou d'autres complications à sa crainte qui peuvent se réaliser d'un moment à l'autre.

Or, si la tuerie, la destruction sont le seul objectif qu'un monarque peut se donner à tâche vis-à-vis son peuple, cette tâche ne saurait impartialement, être comparée qu'à celle d'un bourreau maître de faire exécuter toute une nation par ses ordres, voilà tout, ou mieux, d'un assassin indépendant de toute loi et non pareille à celle d'un honnête homme. Donc pour la même raison, légiférer contre l'homme qui travaille pour le faire tuer n'est pas une loi ; surtout quant, au point de vue de la loi divine, que tout ce qu'il y a de plus fainéant dans la vie tient à faire les lois pour dominer et se ménager la jouissance des plus doux plaisirs à la ruine d'un grand peuple.

Franchement, dit Père Michel, je ne puis me figurer comment de tous les temps les hommes n'ont su s'assembler et, en force réunie, n'aient opposé une vive résistance pour empêcher qu'un sujet de grosse aventure, se disant roi ou empereur, vienne s'arroger sur des nations, comprenant une trentaine ou quarante millions d'habitants, le droit d'un maître absolu. Bah! des uns aux autres, les Césars, voyez-vous, se trouvant au sommet du pouvoir, avec un seul tenant tous les autres, par la peur chacun sa vie, les hommes, tant bien que mal, vivaient indifféremment jusqu'à la mort; et les monstres ont successivement régné, dominé sur l'incurie et l'ignorance du peuple. Or il ne reste, continue Père Michel, au peuple qu'à recouvrer sa souveraineté et décréter pour jamais leur éternelle déchéance, et imprimer, afficher leur pessimiste utopie comme un cas si arbitraire, qu'aucun sentiment judicieux ne puisse plus les admettre à son malheur.

Par dessus toute autre question à débattre, à fin d'éviter leur comparaison à des cannibales de nature, il est bon de poser ce point de réflexion: Si eux nous prennent pour des insectes inintelligents; plus humains qu'eux, nous ne pouvons les prendre tout à fait pour de ces mollécules à sang blanc et froid, inconscients, n'ayant remords d'aucun mal, qu'on dirait ne sentir la douleur de personne qu'alors qu'on les écrase en leur passant dessus. Moins encore de l'émotion, sur la couleur du sang; or, si le nôtre, coulant aux combats, les réjouit, à nous le leur souvent nous attriste. Alors qu'en ouvrant l'histoire de France on voit sur illustration représenté un Louis XVI, quittant sa famille en pleurs, en lamentation, au désespoir, au moment d'aller payer de sa tête le tribut au bourreau, notre cœur se fend sur son sort si désolant. On sent en effet comme un désir, une peine de ne l'avoir pu arracher non seulement du supplice, mais avant de les commettre, des fautes graves u'il avait assumées à sa responsabilité sous les mauvaises instigations de la noblesse et de ses courtisans, qui le trompèrent après la première fois qu'il s'était allié au vœu du peuple; quand on l'a, par insinuation, déterminé à la trahison de la patrie, à ouvrir toutes les portes de la France, à l'invasion des cohortes étrangères, prêtes à cribler de leur mitraille le peuple et annihiler la conquête de ses droits. Et, la noblesse, affolée à son grand *meâ culpâ*, pleure encore sur le résultat d'une exécution si terrible; mais toutefois, répondrons-nous, pas plus déplorable que celle du pauvre Calas, à Toulouse, lorsque pour l'honneur du triomphe de sa cause sur l'hérésie, le catholicisme toulousain, par une double circonstance de sa duplicité de crime contre lui, parce qu'il était un des plus riches négociants de cette ville à l'époque, conçut pour extorquer sa fortune au profit des confréries catholiques; le fils du malheureux Calas avait, à force de persécution importune et agaçante, plus que par sentiment naturel, abjuré le calvinisme pour embrasser le catholicisme. On ne pouvait mieux trouver une occasion relativement plus favorable pour se débarrasser du père, qu'en faisant assassiner le fils et pendre le cadavre dans le corridor de la maison derrière la porte et puis répandre un faux bruit, que, pour venger sa colère au sujet d'une telle conversion, Calas avait tué son fils. On l'arrêta sous la prévention d'infanticide, et que sur le compté des bandits protégés par la loi d'alors, sous le couvert de la religion, qui condamnèrent l'innocent à être brûlé vivant en public sur une des plus grandes places de Toulouse, et la famille du même Calas à la ruine, à la misère, à la prison perpétuelle; attentat de la part des hôtes catholiques et politiques en ce temps-là, immortellement qualifié quadruple entassement de crime sur crime : l'assassinat du fils avec duplicité, l'inique et arbitraire perpétration du martyr du père, la spoliation ou vol de la fortune ainsi qualifié, la séquestration à vie de la mère et des enfants. Procès du Diabolisme inquisitorial, que la noblesse et la calottaille catholique, aujourd'hui, cherchent à effacer, du moins à cacher sous les cendres des victimes humaines brûlées sur les bûchers, au lieu de verser sur ce sinistre rétrograde leurs quelques larmes, au témoignage d'un peu de contrition au souvenir d'un si abominable crime irréparable, pesant sur la conscience des hommes de code et de l'autel.

Plutôt que de détourner toute la part de ce torrent sur la perte regrettable du feu Louis, ils devraient songer que de ces deux malheureuses victimes il y en avait une d'innocente et l'autre coupable d'une trahison que l'histoire, en présence des malheurs qu'elle pouvait causer, ne peut tolérer. Calas, sujet, le premier qui m'est venu à l'idée comme exemple à indiquer la miriade d'autres du même sort, lui, n'avait fait aucun mal à personne que, par son négoce, son commerce, rendu des grands services à la société. Eh mon dieu! pour faire abattre le chien du voisin, il faut bien l'accuser d'hydrophobie et dire qu'il est enragé. Jean Calas possèdait une enviable fortune; voilà le mobile! Pour l'obtenir, il fallait bien recourir au système des dragonnades, celui de l'accuser d'hérésie, sans quoi on ne pouvait trouver un prétexte à sa culpabilité pour le condamner aux flammes ou à la roue. L'homme n'étant plus, que restait-il à faire? Tuer les enfants et la mère, c'était une œuvre de violence à rendre publiquement les actes trop criards; la prison était un moyen plus tacite. Puis entrer dans la maison et en possession de ses propriétés; les maîtres n'y étant plus, nous voilà propriétaires. De ceci on ne peut contester le contraire car ces belles choses se passaient en plein air de la royauté sous Louis XV, et en ce bon temps dit des honnêtes gens et de l'ordre moral. Tandis que la même histoire reproche à Louis XVI que, par faiblesse de caractère, il a opposé aux démarches que le peuple avait faites auprès de son auguste personne pour l'avertir impérieusement que s'il persévérait à s'écarter de la ligne des ordres indiqués que la nation sollicitait de son onnipotence, des grands événements fomentaient sa chute, ainsi que le désastre de la situation générale. Sous les perfides conseils de la cour, les avertissements qu'il avait déjà reçus du peuple, furent mal accueillis, et malheureusement rejetés avec une sorte de défi. Louis fit le semblant de n'entendre à protestation, aucune plainte, signifiant aux délégations qu'il n'avait aucun avis à recevoir d'elles, je veux dire d'aucune part étrangère; quant à ce qui le regardait, il n'avait qu'à en référer à ses grands hommes d'Etat; que le peuple ne devait se mêler d'autre chose que d'obéir aux lois. Ce défi provoqua l'effervescence jusqu'au soulèvement des émeutes révolutionnaires, par l'accord desquelles le lion du peuple brisa les chaînes de la force, et, pour une bonne fois, échappa de la captivité. En masse, surexcité, ce même peuple se rendit au Louvre, fut trouver le roi, le mettant en demeure de s'expliquer sur le motif pourquoi il avait refusé l'adhésion royale à sa demande. Mais l'oiseau s'était envolé, le roi avait décampé. Le peuple, hors de lui-même, prit en considération cette absence imprévue comme un roi qui abandonne à ses sujets les reines du trône. Las de souffrir après avoir secoué et renversé à terre le joug de la tyrannie, de plein droit il se rendit souverainement maître du pouvoir; et, simultanément, à l'uanimité, on décréta dans tout le royaume l'arrestation immédiate du roi fugitif, ainsi que l'organisation d'un tribunal nommé révolutionnaire, d'où devaient émaner les ordres à recevoir pour l'exécution des décrets. Et le malheureux Louis XVI, pris dans le rets de la force nouvelle, fut ramené à Paris; et de là astreint à fournir des explications sur son évasion devant le parquet du dit tribunal, à la requête duquel il n'eût aucun argument valable à produire à sa défense : Il fut accusé comme parjure à ses engagements et comme traître à la nation; et en raison des circonstances infamantes à sa charge, il fut, séance tenante, condamné à la décapitation. Telles leçons étaient rudement sévères pour les coupables du grand ordre en ce temps-là. Louis XVI finit tristement sa carrière royale par une mort tragique, c'est vrai; l'horreur du sang que j'éprouve comme humain fait que je ne puis refuser ma condoléance à une exécution pareille. Mais après tout, que voulez-vous! si précieux que l'on veuille supposer le sang d'un roi, moi, ne m'arrêtant que sur ce qui est un homme, je prise autant celui d'un simple citoyen honnête que celui du plus grand césar du monde.

Alors, selon nous, le vrai chemin d'un roi, le plus direct, à la place de Louis XVI, eût été celui d'établir le *statu quo* sur les bases d'un principe aussi libéral et égalitaire que possible, et ne point écouter les conseils de personne après celui de la situation, parlant par la nécessité du plus grand nombre, qui sont, je crois, les classes pauvres, celles qui font la richesse des nations et en même temps l'appui et la gloire des rois. Mais ce n'est pas ça ! Louis XVI ne pouvait, à la fois, distribuer aux riches la fortune à large profusion et protéger les souffrants ; donc, toutes les fois, l'état précaire dépend de ceux qui sont trop riches.

A ce mauvais retour de choses tout à fait inégales, après la défaite de la grande Révolution, le peuple pouvait changer de couronne sans rien pouvoir espérer d'améliorant au changement du système, si ce n'était de tomber dans un malheur pire que le précédent. Encore le seul progrès dont les diverses classes du peuple aient eu l'avantage de ressentir l'effet de ces mutations de couronne, est l'innovation des engins destructifs : du bâton, la première arme de guerre, on est parvenu à l'épée ; de celle-ci à la fronde, à la hallebarde, à la pique ; plus tard à l'arbalète, la flèche, et depuis l'invention de la poudre, à celles encore plus meurtrières de l'arquebuse, du fusil à charge et à baïonnette, au canon, à la mitraille, à la balle, à la bombe, à l'obus, au boulet, aux sauts de la mine, aux explosions, aux machines infernales, etc. Et toujours, sans l'oublier, à la défense du trône et de l'autel; au respect de la propriété contre les expropriés de cet héritage. Tel est l'avancement que les rois ont fait vers le progrès, en faveur des peuples, sous l'assentiment des prêtres, des riches et des nobles.

Selon les uns, — l'ignorance surtout, — les rois sont dans le monde comme une plante dont la rareté même est comme indispensable à la vie pacifique; et selon d'autres — les plus intelligents et libéraux — ils sont pour la plèbe populaire, ce que sont la teigne et la lèpre pour la santé d'un malade. Pour exalter l'utilité d'un roi, d'un tyran comme indispensablement utile à la situation politique, il faut être ce que les deux tiers des gens sont; quand, dans moi, je me représente ce qu'est cette race providentielle! qu'on l'évoque de si loin, qu'on la ménage avec tant de soin, de manière que si l'on ne pouvait vivre tranquille sans besoin de sacrifier à sa racine, du terrain, la part du rapport la plus avantageuse; que l'on ne puisse sans proclamer roi, le moindre rejeton avant de naître, même sans savoir s'il sera lièvre ou lapin, mâle ou femelle, qu'on le décore chimériquement de quelque Légion d'honneur absurde, encore gigottant enveloppé de langes au maillot, dans le pis et le caca, que déjà on proclame roi; et qu'à cinq ans on lui entrelasse, en guise de couronne, la fortune et le bonheur des classes souffreteuses à la satisfaction des forts. Et avec tout ce fracas, sans lui marchander aucune vertu ni qualité bonne ou mauvais caractère, n'ayant qu'à dire : « S'il est roi, nous le voulons », et à lui de répéter : « Bon gré ou malgré, j'y suis, j'y reste » ; à vous autres à crier : « Vive ! » ou souffrir sans rien dire. Or, si leur raison envers le peuple est ainsi, nous pouvons bien leur demander, par quelle volonté et par quel droit se permettent-ils de planer despotiquement sur nos destinées. Par la force, dira-t-on. Mais la force n'est pas toujours la raison, si fait le contraire de la justice ; ils le savent bien. D'ailleurs qu'est-ce pour eux la justice, quand l'astuce et l'intrusion est leur affaire ? Régner par la force malgré l'assentiment du nombre, est assez d'appartenir à l'ordre des bandits méconnaissant toute loi, ne respectant ni conscience ni justice, cachant l'odeur du crime sous les riches diamants d'une couronne mal méritée, voilà l'affaire.

CHAPITRE III

La prise de la Bastille. — Le roi, les prêtres et les nobles tremblant sous l'effervescence du peuple. — Le triomphe de sa conquête. — Fragment d'histoire de 1789.

Quand on se sent vivement enflammé d'un désir porté à l'instruction de quelqu'un, au prix même de ses plus grands efforts, on ne doit rien négliger, alors surtout qu'il s'agit de prévenir du même coup tout ce qui annonce un danger politique ou autre. De la façon qu'il est expliqué, si roi, monarque et le reste signifie souverain, incontestablement le même mot veut dire maître : l'un, vivre, jouir ; l'autre, souffrir et mourir ; tel de l'iniquité se résume l'original. Pour approuver le système d'un semblable régime, vraiment il ne faut plus être de ce siècle. En plus, puisque roi, prêtres et nobles ne diffèrent que du bonnet à la calotte, arrière donc ces hommes de la couleur des ténèbres ! Que chaque peuple enfin soit indépendant dans sa patrie, maître de lui-même, et qu'il apprenne une bonne fois à se gouverner de lui seul au moyen d'une bonne institution démocratique, légale et fraternelle, complètement expurgée de toute entrave de castes nobiliaires et cléricales. Que le peuple s'inspire et se pénètre de bons sentiments d'accord et d'intelligence la première chose, qu'il se réunisse et serre ses rangs, qu'il dresse à cette divinité le culte sacré de la liberté, de la fraternité par l'amour de la vérité et de la justice. Premièrement, ce qui regarde le corps, qui aura de la fortune la garde, mais qu'il paie la côte des impôts pour ceux qui n'en ont pas, car ceux-ci vivent en travaillant; et, en fait de culte, que chacun soit libre d'adorer son Dieu de la façon qu'il l'entendra le plus convenable, mais que le denier de tous ne paie plus des hommes pour béatifier les uns et excommunier les autres; c'est pourquoi nous adjurons que chacun soit indépendamment libre de faire le bien du mieux qu'il l'entendra sans subordination, ni gêne, ni injonction, forçant l'homme de faire en bien ce qu'il voit en mal.

S'il faut encore faire un pas en arrière sur l'homme, au moins du temps qu'il vivait dans l'état sauvage, il était roi de lui-même. Vivre, fuir la mort, telle était sa préoccupation principale; faire perdre le mérite référant à la même personne, est un tort irrémissiblement d'une haute gravité.

Eh bien! si d'après l'idéal de ce dialogue quelqu'un tient à dépeindre exactement l'enfer en caricature, dans toutes ses phases, avec le plaisir de reproduire le type des figures en silhouette, il n'a qu'à lire vétilleusement du commencement à la fin, à une très simple exception, la chronologie des monarques surnommés les hommes-vampires qui ont régné, et auxquels le sang et l'or est le premier pain qu'il leur faut.

Pour celui qui a un peu d'idée au service de la raison, il y a de quoi se demander tristement pourquoi un roi existe après son but connu. Au bout d'un peu de réflexion, on comprendra que sans rois les quatre saisons de l'année ne resteraient pas de faire leur cours. Une autre question encore : A quelle utilité est la guerre et à quoi bon faire périr tant de monde ? Une voix de tigre répondant : « Pour acquérir un lambeau, un vieux chiffon de gloire comme en la fouillant au crochet, parmi les dégâts, sous les débris causés par les projectiles, tirés adroitement sur le monde et sur les édifices qui pouvaient faire le musée des nations par la beauté des arts et de la vie, ou dans les cendres restant des incendies quand ils pouvaient décimer les populations et entasser les morts par monceaux, ne marquant sur leur passage que le fléau et le glas funèbre, sonnant par le cri des mourants au regret douloureux, dans un air de plaindre le triste sort des vivants qui, avant peu, hélas ! peut-être, pouvaient mourir encore plus misérablement qu'eux à la joie farouche des mê-

13

mes sanguinaires, habitués à rire en voyant la misère plus grande qu'à l'ordinaire. »

Quand on voit dans l'histoire ces rois inhumains d'une voracité d'instinct dépassant celle des corbeaux que l'on voit rôder autour de la curée, cherchant à se savourer de leur proie immonde, on pense qu'à la mort, ces sortes de pires vandales, d'une cruauté incomparable à ces voraces d'une race indestructible, leur ombre, partageant les ébats de la nuit, pourrait devenir la compagne de l'hibou et des aigles, condamnés à habiter les trous des crénelures formant la crête des pans des monuments restant des ruines encore debout, au flanc desquelles se brisent les âges avec le temps, tout ce qu'ils laissent pour mémoire de leurs œuvres aux sinistres regards des vivants ; puis on sent dans soi quelque chose tordant le cœur glacé d'effroi, disant : « C'est vrai, ces êtres sont trop féroces pour être quelque chose d'humain, témoignant n'avoir à regret que le mal qu'ils n'ont pu faire, ils tiennent de la panthère et du serpent plus que de l'antropophage, ne se nourrissant pas de la chair, mais que l'on voit sous la figure d'hommes, que le courage refuse de tuer. »

Et puis, pour tromper le peuple ignarissime, il vient avec l'attirail de l'urbanité, la poésie flatteuse et fallace, relever de leur poussière infecte ses élucubrations en rimes exagérées et mensongères pour les raviver dans un souvenir maudit sous le plâtras d'un nom restauré de gloire fausse, qui n'est, à la vérité, qu'une accusation de plus à rapporter dans l'histoire qui ne peut les épargner dans leur blâme ; dont le masque n'est qu'une figure empruntée dans l'écritoire des écrivains qui les encencent bénévolement, parce qu'ils ont la facilité de travestir un squelette pourri en belle robe blanche.

Enfin, pour toute conclusion des questions à définir, ce n'est pas l'autel, ni le trône, ni l'écusson, tant l'un que l'autre tous faiseurs d'esclaves, constituant un gouvernement despote et de sentiment commun, à qui l'abolition du servage est attribuable ; je le répète, mais à l'élan, aux grands efforts du peuple intrépide et courageux, lequel jusqu'alors à satiété repu du roi et de son règne, de noble et de prêtre jusqu'au dégoût d'un avenir sans espoir, las de traîner le joug de la soumission et d'être courbé sous le bâton des bons prêtres et des dits nobles, d'être abjectement forcé de s'aplatir comme tels serviteurs d'un maître, l'obligeant à une rigueur au-dessous du bœuf ou le domestique du cheval, plus sujet même que le cheval et le bœuf. Ainsi que nous venons de le dire, le peuple très fatigué, las de supporter le voluptueux parasitisme seigneurial, se résolut à la préférence de la mort plutôt que de subir plus longtemps son extrême avilissement. Parvenu à bout de patience, dans un égarement général, comme un seul homme, n'attendant du mot d'ordre que l'heure qui devait frapper l'appel aux armes, annonçant l'aurore de la révolution, l'aube de la délivrance qui devait sortir de la bouche du canon le jour de la date éternelle du 14 juillet 1789, crachant de toute sa force le boulet et l'obus lancés par la volonté du peuple héroïque, cherchant à vaincre ou mourir sur la Bastille, où, pour ne plus revoir le soleil en plein jour, tant de misérables avaient péri après y être entrés sous une condamnation tacite, à y perdre la vie en souffrant une agonie longue et cruelle dans un dépérissement de chaque jour, victimes d'un régime de cruauté si barbare qu'atroce, dont la rigueur rendue incomparable était due au génie du fameux Aubriot, prévôt des marchands, qui, tout en voulant par son zèle outré mériter l'estime du roi en ce temps-là, en s'illustrant au service des institutions relativement rigides, la Providence, à son tour, permit qu'il prit sa part à l'œuvre de son invention infernale et qu'elle fut son tombeau. Accusé d'hérésie, il fut enfermé, en 1382, comme prisonnier constitué à vie, et y mourut en subissant le même sort qu'il avait préparé pour les autres.

Oui, ce fut le 14 juillet 1789, date historiquement grande, la première fois que le canon a tiré pour la justice du peuple, en criblant, en écrétant les murs formidablement épais et en brisant les portes de cette prison d'Etat doublées de fer. Alors grands et petits, riches et pauvres, tout le monde a gagné au succès de la conquête de la victoire ce jour-là remportée sur la royauté; pour le savoir, il eût fallu le demander à l'homme qui y a subi trente-cinq ans de captivité, lequel l'histoire appelle Latude, condamné dès le jour de son introduction à y passer le reste de sa vie pour une faute vénielle ou de galanterie de jeunesse, au sujet de quelque placet badin qu'il aurait adressé d'une façon peut-être trop libre, à l'âge de la plus grande fougue, à la coquette madame de Pompadour. Nous allons, par une très courte lecture, juger des mœurs de ces époques comme de tous temps qui, pour donner raison à l'absurdité, pour ne pas dire à la bêtise humaine, le fanatisme pire qu'aux siècles du paganisme, se battait à feu et à sang à qui mieux, sinon à qui plus mal, pourrait fonder l'esprit de religion en éternisant l'Eglise sur les bases dont on connaît assez le principe. Le pauvre Latude était enfermé dans un de ces trous obscurs et humides qu'on appelle cellule, ne vivant que de l'espoir de l'avenir ranimant l'homme toutes les fois contre un mal qu'il est bon qu'un esprit commis à sa garde, lequel lui empêche de voir ni pressentir les fâcheuses conséquences, car sans cet ami angélique on ne pourrait vivre, commençait d'y avoir passé déjà quelques longues années, priait, sollicitait, demandait bien pardon et grâce d'une faute qu'il ne pouvait se rappeler avoir commise ; même, à défaut de papier, il écrivait avec la pointe de son canif sur le revers de sa terrine, les paroles les plus belles et les plus touchantes à l'adresse de la reine de Pompadour. C'était peine inutile et toujours du temps perdu pour rien.

Par simple égard seulement, ses instances si souvent réitérées finirent par toucher le directeur de la prison, qui, l'ayant pris en pitié, pour toute grâce, l'homme généreux lui accorda un compagnon, avec lequel ils conçurent le projet de s'évader au moyen d'une corde qu'ils firent en défilant tout leur linge. Qui sait-on le temps et la patience que leur a coûté un tel travail avant d'arriver à leur résultat. La corde étant faite, ils profitèrent de la nuit d'orage la plus sombre et même au risque de se noyer, pour traverser le lac qui entourait la forteresse. Sans besoin de réciter ici autant que l'histoire en dit, trempés jusqu'aux oreilles, ils n'avaient de sec que le linge qu'ils avaient pu emporter sur le dos à la nage. Aussitôt rendus à bord, ils se mirent en route à toutes jambes et se dirigèrent vers l'Espagne. Au su de l'évasion, la reine furieuse ordonna que des estafettes se dirigent immédiatement sur tous les points de la frontière; de telle sorte que l'infortuné Latude fut arrêté au moment où il entrait en Espagne, et je crois avec son compagnon d'infortune, et furent reconduits à l'infernal réduit. De là, plus tard, ils s'évadèrent encore. Cette fois, Latude, en traversant toutes les péripéties du malheur, se dirigeant du côté de la Belgique, son évasion fut de nouveau annoncée partout, même hors de la France. En Belgique, par charité, loin de lui refuser l'hospitalité et sachant l'évènement dont il était l'objet, on l'avertit de se méfier parce qu'il était sous la surveillance de la police ; il gagna alors la Hollande et y fut arrêté et ramené à la Bastille pour la seconde fois. Pardon du détail que j'abrège le plus possible afin de ne pas trop ennuyer le lecteur en longueur, vu que l'histoire sur la captivité du misérable Latude est assez répandue. Si j'en parle brièvement ici, ce n'est que pour venir vous demander ce que sont les gens de palais contre les gens du peuple, lesquels sont des deux couches ceux qui sentent le plus compatiblement l'odeur de la raison humaine. Est-ce que Louis XV et sa Pompadour, qui ne vivait que pour plaire et non pour aimer, s'il en avait été question, sans croire en Dieu du tout, n'auraient-ils l'un et l'autre soutenu *mordicus* être dévôts ou aussi dignes de la sainte religion que personne? Si, la Pompadour, cette Vénus, que nulle plume n'a pu parler d'elle sans l'élever comme la première déesse de la prostitution, faite d'un goût distingué à voir avec plaisir un nombre de victimes aussi grand que possible beaucoup souffrir sous son règne superbe. Certes non, il n'aurait pas fallu aller dire à cette reine de la volupté, qu'avec le prêtre catholique le pouvoir royal de son couple commettait chaque jour devant Dieu des grands péchés mortels en faisant égorger les protestants, parce que Luther et Calvin ne prêchaient la réforme que dans un esprit républicain plus qu'imbus de toute autre doctrine fausse.

Au reste, l'obus du 14 juillet 1789, date aussi grande que glorieuse à la mémoire de nos aïeux, fit à la royauté une brèche beaucoup plus profonde que personne sache, avec honneur du bien rendu à la cause populaire. Que serions-nous en effet aujourd'hui sans le courage et l'audace de ces braves, dignes et nobles frères de ce grand jour de gloire ? Car les hommes, les femmes, les vieux et les jeunes poussés par le même élan, tous voulaient s'y faire de leur force à pousser le canon, qui de sa voix terrible et retentissante devait renverser tout cauchemar dynastique et nous rendre à la lumière des intelligences et de la liberté. Donc à titre de notre reconnaissance, faisons chaque 14 juillet à pareille époque qu'un grand remerciement national s'élève solennellement en sorte de trophée enguirlandée de lauriers et de couronnes d'immortelles à leur gloire, vers les régions célestes, où il nous semble voir radieuses leurs ombres, rayonnant dans les sphères les plus élevées, où chaque martyr reçoit une récompense.

Depuis le premier jour de la délivrance du peuple esclave, vive Paris, car personne, on le sait, n'a rien à disputer aux honorables citoyens comme français, de notre chère capitale, puisqu'il faut leur rendre cette justice, ils sont toujours aptes à verser leur sang pour la défense de notre patriotisme et de nos causes politiques en même temps.

Mais honte et opprobe à tout rebelle et lâche d'une idée inerte et sotte, qui les honit en d'autres sens.

Notons-le bien, le 14 juillet 1789 a ouvert les portes de toutes prisons politiques sans exception, tant pour les riches que pour les pauvres, et pour les nobles que pour les bourgeois. Et bien, à l'estime que nous leur devons : gloire et honneur aux morts pour la liberté !...

Le crime au reproche des rois, dit : Qui veut l'homme plus malheureux que soi le veut son prisonnier ; et qui le veut son esclave, le veut mort sous ses pieds. La prise de la Bastille ne fut que le début du succès remporté par le réveil du peuple en furie coalisée contre les tyrans. Celui-ci ne devait avoir pour effet que le signal du départ du progrès en marche en avant. C'est alors, quand la voix terrible du canon d'alarme se faisait entendre sur toutes les places de Paris, que l'échafaudage de la royauté commença à chanceler ; et que l'insouciance des mignons dans les Tuileries, l'indolence cagnarde et inepte des seigneurs et des nobles du Louvre, à comprendre ce qu'est l'être sur terre, vivant sans trouble auprès des autres qui mangent le pain du chagrin. Mais trop tard, le roi et les gens de sa cour s'étant pris aux réflexions sur le passé, trop tard il était quand ils jetèrent un regard en arrière, pour savoir ce qu'ils avaient fait au peuple lui donnant raison de venir leur réclamer des comptes. Le roi avec toute sa chevalerie : prêtres et nobles, finissant par comprendre la faute qui les mettait en désarroi avec le parti de la nation, se prenant en velléité en prétextes, en justifications futiles, recoururent à tous les moyens de manière à vouloir sortir de sac plus de bien qu'ils n'y en avaient mis en effet. Mais la déesse justice, depuis beaucoup de siècles tenue en souffrance, comme avec ses longs cheveux flottants au gré des vents, tenant à sa main robuste son glaive redoutable pour venger les malheureux, en égalant la tête des coupables, c'est-à-dire des oppresseurs à celle des opprimés, arrivant, venant sur un nuage chargé de points à poser et des questions à leur faire, n'était guère disposée à écouter toute sorte d'allégations.

Le 14 juillet de l'année comprise n'était que le prélude des grands actes qu'il restait au peuple encore à remplir contre les Césars qui ont un air de se targuer plus grands que le soleil, et semblant sur la terre vouloir tout renverser et puis faire la guerre aux astres du firmament. De la grande époque voici le résumé des évènements historiques.

Interrogation de Louis XVI

Avant d'accuser, de justifier, blâmer, ou vanter un homme, on devrait d'abord s'informer des actes de sa conduite, et bien examiner en soi si c'est l'esprit d'animosité ou d'impartialité qui parle, car quoique l'on suppose de différant, il y a toujours d'un bord une raison à porter de plus que de l'autre. Un roi, auprès d'un manant, — langage de cour — ne peut jamais mourir deux fois du temps que l'autre une ; et pour tant que l'on veuille élever en grandeur ce roi, sa vie ne vaut pas la moitié d'une tête d'épingle de plus que celle d'un vilain — encore style de la même cour.

. Louis XVI doit nous servir d'esquisse au tableau que l'histoire nous montre en cette question : Dépouillé du pouvoir conféré malgré l'acquiescement général d'un pays, malgré la volonté populaire ; une fois dénudé du far de sa parure, travesti en mascarade comique : chamarré, galonné, doré, argenté, velouté, soité, dentellé, printaillé, emplumé, couronné, se voit actionné devant le tribunal du peuple.

Suivant la même comparaison, Louis XVI, par les faits constatés que le tribunal révolutionnaire avait à relever contre lui, répondait au président.

Le président. — Louis, la nation française vous accuse. La Convention a décrété le 3 décembre que vous seriez jugé par elle, et le 6, elle a décrété que vous seriez entendu aujourd'hui à sa barre. Vous allez entendre la lecture de l'acte énonciatif des faits. Louis, asseyez-vous.

Louis s'assied. Un secrétaire (Maille) donne lecture de l'acte énonciatif, que le président ensuite reprend article par article.

Le président. — Louis, vous allez répondre aux questions que la Convention nationale me charge de vous poser.

Louis, le peuple français vous accuse d'avoir

commis une multitude de crimes pour rétablir votre tyrannie en détruisant sa liberté.

Vous avez, le 20 juin 1789, attenté à la souveraineté du peuple en suspendant les assemblées de ses représentants et en les repoussant par la violence du lieu de leurs séances. La preuve en est dans le procès-verbal dressé au Jeu-de-Paume de Versailles par les membres de l'Assemblée constituante. Qu'avez-vous à répondre ?

Louis. — Il n'y avait aucune loi en ces temps-là sur cet objet.

Le président. — Le 23 juin, vous avez voulu dicter des lois à la nation ; vous avez entouré de troupes ses représentants ; vous leur avez présenté deux déclarations réversives de toute liberté et vous leur avez ordonné de se séparer. Vos déclarations et les procès-verbaux de l'Assemblée constatent ces attentats. Qu'avez-vous à répondre ?

Louis. — (Même réponse que la précédente).

Le président. — Vous avez fait marcher une armée contre les citoyens de Paris ; vos sentinelles ont fait couler le sang, et vous n'avez éloigné cette armée que lorsque la prise de la Bastille et l'insurrection générale vous ont appris que le peuple était victorieux. Les discours que vous avez tenus, les 9, 12 et 14 juillet, aux diverses députations de l'Assemblée constituante font connaître quelles étaient vos intentions, et les massacres des Tuileries déposent contre vous. Qu'avez-vous à répondre?

Louis. — J'étais le maître de faire marcher les troupes comme je le voulais en ce temps-là; jamais mon intention n'a été de faire couler le sang.

Le président. — Après ces évènements, et malgré les promesses que vous aviez faites le 15 à l'Assemblée constituante et le 17 à l'Hôtel-de-Ville de Paris, vous avez persisté dans vos projets contre la liberté nationale, vous avez longtemps éludé l'exécution des décrets du 11 août concernant l'abolition de la servitude personnelle du régime féodal et de la dîme; vous avez longtemps refusé de reconnaître la *Déclaration des Droits de l'homme;* vous avez augmenté du double le nombre de vos gardes du corps et appelé le régiment de Flandre à Versailles; vous avez permis que, dans des orgies faites sous vos yeux, la cocarde nationale fût foulée aux pieds, la cocarde blanche arborée et la nation blasphémée; enfin, vous avez nécessité une nouvelle insurrection, occasionné la mort de plusieurs citoyens, et ce n'est qu'après la défaite de vos gardes que vous avez changé de langage et renouvelé des promesses perfides. Les preuves de ces faits sont dans vos observations du 18 septembre sur les décrets du 11 août, dans les procès-verbaux de l'Assemblée constituante, dans les évènements de Versailles des 5 et 6 octobre et dans les discours que vous avez tenus le même jour à une députation de l'Assemblée constituante, lorsque vous lui dites *que vous vouliez vous éclairer de ses conseils et ne jamais vous séparer d'elle.* Qu'avez-vous à répondre ?

Louis. — J'ai fait les observations que j'ai cru justes et nécessaires sur les décrets qui m'ont été présentés. Le fait est faux pour la cocarde ; jamais il ne s'est passé devant moi.

Le président. — Vous avez prêté à la Fédération du 14 juillet un serment que vous n'avez pas tenu. Bientôt vous avez essayé de corrompre l'esprit public à l'aide de Talon, qui agissait dans Paris, et de Mirabeau, qui devait imprimer un mouvement contre-révolutionnaire aux provinces. Vous avez répandu des millions pour effectuer cette corruption et vous avez voulu faire de la popularité même un moyen d'asservir le peuple. Ces faits résultent d'un mémoire de Talon que vous avez apostillé de votre main et d'une lettre que Laporte vous écrivait le 19 avril, dans laquelle vous rapportant une conversation qu'il avait eue avec Rivarol, il vous disait que les millions qu'on vous avait engagé à répandre n'avaient rien produit. Qu'avez-vous à répondre?

Louis. — Je ne me rappelle point précisément ce qui s'est passé dans ce temps-là; mais tout est antérieur à l'acceptation de la Constitution.

Le président. — N'est-ce pas à la suite d'un projet tracé par Talon que vous êtes allé au faubourg Saint-Antoine, que vous avez distribué de l'argent à de pauvres ouvriers, que vous leur avez dit que vous ne pouviez pas mieux faire? Qu'avez-vous à répondre?

Louis. — Je n'avais pas de plus grand plaisir que de pouvoir donner à ceux qui en avaient besoin; il n'y avait rien en cela qui tînt à quelque projet.

Le président. — N'est-ce pas par suite du même projet que vous avez feint une indisposition pour tromper l'opinion publique sur votre retraite à Saint-Cloud ou à Rambouillet sous prétexte du rétablissement de votre santé? Qu'avez-vous à répondre?

Louis. — Cette accusation est absurde.

Le président. — Depuis longtemps, vous aviez médité un projet de fuite; il vous fut remis, le 23 février, un mémoire qui vous en indiquait les moyens et vous l'apostillâtes. Le 28, une multitude de nobles et de militaires se répandirent dans vos appartements, au château des Tuileries. Vous voulûtes, le 18 avril, quitter Paris pour vous rendre à Saint-Cloud; mais la résistance des citoyens vous fit sentir que la défiance était grande; vous cherchâtes à la dissiper en communiquant à l'Assemblée constituante une lettre que vous adressiez aux agents de la nation auprès des puissances étrangères pour leur annoncer que vous aviez accepté librement les articles constitutionnels qui vous avaient été présentés; et cependant, le 29 juin, vous preniez la fuite avec un faux passeport, vous laissiez une déclaration contre ces mêmes articles constitutionnels; vous ordonniez aux ministres de ne signer aucun des actes émanés de l'Assemblée nationale et vous défendiez à celui de la justice de remettre les sceaux de l'Etat. L'argent du peuple était prodigué pour assurer le succès de cette trahison et la force publique devait la protéger sous les ordres de Bouillé, qui, naguère, avait été chargé de diriger les massacres de Nancy et à qui vous aviez écrit à ce sujet *de soigner sa popularité parce qu'elle pourrait vous être bien utile* Ces faits sont prouvés par le mémoire du 23 février apostillé de votre main, par votre déclaration du 20 juin, tout entière de votre écriture; par votre lettre du 4 septembre 1790 à Bouillé et par une note de celui-ci, dans laquelle il vous rend compte de l'emploi des neuf cent quatre-vingt-treize mille livres données par vous et employées en partie à la corruption des troupes qui devaient vous escorter. Qu'avez-vous à répondre ?

Louis. — Je n'ai aucune connaissance du

mémoire du 23 février. Quant à tout ce qui concerne le voyage que j'ai fait à Varennes, je m'en rapporte aux réponses que j'ai faites à l'Assemblée constituante dans ce temps-là.

Le président. — Après votre arrestation, à Varennes, l'exercice du pouvoir exécutif fut un moment suspendu dans vos mains et vous conspirâtes encore. Le 17 juillet, le sang des citoyens fut versé au Champ-de-Mars. Une lettre de votre main, écrite en 1790 à Lafayette prouve qu'il existait une coalition criminelle entre vous et Lafayette à laquelle Mirabeau avait accédé. La revision commence sous ces auspices cruels; tous les genres de corruption furent employés; vous avez payé des libelles, des pamphlets, des journaux destinés à pervertir l'opinion-publique, à discréditer les assignats et à soutenir la cause des émigrés. Les registres de Septeuil indiquent quelles sommes énormes ont été employées à ces manœuvres liberticides.

Vous avez paru accepter la constitution le 14 septembre; vos discours annonçaient la volonté de la maintenir, et vous travailliez à la renverser avant même qu'elle fût achevée. Qu'avez-vous à répondre?

Louis. — Ce qui s'est passé le 17 juillet ne peut en aucune manière me regarder; pour le reste, je n'en ai aucune connaissance.

Le Président. — Une convention a été faite

à Polnitz, le 24 juillet, entre Léopold d'Autriche et Frédéric-Guillaume de Brandebourg, qui s'étaient engagés à relever en France le trône de la monarchie absolue, et vous vous êtes tu sur cette convention jusqu'au moment où elle a été connue de l'Europe entière.

Qu'avez-vous à répondre ?

Louis. — Je l'ai fait connaître sitôt qu'elle est venue à ma connaissance; au reste, c'est une affaire qui regard, par la constitution, les ministres.

Le Président. — Arles avait levé l'étendard de la révolte; vous l'aviez favorisée par l'envoi des trois commissaires civils qui s'en sont occupés, non à réprimer les contre-révolutionnaires, mais à justifier leurs attentats. Qu'avez-vous à répondre ?

Louis. — Les instructions qu'ont eues les commissaires doivent prouver ce dont ils ont été chargés : je n'en connaissais aucun quand ils m'ont été présentés par les ministres.

Le Président. — Avignon et le Comtat-Venaissin avaient été réunis à la France; vous n'avez fait exécuter le décret qu'après un mois, et pendant ce temps la guerre civile a désolé ce pays; les commissaires que vous y avez successivement envoyés ont achevé de la dévaster. Qu'avez-vous à répondre ?

Louis. — Ce fait là ne peut pas me regarder

personnellement. J'ignore quel délai on a mis dans l'envoi ; au reste, ce sont ceux qui en étaient chargés que cela regarde.

Le Président. — Nîmes, Montauban, Mende, Jalés avaient éprouvé des grandes agitations dès les premiers jours de la liberté : vous n'avez rien fait pour étouffer ce genre de contre révolution jusqu'au moment où la conspiration de Duscillon a éclaté. Qu'avez-vous à répondre ?

Louis. — J'ai donné sur cela tous les ordres que les ministres m'ont proposés.

Le Président. — Vous avez envoyé vingt-deux bataillons contre les Marseillais qui marchaient pour réduire les contre-révolutionnaires arlésiens. Qu'avez-vous à répondre ?

Louis. — Il faudrait que je visse les pièces pour pouvoir répondre juste sur cela.

Le Président. — Vous avez donné le commandement du Midi à Wigenstain, qui vous écrivait le 12 avril 1792, après qu'il eut été rappelé : « Quelques instants de plus, et je rappelais à toujours autour du trône de votre majesté des milliers de Français redevenus dignes des vœux qu'elle forme pour leur bonheur. » Qu'avez-vous à répondre ?

Louis. — Cette lettre est postérieure à son rappel ; il n'a pas été employé depuis. Je ne me souviens pas de la lettre.

Le Président. — Vous avez payé vos ci-devant gardes du corps à Coblentz : les registres de Septeuil en font foi : et plusieurs ordres signés de vous constatent que vous avez fait passer des sommes considérables à Bouillé, Rochefort, Lavauguyon, Choiseul-Beaupré, Hamilton et à la femme Polignac. Qu'avez-vous à répondre ?

Louis. — Dès que j'ai appris que les gardes du corps se formaient de l'autre côté du Rhin, j'ai défendu qu'ils reçussent aucun paiement. Je n'ai pas connaissance du reste.

Le Président. — Vos frères, ennemis de l'Etat, ont rallié les émigrés sous leurs drapeaux ; ils ont levé des régiments, fait des emprunts et contracté des alliances en votre nom : vous ne les avez désarmés qu'au moment où vous avez été bien certain que vous ne pouviez plus nuire à leurs projets. Votre intelligence avec eux est prouvée par un billet écrit à la main de Louis-Stanislaas-Xavier, souscrit par vos deux confrères, ainsi conçu :

« Je vous ai écrit, mais c'est par la poste, et je
« n'ai rien pu dire. Nous sommes ici deux qui
« n'en font qu'un ; mêmes sentiments, mêmes
« principes, même ardeur pour vous servir.
« Nous gardons le silence ; mais c'est qu'en le
« rompant trop tôt nous vous compromettrions ;
« mais nous parlerons dès que nous serons sûrs
« de l'appui général, et ce moment est proche.
« Si l'on nous parle, nous n'écouterons rien ;
« si c'est de votre part, nous écouterons ; mais nous

« irons droit notre chemin : ainsi si l'on veut que
« vous nous fassiez dire quelque chose, ne vous
« gênez pas. Soyez tranquille sur votre sûreté ;
« nous n'existons que pour vous servir ; nous y
« travaillons avec ardeur et tout va bien : nos
« ennemis même ont trop d'intérêt à votre con-
« servation pour commettre un crime inutile, et
« qui achèverait de les perdre. Adieu. Louis-
« Stanislas-Xavier, Charles-Philippe. »

Qu'avez-vous à répondre?

Louis. — J'ai désavoué toutes les démarches de mes frères aussitôt qu'elles sont parvenues à ma connaissance, comme la constitution me le prescrivait ; je n'ai aucun souvenir de ce billet.

Le Président. — L'armée de la ligne, qui devait être portée au pied de guerre, n'était forte que de cent mille hommes à la fin de décembre ; vous aviez ainsi négligé de pourvoir à la sûreté de l'Etat. Narbonne, votre agent, avait demandé une levée de cinquante mille hommes ; mais il arrêta le recrutement à vingt-six mille, en assurant que tout était prêt : rien ne l'était pourtant. Après lui Servant proposa de former auprès de Paris un camp de vingt mille hommes ; l'assemblée législative le décréta : vous refusâtes votre sanction. Un élan de patriotisme fit partir de tous côtés des citoyens pour Paris : vous fîtes une proclamation qui tendait à les arrêter dans leur marche. Cependant nos armées étaient dépourvues de soldats. Dumouriez, successeur de Servan, avait déclaré que la nation n'avait ni armes ni munition, ni subsistances et que les places était hors de défense. Qu'avez-vous à répondre?

Louis. — J'ai donné au ministre tous les ordres qui pouvaient accélérer l'augmentation de l'armée jusqu'au mois de décembre dernier; les états ont été remis à l'assemblée: s'ils se sont trompés, ce n'est pas ma faute.

Le Président. — Vous avez donné mission aux commandants des troupes de désorganiser l'armée, de pousser des régiments entiers à la désertion, et de les faire passer le Rhin pour les mettre à la disposition de vos frères et de Léopold d'Autriche. Ce fait est prouvé par une lettre de Toulangeon, commandant de la Franche-Comté. Qu'avez-vous à répondre?

Louis. — Il n'y a pas un mot de vrai à cette occasion.

Le Président. — Vous avez chargé vos agents diplomatiques de favoriser la coalition des puissances étrangères et de vos frères contre la France, particulièrement de cimenter la paix entre la Turquie et l'Autriche, pour dispenser celle-ci de garnir ses frontières du côté de la Turquie, et lui procurer par le plus grand nombre des troupes contre la France. Une lettre de Choiseul-Gouffier, ci-devant ambassadeur à Constantinople, établit ce fait. Qu'avez-vous à répondre?

Louis. — M. de Choiseul n'a pas dit la vérité ; cela n'a jamais existé.

Le Président. — Vous avez attendu d'être pressé par une réquisition du ministre Lajarre, à qui l'assemblée législative demandait d'indiquer quels étaient ses moyens de pourvoir à la sûreté extérieure de l'Etat, pour proposer, par un message, la levée de quarante-deux bataillons.

Les Prussiens s'avançaient vers nos frontières; on interpelle votre ministre de rendre compte de l'état de nos relations politiques avec la Prusse : vous répondîtes le 6 juillet que cinquante mille Prussiens marchaient contre nous, et que vous donniez avis au corps législatif des actes formels de ces hostilités imminentes aux termes de la constitution. Qu'avez-vous à répondre ?

Louis. — Ce n'est qu'à cette époque-là que j'en ai eu connaissance ; toute la correspondance diplomatique passait par les ministres.

Le Président. — Vous avez confié le département de la guerre à Dabancourt, neveu de Calonne; et tel a été le succès de votre conspiration que les places de Longwi et Verdun ont été livrées aussitôt que les ennemis ont paru. Qu'avez-vous à répondre?

Louis. — J'ignorais que M. Dabancourt fut neveu de Calonne; au reste, ce n'est pas moi qui ai dégarni les places ; je ne l'aurais jamais fait.

Le Président. — Qui a dégarni Longwi et Verdun ?

Louis. — Je n'ai aucune connaissance si elles l'ont été.

Le Président. — Vous avez détruit notre marine ; une foule d'officiers de ce corps étaient émigrés ; à peine en restait-il pour faire le service des ports : cependant Bertrand accordait toujours des passe-ports, et lorsque le corps législatif vous exposa, le 8 mars, sa conduite coupable, vous répondîtes que vous étiez satisfait de ses services. Qu'avez-vous à répondre ?

Louis. — J'ai fait ce que j'ai pu pour retenir les officiers. Dans ce temps-là l'assemblée nationale ne portait contre Bertrand aucun grief qui eût dû le mettre en accusation ; je n'ai pas jugé que je dusse le changer.

Le Président. — Vous avez favorisé dans les colonies le maintien du gouvernement absolu ; vos agents y ont partout fomenté le trouble et la contre-révolution, qui s'y est opérée à la même époque où elle devait s'effectuer en France, ce qui indique assez que votre main conduisait cette trame. Qu'avez-vous à répondre ?

Louis. — S'il y a des personnes qui se sont dites mes agents dans les colonies, elles n'ont pas dit vrai ; je n'ai jamais rien ordonné de ce que vous venez de me dire.

Le Président. — L'intérieur de l'Etat était agité par des fanatiques ; vous vous en êtes déclaré le protecteur en manifestant l'intention évidente de recouvrer par eux votre ancienne puissance. Qu'avez-vous à répondre ?

Louis. — Je ne puis répondre à cela ; je n'ai aucune connaissance de ce projet-là.

Le Président. — Le corps législatif avait rendu, le 29 novembre, un décret contre les prêtres factieux : vous en avez suspendu l'exécution. Qu'avez-vous à répondre ?

Louis. — La constitution me laissait la sanction libre des décrets.

Le Président. — Les troubles s'étaient accrus, le ministre déclara qu'il ne connaissait dans les lois existantes aucun moyen d'atteindre les coupables. Le corps législatif rendit un nouveau décret, vous en suspendîtes encore l'exécution. Qu'avez-vous à répondre ?

Louis. — (Même réponse que la précédente.)

Le Président. — L'incivisme de la garde que la constitution vous avait donné en avait nécessité le licenciement. Le lendemain vous lui avez écrit une lettre de satisfaction ; vous avez continué de la solder. Ce fait est prouvé par le compte du trésorier de la liste civile. Qu'avez-vous à répondre ?

Louis. — Je n'ai continué que jusqu'à ce qu'elle pût être créée, comme le décret le portait.

Le Président. — Vous avez retenu auprès de vous les gardes suisses ; la constitution vous le défendait, et l'assemblée législative en avait expressément ordonné le départ. Qu'avez-vous à répondre ?

Louis. — J'ai suivi le décret qui avait été rendu sur cet objet.

Le Président. — Vous avez eu dans Paris des compagnies particulières chargées d'y opérer des mouvements utiles à vos projets de contre-révolution : Dangremont et Gilles étaient deux de vos agents ; ils étaient salariés par la liste civile. Les quittances de Gilles, chargé de l'organisation d'une compagnie de soixante hommes, vous seront présentées. Qu'avez-vous à répondre ?

Louis. — Je n'ai aucune connaissance des projets qu'on me prête ; jamais idée de contre-révolution n'est entrée dans ma tête.

Le Président. — Vous avez voulu, par des sommes considérables, suborner plusieurs membres de l'assemblée constituante et législative. Des lettres de Dufresne-Saint-Léon et plusieurs autres, qui vous seront présentées, établissent ce fait. Qu'avez-vous à répondre ?

Louis. — J'ai eu plusieurs personnes qui

se sont présentées avec des projets pareils ; je les ai éloignées.

Le Président. — Quels sont les membres de l'assemblée constituante et législative que vous avez corrompus?

Louis. — Je n'ai point cherché à corrompre; je n'en connais aucun.

Le Président. — Quelles sont les personnes qui vous ont présenté des projets?

Louis. — Ça était si vague que je ne me rappelle pas.

Le Président. — Quels sont ceux à qui vous avez promis de l'argent?

Louis. — Aucun.

Le Président. — Vous avez laissé avilir la nation française, en Allemagne, en Italie, en Espagne, puisque vous n'avez rien fait pour exiger la réparation des mauvais traitements que les Français ont éprouvés dans ces pays. Qu'avez-vous à répondre?

Louis. — La correspondance diplomatique doit prouver le contraire; au reste ça regarde les ministres.

Le Président. — Vous avez fait, le 10 août, la revue des suisses à cinq heures du matin, et les suisses ont tiré les premiers sur les citoyens. Qu'avez-vous à répondre?

Louis. — J'ai été voir les troupes qui étaient rassemblées chez moi. Ce jour-là les autorités constituées y étaient, le département, la mairie de Paris; j'avais même fait demander à l'assemblée une députation de ses membres pour me conseiller ce que je devais faire: je vins moi-même avec ma famille au milieu d'elle.

Le Président. — Pourquoi avez vous fait doubler la garde des suisses dans les premiers jours d'août?

Louis. — Toutes les autorités constituées l'ont su, et parce que le château était menacé d'être attaqué, j'étais une autorité constituée, je devais le défendre.

Le Président. — Pourquoi dans la nuit du 9 au 10 août avez-vous fait mander le maire de Paris?

Louis. — Sur les bruits qui se répandaient.

Le Président. — Vous avez fait couler le sang des Français. Qu'avez-vous à répondre?

Louis. — Non, Monsieur! ce n'est pas moi.

Le Président. — N'avez-vous pas autorisé Septeuil à entreprendre un commerce en grains, sucres et cafés, à Hambourg et d'autres villes. Ce fait est prouvé par les lettres de Septeuil.

Louis. — Je n'ai aucune connaissance de ce que vous dites là.

Le Président. — Pourquoi avez-vous mis votre vote sur le décret concernant la formation du camp sur Paris?

Louis. — La constitution me laissait la

libre sanction, et dans ce temps-là j'ai demandé un camp plus près de la frontière, à Soissons.

Le Président. — Louis, avez-vous autre chose à ajouter?

Louis. — Je demande copie de l'acte d'accusation, et la communication des pièces, et qu'il me soit accordé un conseil pour suivre mon affaire.

Le Président. — Louis, on va vous présenter les pièces qui servent à votre accusation.

(C'est Dufriche-Valazé qui énonce les pièces et les présente successivement à Louis XVI).

On présente à Louis un mémoire de Talon, apostillé, et l'ayant interpellé s'il reconnaît l'apostille de son écriture, il répond ne pas la reconnaître.

Il déclare de même ne pas reconnaître un mémoire de Laporte qu'on lui présente.

On lui présente une lettre de son écriture. Il dit qu'il croit qu'elle est de son écriture et qu'il se réserve de s'expliquer de son contenu. On en fait lecture. Louis dit que ce n'est qu'un projet, qu'elle n'a pas été envoyée, et qu'elle n'a aucun rapport à la contre-révolution.

Une lettre de Laporte, qu'on lui dit datée de sa main à lui, Louis. Il dit ne reconnaitre ni la lettre ni la date.

Deux autres de même, toutes deux apostillées de la main de Louis, 3 mars et 3 avril 1791, Il déclare ne point les connaître.

Une autre, de même. Louis fait la même réponse.

Un projet de constitution signé La Fayette, suivi de neuf lignes de l'écriture de Louis. Il répond que si ces choses-là ont existé, elles ont été effacées par la constitution et qu'il ne reconnaît ni la pièce ni son apostille.

Une lettre de Laporte du 19 avril, une autre du même du 16 avril après-midi, une autre du même du 23 février 1791, toutes les trois apostillées de la main de Louis. Il déclare ne point les connaître.

Une pièce sans signature contenant un état de dépenses. Avant d'interpeller Louis sur cette pièce, le président lui fait la question suivante : Avez-vous fait construire dans une des murailles du château des Tuileries une armoire fermée d'une porte de fer, et y avez-vous renfermé des papiers?

Louis. — Je n'en ai aucune connaissance, pas même de la pièce sans signature.

Une autre pièce de même nature, apostillée de la main de Louis, Talon et Saintefoix. Il déclare ne pas la reconnaître.

Une troisième pièce de même nature. Il déclare ne pas la reconnaître davantage.

Un registre ou journal de la main de Louis,

intitulé : *Pension ou gratification accordée sur la cassette.*

Louis. — Je reconnais celui-ci, ce sont des charités que j'ai faites.

Un état de la compagnie écossaise des gardes du corps. Louis reconnaît cette pièce et déclare que c'est avant qu'il eût défendu de continuer leur traitement, et ceux qui étaient absents ne le touchaient pas.

Un état de la compagnie de Noailles pour servir au paiement des traitements conservés, signé Louis et Laporte. Louis déclare que c'est la même chose que la précédente.

Un état de la compagnie de Luxembourg. Louis déclare que c'est le même que les trois autres.

Le président. — Où avez-vous déposé ces pièces que vous reconnaissez?

Louis. — Ces pièces devaient être déposées chez mon trésorier.

Une pièce concernant les cent suisses; une pièce signée Nion, greffier; un mémoire signé Couvay; une pièce certifiée d'un original déposé au département de l'Ardèche, le 14 juillet 1792; une copie certifiée d'un original déposé au même département; une lettre relative au camp de Jares; copie certifiée d'une pièce déposée au département de l'Ardèche; une copie conforme à l'original des pouvoirs donnés à Dusaillaut; une copie d'instruction et pouvoirs donnés à M. Couvay par les frères du roi ; autre copie d'original déposé ; une lettre de Bouillé portant compte de neuf cent mille livres reçues de Louis ; une liasse contenant cinq pièces trouvées dans le portefeuille de Septeuil, deux portant des bons signés Louis et des reçus de Bonnières, et les autres étaient des billets ; une liasse de huit pièces, mandats signés Louis au profit de Rochefort ; un billet de Laporte sans signature ; une liasse de huit pièces relatives à un don fait à Mme Polignac, à M. Lavauguyon. Louis déclare n'avoir aucune connaissance de ces pièces.

Un billet signé des frères du roi. Louis déclare ne pas reconnaître ni l'écriture ni les signatures.

Une lettre de Thoulongeon aux frères du roi ; une liasse relative à Choiseul-Gouffier et à ses agences. Louis déclare ne pas la reconnaître et n'en avoir aucune connaissance.

) Une lettre de Louis à l'évêque de Clermont. Il déclare ne pas la reconnaître, ni la signature ni l'écriture, et que bien des gens avaient des cachets aux armes de la France.

Une copie signée Desniès, C^{re} ; une liasse contenant les sommes payées à Gilles pour une compagnie de soixante hommes ; une pièce relative aux pensions : une lettre de Dufresne-Saint-Léon ; un imprimé contre les Jacobins.

Louis déclare ne reconnaître aucune de ces pièces.

Le président. — Louis, la convention nationale vous permet de vous retirer.

Louis se retira dans la salle des conférences. Sur la motion de Kersaint, la convention décrète immédiatement que le commandant-général de la garde nationale parisienne reconduira sur-le-champ Louis Capet au Temple.

Réflexion sur l'interrogatoire et la condamnation de Louis XVI à la peine capitale.

D'après ce que vous venez d'entendre ou de voir, au fond de votre conscience, qu'arguez-vous sur la conduite de Louis XVI et sur la décision de la magistrature révolutionnaire qui a rendu son jugement?

Parce que Dieu n'a jamais dit à l'homme d'être le roi d'un autre homme, et, parce qu'ayant tellement le sang en horreur, je déteste antant les rois qui font couler celui du peuple que la main qui a décapité Louis XVI. Seulement, par l'aphorisme de cette question, je veux dire que l'on n'est jamais humainement brave, ni sage, si on ne l'est pas plus qu'un roi. J'entends que c'est le peuple qui donne l'exemple aux rois et non les rois au peuple.

Au point de vue du fanatisme politique le plus enthousiaste, pour tant de massacres qu'un tyran couronné fasse commettre, par l'ignorance imbécile, ce n'est rien qu'un fait de gloire de plus à porter au mérite de sa dignité despotique sous la tyrannie duquel le moindre faux pas d'un misérable mérite la mort ou les galères; tandis qu'avoir livré la France à l'ennemi, tel que le même Louis avait fait spontanément, la dévastation du sol national par la coalition des puissances étrangères dans la pure intention qu'elles y apportent la ruine, au point de vue de la même inintelligence populaire, ces grands crimes de lèse-nation, parce qu'étant commis par un roi, le coupable ne peut seulement pas mériter une légère peine. Moi, franchement, en considération des lois que les rois font contre ceux qui ne sont pas rois; quoique Louis XVI, aussi bien que le premier criminel du monde, méritât la mort, je n'aurais pu la signer et je me serais borné à un emprisonnement et à la garde-à-vue dans une enceinte fortifiée, et, par exemple, avec ordre de faire feu en cas d'évasion, même sur celui qui l'aurait préparée. Il voulut écouter les conseils des nobles, des riches et des prêtres, le seul parti qu'il représentait et par les sages avis du peuple, du parti qu'il détestait, l'exhortant d'une autre manière très louable. Mais en voyant le manifeste ci-contre et la menace de la France partager un lopin comme une brebis entre quatre ou cinq loups, le peuple ahuri demanda satisfaction des outrages portés à sa cause.

Pendant ce temps de ciel couvert de ténèbres et la terre couroussée d'orages révolutionnaires provoqués par l'aristo-réaction, une armée d'attaque se déployait sur la ligne de nos frontières, depuis Dunkerque jusqu'à la Suisse. A cette masse imposante, se joignirent vingt mille émigrés français, dont six mille hommes de cavalerie; le comte de Provence (Louis XVIII), le comte d'Artois (Charles X), le prince de Condé et les maréchaux de Broglie et de Castries, étaient à la tête de cette phalange. Le duc régnant de Brunswick, qui passait alors pour le plus habile général de l'Europe, commandait en chef les forces combinées. Le 25 juillet 1792, il adresse un manifeste à la France dont l'arrogance tient de la folie, en annonçant qu'il vient, les armes à la main, relever le trône et l'autel et détruire l'anarchie, que les alliés puniront comme rebelles tous les Français, sans distinction, qui combattront les armées étrangères; qu'ils seront individuellement responsables; que toutes les autorités constituées, tous les citoyens seront punis de mort, et que toutes les villes et les villages seront frappés d'exécution militaire et de pillage en cas de résistance.

Un cri unanime d'indignation accueillit cet insolent manifeste, comme ces cris qui volaient de bouche en bouche pour annoncer aux vieux Gaulois le moment d'une insurrection générale contre les Romains, leurs oppresseurs.

La France, sur le point de succomber ou de ressusciter, comme on l'a vu ci-devant, toutes les puissances coalisées contre elle, attirées par la couardise de ses enfants, sur toutes les frontières, n'attendaient pour consommer leur malheur que le signal des mauvais Français : la Prusse, l'Allemagne, l'Angleterre, l'Italie, l'Espagne, tels étaient les loups affamés invités à se saoûler de son cadavre. Au moment que les vrais Français travaillaient à subjuger leur immortel ennemi qu'ils avaient à combattre éternellement au dedans, ceux de l'extérieur parlaient de se la partager, savoir : la Prusse, la Champagne, la Moselle; les Italiens, la Provence et ses enclaves; les Espagnols devaient s'emparer du Roussillon, du Bigordan, de la Navarre française et du Basque; l'Angleterre, de Calais. Enfin, de telle sorte que d'un royaume assez considérable pouvant figurer au premier ordre des nations, la France allait être réduite à une petite principauté, en un de ces Etats les plus infimes de l'Europe, soumis à la dépendance des puissances qui se seraient agrandies de ses parcelles.

Eh bien! en conséquence et attendu qu'au mépris du peuple, le roi Louis XVI ne régnait exceptionnellement que pour le respect seul de sa couronne et du trône sauvegardant l'autel exclusivement ultramontain, comme il vient d'être dit, n'ayant à sa considération d'humain que la dévotion unique du respect du sang royal et du sang de tout ce qui était prêtre ou de condition noble, sans égard au sang antiroyal et anticlérical; au contraire, accédant volontairement à ce que ce dernier se répande à la satisfaction du premier, alors même que le peuple, par des efforts inouïs, commençait à devenir maître de lui-même. La mort de Louis XVI doit, pour l'avenir, servir d'exemple à tout prétendant voulant le remplacer.

Simple coup d'œil sur les vignettes allégoriques de l'histoire de France.

Face brève des crimes. D'abord, en ouvrant l'histoire de France, se présente, sous figures illustrées sur planches fines assez grandes, premièrement le spectacle hideux et bête de la superstition bizarre : (le druide ou prêtre sauvage).

Le Gaulois exposant dans un berceau d'osier son premier né sur un fleuve pour s'assurer de la fidélité de sa femme. Ainsi l'enfant disposé dans une pareille sorte de bac, le père donnait une poussée au berceau, et allait vite l'attendre de l'autre bord. Bon pour la mère si aucun accident ne s'opposait au cour trajet. — Page 2. Les trois Fabius à la suite de Jules César, les regards fauves du massacre. — P. 4. Les femmes des Ambrons, survivant à leurs maris morts au combat, poursuivies par les vainqueurs, se donnant la mort pour échapper au déshonneur — P. 8 Jules César, figure féroce et téméraire, représentée avec la traînée des morts qu'il a laissée sur son passage baisant la poussière. Ne tuant qu'à l'envie de détruire le monde, et ne jamais mourir pour être lui seul, maître du ciel et de la terre. — P. 11. Les chrétiens exposés aux bêtes féroces dans l'amphîthéâtre de Lyon. — P. 28 Voluscinus, blessé mortellement par Comius — P. 20. Guturvatus, flagellé et décapité par ordre de César — P. 20. Flacus massacré par ses propres soldats — P. 26 Flacus fait massacrer Ursule et ses compagnons — P. 30 Champ de Mars, sous Clovis dont la troupe n'avait pour arme offensive et défensive que la lance et la hache ; aspect de guerre encore plus terrible.

— P. 44. Clotilde, ne montrant que la plus simple attitude de femme.... Clovis, baptisé comme le premier despote découvert, disant : « C'est moi qui me charge d'enseigner à mes sujets la manière comment j'entends qu'on respecte les lois. » — P. 44. Les enfants de Clodomir assassinés par leurs oncles, Clotaire et Childebert. — P. 46. Clotaire fait mettre le feu à la cabane où son fils Chramne s'était réfugié. — P. 46. Supplice de Brunehaut. — P. 51. Frédegonde fait assassiner Chilpéric. — P. 49. Frédegonde fait assassiner Prétextat, évêque de Rouen. — P. 50. Le pape Etienne III couronne Pépin. — P. 58. Charlemagne. — P. 63. Jeune prince se défendant contre ses bourreaux. — P. 66. Pépin, fils de Charlemagne, contre son père. — P. 63. Massacre des Français par les Sarrasins. — P. 66. Incendie d'un monastère par les Bretons révoltés. — P. 70. Prédication de la croisade par Pierre l'Ermite et Urbain II. — P. 85. Les serviteurs du roi Robert donnent la viande aux chiens quand dans les rues les pauvres meurent de faim. — P. 82. Guillaume le conquérant désarçonné par son fils. — P. 84. Philippe Ier enlevant Bertrand de Montfort. — P. 85. Louis le Gros, à la bataille de Beauvilliers, se bat et se défend à coups de hache. — P. 88. Philippe-Auguste enlevant sa femme. — P. 97. Le même Philippe-Auguste avant la bataille de Bovines. — P. 100. Massacre des Français en Sicile. — P. 115. Supplice des Templiers. — P. 104. Philippe le Bel, poursuivi par le peuple, se réfugie chez les Templiers. — P. 147. Marguerite de Bourgogne à Château-Gaillard. — P. 121. Enguerrand de Marigny. — P. 141. Le roi Jean, dans un champ de morts à la bataille de Poitiers. — P. 142. Jacques et Simon Maillard préviennent la trahison de Marcel et le tuent. — P. 146. Massacre des Anglais à la Rochelle, par Olivier Clisson. — P. 155. Le duc d'Anjou prenant le trésor du roi. — P. 161. Le même duc d'Anjou faisant jeter les bourgeois dans la Seine. — P. 164. Meurtre du duc d'Orléans dans la vieille rue du Temple. — P. 177. Assassinat de Clisson par Pierre de Craon. — P. 171. Valentine de Milan, le chapelet à la main et le paroissien sur son lit, faisant jurer à ses enfants de venger la mort de leur père. — P. 170. Assassinat du duc de Bourgogne sur le pont de Montereau. — P. 190. Mort du duc d'Alençon à la bataille d'Azincourt. — P. 186. Prise du Châtelet par les Cabochiens, à force de sang. — P. 185. Jeanne d'Arc sur le bûcher. — P. 199. Louis XI assistant au supplice des bourgeois de Rouen. — P. 215. Le duc de Bourgogne faisant jeter les habitants de la ville de Dinan dans la Meuse. — P. 216. Le cardinal La Balue, étant peut-être meilleur que les autres et ne parlant pas comme eux, est jeté en prison dans le château de Loches. — P. 219. Empoisonnement du duc de Guienne et de Mme de Montsereau. — P. 221. Le comte et la comtesse d'Armagnac tués par ordre du roi. — P. 222. Les enfants du duc de Nemours devant l'échafaud. — P. 231. Louis XI en présence de plusieurs misérables, la corde au cou, pendus par ses ordres au château de Plessis-les-Tours. — La Trémouille fait trancher la tête au complice du duc de Nemours. — P. 244. Gaston de Foix tué à la bataille de Ravenne. — P. 271. Mort de Bayard. — P. 285. Massacre des Vaudois. — P. 303. Henri II faisant brûler les hérétiques à son entrée. — P. 307. Les habitants de Roye brûlés par ordre de la reine de Hongrie. — P. 311. La Renaudie tué par un page. — P. 326. Le duc de Guise tué par Jean Poltrot. — P. 339. Mort du connétable. — P. 346. Massacre de la Saint-Barthélemy. — P. 338. Catherine de Médicis arrache à son fils l'ordre de donner le signal du massacre. — P. 358. Assassinat de l'amiral Coligny. — P. 358. La reine de Navarre au Louvre. — P. 359. Charles IX tirant sur le peuple. — P. 359. Mort de Charles IX. — P. 360. Le duc d'Anjou fait passer au fil de l'épée les habitants d'Issoire. — P. 375. Assassinat de Saint-Mégrin. — P. 376. Arrestation de la dame de Montsereau et de Bussy d'Amboise. — P. 376. Arrestation de la reine de Navarre. — P. 379. Henri III assassiné par Jacques Clément. — P. 388. Le duc de Guise assassiné par ordre du roi. — P. 393. Henri III fait tuer par des hallebardiers le cardinal de Lorraine. — P. 395. La duchesse de Montpensier reçoit Jacques Clément, le chapelet à la main et l'idée du crime de régicide dans l'âme. — P. 399. Mort du président Brisson, étranglé, pendu. — P. 411. Tentative d'assassinat de Jean Châtel sur Henri IV. — P. 422. Arrestation des jésuites, complices de Jean Châtel. — P. 425. Supplice du maréchal de Biron. — P. 437. Assassinat de Henri IV par Ravaillac. — P. 449. Ravaillac volant dans une auberge le couteau avec lequel il doit frapper Henri IV. — Le maréchal d'Ancre assassiné par ordre de Louis XIII. — P. 461. La maréchale d'Ancre marchant au supplice. — P. 462. La duchesse de Chevreuse faisant jurer la mort de Richelieu. — P. 472. Le cardinal de Richelieu dans la prison. — P. 472. Les habitants des campagnes fuyant devant les armées du prince Gaston. — P. 487. Origine de la Fronde, instrument de mal le moins coûteux au règne de son temps. — P. 515. Le président Molé tire un coup de pistolet sur un de ses adversaires. — P. 535. La princesse de

Condé, au moment où tout remue à l'intérieur, harangue le peuple. — P. 535. Le maréchal La Meilleraie fait pendre l'envoyé du peuple. — P. 533. La mère du prince de Condé, coupable de trahison ou de meurtre, venant implorer le parlement. — P. 536. Les laboureurs pleurant sur leurs moissons dévastées par les seigneurs chassant à travers les récoltes en toute saison. — P. 547. Le duc de Nemours tué par Beaufort. — P. 550. Mort de Turenne. — P. 572. L'homme au masque de fer, innocent, pourrit dans les prisons. — P. 561. L'insigne et terrible marquise de Brinvilliers qui, sous le voile de la charité, avait la manie infernale d'aller dans les hôpitaux, visiter les malades pour leur donner des consolations, puis revenait avec des potions et les empoisonnait, prétextant qu'il y avait trop de pauvres et qu'il était bon d'en détruire. — P. 575. Horrible massacre des protestants dans les Cévennes sous Louis XIV. — P. 579. Assemblées religieuses des protestants dans les bois et les cavernes. — P. 580. Le regret de Louis XV, menacé par le peuple en fureur. — P. 616. Tentative d'assassinat de Damiens sur le roi. — P. 637. Mort du chevalier d'Assas, tué par la troupe. — P. 645. Arrestation d'un membre du parlement. — P. 671. Retour de l'éminent homme Voltaire en France. — P. 648. Expulsion des jésuites de

France. — P. 658. L'illustre Lafayette en Amérique. — P. 660. Les prêtres et les nobles refusent de payer l'impôt. — P. 670. Mirabeau à la tribune. — P. 674. Fuite du roi et de sa famille. — P. 682. Les adieux de Louis XVI à sa famille.

Prévoyant que tout le monde ne pouvait avoir à sa possession l'Histoire de France en grand format illustré ni bien le temps de la lire, j'ai cru bien faire, pour l'affimation de ce que j'ai démontré jusqu'ici, en soumettant le plus simple résumé des épigraphes des malheurs et des abominations que l'on y voit représenté en nature en l'ouvrant, commis par les despotes autocratiques souillant la terre.

La famine, page 404. Environ 140 ans, c'est-à-dire, aux époques du règne de Henri IV, avant le pacte de ce même nom donné à l'odieux monopole des grains qui eut lieu de 1719 à 1789.

Pour mieux provoquer une espèce de mouvement par l'exemple et le zèle, on imagina une procession militaire qui eut lieu le 3 juin de l'année malheureuse. Elle se composait d'écoliers, de prêtres, de religieux, de tous les ordres, excepté les chanoines réguliers de Sainte-Geneviève et de Saint-Victor, les bénédictins et les célestins. A la tête, marchait Guillaume Rose, évêque de Senlis, et le prieur des chartreux, tenant d'une main un crucifix et de l'autre une hallebarde. Ils étaient suivis de religieux sur deux lignes, revêtus des habits de leur ordre et armés par-dessus, les uns de toutes pièces, les autres d'une cuirasse ou d'un simple casque, selon ce qu'ils avaient trouvé à emprunter. Leurs armes offensives consistaient en épées, en piques, en sabres et surtout en arquebuses qu'ils maniaient avec la dextérité propre à leur état. On chantait, pendant la marche, des hymnes et des psaumes entremêlés de fréquentes décharges.

Le légat, ou chef de la manifestation solennelle, crut devoir autoriser cette cérémonie par sa présence. Un de ses domestiques fut tué, presqu'à côté de lui, dans la salve que firent ces nouveaux arquebusiers. Cet accident causa de la rumeur, mais elle s'apaisa bientôt, parce qu'on répandit parmi le peuple que cet homme ayant été tué dans une cérémonie si sainte, son âme s'était envolée au ciel, « qu'il fallait le croire parce que Monseigneur le légat, qui savait bien ce qui en était, l'assurait ainsi. » Cette procession passa par les rues les plus fréquentées de Paris, réjouit autant la populace qu'elle affligea les gens de bien.

Il s'en fit quelques jours après une autre plus grave et plus décente, peut-être en réparation de cette bouffonnerie, dont on fût apparemment honteux. La plus grande partie du clergé de Paris y assistait très dévotement ; on y porta les reliques des saints, elle finit par une messe solennelle dans la cathédrale. Le duc de Nemours, frère utérin du duc de Mayenne, et gouverneur de l'Ile-de-France pour la ligue, les chefs de la bourgeoisie et des troupes étrangères appelées pour soutenir le siège, le parlement et les autres cours souveraines y jurèrent de défendre la ville et la religion jusqu'à la mort.

Mais ce n'est pas tant l'épée du vainqueur qu'on avait à craindre, que les trahisons et surtout la famine. On tâcha de prévenir ces inconvénients en établissant de bons corps-de-garde et des patrouilles exactes, et en économisant le grain. On occupait aussi le peuple de sermons, de processions, de vœux, de saluts où tous les grands assistaient exactement. Le parlement donna un arrêt qui défendait, sous peine de la vie, de parler de paix ; et il courut des billets par lesquels on menaçait de jeter dans la rivière les premiers qui se plaindraient.

Malgré ces précautions, sitôt que le roi eut assuré ses postes, qu'il eut brûlé les moulins et investi la ville de tous côtés, la disette commençait à se faire sentir. Les magistrats firent fouiller les maisons qu'ils soupçonnaient être approvisionnées. On tira de celle des jésuites et des capucins de quoi soulager pour quelque temps la misère publique ; mais bientôt les assiégés retombèrent dans la même détresse. Le pain était devenu rare, on y substitua des bouillies de différentes farines que le légat et l'ambassadeur d'Espagne faisaient distribuer aux plus pauvres. Ils y joignirent de l'argent, qui fut bien reçu tant qu'on trouvait quelques aliments à acheter ; mais les grains s'épuisèrent, et le peuple rejetant un métal inutile, s'écriait douloureusement : « Point d'argent, mais du pain ! » Bientôt ils mangèrent les chevaux, les ânes, les chats, les rats, les souris, enfin tous les animaux qu'ils purent trouver. On faisait bouillir leurs peaux, ainsi que les vieux cuirs, dont ces malheureux soutenaient en gémissant leur vie languissante. Ils sortaient quelquefois en troupes pour fourrager les blés, qui approchaient de leur maturité ; mais ils étaient repoussés par le canon des royalistes. Néanmoins ceux-ci, touchés de compassion, en laissaient toujours échapper quelques-uns, et souffraient que les autres remportassent leur récolte dans les murs : mais cette faible ressource leur manqua aussi, parce que le roi rapprocha ses postes, et resserra la ville, de sorte qu'ils se trouvèrent réduits à brouter l'herbe des rues les moins fréquentées.

Ces nourritures malsaines causèrent beaucoup de maladies. La médecine qu'ils faisaient était la « patience », dit un témoin occulaire, bien persuadé du mérite de cette opiniâtreté, « ne laissait-on de faire infinies processions avec des indulgences et pardons que le légat leur ordonnait, qui se gagnaient en la plupart des églises, avec les sermons qu'ils y oyaient, qui leur faisaient prendre tant de courage, que les cermons leur tenaient lieu de pain ; et quand un prédicateur les avait assurés qu'ils seraient secourus dans huit jours, ils s'en revenaient contens et s'entretenaient de ces espérances, encore qu'on leur eût donné beaucoup de telles remises et dilations, et ne leur servait plus que ce qu'ils avaient enduré. »

Par ces artifices, on vint jusqu'à leur faire essayer de manger du pain de son mêlé de poussière d'ardoise, de foin et de paille hachée. On fit de la farine des os des bêtes qu'on tuait, et même avec des vieux ossements qu'on ramassait dans les cimetières. Cette invention vint encore du légat et des Espagnols, qui trouvaient tous moyens bons, pourvu que leurs moyens s'accomplissent. On l'appela *le pain de Madame de Montpensier*, parce qu'elle en avait approuvé l'invention; mais ceux qui en mangeaient en moururent.

Le jour, on était attendri par la vue des moribonds qui se trouvaient dans les rues; la nuit on était pénétré de leurs plaintes lugubres, qu'ils réservaient aux ténèbres, dans la crainte d'être punis comme réfractaires aux arrêts qui défendaient de demander la paix. Les cadavres pourrissaient dans les maisons désertes et y devenaient la proie des animaux. Enfin une femme renouvela les horreurs de Jérusalem : Elle fit rôtir les membres de son enfant mort, et expira de douleur sur cette affreuse nourriture. « Il mourut, dit le témoin déjà cité, plus de treize mille personnes de faim, chose qui doit bien retourner à la louange du catholicisme. »

Une extrémité si déplorable enhardit plusieurs fois les plus sensés du peuple à hasarder quelque coup de vigueur pour forcer les ligueurs à faire la paix ou à rendre la ville; mais ces tentatives furent toujours découvertes et prévenues. Il n'y eut, en onze mois que dura le blocus, qu'une émeute un peu importante; le projet qui y donna lieu était assez bien concerté. Le conseil de l'union, composé du gouverneur, du légat, de l'ambassadeur d'Espagne, des chefs de troupes et des autres personnes en état de donner des ordres, se tenait ordinairement au palais. Des mécontents, gens de marques, s'apostèrent eux-mêmes; et, pendant qu'on l'aurait tenu, pour ainsi dire sous clé, dans l'impossibilité de communiquer au dehors, les auteurs de l'entreprise devaient se présenter au peuple et publier que la paix était conclue, faire mettre

les armes bas, comme de l'aveu du conseil
l'union, et ouvrir les portes aux troupes
roi. Ceux qui étaient désignés eurent l'imp
dence de crier trop tôt *pain ou paix*. Ces c
meurs donnèrent des soupçons à la gar
étrangère qui veillait à la sûreté du conse
elle se mit en défense ; les autres, mal co
duits, reculèrent en tirant quelques coups
pistolet ; la garde fit alors main basse. Néa
moins, il y en eut peu de tués, mais plusie
des plus échauffés furent pris et pendus po
donner exemple aux autres.

Il faut lire pour apprendre, disent les bie
pensants, et ils ont raison. Mais les uns p
la faute du loisir nécessaire, que la tâche f
sant à chacun sa part d'honneur sur la ter
leur enlève (péché pardonnable), où les a
tres, par paresse ou par lâcheté, plutôt que
se violenter eux-mêmes par un devoir assid
pour s'instruire et instruire en stimulant
idées par une austère prudence, mais de pe
de heurter comme mauvais obstacle quelq
phrase d'une explicité trop mordante, le
causant de la contrariété, pouvant choqu
leur égoïsme favori (faute très grande), à c
tourner leur esprit des imaginations que
distraction des sollicitudes chacun se fait ill
soirement.

Ce que dans un sens par idée on eût dit
ma jeunesse les ombres de la raison rôder

mon entour, comme à vouloir me persuader qu'un jour quelque chose de réalisable aurait lieu à mon instruction infuse, devait sortir de la grande attention que je portais sur les victimes de la misère, sur les martyrs des souffrances endurées sous les règnes de ces espèces d'ogres ou gargantuas de Rabelais, qui ne croient rien être en n'occupant chastement sur la terre que la place d'un honnête homme, et que cependant on entend nommer cire (sirc), quand justement, pour s'enrichir de leur miel, ils font crever les abeilles industrieuses, vaillantes, sages, économes, laborieuses ; et, avec ces autres de la bande budgétaire, qui ne sont ni Dieu ni hommes, ayant un boulet de fonte dure où les fourmis composant le grand peuple nous avons un cœur humain, ne songeant qu'à la paix et au travail ; ils ne pensent qu'à détruire et à tout renverser dans l'ordre le plus nécessaire. Et où, entre tous, pour métier nous avons le marteau, l'enclume, la charrue, la pioche au champ, le ciseau, le maillet à l'atelier, eux, en naissant, pour être ce qu'ils sont, voici comment on les fait : De l'étoffe, peu n'importe la qualité pourvu qu'il soit mâle, du ventre de la mère c'est roi qu'on le baptise ; tétant, gigotant dans le berceau, par dérision ou par moquerie de la cause, c'est un képi qu'on leur charge d'abord en guise de schako ;

en plus, pour harnaichage, on leur endosse galons sur galons, insignes sur insignes, épaulettes sur épaulettes, etc., puis, portant une longue lame pendant à leur côté, un poignard, un pistolet à leur ceinture pour symbole du métier, dont l'exercice n'est point celui de la vie; puis avec tout cela on les entend qualifier de Sa Majesté. Et pourquoi cette qualité si haute? Parce que maître Bourdon, quel mal qu'il fasse, quel crime si grand qu'il commette, il n'y a ni loi ni justice au-dessus de lui; de faire périr, assassiner un citoyen rien que de le regarder ou seulement lui déplaire, que personne ne peut rien lui faire. Pour avoir dit la vérité en dénonçant au public quelque mal que peut faire l'homme mort, on fait entendre d'abord que c'est d'un parricide de plus que la terre est débarrassée. — Quel père! — Et au-delà de tant de choses et autres, il faut, je ne sais au détriment de combien de millions de misérables, lui créer une position jamais assez riche ni assez heureuse: le diable riche, aucun des siens n'est malheureux! Donc, il faut l'élever bien au-dessus de sa taille et de son mérite, l'approuver, le flatter, et au comble de son vœu, on le deshumanitise, on lui fait perdre tout ce qu'on lui sent de conscience, on gonfle son orgueil en lui laissant acheter des châteaux, des plaisances partout, à Sparte, à Rome, en Espagne et à

Biarritz, à tel point d'en faire les bourreaux de la terre, des démons d'enfer et des anges déchus du paradis.

Ajoutons au discours qui précède, si innocent rendu par l'ignorance, on prend le peuple, il faut alors lui faire observer que presque tous les Louis et tous les Charles sont des poltrons et des lâches, même si traîtres que ces hommes de simple apparence qu'on nomme rois, aimant à atteindre l'homme par derrière sans le prévenir du coup mortel qu'ils ont décidément l'intention de lui porter, c'est-à-dire aimant à faire la guerre du lit à la table : « Je déclare la guerre, moi, parce que c'est mon plaisir; allez vous battre vous autres, sinon je vous fais tuer. »

C'est pourquoi nous tenons à le répéter, si dans un cas le peuple est innocent, eux, au contraire, sont beaucoup trop rusés. A la suite de l'invention de l'agent terrible la poudre, le peuple a inventé l'arme à feu ; le fusil et le canon, et les rois se sont emparés de l'une et de l'autre de ces inventions, et pour faire quoi ? Pour défendre l'Etat, oui, parce que l'Etat c'est eux. Parlant des armes, pour l'achat desquelles chaque pauvre y contribue de son denier pour servir à deux effets, toujours les mêmes : la poignée de l'une et la culasse de l'autre vers eux et clique, et la lame ou le canon tourné du côté des pauvres s'ils se plaignent contre eux en mourant de faim. Les grèves du Creusot et des mines de la Ricamarie, du temps du dernier Empire, nous en donnèrent quelques preuves.

Or, le peuple, comme trente-cinq ou quarante millions de poudre éparpillés à distance, si l'un s'enflammait quelqu'autre pouvait prendre feu, les groupes sans têtes ne sont jamais que des escarmouches inutiles; mais quand, en général, à force de chauffer la machine de la colère du peuple prête à éclater sous la pression arbitraire, les trente millions de grains de cette poudre se trouvant à l'extrémité du calorique, tous à la fois s'enflammèrent du même coup et ne firent qu'une seule explosion. En 1789, si vilains et manants qu'ils fussent, las du jour, le peuple agissant uni comme un seul homme, sut renverser le joug, et, en s'en prenant contre ses maîtres, il leur a prouvé qu'il n'était pas si nigaud, ni tout à fait si stupide que les mignons le croyaient, lorsque dans une entente d'idée commune il finit en portant la cognée à la racine du maudit buisson de l'ancienne race d'Abimelech, lequel, à sa première tentative, n'a pas trop mal débuté en nettoyant le terrain, en extirpant radicalement l'ivraie depuis longtemps nuisant à l'humanité française, s'engraissant de la substance des misérables en leur imposant même un droit de vivre, laquelle engendrait l'hypocrisie au nom de Dieu, et le faux, l'iniquité au nom de la justice, le brigandage pillant publiquement sous les auspices de l'autorité, et de l'assassin qui poignarde au nom de la loi et de l'empire ou du roi; et, en mémoire des dignes et grands hommes qui aient de leurs efforts, même de leurs plus grands sacrifices, contribué à cette éternelle date, nous devons à ces grands hommes les meilleurs remerciements que l'on puisse transcrire à leur souvenir sur la plus grande page de la tradition, notamment au comte de Mirabeau, qui, un des premiers à la tribune, faisant partie du tiers-ordre de la députation en scission avec l'extrême droite, attendait que le président de l'assemblée législative ordonne la levée de la séance. En attendant que la salle s'évacue, Mirabeau faisait signe de rester à ceux qu'il connaissait partisans de la constitution; ceux qui le comprirent se touchèrent d'un coup de coude, ainsi de proche en proche.

Quand le roi fut sorti, la première opération de l'assemblée restante fut de désobéir au commandement de se retirer chacun dans la chambre de son ordre. Donc, le tiers resta dans la salle commune. Le grand maître des cérémonies vient le sommer de se retirer, mais Mirabeau osa répondre : « Vous, qui n'avez ici ni place, ni voix, ni droit de parler, au nom de tous, vous n'êtes pas fait pour nous rappeler le discours du roi ; allez dire à votre maître que nous sommes ici par la puissance du peuple et qu'on ne nous en arrachera que par celle des baïonnettes. »

D'autre part, comme généreux et bons auteurs de la cause régénératrice et universelle, nous comprenons dans le même panégyrique l'abbé Grégoire, évêque constitutionnel de Blois, qui, aussi, a osé dire hautement que les lois monarchiques sont pour la justice et l'intelligence humaine, ce que pour le jour de lumière sont les sombres ténèbres de la nuit, c'est-à-dire que les rois sont dans l'ordre physique ce que les monstres sont dans l'ordre moral ; leurs cours sont des ateliers de crimes et leur histoire le martyrologe des nations.

Quels hommes que c'était ces géants de telle époque ! Il y avait dans eux plus que du génie naturel, il faut croire que quelque chose de divin au fond d'eux-mêmes agissait dans leur cœur et se faisait entendre par l'organe de leur bouche.

22 SEPTEMBRE 1792

République Française

Donc, après avoir reconnu que les monarchies sont pour la cause du peuple ce qu'est un mauvais brouillard pour la récolte, le phyloxera pour la vigne, ce que sont les épidémies pour l'hygiène publique, le 22 septembre 1792 on proclama la République ;

C'est-à-dire, le 21 septembre, la Convention nationale se réunit. Dès sa première séance, elle déclara la royauté abolie, et la République une et indivisible proclamée.

Ici commence la première ère du fait accompli. Le principe révolutionnaire a triomphé : non seulement une révolution politique a eu lieu, et la forme républicaine substituée à la forme monarchique, mais la nation est en travail d'enfantement d'une révolution sociale, d'une transformation dans ses mœurs, dans ses habitudes, dans ses usages, dans tous les rapports individuels et généraux qui constituent la société. D'une main, les ardents ouvriers de destruction qui siègent à la Convention, secondés par les terribles élans des rancunes et des vengeances populaires, jettent dans l'abîme tout ce qui reste des institutions passées, et de l'autre ils édifient avec calme, avec maturité, avec intelligence ; ils font sortir des décombres tout un système nouveau, toute une société nouvelle... On dirait deux assemblées rivales ayant mission l'une de détruire, l'autre de rééditier. Et comme si pour une pareille œuvre ce n'eût pas été de leur propre volonté, leur énergique patriotisme est galvanisé par les insolentes menaces de l'étranger ; ils ont à comprimer la guerre civile à l'intérieur, et quatorze armées liguées entre elles contre la France. La Convention est reportée aux temps de Louis XI. Comme lui, elle ne marchera plus que la hache au poing, et ce que celui-ci faisait pour constituer l'unité monarchique, la Montagne devait le faire pour maintenir et sceller l'unité nationale, pour établir la concentration gouvernementale, pour donner au principe de l'autorité une force nouvelle.

Dès les premières séances, tous les personnages qui ont joué un grand rôle dans la Convention dessinèrent leur caractère, et il fut facile de prévoir que cette assemblée s'élèverait au plus violent paroxysme des luttes parlementaires, qu'elle se décimerait : on ne brise pas un édifice constitué par des travaux séculaires sans rencontrer de terribles obstacles. L'Europe monarchique se sentait ébranlée ; elle avait couru aux armes : dans aucun temps on n'avait vu une telle coalition de l'Europe entière, contre un seul peuple ; jamais tant d'armées aussi formidables ne s'étaient donné rendez-vous sous le drapeau de l'omnipotence monarchique. La nation française eut un élan sublime : au cri de liberté et d'indépendance, elle enfante des soldats ; irritée par les efforts tentés pour la comprimer, elle donne à cet entraînement guerrier une extension immense, fait déborder ses défenseurs dans toutes les contrées à la fois, et paraît ne vouloir mettre bas les armes que lorsqu'elle aura fait des peuples vaincus des amis, des frères ou des sujets.

La postérité, a dit l'un des historiens de la Convention, admirera l'activité, le talent, l'énergie que cette célèbre Assemblée déploya dans les moments de danger, les prodiges qu'elle fit pour sauver la patrie et la révolution, les grandes innovations qu'elle introduisit dans les sciences, les arts, les utiles institutions qu'elle créa, l'essor nouveau qu'elle sut donner à toutes les facultés humaines.

Quels hommes de talent et de force de caractère étaient-ce que ces tribuns de la démocratie française, qui, tout en s'occupant de réorganiser la France, de renverser à la fois et le trône du despotisme de la tyrannie et l'autel des superstitions, de l'absurde, du mensonge, d'anéantir les anciens préjugés et les privilèges, de remplacer l'arbitraire par la justice, faisaient en même temps tête à l'Europe monarchique coalisée conspirant sa détresse.

Pour être victorieux dans cette lutte formidable du monde nouveau contre le monde ancien, des droits du peuple contre l'égoïsme il fallait une *audace inouïe* une *volonté inflexible* ; la Convention nationale eut cette audace, cette volonté, et elle sauva la France.

La première séance de cette grande Assemblée, dit ce même écrivain, eut lieu dans une salle des Tuileries, pour la vérification des pouvoirs.

Le 21 septembre, elle s'installa dans la salle où siégeait le matin encore la Législative, qui, avisée par un message solennel que ses travaux étaient terminés, s'était immédiatement séparée.

Dans cette séance du 21 septembre, la Convention nationale décréta *qu'il ne pouvait y avoir de constitution que lorsqu'elle serait acceptée par le peuple.*

Le principe de la souveraineté populaire étant reconnu et proclamé, la question de l'abolition de la royauté et de la proclamation de la République était résolue d'avance.

Collot-d'Herbois déclare que la Convention ne pouvait « sans être infidèle au vœu de la nation retarder cette déclaration. » Et comme Bazire prétendait qu'une décision de cette importance méritait d'être précédée d'une discussion solennelle, c'est ici que l'évêque de Blois s'est exprimé en termes déjà indiqués et telles paroles furent accueillies par les applaudissements des tribunes. L'assemblée se lève, et, à l'unanimité, elle vote *l'abolition de la royauté et la proclamation de la République.*

Le décret est immédiatement formulé et adressé aux municipalités et aux armées.

Puis, sur la proposition de Billaud-Varennes, la Convention déclare en outre qu'à partir du lendemain, 22 septembre 1792, on daterait de l'an Ier de la République française. Ainsi fut consommé sans phrases le remplacement d'une monarchie séculaire par la République.

Quel magnifique débat que cette séance dans laquelle, en face des rois coalisés, la France, par la voix de ses véritables représentants, acclamait la République et jetait ainsi un défi superbe à toutes les monarchies du monde. Et pour sanctionner l'acte imposant de la grande Assemblée, le même jour, l'armée française, cette armée de « savetiers » et de « tailleurs », comme l'appelait dédaigneusement le duc de Brunswick, et que les émigrés avaient promis de faire rentrer à « coups de crosse et de cravache », l'armée des « sansculottes » culbuttait au cri de : « Vive la nation ! » les vieilles troupes du despotisme.

Ce fut la bataille de Valmy.

COUP D'ŒIL SUR BONAPARTE
ET SON COUP D'ÉTAT

Quand un peuple vaillant, laborieux, intrépide est au bout de tous ses plus grands sacrifices, qu'il a épuisé tous ses moyens de voir et d'agir; qu'il a sacrifié sa santé, sa vie pour être libre de jouir un peu de ses droits, aucune de ses œuvres si chères, si grandes, si glorieuses qu'elle soient, ne sont rien pour un aventurier d'occasion, si l'idée lui prend de tenter un coup de force à son profit. Oh! si quelqu'un le comprend, que d'argent et de sang a coûté aux hommes de ce siècle, plus noblement courageux que le présent, pour nous préparer un avenir meilleur. Nous leur devons de respirer au moins un peu à notre aise l'air plus pur qu'eux ne le respiraient avant 1789, par le droit de nous conduire plus librement et d'exercer, de manifester nos idées à notre gré le plus convenable. En effet, si au point de vue de quelque habileté, cet air est pour nous d'un oxygène plus libéral que celui du temps de nos ancêtres avant 1789, dont l'infection émanait des fêtes royales et de leurs suites assez stigmatisées, qui se donnaient pour empêcher de voir et d'entendre ce qui se passait autour d'eux, il serait bien plus vivifiant encore si un audacieux digne de sa légende lequel, ayant été fait bon et juste de naissance comme les autres, étant favorisé, dit-on superstitieusement, par une planète l'appelant au don des conquêtes, ou mieux, malgré toute éventualité, par chance plutôt échappé sain et sauf de la fumée de la poudre au siège de Toulon, ne lui eut porté un coup de sa trahison. Cette liberté aurait sans nul doute maintenant une autre état d'existence démocratiquement bien mieux tranché sur un autre principe. Mais cet aventurier qu'on écrit Bonaparte, homme moins fort de caractère d'âme que hardi et courageux destructeur, voyant, à la prospérité de son horoscope, s'ouvrir, au rêve de sa gloire, les portes à son avenir aussi grandes que la dilatation de son ambition, comme les césars de son genre, n'avait, durant son simple grade de capitaine, aucun parti-pris. Ce n'est que l'idée d'une nouvelle dynastie qu'il conçut en augmentant de gradation. Et dès lors, ne songea plus qu'à s'accaparer tous les plus chers sacrifices auxquels le peuple s'était résigné pour la conquête de ses droits en 1789, 92 et 93. Justement au moment où la guillotine semblait avoir mis à la raison les querelles de religion, et de parti monarchique, que ce grand *leader* inconnu dans les très laborieuses décisions de l'époque, de son prestige devenu plus tard en grande vogue, comme un bandit que le hasard protège sous l'étiquette d'un grand renom. Un jour, arrivant de je ne sais où avec une escorte de stipendiés, usant de la force primant le droit de la façon la plus intruse, il renverse la Convention, pourchasse les hommes de la Constituante, s'empare du pouvoir et abolit la dictature. Rebaptiser d'abord le Consulat, puis la législature et ensuite le code de la nouvelle forme. De code républicain, c'est code Napoléon, que l'on dit, et au lieu de République, c'est au nom de l'Empire que les actes civils s'enregistrent.

L'ignorance, mère de tous les malheurs sociaux, fit que le peuple, comme les moutons qui, lorsqu'ils prévoient un danger, galopent sous la protection du loup parce qu'il est habillé en berger ; ayant un Napoléon, en préconisant son nom, il croyait encore révérer en lui les auspices des hommes illustres de l'époque contemporaine : Marat, Danton, Robespierre, morts pour sa liberté. Et le pauvre peuple, frémissant au souvenir des cruautés et de toutes les iniquités qu'il avait souffertes sous la tyrannie des prêtres et des nobles, mourait de misère ou en combattant sur les champs de bataille, en criant : « Vive..... Mourir pour la liberté plutôt que de subir le régime réformé.

— Mais, sans coup de main, comment Bonaparte pouvait-il décimer la nation de sa tête législative, et s'emparer du pouvoir ?

— Après les massacres du Caire en Égypte, les plus abominables que l'histoire puisse collectionner, jusqu'à l'abus des prisonniers, leur promettant la liberté pour les passer tous les uns après les autres à la baïonnette ; et, morts, les fouillant ; puis, en guise de remblai, de leur cadavre, combler des fossés, couverts d'un peu de terre, y passant dessus avec ses trains d'équipage ; et, dans des sacs faisant jeter les autres dans la mer, il provoque un plébicite par un vote forcé afin de connaître l'opinion de tous les chefs par un oui ou non que chaque cadre, dans chaque régiment, devait lui soumettre à dater de tel jour en deux fois vingt-quatre heures.

Sur ce cas, nous cite un officier de ce temps-là très digne de foi, si indécis et si pressant, annoncé exprès au plus court pour ne pouvoir se concerter d'aucune part, ceux de chaque régiment se réunirent en séance particulière pour délibérer entre le oui ou le non, trépignant de colère sur la mesure d'un pareil coup de Jarnac. Connaissant la tête du Corse, détestant Bonaparte autant qu'ils pouvaient haïr l'ennemi qu'ils avaient à combattre aujourd'hui ou demain, ils ne savaient quel parti prendre. Personne ne soufflait mot, dit le même

écrivain. Lui-même prit alors la parole :
« Messieurs, pourquoi donc faire sommes-nous
ici, si personne ne parle ? Moi je prends la
parole. Qu'est-ce que cela peut nous faire si
bouilli et rôti sont le même, quand ils sont en
sauce. Quant à moi, par exemple, la République serait, des deux formes, l'objet de ma
préférence. Mais si, comme il est présumable,
l'empire emporte sur la République, qu'allons-nous devenir ? La République, dans sa franchise nous ne pouvons le contester, n'a jamais
montré une si forte dose d'audace. Nous ici
ne pas dire oui et si fait ailleurs, c'est vouloir
nous faire porter sur la mauvaise liste. Eh bien !
votons oui. »

Et c'est ainsi que l'empire triomphe de la
République. Notons toutefois que si la République avait fait contre l'Empire autant de
mal que l'Empire en fit à la République,
Bonaparte n'aurait pas emporté dans l'autre
monde le regret d'une fusillade.

Enfin l'homme que nous signalons ici,
Napoléon Bonaparte, qu'on pourrait surnommer l'illustre charcutier de l'Europe, qui
comme ce vorace ne pouvant vivre sans porter
le trouble où il ne peut mordre, avait commencé sa carrière par un haut fait d'armes
pour tomber piteusement si bas que le cachot
de la prison de Sainte-Hélène. A vrai dire, il
n'était pas sang pur d'éternelle origine fran-

çaise. Ajaccioais, et ambitieux plus qu'affecté de la paix de son pays; ayant, cependant, par sa manie militaire, su capter l'estime des chefs de l'armée, et plus tard acquérir la popularité des soldats; de qui il excitait l'héroïque patriotisme en leur faisant entendre que chacun d'eux se devait au salut de la France et, avant tout, à celui de la République et de la Liberté. Ces paroles : « France, République et Liberté », de bouche plus belles que de base ferme et solide dans le fond, animèrent aux hommes qui alors dépendaient de son commandement l'élan guerrier.

Au mérite de la valeur qu'on ne peut lui disputer, il faut le dire, au même siège de Toulon, Bonaparte avait déjà fait assez en sauvant l'honneur des armes, et conservé intact le prestige de la France en vainquant les assiégeant des diverses nations, pour être plus grand qu'il ne le devint par la suite des massacres d'Egypte, d'Italie, d'Autriche, de Prusse, d'Espagne, de Portugal, d'Austerlitz, d'Angleterre, etc. Comme du reste, on fait de devoir, quand on dit assez, de la part d'un homme que rien n'astreint à passer outre, après cette règle vient l'excès qui passe à la folie effaçant tout mérite. Bonaparte qu'avait-il donc à faire? A repousser d'abord du territoire français l'ennemi accouru de toutes parts nous apportant la ruine, limiter les frontières;

et avec la dilapidation de l'argent qu'il lui fallait pour l'entreprise des campagnes inutiles à l'étranger, il devait, au contraire, préparer ses positions de défense et d'offense ; construire des fortifications, procurer des armes à l'Etat, munir les arsenaux, former de la bonne troupe, l'instruire. Puis accepter la constitution, sans parler du consulat qu'il avait pour enterrer la République, mais la couvrir au contraire de sa protection telle que la volonté de la nation l'avait proclamée dans les formes dévolues : expulser tout ce qu'il pouvait y avoir de factieux et de suspect à devenir un obstacle contre la marche du progrès, en décrétant, premièrement, l'arrestation de tout personnage princier, après un délai déterminé, dont la famille aurait régné en France. De là tâcher, par son estime, de se faire nommer généralissime et en plus président de la République, poste dont l'éminence lui revenait de droit sans que personne eût à s'y opposer. Ainsi combiné, c'eut été un bonheur à sa louange, d'abord pour le peuple, puis pour la République.

Sachant dans quelle voie il avait été placé, rehaussé par Robespierre, qui, en qualité de premier membre du *Comité de Salut public*, ayant approuvé ses plans de guerre et nommé général après sa première conquête, au moment que par jalousie ou autres motifs du même genre les principaux chefs des armées n'avaient voulu reconnaître, devait alors comprendre qu'à lui seul revenait l'impérieux devoir de défendre l'un et de protéger l'autre sous la lame de son sabre devenu redoutable, et ne point favoriser à sa grande perte ce va-et-vient de l'empire au roi et du roi à l'empire. Sans cette faute, il n'eût point jamais été prisonnier à l'île d'Elbe, sur les côtes de la Toscane, et, finalement, dans une des îles d'Afrique, à Sainte-Hélène ; ni Louis XVIII ne serait pas venu à plusieurs reprises marmitonner la cuisine à la France pour succéder à la fameuse tête folle de Charles X, son frère, qui, par sa seule présence, non content d'avoir embrouillé l'ordre qui avait coûté au peuple jusqu'au plus cher de son sang, voulait encore escamoter la constitution, transformer la charte et abolir le droit de suffrage de tout citoyen, ce qui lui valut intempestivement le congé, et en 1830, de France en Angleterre, aller tracer la route à son cousin Louis-Philippe qui devait le suivre au bout de dix-huit ans.

Etant né de conviction républicaine, la nature l'avait fait pour accomplir un grand rôle de bien, mais ce transport enthousiaste de l'âme dominant les hommes, dont bien souvent l'infatuation ou la déception les tue d'une façon plus violente que toute autre ivresse. Que de monde qu'il a fait souffrir, que de misères qu'il a causé; que d'hommes il a fait massacrer d'un côté et de l'autre; que des deuils il a fait porter aux pères et aux mères, tout ce que l'histoire impartiale peut citer au souvenir de ce maudit enfant de la peste! Et pourquoi? Pour que la terre soit après les orages ce qu'elle était avant les tempêtes, pour attirer sur lui la colère des républicains, la haine des autres partis, l'animosité implacable des autres couronnes de l'Europe entière, et, finalement, la honte d'aller misérablement périr prisonnier à vie, à la cime d'un rocher pittoresque, dans une île sauvage, dominant les récifs à l'aspect de la mer de l'Océan Atlantique.

Le sacrifice, le grand sacrifice des victimes humaines étant accompli, il ne fallait plus que consoler les afflictions. Napoléon Bonaparte, on ne saurait trop le dire et le croire, après Robespierre et consorts, hommes d'abnégation à tous les plus grands sacrifices personnels, avant de naître, étaient désignés par la Providence à vivre en faisant la guerre aux méchants, en brisant les chaînes du vil servage qui, depuis longtemps, étaient rivées sur le peuple privé des premiers droits de sa cause. Comme chacun avait son don, à lui revenait exclusivement celui de soigner les plaies de la France et de la relever de ses désastres en réglant la politique de ses états par l'affirmation du principe révolutionnaire, en travaillant à sa stabilité durable et à la voie de sa prospérité la plus florissante, non pas aller au loin, très loin chercher au hasard le bien de sa gloire, qu'il tenait dans la main, à l'échange de ce qu'il a pu mériter de plus funeste à sa propre honte. Donc, il a de deux choses l'une : sacrifié celle qui méritait d'être la plus essentiellement établie à la préférence d'une fiction aveugle et chimérique. J'ajoute qu'à impartialement parler, que de Bonaparte faire de ses débuts une gloire à couvrir tout son passé est un mensonge à la louange du mal qu'il a fait aux autres puissances, à la France et à lui-même ; il faut être fanatiquement plus bonapartiste que Bonaparte ne l'était lui-même. Un homme qui commence bien et qui s'arrête en chemin, est un misérable digne du mépris public ; cependant il est juste de tenir compte de sa vaillance.

LES TROIS RÈGNES SUCCÉDANT L'EMPIRE

LOUIS XVIII, CHARLES X ET LOUIS PHILIPPE

A LA SECONDE RÉPUBLIQUE EN 1848

Louis XVIII et Charles X, ces deux premiers règnes succédant l'Empire, qui ont tenté de restaurer le trône sur les ruines de la première République, faute de temps, dont les évènements pas plus que le bien qu'ils ont fait à la France, ne valent le temps qu'il faut pour écrire le petit détail, et à défaut de documents à leur éloge, nous n'avons pas long à en dire. Seulement, Louis XVIII, qui, non sans interruption, pendant le séjour de Napoléon à l'île d'Elbe, s'étant trop empressé à lui prendre la place de l'instant qu'il guerroyait ailleurs, qu'il en fut aussitôt déguerpi, où il a régné depuis 1814 jusqu'à 1824, et Charles X depuis 1824 jusqu'à 1830. Mon entretien sur ces deux sujets monarcaux est le même de ce que j'ai parlé relativement au peuple, compris dans la même valeur tout ce qui s'appelle monarque : « Grande appétence et même convoitise. »

Louis XVIII, comme tous ceux de la même

race, ne faisait point tort à l'espèce, ayant le nez levé au flair de la guerre au trône et contre la liberté populaire. Les quatre sergents de La Rochelle, quand on fut lui implorer la grâce pour eux :

— A quelle heure l'exécution?
— A quatre heures, sire.
— Eh bien! à cinq heures je ferai grâce.

Nous, des quatre innocentes victimes, mais nous devons ajouter les quatre fiancées qui aussi moururent folles de désespoir, note qui nous reste à conviction et qui ne s'effacera jamais de sa grosse tête.

Voulant régner et n'osant toucher à la constitution, il a parodié une sorte de libéralité, il a su pallier un peu la haine de son orgueil. Beaucoup de personnes se rappelant encore de son existence, lui prêtent une grande sympathie de caractère; mais, il faut le dire, nous devons leur passer un grand défaut d'esprit bien avancé en démocratie pour comprendre que roi veut dire le peuple vivre sans gouvernement, n'étant exclusivement que celui des nobles, des prêtres, des riches et de ses partisans.

— Ah! c'est peut-être pourquoi les prêtres disent tant du mal de la République?
— Non pas les prêtres seulement, mais tous les budgétivores ne pouvant vivre sous un maître par une place.

La république était trop le règne de la paix, et de la liberté ; se dépêchant d'en effacer le souvenir, et empêcher que le peuple ne s'y habitue avec trop d'affection. Louis XVIII, dans l'affaire de son gouvernement, y était moins pour la cause publique que pour la sienne propre. Se rappelant du parti que le peuple avait fait à Louis XVI, il s'est contenté de régner le mieux à son gré sans bien chercher à s'illustrer par des faits notoirement bien remarquables après un rétablissement dans leurs droits et privilèges des prêtres et des nobles émigrés, tout ce qu'il y avait de plus ennemi des justes formes dans l'Etat politique alors.

Après vient Louis-Philippe.

— Du règne de Louis Philippe Ier, qu'avez-vous à en dire ?

— Au départ de Charles X, ce roi folâtre qui prétendait rétrograder la situation aux mœurs du vieux temps, commença son règne en grand César sans penser que son despotisme trop absolu pouvait précéder, hâter sa chute d'une façon d'autant plus pitoyable ; en effet la présomption officielle qu'il afficha d'abord ne fit qu'accélerer son départ et la fuite en exil. De son siège mal famé en surgit la révolution de 1830. Mais le peuple depuis 1792 avait beaucoup perdu le prestige de son ardeur virile ; cette fois, il n'était pas assez fort pour vaincre ni résister contre la quatrième installation royale. Louis-Philippe, un avant-dernier rejeton de la branche d'Orléans, en faveur des trois journées sanglantes des 27, 28 et 29 juillet, est monté sur le trône avec le titre de roi des Français : manière de signifier par ce mot : roi de ceux qui auraient la bonne volonté de le reconnaître pour tel. Au reste, des hommes nul n'est sans défaut, un roi encore moins. Malheureusement ce dernier roi de France jusqu'à présent, était aussi voleur que humain, aussi larron que libéral. Il vendit les biens communaux et les forêts appartenant à l'État, je ne sais pour combien de milliards. En vendant les forêts et les biens communaux, il a mis bien de gens à la gêne, ceux surtout qui par cette vente perdirent le droit de fouage ou de pacage, ce qui faisait leur unique ressource. Mais mal pour mal, de la part d'un roi, disait-on, mieux vaut souffrir que mourir. Bref, à Louis-Philippe, on peut imputer d'avoir ruiné le budget, mais les pères, les mères ne peuvent lui reprocher de leurs enfants la perte d'une seule goutte de sang. A cet égard, on ne peut dire qu'il fût bien despote. Par la liberté qu'il concéda au peuple, son règne ressemblait presque à une république; d'aucuns vont jusqu'à dire que son commencement fût de se faire remarquer par des actes de clémence, commençant par annuler tous les procès-verbaux de simple police, en abrégeant les condamnations, en commuant les peines judiciaires ; puis ordonnant, par décrets, l'amnistie de toute autre procédure correctionnelle ; moyens assez bons pour se faire estimer de son peuple. La France lui doit, en grande partie, le petit enseignement rural, l'établissement des instituteurs dans les campagnes, les chemins vicinaux, le macadamisage des routes, la paix avec toutes les puissances d'Europe. Et pendant quinze ans, de son règne, il a maintenu que tout le monde puisse chasser sans payer aucun droit ; il n'y avait que les grands chasseurs de profession, menant des meutes, qui étaient passibles d'un port-d'arme, qui coûtait 15 francs. Tous ces avantages à la liberté du petit peuple de la part d'un roi étaient appréciables et dignes d'estime. En plus, Louis-Philippe, par son règne et le bannissement, a porté le dernier coup à la branche aînée des Bourbons.

Puisque ce règne est le commencement de la marche en avant, il manquait encore bien des points avant que le progrès puisse se faire bien sentir ; l'argent était rare, l'or croupissait dans les coffres-forts de la noblesse et de la haute bourgeoisie ; il y avait beaucoup de misère dans le pays ; le défrichage des terres, l'agriculture n'avait, de longtemps, pas encore atteint l'apogée de tout son développement. Quelques canaux de grande communication seuls servaient aux transports. L'homme royal faisait bien son possible pour faciliter tous les avantages au bonheur de son pays. La vapeur, à peine connue, n'était point encore soumise en moteur au service d'aucune voie ferrée en France ; les exportations et les importations des marchandises et des produits nécessaires au commerce et à l'industrie tel que les matières premières n'étaient pas chose si facile à se procurer que de nos jours ; il en résultait que, par insuffisance de blés, le peuple avait à se nourrir au pain de seigle et de farine de maïs. Tout en souffrant par habitude, sans aucun trouble de guerre, il était content de son sort. S'il ne gagnait pas gros, il ne pouvait dépenser bien lourd, et s'il patissait de quelque nécessaire il avait du moins l'avantage de se sympathiser sans mépris entre confrères de la même classe ou du même métier, ce que l'on ne voit guère aujourd'hui, au progrès d'orgueil et de fierté, celui qui porte gibus, un feutre et une veste semble ne faire aucun cas de celui qui porte une blouse et une casquette.

Nous venons de citer ci-dessus, que Philippe ménageait au bas peuple jusqu'à la liberté de la chasse, en disant très logiquement lui-même, que l'unique plaisir auquel le laboureur puisse vaquer un moment le dimanche est de tenir entre les mains un fusil, se promenant le long de ses quelques lopins de terre, soit pour détruire les animaux malfaisants, nuisant à ses récoltes, ou pour tirer au gibier. Du temps que les hommes se livraient à cette sorte de distraction, ils ne pensaient pas en effet à se corrompre en s'adonnant à la boisson et à d'autres vices plus immoraux et plus avilissants que de brûler de la poudre aux moineaux.

Les albuféra de l'égoïsme, cette brillante poussière des plaisirs à tous les excès, cette épave de damnation mesquine, ne rougissant que de bien penser, de bien juger, bien voir, bien comprendre et bien faire, jouissant d'accuser qui la prévaut en tous points, de crainte qu'en la blâmant, l'innocence ne lui permette trop de se justifier elle-même, traitant de fainéant l'homme harassé de fatigue quand on lui voit prendre un moment de plaisir ou de repos, tandis que, elle, cette caste ou demi-caste de mignons, aux allures prélassées, dont le seul instrument qui semble mieux leur carrer dans leurs mains blanches, à la peau fine, est un joli fusil pour se donner des airs de faux laborieux ou d'hommes pénibles, de moitié mort de fatigue, lorsqu'au retour de la moindre course à travers quelque chaume ou quelque guéret, étouffant de graisse, pantelant, se jetant au lit ou sur une chaise, le chapeau d'une main et le mouchoir de l'autre, s'essuyant le front, et, si la grande chance du hasard, plus que l'adresse, veut qu'ils prennent un liévreau, aimant qu'on les dorlotte et qu'on les adule de cette sorte :

— O monsieur ! que vous êtes adroit ! Comment avez-vous pu faire pour prendre cet animal si beau et si joli. Eh bien ! par exemple, ce n'est vraiment pas dommage que vous y alliez à la chasse. Vous devez être fatigué ; allez, monsieur, allez vous reposer......

Etant alors furieux de ce que le peuple, les paysans, prenne part à ces ébats délicieux et qu'il tue le gros et le menu gibier du temps qu'ils ronflent matinalement, ils firent tout ce que la jalousie la plus perverse pouvait leur suggérer, obsédant pendant bien longtemps auprès du premier ministre, l'infâme Guisot, afin de déterminer le roi à signer cette fameuse loi, taxant à 25 francs le droit de chasse. Les pauvres nicaises s'imaginaient peut-être qu'en obligeant de cette manière à reculer devant une pareille dépense, que le premier venu des ouvriers serait privé de ce plaisir, pour réserver à leur jubilation tout le tribu du giboyage. Pour lors, cet expédient ne réussit pas selon qu'ils le prétendaient ; ce ne fut guère que les plus riches et les désœuvrés les absolument plus pauvres qui chassaient avec la simple différence que les uns étaient mieux équipés, cordonnés, ficelés, guêtrés, chassant avec des fusils de trois à quatre cents francs et une meute de chiens bruyants ou gueulards plus ou moins nombreux, et les autres avec un chien d'arrêt, bien dressé, je suppose, et un fusil de trente-cinq à quarante francs, ce qui ne les empêchait pas toutefois le soir de rentrer à la maison, portant une carnassière pleine de toute sorte de gibier, et ceux du milieu, trop occupés à leur travail, pouvaient acheter du lièvre s'ils voulaient en manger. Peu de temps plus tard, l'un par rapport à l'autre, les ouvriers même et ceux de la plus moyenne aisance, voyant que personne ne se privait de ce plaisir, ni plus ni moins leur fortune n'en valait au bout de l'année, chacun voulait pour vingt-cinq francs se payer cet agrément, et pour payer quand même chaque jour l'échéance du permis approchant, tel moment qu'on n'eût pas songé à aller faire une tournée, on y allait par envie ou par dépit.

Des chasseurs patentés, une vive jalousie se lève contre le braconnage, les dénonces prirent un grand caractère, les gardes et les gendarmes furent traqués à cet effet, faisant prendre les braconniers à l'affut à toutes les heures du jour ou de la nuit. Pris en ce délit, on les punissait de fortes amendes et on les désarmait; ceux-là étaient souvent plus capricieux de la chasse que les autres. Revenons-y; pour vingt-cinq francs, non plus ne voulaient pas en être plus esclaves que les dénonciateurs eux-mêmes. De cette façon, le grand moment est venu qu'il y avait plus de chasseurs que de lièvres; et, par ce fait, on a vu que l'envie des méchants, ayant pour venin dans le cœur la jalousie du bonheur des autres, n'a jamais abouti qu'à des mauvais résultats à leur préjudice, ou dans l'année auraient, je suppose, pris vingt lièvres s'ils n'eussent rien dit, au lieu qu'en faisant prendre le double de permis de chasse par les dénonces, n'en prenaient, en bien chassant, que dix ou que cinq; car, à franchement parler, sans esprit de passion, le gibier pas plus que la volaille de basse-cour, ce ne serait pas à un gouvernement à le vendre, c'est aux propriétaires le nourrissant de leurs récoltes à qui reviendrait le droit exclusif de le prendre chacun chez soi; et leur ôter cet infime privilège, c'est une violence dont l'attentat à cette liberté sent l'odeur féodale du mauvais temps des seigneuries barbares.

D'ailleurs, après celle de la chasse, puisqu'il ne peut avoir celle de faire paître impunément au voisin, par son bétail, un champ de luzerne ou un recoin de sainfoin, parler de liberté au paysan, c'est la même chose que de mettre sous le nez d'un porc un cahier de chansons pour lui apprendre la musique; encore, de liberté aux pauvres paysans, mais quelle donc si on leur interdit le dimanche, après la messe, celle d'aller brûler quelques charges de poudre aux merles? Considérons que suspendre à l'homme ses droits au-dessus de ses moyens pour l'empêcher d'en jouir, est un crime de lèse-conscience porté à son atteinte, et les auteurs de ce crime, si loin et si cachés qu'ils soient, dans ce cas, ne l'aiment et ne le respectent pas comme leur semblable ; à leur mort, ils méritent de passer au royaume des ombres qu'un grand saint a, dans une vision, vu glisser comme sur de la bave gluante d'un serpent et boire successivement, tantôt l'une tantôt l'autre, dans un crâne, le sang des nations humaines en proférant à chaque libation : Aux enfers et au monde qui nous reste à dominer et à subjuguer par la corruption, et maudit soit le Christ qui est venu ébranler les rois sur leur trône en prêchant aux peuples esclaves la liberté..... Oui, tels sont les énergumènes qui ont fait les lois dans un esprit d'égoïsme et d'arbitraire ; et puis, osant hautement se prévaloir de bienséance et se targuer de gens de bien... Qu'ils aillent donc répandre ce bruit dans des pays d'ilotes, mais qu'ils ne viennent pas chanter ces amphigouries dans un siècle d'intelligence et de liberté.

Je n'ai aucune envie d'exagérer le récit jusqu'à l'exaltation, non, je suis loin de cette idée ; mais si le roi avait un côté de bon, son entourage l'avait mauvais. Louis-Philippe ne voulait jamais signer cette loi de dupes qu'il regardait comme un attentat contre la liberté même de la propriété, laquelle cependant fut sanctionnée à l'unanimité des députés d'alors sous le nom de *police de la chasse*, le 3 mai 1844. Sur son refus, la bonne allégation du roi était que pour la santé de l'homme de travail, anxieux ou mélancolique, la fumée du tir lui valait mieux que celle du tabac et de l'absinthe, et les parties de chasse répondaient économiquement mieux à l'hygiène du ménage que celles du billard et des cartes. Mais quelle impression produirent ces belles abnégations sur la conscience de Guizot, harcelé, instigué et poussé par la même malédiction? Ni plus, ni moins, les mêmes effets d'un chapelet ou d'un bréviaire à belle tranche dorée, pour convertir par charité à la raison égalitaire le cœur des hypocrites qui ne se prosternent devant un morceau de bois ou de pierre sculptée au burin de l'art, priant Dieu dévotement devant les hommes sans autre foi s'il n'y a profit d'écus que celle de nier formellement tout précepte, après la croyance de pouvoir faire plus de mal en se cachant de toute personne. Enfin cette loi de la chasse ne fut qu'un piège dans tout le royaume pour prendre les chasseurs nigauds, chassant par ignorance; car, vraiment, ce ne fut plus qu'une source de procès-verbaux visée au rendement de la caisse de l'Etat, qui, au commencement portait plus d'argent que les permis de chasse n'en rendaient à vingt-cinq francs, mais de cet argent l'Etat n'en bénéficiait pas, vu qu'on a immédiatement doublé les gendarmeries, une brigade à chaque simple canton, même à quelque simple commune; et, pour encourager le zèle du gendarme à cette sale tâche, on défalquait de chaque procès-verbal une somme de... à son bénéfice. Enfin, c'était les riches qui ne voulaient pas que les pauvres chassent, voilà toute la question.

Après ce petit coup de législation à l'ancienne, vient en outre le plan criminel d'affamer les pauvres classes en amorçant la cupidité des propriétaires, en faisant substituer à la terre le rapport des premiers fruits les plus nécessaires, par cette plante fourragère et vivace qu'on appelle trèfle, pour vendre à l'Angleterre la graine jusqu'à cent quarante francs les cinquante kilos, la payant avec l'argent des mêmes antifrançais.

— Si tout le sol cultivable en France n'était semé qu'en trèfle, il devait s'en récolter fameusement; que faisait donc l'Angleterre de tant de cette graine?

— De cette graine, l'Angleterre n'en voulait que celle qui lui était expédiée de France, elle en était pour le plaisir de la faire plonger dans la mer.

— Comment! vous croyez donc que la noblesse et les riches de France étaient assez stupides pour faire ainsi de l'Angleterre une intermettrice de plaisir à noyer son argent?

Les nobles et les riches bourgeois coalisés en machination secrète contre le roi et contre la cause du peuple avaient pour but infâme de voir le peuple plus gêné, plus sujet astreint à leur grand plaisir, telle est toujours la même conclusion de leur esprit politico-religieux. Alors s'ils avaient pu réussir à leur affaire, ils pensaient par quelque Henri de droit divin rétablir les jurandes, les droits censiers et de main morte, la dîme en un mot. Il aurait coûté du sang, c'est vrai, mais comme ils disent très dévotement ces catholiques : faire périr cent pauvres, cent mille autres sont sur le point de naître, voilà leur réflexion. Enfin, les journaux officieux annonçaient chaque jour que l'Angleterre faisait à la France la commande de tant de millions de quintaux de la dite graine, plus qu'elle n'était à même de pouvoir récolter.

Le paysan, jusque-là, pourvu qu'il récoltât assez de blé pour se nourrir lui et les siens, peu lui importait que les autres mourussent de faim. Vers la fin de 1844, 45 et 46, les terrains de la meilleure qualité furent couverts de trèfle, et les pluies continuelles durant la première saison, pendant ces années de cabale du mois de mars jusqu'à la fin juin, puis la sécheresse de l'été venaient accomplir la pénurie générale dans le pays. Nécessairement, où l'on recueillait cette graine, on ne récoltait pas du blé ni du reste. Ce dernier manquant, un grand vide se faisait sentir dans l'estomac des classes laborieuses. Et Philippe sentant que son prestige diminuait chaque jour beaucoup, assez préoccupé des mesures à prendre pour faire filer ses coffres-forts à l'étranger, ne songeait pas à intervenir dans l'état de choses critique qui se jouait autour de lui en faisant entrer du blé et autres céréales exotiques.

Quand on fait exprès une chose, quoique cette chose soit une faute, on n'est jamais contrit, si mauvaise que soit l'action dans sa nature. La noblesse se réjouissait en entendant crier le peuple qui, par lui-même trop ignorant, ne savait prévoir d'où partait le coup de ses souffrances, cause unique de la misère qui l'accablait. Moi, comme témoin oculaire de cette histoire surfaite, je puis en vérité constater, certifier avoir vu en ces années des usuriers vendre au détail sur les marchés boisseau par boisseau du minot à tout prix, sur quoi le monde se jetait avec une précipitation effroyable. Beaucoup de misérables se nourrissaient d'herbes cuites à l'eau et au sel.

A propos de ce fait ignoble, écoutez ce petit récit à la louange des prétendus gens de bien et de l'ordre très catholique, toujours par la religion interprétée contre la vérité. En ces époques, j'étais chiffonnier, du métier de mon père. Mon état me permettait plus qu'à tout autre de fréquenter la société en allant de maison en maison et de cabane en cabane, comme pour voir ce qui se passe dans le monde, apprendre à traduire l'histoire réelle des actes commis par les hommes. Qui aime à la savoir doit faire attention à ce que dit cet homme. Je me rappelle fort bien la première fois, vers une fin d'avril, le matin chinant dans une ville, une femme me vendit un peu de plume pour dix sous, qu'elle venait de sortir de la couette de son lit déjà pas trop mou; les enfants, un de chaque côté, pleuraient, lui demandant du pain. Comme dans le moment présent je n'avais pas de sac pour mettre cette plume, j'ai donné les cinquante centimes à la femme en lui disant que j'allais chercher un petit sac et revenir. A mon retour, je vis un spectacle à fendre le cœur de tout ce qui est humainement sensible : sous mes regards, l'infortunée mère, avec cette petite somme, venait d'acheter, sortant du four, un kilo de pain moins 8 centimes, puisqu'on le vendait 58 centimes les deux livres; ses trois enfants, en voyant dans ses mains ce morceau de pain, s'y jetèrent dessus avec une telle voracité qu'il n'en resta pas seulement une petite miette pour elle. Certes, dans un pareil cas, s'il n'eût été le regret d'abandonner ses créatures qu'elle aimait d'un véritable amour de mère et la crainte de Dieu, la mort, en ce moment, est tout ce que cette mère désolée pouvait trouver de plus doux sur cette terre empestée. Vers le soir, l'idée me vint de repasser dans le même quartier en criant aux chiffons. J'entends une voix de femme qui m'appelait ; je me tourne et je vis que c'était la même personne du matin qui me faisait signe de venir. En entrant, je m'aperçois que c'était pour me vendre un autre peu de la même marchandise. A la vue d'une situation si pénible et si déplorable, moi surtout qui, pour ainsi dire plus que personne, savais ce que veut dire pâtir, je m'apitoyais avec une cruelle émotion. Une de ces bonnes âmes qu'il ne m'est point permis de nommer ici, ne souffrant qu'en voyant souffrir les malheureux, alla chez le boulanger acheter une miche de pain et la porta à la pauvre mère éplorée en lui disant : « Tenez, brave et honnête femme, donnez du pain un peu à chacun de vos pupilles et mangez-en la première. » Cette charitable personne ne pouvait mieux faire que lui exprimer le sentiment de son douloureux regret de ne pouvoir se déchirer elle-même par morceaux comme le pélican qui, faute d'autre nourriture, gorge de sa chair ses petits, pour intervenir à sa misère. L'infortunée, dans un soupir long et pénible, répondit à sa bienfaitrice : Ah! mon Dieu, il y a quatre jours que pas un morceau de cette viable subsistance n'était entrée dans mon réduit.

Trois semaines ou un mois plus tard, dans une de mes tournées professionnelles, parcourant la campagne, je vis un autre spectacle pas moins précaire que le précédent. En suivant un étroit chemin de traverse, une femme m'apercevant de loin, crainte que je laisse sa maison sans y passer, vint me rejoindre et en quelque sorte me solliciter d'y aller. En rentrant elle va me chercher un ballot assez volumineux, dont l'aspect au lieu de chiffons, semblait du linge tout en draps de lit et chemises de toile un peu élimé, mais presque sans mal. Avant d'examiner ce paquet, malgré moi, mon cœur se serrait de compassion. Je voulus m'enquérir du prix avant de l'ouvrir, je lui demande combien qu'elle en voulait de la livre, car alors on ne parlait guère du kilo. Donnez m'en me dit-elle selon que vous jugez à votre conscience. Comprenant sa position, en vue d'une telle misère, il me semblait un grand poids d'indignation des plus accablants, si j'avais dû gagner seulement un centime sur l'achat à la malheureuse. — Je vous en donne tant, lui dis-je, pourvu que la peille soit en dedans ce qu'en dehors paraît le paquet.

Je l'ouvre, hélas ! je vis tel que je ne pouvais en douter ; je me fis expliquer pourquoi cette vente d'objets qui étaient encore en état de faire un passable usage. A sa réponse, je fus saisi de douleur et de regret de ne pouvoir changer les pierres en pain, afin de mettre un terme aux souffrances causées par les méchants assez connus ; et l'affaire, pour l'instant, s'est arrangée honorablement d'une autre façon que non plus je ne dis pas. En parlant, la femme a avoué qu'il y avait plus de huit jours qu'elle, son mari, ni ses enfants, n'avaient avalé une bouchée de pain ; qu'on se nourrissait avec des bouts de fève vertes, de mauves, de feuilles de blèdes et de choux, etc. le tout en mélange, bouilli dans un chaudron, tandis que quelques pommes de terre servaient de pain.

Quoique jeune et illettré, l'âge ne m'empêchait pas de comprendre que la misère, dans sa crise générale en France, n'était point un fléau du Ciel, ni tout à fait à la faute du temps que l'on devait attribuer la colère du sort qui sévissait l'humanité, mais que tout les désastres de ce genre provenaient de la malice des puissants qui, au lieu de consacrer en bien les heures qui leur sont données, ne respectent rien de sacré, se déclarant au contraire, les ennemis de la charité. Je me souviens aussi qu'une autre sage personne, comme le grand homme, faisant le tour du monde pour chercher ceux qui dans le plus pressant besoin il pouvait secourir, dit à cette autre malheureuse : Croyez, ma chère, ayez confiance en l'avenir, présentement le peu qui est à moi me venant de Dieu, est à vous. Priez et prions que Dieu confonde le génie qui sème sur le monde tant de souffrances, et lorsque l'on ne peut signaler directement en disant le voilà, c'est un tel, parce qu'il s'appelle légion ou million de parasite antihumain, à raison que chaque petit groupe d'honnêtes travailleurs, nous avons de cette maudite hiérarchie fait une cigale à plus ou moins grand entonnoir, à gorger du meilleur de notre sueur, en récompense de la morsure que nous recevons de sa rage dans l'ombre.

Entre confrères ou compagnons d'infortune, alors venant à parler sur la même question, moi je leur disais : « Mais tant qu'il vous reste un petit coin de terre pourquoi ne pas le vendre, faire de l'argent et acheter de quoi vivre ; au moins du pain à vos enfants, vous et votre mari ? » Leur réponse : « Voyez-vous cette vigne, ce pré, ce petit jardin ? Eh bien ce paysan, en fortune plus riche que les autres que vous voyez à cette grande maison, qu'on considère ici comme un des principaux notables de la commune, jusqu'à présent, manière de nous rendre service en bien payant, nous a vendu, non pas de bon blé, mais d'un mélange de quelques grains de méteil de blé, beaucoup du seigle, des vesces, maïs, fèves, avoine, au prix de la première qualité. Voyant que la disette continue, il ne peut plus nous en fournir jusqu'à la nouvelle saison sans que nous lui passions, devant le notaire, un acte de la somme due, pour ensuite poser hypothèque sur tous nos biens immeubles, et profiter de ce que nous ne puissions pas le payer pour nous faire exproprier d'ici telle époque en lui payant l'intérêt à tant pour cent. »

Vendre aux souffrants par spéculation abusant de leur état critique, un mélange de la sorte le double et le triple au-dessus de la valeur, et profiter de la même occasion pour acheter sept à huit cents francs, ce qui en valait deux mille, c'était de la double usure. Voilà comment étaient les honnêtes gens de la messe et sans oublier de l'ordre moral. Parce qu'ils ne mangent pas de la viande le vendredi ni le samedi, ne croyant à la divinité que pour faire honneur au curé le dimanche, se croient plus honorables que les autres et, en raison qu'ils chargent ce jour-là l'habit des grandes fêtes, il leur était facile de faire fortune, et aux fils les remplaçant, de dire que la fortune est un legs de Dieu, et la misère un legs du vice de l'homme faute d'être sage.

Défréchissement des terres, extraction du trèfle.

Quand on comprit que Philippe tremblait sur le trône, mal étayé par Thiers et Guizot, dont lesquels eux-mêmes étaient, devant le pays, en grande perte de leur confiance diplomatique ; ce dernier miné à coups d'intrigues des contre-partis à l'attentat contre le roi et à la détresse du peuple en général, qui en subissait les effets par un accaparage inqualifiable ; la peur que la crise de la faim à bout d'épreuve ne dégénère en guerre civile, que les fomentateurs payent les conséquences plus cher qu'ils ne pouvaient le croire, on s'empressa à la fin de remettre la propriété à son rapport primitif. En 1847, le blé reprit, dans les champs, la place réservée à sa nature. Mais l'épuisement de la terre par le trèfle, dont l'infection fourragère, constatant sa racine, cette même année, il ne se récolta que de la paille en grande quantité, peu de grain. Malgré cela, l'arme insolite de l'ordre jacté finit par s'émousser ; l'inique agiotage ralentit sa manigance.

De manière, voilà comment sont les hommes

et les choses quand on les fait pour aller au plus mal. La cupidité, ce monstre sans pudeur ni presque pas d'aveu moral, espérant toujours que le blé augmente de prix, on le serrait ; de 40 francs, espérant le vendre selon le désir de cette soif, sans taux déterminé par une règle légale, c'eût-il été, je suppose, de 40 fr. le vendre 100 fr. l'hectolitre. A 40 fr., lorsque les pauvres souffraient à mourir de faim, personne, pas même les soi-disant plus honorables et les plus dévots (qui, en cas de nous tromper disons le vite en passant), n'en avaient pas un seul grain ; mais aussitôt que de 40 fr., descendit au prix de 35 fr., puis à 27, chose drôle, peu ou prou presque tout le monde en avait à vendre. Ces deux extrêmes : la crainte de ne pas vendre assez et l'espoir de convertir en or les entrailles des misérables, c'était de l'importance : les fous alors jouant au plus fort avec la folie. Autant que l'augmentation du taux rendait les vendeurs et les acquéreurs capricieux, autant la diminution les rendait convenables. Si du temps de la disette il y avait de l'arrogance, à la vue des récoltes prochaines d'une apparence splendide, promettant encore moins qu'elles ne furent en effet, autant il y avait de grands ou petits marchands, que la peur d'une perte trop sérieuse rendait à l'extrême des concessions ; sollicitant les gens afin qu'on les débarrasse, qu'on leur achète le

17

superflu, que sur la conscience en d'autres époques, on aurait pu éviter tant du malaise que les gens en étaient devenus si décharnés et d'une figure si rabougrie, que n'osant, avec peine, se regarder fixement de près, face à face, sans réciproquement le regard des uns faire baisser les yeux aux autres, eut-on dit les revenants de l'ancien pacte de famine durant 60 ans.

Les semailles de l'automne en 1847 furent très belles ; les pluies tombaient à ne pouvoir mieux à propos ; les blés, les orges, le seigle, les avoines, en un mot toutes les graminées, naquirent sous une apparence des plus belles. L'année suivante, le temps se nivelle au beau. En janvier et février, il fit quelques froids pas trop rigoureux ; pas de pluies ou bien peu. A mi-mars, il fit une bonne averse, puis un temps serein, assez calme, sans bourrasques. La terre des guérets, des labours était très friable, le moindre, si peu qu'on y touche, se réduisait en poussière, tout à fait facile à la préparation des tardivaux, dont les semences se réussirent à merveille. Quand le maïs, pommes de terres, melons, haricots, etc., tout fut couvert sous terre, il fit en général une autre bonne pluie, d'une durée de vingt-quatre heures et quelques petites reprises, toutes les naissances furent magnifiques. Puis sans discontinuer, le vent s'étant anordi, pas trop froid ni trop chaud, qui néanmoins en séchant la terre conservait la fraîcheur des plantes. — Les fourrages avaient profité de l'eau d'avril. Me rappelant un jour en traversant une colline venant successivement une côte fort rapide à monter, qui se trouvait de l'autre bord, dont l'aspect dominait au midi, au bout de laquelle y avait un hameau que je voulais aller chiner; faisant une chaleur étouffante, s'il n'eût été cet aquillon qui était agréable à la respiration. Voyant la pampe du blé, au plus si du sol à l'épi, elle atteignait guère plus de quarante à quarante-cinq centimètres. Ces gros épis n'étant presque pas échappés de leur enveloppe qu'ils étaient en fleur, laquelle tombait dans les larges crevasses de la terre. Arrivé pantelant au bout de cette côte, je vis, à l'ombre, un vieillard qui appartenait à une maison de ce hameau, lui dis: je ne sais, je crois maintenant que Dieu nous abandonne tout à fait: une fois trop de pluie, une autre trop de sécheresse, avec cela il y a longtemps que nous sommes dans la misère et s'il continue je crois que nous y serons encore de même pour longtemps.

— Ah! imbécile que tu es, me répondit le vieillard, tu ne sais guère ce que tu dis. Comme tu vois, le blé va bien que l'épi aussitôt paraître au jour fleurisse et que sa fleur tombe dans la raie; car il fait un excellent vent pour faire mûrir, sans pluie, les récoltes ; toût présage une luxuriante récolte. — Que Dieu vous entende, lui répondis-je. Et c'est vrai il y eut cette année peu de la paille, mais jamais tant de blé. Pour lier les gerbes il fallait que les moissonneurs recourent aux scions d'osier. Une fois ces gerbes liées, elles étaient d'un poids si affaissant qu'un homme en avait assez pour les hisser sur ses épaules. Lorsque le blé fut scié, mis en gerbière, il plût suffisamment pour tremper la terre de temps à autre ; de façon qu'à petites humections, la saison accompagna la vigne et le reste à bonne fin ; tellement qu'il fût une année si abondante que nul homme vivant n'avait vu la pareille.

LA RÉPUBLIQUE DE 1848

Louis-Philippe, à cause qu'il lui semblait sentir tout Paris remuer contre lui, ne paraissant pas aux séances des hautes délibérations parlementaires des 25 et 26 février, on le croyait retenu dans son palais par quelque indisposition anormale, on fit mander après lui. Son mutisme fit soupçonner sa fuite, et en effet, la première nouvelle fut celle nous apprenant qu'il avait filé en Angleterre. Comme tous les monarques prévoyants de leur intérêt personnel, en cas d'être pris chez eux, ont à leur disposition ailleurs des grands hôtels leur appartenant, achetés et payés avec l'argent de la nation et ils abandonnent le peuple, l'arme dans les mains, s'entr'égorgeant à leur caprice. Sur la prise en considération de cette absence imprévue, les Chambres législatives se réunirent en séance extraordinaire, le 27 février, et déclarèrent que le roi manquait à la représentation nationale et de concert, à son défaut, on décréta sa déchéance du trône et, le 28 février, la République fut proclamée, succédant de nouveau à la monarchie en France. Puis, en présence de la situation, elles délibérèrent sur l'urgence des statuts à sanctionner, à titre de première mesure à prendre, afin d'éviter les éventualités qui pouvaient résulter d'une anarchie devenue sérieuse au trouble de la nation.

La grande affection à leur cause particulière rendait les légitimistes imprudents et toujours trop pressés, pensant que leur cher prince Henri V allait arriver alors que vraisemblablement il était encore très loin, je crois même pouvoir dire que le brave homme n'avait pas encore seulement songé à mettre voile à son avènement. Toujours sur le même point d'espérance, sans rien voir venir à la réalisation de leur espoir, les malheureux, semblables au mauvais chasseur qui, revenant le soir sans gibier à la maison, regrette la poudre qu'il a brûlée et le plomb qu'il a semé en vain, enrageaient de dépit en pensant aux sommes sacrifiées aux machinations inutiles du trèfle.

— Quels furent les premiers évènements de cette république ?

— L'avènement de la République de 1848, ainsi que nous venons de le dire, pendant une année des plus fécondes en tous fruits et récoltes, ne pouvait venir sous de meilleurs auspices.

Comme au début cette République n'était investie d'aucun pouvoir ni attribution souveraine, elle prit le nom de gouvernement provisoire, composé plus que moins de légers ambitieux de la première occasion, se croyant d'une notabilité au-dessus des influences ordinaires, l'œil braqué sur le trésor de l'Etat, plus que soucieux des affaires publiques, finissant par se faire remarquer suivant leur valeur. Et pour les chasser du poste que la plupart s'étaient intrusement approprié, et mettre vite fin aux torrents de sang qui inondaient les rues de Paris, on décréta la liberté du vote pour tout citoyen honnête, sans casier judiciaire, naturalisé français. Les masses travailleuses du peuple n'étaient pas encore instruites sur aucun mode de votation; mais des livraisons hebdomadaires à dix centimes se répandirent principalement dans les centres, auxquelles les ouvriers s'abonnèrent. Puis en lisant les journaux, on apprit comment les citoyens devaient exercer leurs droits, à connaître les idées des hommes que l'on devait élire comme capacité et dévouement à soutenir la République.

Mais les mêmes couches du peuple ne se rappelant plus aujourd'hui le temps qu'il avait fait hier, d'une intelligence étroitement plus bornée sur les affaires publiques que capables de se faire le mal entre corps d'état ou de métiers, mettant l'envie au service de leur rancune, se tiraillant par la détraction et la concurrence, fiers de se laisser guider par le clocher, parce que celui-ci sait à toutes les garanties faire bons les hommes les plus capables de trahir leur cause et d'escamoter la République, c'est-à-dire ces classes ignares et obscures suivant leurs mauvaises inclinations, sans principe ni théorie politique, sachant mieux à leur dommage jouer le rôle de dupe au profit de leurs exploiteurs d'intrigue que comprendre de la grosse racine à la plus faible radicule d'où le mal leur vient, étant comme le loup qu'une ripaille, un saoûl à l'abri des brises froides, respirant tranquillement la douce ardeur du soleil derrière un hallier lui fait oublier cent ans de misère ; sortant d'une sollicitude des plus critiques, passant à une année de gogo, rassasiés de tout, le blé ne valant que treize et quatorze francs le sac et le vin de première qualité de douze à quinze francs la barrique. Ou mieux, il faut dire que cette année-là, faute de contenants, on avait cessé de vendanger, on faisait publier que qui voudrait pourrait aller ramasser à partager avec le propriétaire la récolte du vin restant suspendue dans les vignes. J'ai moi-même vu et on se rappelle avoir vu, en cette époque de grâce, comme un signe de la bénédiction du ciel pour la prospérité de la République et en guise d'épreuve pour voir jusqu'à quelle extrême bassesse le caractère des hommes est capable de descendre. Certains propriétaires ne sachant que faire de leur vin, faisant mettre à leur cellier devant une barrique en perce, une femme filant sa quenouille en donnant pour deux sous trois litres, tandis qu'ailleurs chacun était libre d'aller boire à volonté en donnant ce qu'on voulait. De manière que dans les auberges ou les cabarets, on voyait partout comble de buveurs, les verres pleins et les tables nageant de vin et on entendait non sans frémir des hommes s'abrutir salement avec les soulards de profession et proférer bêtement : « Du vin, il faut que les ruisseaux en coulent et que les rivières en regorgent, afin que l'on puisse en arroser les choux dans les jardins. » D'autres, pour montrer plus de talent d'arsouille, prétendaient en pétrir le pain, en faire la lessive, puisque d'autres brutes de ce genre plus que vulgaire, sans mœurs ni raisonnement, donnaient aux porcs des gros quignons de pain ou, sans aucune nécessité, abreuvaient le bétail à pleins seaux de vin, et on ne pouvait sans s'attirer de ces bouches infectant la cuve, une bordée d'injures et d'invectives sottes et grossières, leur adresser moralement cette réprimande : « Messieurs, n'imitez pas celui du râtelier qui fait litière de ce qu'il ne peut achever; rappelez-vous que de l'hiver au printemps les sources coulent abondamment et que l'été les rivières et les fontaines les plus abondantes tarissent. Eh bien! n'oubliez pas qu'il n'y a pas bien longtemps que vous faisiez de tout herbage une sorte de précieux légume. Une main coupable, criminelle est l'auteur de ce désastre laquelle vous ne pouvez accuser directement sans blasphémer l'innocence divine, et cependant c'est cette puissance qui vous a sortis de cet état lamentable et au lieu de la remercier et de lui rendre filialement vos actions de cordiale reconnaissance, vous l'outragez. Le temps passé peut revenir pour vous rappeler les excès des orgies dans lesquelles vous vous grisez à perdre la raison. »

Au reste, je me souviens la première fois que nous allâmes voter, les électeurs de chaque commune, la nôtre surtout, en marche réglée comme une procession, nous allâmes au chef-lieu du canton, le maire et le curé en tête. Chacun de nous était nanti d'une carte d'électeur dans la poche et plusieurs billets de suffrage portant le nom de l'homme que nous devions choisir pour candidat à notre préférence sur deux qui se présentaient en compétition. Alors, j'avais juste vingt et un ans accomplis; je commençais à savoir lire passa-

blement, mais je n'avais connaissance d'aucun journal. Cependant, ni l'inexpérience ni la jeunesse d'âge ne m'empêchait pas d'avoir pour sentiment l'amour de la liberté et des principes constituant les droits de l'homme. Sachant que nous allions nous trouver en présence d'un candidat légitimiste et d'un candidat libéral et comprenant que légitimiste voulait dire maître, opposé de serf, cette qualification m'effrayait; libéral me plaisait mieux. Jugez à cette époque et dans cette circonstance, jeunes et vieux, personne ne comprenait rien en matière politique, pas plus qu'à ce qu'on allait faire en votant. Chemin faisant, je m'efforçais de faire entendre à chaque homme de ne pas commettre l'imprudence de voter pour le candidat du parti du soi-disant droit divin, mais de ne donner la voix qu'à celui que le curé, dans une halte, avant d'arriver, pourrait nous déprécier en blasant l'opinion et de laisser en paix celui dont il nous jacterait le plus les vertus, en raison qu'étant grand propriétaire, il pouvait faire beaucoup de bien.
— Car le bien, leur disais-je, il ne peut appartenir à un noble de le faire, que de le rendre seulement comme un larron remettant le larcin au propriétaire à qui il appartient. Eux les honnêtes gens appellent faire le bien quand il paient à pitoyable intérêt les créanciers de qui ils détiennent les moyens en ce

monde. Sur deux cents et quelques électeurs de notre commune, douze seulement ne surent pas me comprendre et votèrent pour le candidat réactionnaire. Dieu, sans doute, voulait commencer à nous signifier qu'il avait fait l'homme pour être indépendant et non l'esclave d'un autre individu. Tel que si lui-même eût inspiré sa volonté dans l'idée de tout électeur, le candidat républicain, homme d'un mérite irréprochable, est passé à la liste presqu'entière, et celui des curés et des nobles fut battu à plate couture.

La situation dans laquelle la France se trouvait ne pouvait souffrir aucune perte de temps, car dans la capitale la poudre, vidant la colère du peuple, fumait derrière les barricades, où l'évêque de Paris, qui exhortait les insurgés de part et d'autre au calme et à la paix, fut atteint d'une balle envoyée directement de quelque fenêtre. Chaque député élu par le suffrage universel devait être rendu à Paris dans trois fois vingt-quatre heures. Quand ils furent tous réunis, rendus à leur poste respectif, il fallut passer à la vérification des pouvoirs : plusieurs bureaux furent organisés à cet effet; puis chacun fit partie du groupe qui convenait le mieux à son caractère. La répartition ainsi organisée par groupes plus ou moins dissidents, la majorité fut acquise à la République. Parmi les quatre ou cinq cents, se trouvaient des hommes d'un talent sublime tout à fait en rapport à la grandeur de leur patriotique prestige ; quand ils parlaient à la tribune, leurs paroles avaient une portée retentissante et une profondeur d'oracle, partant d'un cœur sincèrement noble et d'une âme très élevée en vertus humaines, tels que : Barbès de Carcassonne, l'abbé Lammenais, Blanqui, Raspail, Lamorissière, Ledru-Rollin, le général Cavaignac, etc., tout des personnages d'un grand poids au respect de la France devant les puissances étrangères et du dévouement au bien du peuple souffrant; fidèles à leur mandat, ayant le souvenir de ce qu'ils avaient promis à leurs électeurs, d'abattre les hautes montagnes élevées par les rois à l'obstacle de l'homme pour offusquer son désir de connaître la justice mutilée, sacrifiée à l'embonpoint des arbres, dont le bois en chair et os n'est propre à aucun usage, desquels il était pressant de raccourcir les branches, se substituant en trop fainéants, s'enrichissant du sang et de la fortune du peuple après les guerres de parti quand elles tournent à leur profit, en le tenant, pour récompense, en obligation forcée de subir les mouvements, les impulsions de leur folie, rigueur si intolérable qu'il était plus que temps de détruire ou porter remède à cet ordre d'affaires, en modifiant le régime par des sérieuses libéralités d'une constitution plus humanitaire.

La montagne escarpée de tant de sortes de proéminences que les petits-fils de 1793 avaient à renverser d'abord en 48, c'est l'ignorance qu'ils eurent à combattre par le développement des idées littéraires. Leur tâche commencée, pour être finie, demandait bien du temps encore, mais un bandit indigne de tous les noms est venu ruiner avant terme leurs œuvres commencées. Bref, ils abolirent l'estampille, votèrent la liberté de la presse et le droit de colportage, la vente publique des livres ; les auteurs purent répandre les œuvres de leurs grandes pensées. En les lisant, beaucoup de monde s'instruisait, apprenait à juger et à mieux trancher une question de doctrine quelconque, goûtait de l'esprit ce qu'on ne savait exprimer par instinct en souffrant. Les fanatiques les plus abrutis par ignorance comprirent l'iniquité de ce qu'ils regardaient comme légal, faute d'y voir de l'esprit assez clair. En somme, la liberté de la presse découvrit devant le pays le grand mal qu'ont fait jadis, que font encore et qu'à l'avenir peuvent faire les abus, soient par le préjugé, la superstition religieuse, soient par un pouvoir arbitraire émanant d'une mauvaise politique. Ceux des aimants à s'instruire en lisant en comprenaient en effet, la perte, le ravage que l'hypocrisie athée et athéiste fait à la morale physique et litturgique, l'abjurant. Beaucoup de gens à cause des fausses grimaces des prêtres bigots et fallacieux, parce qu'ils n'ont que l'artifice de l'exploitation à gain, ne pouvaient croire à la divinité, et que cependant l'explicité claire et ingénue des bonnes brochures ont ramené à croyance la plus sincère beaucoup de mécréants. La définition des textes du saint homme Lammenais traduits en ces termes : Les paroles d'un croyant, l'esclavage moderne, la voix de prison, en disent assez pour comprendre que cet auteur ne pouvait tout à fait être un nouveau Christ, mais on sent néanmoins que son cœur avait en harmonie tous les rapports analogues, aussi digne que capable, d'interpréter que le Christ, par ses succinctes doctrines, ne devait être uniquement considéré que comme le premier libérateur de l'homme, des entraves despotiques, et par suite comme le maudisson de ceux qui en font leur esclave, leur moteur. Pas un de ceux-là ne peut espérer du salut sans renaître, a dit le Verbe en les couvrant de sa réprobation éternelle, en leur jetant cet anathème à la face : race de vipères et de loups couverts de la peau de l'agneau.

Si l'homme gagne gros et qu'il dépense davantage, souvent il n'est pas plus avancé que s'il gagnait peu et dépenser moins. Alors, c'est vrai, les journaliers ne gagnaient pas grand chose, mais ils payaient tout bien meilleur marché. Où l'on paie aujourd'hui la viande 34 sous le kilo, alors la plus belle valait de 14 à 16 sous ; le porc frais, où maintenant se vend communément 36 sous, alors se payait au-dessous de la moitié moins ; une paire de poules qu'alors valait de 30 à 36 sous, aujourd'hui vaut couramment 3 fr. 50 ; les œufs, se vendaient 5 et 6 sous, et au temps que l'on vit valent jusque 24 sous la douzaine.

Dans notre pays où les ouvriers gagnaient 20, 25, 30 sous, aujourd'hui gagnent de 40 sous à 3 francs, et toutefois les journaliers, les gens de peine ne peuvent que vivre sans faire des économies.

En cette époque de miel, les femmes, l'été en robe assez ample, de belle indienne sur cretonne ou percale ; et en hiver en serge fine de mérinos ou cachemire, elles étaient très proprement mises dans un chic si élégant qu'actuellement avec leurs jupes à la haute, que l'on désigne en terme de suprême perfection : faux-cul, à l'ampleur d'un sac « Ah ! c'est la mode » noire ou violette, leurs jupons de ruches de tafetas déchiqueté sous des tuniques de laine très molle, aux plis sculptureux, garnies de guipures roses ou violettes également en laine ; à la capote des dentelles égayées de branches de lilas, etc. Celles d'autres fois, étaient si bien coiffées avec un joli bonnet de tulle brodé, festonné à l'imitation de la dentelle, que celles d'aujourd'hui avec un chapeau en feutre, à la mode des actrices des théâtres comiques imitant des hommasses.

Alors, avec le moindre commerce, pour si peu d'argent que l'on remue, chacun s'en sentait ; une personne pouvait assez facilement se sortir d'affaires. Mais comme une sorte d'épidémie chez les personnes, existant exprès pour ne suivre que le cours du temps, aujourd'hui, les hommes, la jeunesse jeûnent toute la semaine de beaucoup de choses au besoin du corps pour porter, le dimanche, l'argent aux cafés, se moquant même de celui d'entre eux le plus intelligent qui lit un journal, tandis qu'en 48, de telles sommes, on en achetait des ouvrages des livres instructifs pour procurer de la nourriture plus salutaire à l'esprit que les eaux-de-vie insalubres au corps.

Les écrivains, les auteurs, les imprimeries et le colportage de leurs produits formaient un commerce de lumière spirituelle, la plus essentiellement utile au développement des idées. Malheureusement qu'un trop grand nombre dormaient quand ces lumières se distribuaient, aussi l'idiome de leur raisonnement les fait assez connaître de parmi les autres quand il s'agit de discuter la moindre question religieuse ou politique.

En 48 et 49, pendant ces deux années de liberté républicaine, les hommes se pratiquaient, fraternisaient ; les uns lisaient, les autres chantaient des chansons patriotiques, tel la Marseillaise, le Chant du Départ, d'autres écoutaient, apprenaient des nouvelles ; ceux-ci les racontaient à d'autres ; chacun jouissait d'apprendre, de s'instruire. En pareilles récréations, tout marchait à ne pouvoir désirer mieux en bon train. Les mêmes hommes travaillant dans les champs la semaine, il leur tardait que le dimanche arrive pour se reposer et savoir ce que les Chambres avaient voté de nouveau en fait de réforme. Les réunions de la garde nationale, les hommes jeunes mariés ou exempts de service régulier, avec un gros fusil à silex à la main, faisaient l'exercice, et les nouvelles du jour c'était dans les provinces autant de petites fêtes dont l'élan national inspirait de la joie et de la distraction aux anxieux, aux cœurs chagrins.

Le petit monde, fier de sa liberté et plein d'enthousiasme, en chantant les hymnes de la patrie, se la passait plus agréablement qu'on ne le verra plus loin, du temps de la police secrète sous la surveillance des mouchards investis du droit d'assommer impunément à toute heure de nuit ou de jour les honnêtes gens qui frémissaient, exprimant de l'indignation et de l'horreur d'un régime si iniquement despotique.

Donc, après ..48 et ..49, les hommes de la bande noire et les confrères de la même ligue à robe courte, d'une valeur mêmement détestable, jaloux que le pauvre jouisse d'un peu de bonheur, craignant qu'il s'habitue à respirer trop à son aise et à manger le pain pas assez amer par la République, distillant le virus de leur perfidie, méditaient comment ils pouvaient faire pour entraver du progrès salutaire la marche rapide vers un avenir nouveau, en faisant écraser la République sous un coup des leurs, en visant un soulèvement général d'esclaves volontaires en sorte de vendéens ; mais il leur manquait cette clique d'anciens verdets ou d'ilotes fanatiques, lesquels, comme ce qu'ils étaient, le fusil au bras, allaient communier avant d'aller éventrer leurs frères. En 1848, pour s'opposer à la longue existence du règne légal qui les gênait, les prêtres et les nobles firent chorus contre elle.

Les républicains, alors maîtres absolus du pouvoir, à leur perte, se montrèrent jusqu'à l'extrême loyauté trop tolérants envers leurs ennemis politiques. En laissant Bonaparte, récemment évadé du fort de Ham, jouir de la liberté de fréquenter toutes les classes du peuple, de ne pas décréter son expulsion du territoire français, car on devait se rappeler le tour qu'a joué son oncle à la République de 1793 par le consulat, vu que le nom seul pouvait provoquer ce dont il s'est effectué par un véritable tour de sédition. A plus forte raison, lui ouvrir la porte des Chambres pour être quelque chose dans la République, c'était émanciper l'Aigle de Badinguet et le mettre à travers les poules du ci-devant coq gaulois, sachant surtout qu'un tel individu pouvait éveiller des grands troubles et la ruine de tant de malheureux français, la honte et les derniers désastres de la France; c'est une grande faute qu'ils commirent par imprudence. Or, qui sait faire la bête, sait jouer tous les rôles de la comédie. Louis Napoléon n'était pas fait homme pour la franchise, mais si fait pour jouer sur la terre tous les actes d'un parjure hypocrite, tellement faux et suspect que sa figure ayant déplu à Louis-Philippe, parce que l'aigle, symbole de rapacité et de caractère de justice si peu élevé, ne pouvait guère sympathiser avec son coq constitutionnel, c'est-à-dire ayant appris que le dit sujet Bonaparte faisait partie d'une conjuration secrète de carbonaris d'origine italienne, dont en s'y affiliant, avait selon les règlements de la confrérie juré sur le poignard de poursuivre jusqu'à l'extermination les rois violant la constitution des peuples et les princes dans leur aspiration à une couronne quelconque.

Sur ce, on le fit incarcérer; déporter, certes, eut mieux valu. La noblesse, ce monde remuant et pétulant, qui n'a rien de semblable à l'autre, préférant momentanément l'illustre neveu du mort à Sainte-Hélène, le clergé et les autres partisans, faute de Henri V, regardant ce grageon de monarchie bâtarde comme semi-stupide, résolurent d'en faire leur petit Don Quichotte. Ces mêmes hommes, d'habitude à flatter pour tromper, se mirent à prêcher que la République était le vrai gouvernement de Jésus-Christ, et la reconnaître comme telle dans cet esprit politique était un devoir de conscience et de pieuse vertu qui s'imposait à tout citoyen. Les prêtres fourbes, alors en vrais liberticides iscariotes, pour ensevelir plutôt la République, bénissaient, en procession, les arbres de la liberté. Dans la même perfidie, ils comprirent qu'en se disant républicains eux-mêmes tout le monde les écouterait, faisant faire tout le mal possible contre elle afin que chacun finirait par dire comme eux, que la République en France ne peut pas vivre et qu'un monarque est préférable. En agissant contre les républicains, c'était le moyen de faire détester la République.

Tous les n'ayant d'autre conscience que le grand amour de l'argent, en effet, à l'unisson sur tous les points de la France, dirent que la République, d'elle-même, n'était qu'une corporation d'hommes sans influence diplomatique, elle ne pouvait durer sans une tête coiffée d'un grand nom ; selon eux, à défaut de roi de droit divin, l'homme à qui cet honneur revenait le plus de bon droit, c'était donc Louis Napoléon. Ce dit Louis, quant à la faveur de sa bonne fortune, s'entendant mentionner, l'appétence fébrile de l'auguste sinécure le poussait aux excès de la puérilité simulant la franchise. Dans son empressement si avide, minaudant ceux qui le flattaient d'un si riche avantage en affectant des qualités, qu'à la vérité au fond de son intérieur il exécrait, répondait à la belle proposition qu'on lui faisait que, quant au sentiment de son inspiration, la meilleure était l'adoption de la République dans toute l'étendue de ses attributions comme le seul gouvernement légal du pays et le plus sage au point de vue de tous les intérêts économiques. A cette considération, lui, s'il était appelé solennellement par un vœu général à la prédilection dont on lui faisait verbalement l'offre, n'entendait accepter la présidence s'il n'était dans l'intention de se poser, non en despote, qu'il abhorrait le despotisme, mais en brave citoyen, en vrai père du peuple, n'ayant d'autre souci que le soin des malheureux, de bien les représenter. La République, disait-il, si, en conséquence, le bonheur de la défendre lui était dévolu, il saurait la faire respecter de ses ennemis de l'intérieur et de l'extérieur; et encore, en effet, sous ses fallaces promesses, on nomma président de la République ce certain Napoléon — car la peau du ventre et les toiles de la bourse se touchaient, il avait donc grandement besoin de se ravitailler sur toutes les façons. — Mais rien que président pour un nouveau gargantua, que voulez-vous que cela soit? Trouvant d'abord à l'appétit de son ambition que l'os n'était pas assez charnu, une fois au pied de l'échelle, il rêvait de monter échelon par échelon vite au bout de sa plénitude. Enfin, voilà notre Bonaparte président, et de président de la République se fit nommer premier consul, puis consul à vie.

Les ennemis communs de la pauvre République étaient alors partout en majorité, disposant de leur influence, faisaient tout à sa perte; les royalistes même les plus affolés et les plus passionnés politiques, au risque de ressusciter un nouveau parti, sacrifièrent plus tard jusqu'à leur fortune à travers les diverses aventures en pionnant de péripétie en péripétie; eux aussi, dans l'espoir que par un Napoléon III avoir un Henri V, ils firent nommer l'avant-dernier de ces deux premier consul, c'est-à-dire maître disponible d'étrangler la République, et, à force d'or, de relever le trône de leur idole mi-renversée.

Mais la décep on, hélas! fut si cruelle, quand à la place d'un lièvre on eut un renard; quand on s'attendait manger une outarde, il se présentait un aigle, ou, dis-je, au lieu de roi divin, lorsqu'en se levant un matin de bonne heure, on apprit qu'à l'instar d'un champignon sortant du fumier, un empereur, par la grâce de tous les attentats, avait de ces épaves ensanglantées reconstruit le trône, s'y était assis pour en chasser loin la République et le roi.

Alors la désolation était grande, mais qu'y faire quand la malveillance ne peut susciter que l'enfant de sa maladresse? Dès lors, jusqu'à 1851, la République fut ainsi ballottée.

L'EMPIRE

De malédictions et d'horribles désastres

Issu du terrible coup d'Etat par l'horrible attentat aux lois le 2 décembre 1851.

ACTE 1er.

Le 2 décembre 1851, pour la France avancée d'un grand pas vers la civilisation politique morale, fut à l'atteinte de son honneur une rétrogradation jusqu'aux époques des Césars de la plus antique Gaule que l'histoire des nations ait à consigner comme funeste et d'avilissante. Tenant tout du monstre fabuleux, trayant au farouche contre ce qui avait un caractère humain. Malgré les racontars exagérés avec passion de parti, cette journée de sang et de deuil, par ses actes infâmes, ne peut être classée à d'autre catégorie qu'à celle des dates que la gravité des crimes rend mémorable et à jamais célèbre; résultant, au lieu de fruit, la ciguë et les malheurs dont les esprits inconscients ont à se reprocher lourdement la préparation du règne, le recommencement d'une ère de misère et de guerre avec la Russie, avec l'Allemagne et ensuite avec le Mexique.

Pour mieux dire la vérité, des hommes identiques à la race des Bonaparte si estimable que son parti puisse la vanter sachant ce que vaut, quant à la France et pour le pauvre peuple, un serment d'un si triste ère, en connaissant la vertu, on ne pouvait guère se tromper sur ce dont l'homme était capable. Les dignes députés de 1848, pouvant se rappeler des agissements du premier contre la première République, ne pouvant douter sur ce que le neveu serait en même de faire, n'avaient qu'à prévenir l'éventualité des cas qui en ont malheureusement résulté; je le répète, il fallait d'office l'exclure de toute société politique et même le proscrire sans merci.

Quoique une partie de monde ne puisse considérer comme assassin un particulier, parce qu'une couronne sur la tête couvre ses crimes, le sens droit ne peut regarder les Bonaparte que du même œil respecte ces indignes que l'histoire appelle Mandrin, Cartouche, Troppmann, Dumolard.

Or, Louis Bonaparte, avons-nous dit, n'avait que l'apparence d'homme physiologique renfermée sous le vrai type d'un prisonnier sec, avarié par l'ombre de l'internat, audacieux au point de vue politique, plus suspect qu'aucun bandit des autres espèces, car il est rare que le brigand le plus banissable de toute société puisse dépasser l'assassinat de trois ou quatre personnes sans être découvert à la justice; tandis que les Bonaparte font tuer des millions d'innocentes victimes, ceux de leur parti, par esprit d'avarice, les honorent, le canonisent sans regarder à deux fois qu'en honorant le criminel en leur patron, eux-mêmes participent au meurtre.

Tel qu'il a été mentionné, en se disant plus républicain que la république elle-même, un Bonaparte, dans un serment de Judas, perdit celle qui était venue au monde par la grâce des plus grands sacrifices depuis 1789 à 1792. Cette République, chère aux hommes d'un plus grand mérite, ainsi que la France conservera la mémoire et un éternel regret, dont la tradition historique passera avec le temps sur les générations de la bouche à la bouche, sans qu'aucune mauvaise volonté ni passion antipolitique puisse flétrir la louange portée à l'intrépidité des illustres martyrs de la grande cause. Le crime d'un 8 brumaire fût une action devenue héréditaire qui devait se reproduire de nouveau un 2 décembre; beaucoup d'années plus tard, par un rejeton de la même affinité. Le premier de ces faiseurs de coups d'État est mort, le second est mort, tous les deux sont morts ; avec la différence que le premier, pour objet à la congratulation de ses chauvins, avait au moins l'audace d'assister personnellement aux massacres, au lieu que le second n'avait que l'amour de l'or et celui des coquettes ; tout ce qui reste de leur poussière, comme faits du fracas qu'ils ont fait durant leur passage sur la terre, à porter sur le compte de leur ombre errant dans les ténèbres, cherchant la récompense de ce qu'ils n'ont pas mérité : voulant fuir l'abîme profond qu'ils ont creusé sur tous les points de l'Europe à coups de canon, demandent encore du sang. L'âme du vieux, en sorte de vampire rôdant au tour des champs où il a le plus joué à la destruction des œuvres que l'Eternel n'avait point créée pour qu'il en fasse son jouet, ayant emporté dans la nuit du tombeau les rêves de ses conquêtes, alors que les autres puissances, lasses de guerroyer, lui proposaient la paix ou trêve et l'entretien de ses troupes pendant un temps, et dont maintenant, ces rêves sont l'objet d'un soif inextinguible, voulant l'étancher en gonflant du même caprice le cœur de son héritier dynastique. Or, l'oncle ayant noyé dans un de ses forfaits la République de 1792, Louis, dit empereur le petit, d'une tête à faire le bien excepté, très capable de mettre à exécution tous les desseins les plus noirs, suivant le même exemple de l'oncle à l'effet d'une trahison capitale à son profit, perdit celle de 1848.

ACTE 2e

Louis Bonaparte, le prisonnier par suspicion politique, sec de bourse, vu que des personnes bien renseignées sur la valeur de sa fortune soutiennent qu'il n'avait d'argent vaillant à sa disposition approximativement qu'une cinquantaine de mille francs : somme très minime au point de vue du grand coup de Jarnac qu'il voulait tenter, qu'il préméditait au viol de toutes les lois. Mais assez rusé quant à ce qu'il avait besoin de l'être, sentant que la République avait ravitaillé le budget des finances, il prépara ce coup, qui était sérieusement grand, en effet, car si malheureusement pour lui ce même coup avait râté, il était sûr de payer cher le coup d'essai. Mais selon la véracité proverbiale, la chance n'est pas toutes les fois à la faveur des innocents qu'elle intervient. Il avait, au calepin, fait choix un par un des employés de tous les postes, des sinécures et des grandes administrations; de l'armée surtout, et, par voie d'espionnage, fait sonder ceux d'entre les plus fervents, les plus fermement constants à la République et ceux des versatiles des bandits les plus capables de le seconder à toutes ses criminelles entreprises. Et son forfait, sans terme accompli, eût aussitôt des sbires et des sicaires cent fois plus qu'ils n'en demandait ; il ne fallait de la troupe qu'un général d'une probité facile à corrompre presque sans âme et d'une imperturbabilité stoïque, à ne reculer devant aucune effronterie ni devant aucun sacrilège quelconque. Avant d'arriver à celui-là, beaucoup rougirent d'horreur en entendant une pareille déclaration. A leur refus, on les désillusionnait sous prétexte de plaisanterie ; mais toutefois, seul, je crois, un certain Saint-Arnaud fléchit à sa proposition infâme, qui, sous silence, Bonaparte III, l'informa de son projet à exécution. Lui disant en compagnie des autres auditeurs dans une réunion privée en nombreuse compagnie, où l'on s'envisageait de près afin de se reconnaître aux cas extrêmes entre mouchards et coupe jarrets, écoutant en pointant l'oreille sur l'épilogue dont on leur donnait lecture, s'énonçant magistralement en ces mots apostrophants et d'outre pudeur :

« Messieurs, à pareille heure, je crois que nul parmi vous n'ignore l'oligarchie à laquelle aujourd'hui la France se trouve entre les mains de cette c.... de républicains, qui peuvent devenir de plus en plus anarchistes ; état sous lequel personne n'est sûr de son lendemain. Alors, pour sauver la situation, sans trop faire couler du sang, il faut, tous ici, désigner ces hommes rouges et les colleter, en les cernant par la force, au vertu de l'autorité nouvelle. Or le vrai moyen est de les prendre en usant de la faculté d'un anuitement déterminé à cette affaire, à laquelle nous ne pouvons réussir qu'en agissant de violence, les empoigner soit à table, soit au lit. Et pour cela il est urgent que chaque officier ou agent ait à son aide un piquet d'hommes de troupe armés, le fusil chargé, la baïonnette au bout du canon; n'ayant qu'à frapper à la porte de chaque individu marqué à l'encre de sa couleur, compris dans le mandat d'arrestation. Eh bien! en ce moment suprême, toute autorité est à vous, même d'enfoncer au besoin si l'on s'obstine à vouloir ne pas se rendre aux sommations légales qui leur seront faites au nom de la loi.

— Mais de quelle loi, s'il vous plait?

— Des traîtres, se disant les forts et les honnêtes, les bons lorsqu'étant eux-mêmes les méchants. — Puis, un archer de chaque côté, qu'on embale ces embarras et qu'on me les transporte à Mazas. A l'heure actuelle, notre seul moyen d'obtenir le succès est par la terreur de la fusillade. Par un pareil coup, messieurs, tous comme moi nous avons tout à gagner, si nous réussissons et nous réussirons il faut agir! Des bonnes récompenses et des places, des emplois sont promis à chacun de vous si vous agissez en hommes dignes de l'entreprise. Après les arrestations, des pièces de campagne seront braquées sur toutes les places de la ville sur lesquelles on comprendra que le plus de populace peut se réunir; ces mêmes pièces partiront de derrière des portes cochères chez des particuliers honnêtes, amis de notre cause, et d'autres seront masquées derrière des tentes placées en des endroits ou le passage sera interdit à toute personne non revêtue de l'insigne de l'ordre. Ces pièces d'artillerie doivent êtres chargées à mitraille, prêtes à faire feu. Car il est probable que les femmes, les mères de famille éplorées, portant au bras ou menant par la main leurs enfants pour s'informer du sort de leur mari, le lendemain, vont s'y réunir et attireront une grande affluence de monde; car le coup de la nuit va se répandre et faire bien du bruit dans Paris. Eh bien! pour rémédier à cette chose prévue d'avance, quand les dites places et faubourgs seront comme des vastes champs de foire bondées de monde, il faut que ces attroupements soient dispersés à coups de canon, dont la vue du sang rougissant le pavé effrayera les uns, les autres fuiront et de cette sorte il faut que l'empire et la paix triomphent de leurs ennemis.

ACTE 3e.

Le fameux St-Arnaud, hésitant à la rigueur d'une telle mesure, mais intimement excité par l'amorce de l'or, alléguant que, quand à lui, il comprenait qu'il y allait beaucoup de sacrifice et des grands risques personnels, autant qu'il fallait de la bonne volonté, l'affaire pouvait aboutir; qu'au reste, quarante ou cinquante mille hommes de plus ou de moins dans Paris ou ailleurs n'empêcheraient pas la force des armes à prévaloir sur les ennemis de l'empire germant, prêt à sortir d'un coup de-force en balayant ensemble la république avec l'ordure des républicains. Le même stratocrate, continuant : « Eh bien, sire — parlant à Napoléon, qui n'était encore ni cire ni cirage — une question en impose une autre : si vous croyez pouvoir vous charger de me couvrir la somme de cinq millions en deux fois vingt-quatre heures après le coup, je m'engage, le reste est conclu.

« Foi d'honnête homme, dès à présent vous pouvez y compter ! » se hâte de répondre Bonaparte. En qualité de parjure et de premier violateur de serments de fidélité qu'il avait prêté à la constituante, il fit, sur les armes, jurer obéissance à la discipline ou la mort à tout seïde qui couarderait ou décélerait le complot de la bande. Ceux des plus timorés de conscience et par esprit plus humain, qui ne purent tremper leurs mains dans le sang du crime, ni adhérer à l'arrestation de l'innocence dans la personne des hommes les plus estimés du jour, furent proscrits, et personne n'en a jamais rien su.

Dans le moment, St-Arnaud n'étant pas en mesure de pouvoir jouer la manœuvre du crime, exigea un court délai pour préparer l'offensive, le guet-apens, dont le but avait l'horrible bravade au-dessus de tout sentiment pudique; le temps des préparatifs fut du 27 novembre au 1er décembre jusqu'à la veille du coup mémorable. Car il fallut premièrement destituer, suspendre ou mettre en disponibilité jusqu'à nouvel ordre, tout ce qu'il y avait de républicain occupant un bureau de police ou d'autres fonctions constituant la force; inscrits sur le rapport comme trop accentués en principe démocratique, et mettre en droit d'exercer secrètement une police à nouvelle poigne. Le préfet de la Seine et celui de la police étaient déjà nommés clandestinement d'avance prêts à substituer l'un à l'autre, dans le cas où les arrestations nocturnes réussiraient à enlever de leur poste respectif ceux qui étaient en place. Comme la peste, dans les rangs sociaux, la trahison régnait à plein vent: le père, sans se méfier, sans s'en douter, était exposé par le fils, le frère par le frère; au mépris des plus saintes lois, les hommes sans mœurs étaient devenus mouchards, devenus espions, devenus suspects, devenus parricides, devenus assassins, en un mot tout ce que les enfers pouvaient dicter d'immonde comme assassin et violateur de droits privés et de la sécurité générale.

ACTE 4e.

Lorsque tout fut sur le point d'agir: A demain, sire, dit le général.

Très bien, répond Bonaparte; qui, ne donnant rien à comprendre le lendemain, parlant, causant avec les députés de la République comme qui aucun mal ne pense. La journée se passe ainsi qu'à l'habitude, les gens en mangeant et buvant tranquillement. Le soir, chacun se retire chez soi; et après le dernier repas du jour, ceux qui en avaient la coutume, les uns furent au théâtre, d'autres au café, sans rencontrer aucun fâcheux obstacle. De retour à leur foyer, un moment, de suite qu'ils venaient d'entrer dans le lit, les bandits à gage, marchant à la tactique d'un brigandage, dont l'élément ne fait jamais défaut au fond de la hotte de chaque évènement de ce genre, en fouillant dans les ordures de la dernière classe du peuple, ayant pour mot d'ordre, chacun leur quartier, se dispersant sur les points qu'au sacrifice de tous les respects dus au domicile où leur criminelle mission devait se manifester; et ces bourreaux assaillirent tous ceux des hommes de qui la République de 48 tenait ses bases et dans qui elle prenait de jour en jour racine à sa fondation. A la même heure, pan, pan, on frappe aux portes des honnêtes gens. Aux divers coups de marteau redoublés, les propriétaires se levant, quelques uns moitié nus, mettant la tête à la fenêtre demandaient : Qui va là ?

— Amis; descendez s'il vous plaît que l'on veut vous parler, répondait-on. Ceux qui ne se méfiaient pas du coup qui leur était tendu allaient ouvrir la porte. Sans leur donner le temps de rentrer pour se couvrir tout à fait, sinon de bon gré, on les enlevait de vive force et on les fourrait dans des voitures qui les attendaient dans la rue pour les diriger vers Mazas ou Sainte-Pélagie. Parmi le nombre il s'est trouvé un brave général dont le nom m'a échappé de la mémoire et dont l'âge, je crois, avait exigé la mise à la retraite, ne s'étant pas méfié du coup, mais toutefois refusa d'ouvrir à une telle heure ; on enfonce. A la fureur de voir son logement violé, il cherche ses deux gros pistolets pour faire feu sur le premier audacieux qui avait outre-passé la loi du respect du domicile inviolable, mais ces deux seules armes que le digne homme avait à sa défense ne furent pas chargées; on l'arracha des bras de son épouse et de ses enfants lamentés, et sans faire aucun bruit, car à la trahison il ne faut pas de bruit, comme les confrères on l'emmène en prison.

Arrivant à destination, en descendant du véhicule, les députés ainsi que les autres personnages dévoués à la République, se reconnaissant à la parole, se saluaient, se touchant la main et se disant : Ah! parbleu, c'est Bonaparte qui se joue de la situation en se moquant du droit de nous appartenir. Le lâche, que nous ne l'ayons fait incarcérer quand nous étions maîtres de ses jours!.... répondaient les autres en exprimant ce regret.

Au moment où les arrestations s'opéraient, la troupe arrangeait simultanément ses batteries pour anéantir l'inoffensive populace qui stationnerait en groupes formidables le lendemain sur les places ou les lieux les plus passants.

De cette lugubre façon, l'armée qui devait massacrer la République en arrêtant, en faisant égorger les républicains, tout se tramait sourdement dans l'ombre. Et le 2 décembre, pendant cette nuit de faits ignobles, on fut ainsi prendre au lit tous les députés en les arrachant au sein de leur famille affolée, mourante de terreur, et ceux des hommes de la vie privée les plus prépondérants, dont le grand regret que j'éprouve en ce moment pour les signaler ici est d'avoir oublié le nom de la plupart qui furent compris au nombre des victimes du coup de ce chenapan. A une heure de la nuit, lorsque tout reposait d'un profond sommeil, en pleine sécurité, tout Paris fut éveillé au bruit du cliquetis des armes, des sabres de sbires, et plus effrayé au regard farouche des seïdes, dont l'épouvante avait éperdu sous les menaces dirigées contre tous les exposés aux viols sans exception, sans pouvoir à pareille heure faire appel au secours de personne ni d'aucune autorité vu que toute loi de justice était reniée.

Quelle douleur poignante de falloir se rendre à la volonté du bandit. Sans leur accorder un moment pour régler leurs affaires les plus importantes, on les encoffrait sans pitié ni ménagement et on les dirigeait vers les prisons. Quelle surprise lorsque sans s'y attendre, je le répète, se trouvant en nombreuse compagnie, entre frères du même malheur, la première question que ces messieurs avaient à se faire était : Nous tous ici à pareille heure, c'est le plus grand attentat que le bandit Bonaparte puisse porter aux légalités contre nous, et contre la France. C'est égal, la journée de demain, dans ce cas, ne promet pas d'être belle. Si le ciel n'est couvert d'autres nuages ce sera vraisemblablement par la fumée de la poudre; ce qui doit, en ce moment, nous affliger encore plus que la destinée de notre propre cause. Car sous un Bonaparte si criminel, la vie de personne n'est assurée. Celle des légitimement les nôtres comme celle de nos amis dévoués à notre parti, dès cette heure, est déjà fort compromise. Qui de nous dans Paris, demain, ne va s'en entretenir, s'en intéresser? et pourra s'abstenir de ne s'assembler en groupe à notre sujet sur les places et tous les faubourgs; puis, qui peut répondre que nos femmes, nos enfants n'y soient mêlés et ne puissent involontairement y devenir un sujet de provocation et soulever une effervescence inattendue, de laquelle peuvent résulter des évènements facheux, et tomber avec les autres sous les balles du vil monstre? C'est de cette crainte la première que nous devons nous pénétrer en ce moment. Rappelez-vous que la fatalité est comme une sorte de mégère à la chevelure épineuse fort hérissée, qu'aucun bon espoir autour d'elle ne se réalise mieux que les prophéties de malheur. Dans une crainte partagée, comme s'ils l'eussent vu des yeux, se répétaient-ils de bouche en bouche: La journée de demain n'a pour tout pressentiment que l'augure générale d'un glas funèbre joué sur le ton de la canonnade. Qui vivra verra.

ACTE 5º

Triste tableau à dépeindre quand la préméditation infernale d'un individu, à ne pas s'en falloir d'une virgule, se rejoignent toujours bout à bout avec les ténébreuses conjectures de celui qui le guête sur la marche aux forfaits. Les dames du grand monde ainsi que les dames des citoyens en même proie de désolation, inconsolables à partager chacune de leur côté, le cœur déchiré de douleur, trop anxieuses et impatientes de désir en cette nuit mortellement longue, tant il leur tardait que le point du jour arrive afin de savoir quelle proie les assassins de cette occasion avaient fait de leur mari; dont, en pareille occurence, les malheureuses victimes de l'arrestation, les unes arrivaient soit à pied, les autres en carrosse aux salles ou basse-cour de la prison, ne se parlant les uns les autres que pour se ranimer de courage en se communiquant leur peine.

Au-delà du chiffre de la proscription, reste à faire une très simple exception. Grâce que ce soir-là ayant été ailleurs rendre visite à des amis qu'on ne les a pas trouvés à leur domicile habituel, quelques-uns des hommes signalés échappèrent au terrible coup de filet, tels que le général Cavaignac, Raspail, Ledru-Rollin, etc., hommes à ne pouvoir souffrir que des mains impures les happent au collet, se réléguèrent d'eux-mêmes, les uns en Suisse, les autres en Belgique, en Angleterre. Comme un coup de foudre électrique, la nouvelle du suprême tour d'escamotage fut répandue dans tout Paris, et, fussent-ils parents ou amis, surexcités, comblés d'indignation, se groupèrent confusément en masse compacte pour venger les hommes de la loi et les délivrer ou les suivre en criant : « Mort au lâche! Mort au traître! » Certes, en ce moment, le fameux Bonaparte a bien joué tous les rôles d'un pagnote et d'un traître, puisque craignant que le glaive d'un châtiment quelconque, manœuvré par une main assez téméraire, ne vienne sur sa tête faire retomber la vengeance du peuple, s'était, pendant le coup de force, esquivé et caché à l'abri de toute poursuite, pouvant l'atteindre, ne reparut qu'après le danger du désastre, au moment qu'il sentit la place nette, pouvant se proclamer illégalement maître des omnipotences et de tous les départements de la politique en général, malgré la volonté de toute souveraineté nationale.

Ici, il faut le dire sans faiblesse de caractère ni crainte de blesser personne à la conscience honnête : Avant de former le complot, l'auteur insigne de l'horrible attentat à la justice, dignement qualifié crime de lèse toutes choses sacrées, c'est toujours le même Napoléon Bonaparte, l'assassin du peuple et de la liberté le 2 décembre, dont l'innocence immolée au caprice de son ambition sans frein était la victime. Autrement parler, par cet homme néfaste on a vu l'enfer en butte ouverte contre la justice, contre le ciel, Lucifer tombant sur les anges.

Sans le croire ni le penser d'ailleurs, selon les homélies théologales, encore l'enfer, le voilà naturellement dans tous les développements du crime sous les attributs du démon, son similaire. Au reste, j'en demande aux gens sérieux, aux personnes de bon sens, quel diable a pu faire plus de mal que Bonaparte pour qu'on l'appelle Satan? Quand un être semblable a renié sa conscience au bénéfice d'un parjure, qu'il ment à tout propos à la face du ciel, qu'il viole son serment et la loi, qu'il incendie, qu'il tue, qu'il détruit ce qui est fait pour vivre ou exister, que lui reste-t-il à faire que Belzébuth ait fait en mal plus que le bandit?

Pour revenir à la ligne, tous les braves citoyens tombés sans défense ni aucun espoir aux lois, ivres de délire et d'effervescence le 2 décembre, toutes les victimes d'une faute si grave à laquelle tout dépendait du couteau ou de la proscription sous le règne du brigandage, mal auquel nul ne pouvait porter remède que par la vengeance de fait, s'étant transportés, réunis en foules serrées sur les dites places, telles que celles de la Concorde et du faubourg Saint-Antoine, chacun éperdu et affolé de colère, ne s'apercevait du danger que le certain Lucifer avait préparé pour accomplir les rêves de sa folie, lorsque dans quelques rues adjacentes des pétards et des coups de pistolet furent tirés tout exprès pour exciter les émeutes, pour soulever des rixes par l'agression de quelques mouchards avertis, prévenus dans ce but. Un témoin oculaire, un artilleur de cette journée, par mégarde, il lui est échappé de me dire qu'avec les camarades, l'artillerie de son régiment, avait pendant trois fois reçu l'ordre de faire feu sur tant de monde inoffensif et qu'autant de fois ils avaient refusé de tirer sur leurs frères. A la vue de ce refus obstiné, un nouveau commandant arriva et menaça de mort, séance tenante, le premier qui désobéirait à sa parole, et commanda le feu. Du temps que cet oiseau aux grosses plumes tournait le dos pour examiner la position, un artilleur écœuré, hors de lui-même, transporté d'horreur, met impétueusement la main sur le bouton du canon, baisse la culasse et allume sa pièce, tire en l'air pour avertir le peuple de se retirer au plus vite du lieu où il était grandement exposé au danger, mais hélas! malheureusement que tous les autres compagnons d'armes ne furent pas de la même idée, car toutes les autres pièces bien visées portèrent droit à la hauteur des poitrines humaines en partant au même instant. A ce premier roulement de tonnerre, nourri de la fusillade, on ne vit plus personne debout que des bras et des jambes en l'air, mêlés de râlements et des cris plaintifs d'hommes, de femmes et d'enfants, mourant en réclamant leur père à côté de leur mère, et les mères en embrassant leurs enfants et réclamant leurs maris. Ceux qui purent s'échappèrent de la sanglante échauffourrée, saufs ou blessés, s'enfuirent, mais le sol resta couvert de morts et de mourants, tandis que le sieur Napoléon Bonaparte se baladait en cachette. D'après le même témoin, un seul colonel digne de la décoration s'il y en eut à tous les mérites de l'humanité, voulut conserver à son régiment l'honneur de l'estime générale, c'est-à-dire ne voulant pas que le drapeau fut souillé d'aucune goutte de sang des enfants de la France, fit pendant toute la triste matinée droguer ses hommes par des corvées ou des commissions oiseuses à ne pas en finir jusqu'à la perte de tout le temps, afin que le feu cesse avant de sacrifier sa conscience au plaisir d'un homme indigne de l'histoire. Mais cet honnête colonel fut signalé sur le rapport et expédié on n'a plus su où.

ACTE 6e

Au reste, comme un vol d'oiseaux tombés sous le plomb du chasseur, après la mitraillade on fit ramasser les morts et on les hissa dans des tombereaux ou dans des fourgons; les blessés, dont l'état piteux inspirait la commisération publique, couverts de la pitié magnanime de tous les bons citoyens, furent enlevés avec soin, les uns furent transportés à leur domicile, les autres à l'ambulance, aux hôpitaux, où le scalpel les attendait comme sa proie à l'exercice de la médecine apprentie; plus de la moitié, emportés par la fièvre de leur blessure, succombèrent à la suite des plus cruelles souffrances de la fièvre physique et de la fièvre morale, sans cependant que le massacre fut encore près d'être accompli. Au moment que l'on croyait l'ogre assouvi de victimes humaines, les hommes d'un esprit le plus difficile à convaincre sur les faits produits d'une façon si révoltante, sortaient le soir sur les boulevards pour se revoir entre amis et camarades pour se communiquer leurs idées sur l'actif et le passif de la politique;

rrran! une fusillade partant d'une embuscade envoyait un essaim de balles sur le moindre attroupement, et, sans s'y attendre ni s'en douter le moins du monde, les malheureux étaient rapportés morts à leur domicile.

Le lendemain, toute la tourbe de ces basses œuvres, mouchards et sicaires, Mandrins et Cartouches, se réunissaient autour de Sa Majesté et simulaient le brigandage ou les assassins de la France, couverts sous la loi; le sire en se frottant les mains demandait à ses fidèles :

— Eh bien! mes amis, qu'y a-t-il de nouveau à l'ordre du jour?

— Sire, hier soir, tant de morts.

— Qu'avaient-ils fait?

— Rien. Ils promenaient, causaient et parlaient de la politique.

— Très bien! cela apprendra aux pékins que ce n'est pas à eux à s'occuper de ces affaires-là; matamores, vous avez bien fait, vous avez acquis du mérite de mon estime. Continuez jusqu'à ce que les mauvais tremblent et que les bons se rassurent. Nous le savons tous, mon empire ne peut triompher qu'en le fondant solidement sur la crainte de mon nom; alors, pas de timidité, pas de faiblesse, pas de remords, pas de scrupule ni de ces bas sentiments qui vont, en certains cas, jusqu'à ôter la force du courage; pas de conscience ni superstition alors de quelque méchef que ce soit à commettre, pas de bon Dieu dans l'âme, du bout des lèvres seulement, manière d'adoucir la plaie saignante, car notre qualité unique à nous, répondant à ce que sont les bonnes vertus chez les autres, s'explique en ces termes : Amour de l'argent, du sang et de l'Eglise. A Dieu, il ne faut pas y penser du tout ou le moins possible, faire comme s'il n'en existait pas, surtout pendant mes actions; il faut, au contraire, se montrer cruel, barbare, inhumain, sans pitié, ni égard, serais-ce votre père. De Dieu, après tout, qui peut prouver son existence? Personne. Donc, il n'est bon d'en parler qu'après l'attentat, après le crime; si, à l'incertain, on croit que lui est invisiblement dans le ciel pour ne faire que regarder, moi je suis matériellement visible sur la terre, je suis maître de faire exécuter mes volontés et de vous protéger, de vous distribuer de l'argent à larges mains, ce qu'aucun Dieu ne peut, si grand qu'on le dise. Piller, incendier, violer, tuer, quand c'est par ordre d'un empereur ou pour plaire à Sa Majesté, ne sont que des petits péchés mignons, des peccadilles roses, qu'en vertu de mon autorité je vous absouds d'avance. Rappelez-vous de la parole de Louis Napoléon Bonaparte, de votre empereur bientôt, je pense : « Toute victime qui vous résistera pour échapper à la mort, qui aura le malheur de vous faire la moindre égratignure à la main ou autre part, ne pourra pas aller loin sans que je ne vous la fasse ramener et tirer sur sa vie vengeance de cette égratignure. »

A bien parler, nous ne devons pas vivre seulement pour tuer le monde, mais pour nous déclarer nous-mêmes les justes au nom de la justice, en assommant, comme coupables de penser autrement ceux qu'on peut regarder dans un fond plus parfaits que nous; ça va nous coûter un peu de temps, c'est vrai, avant de parvenir à habituer tous les rebelles à ce régime, mais avec de la patience rien ne fait défaut à un monarque, en tuant les uns, les autres tremblent, et la paix se fait. Telles furent les premières maximes de morale, que dans sa sagesse maître Bonaparte exprima à ses fidèles réunis en assemblée plénière. Une salve d'applaudissements fit retentir l'auditoire, en criant à perdre haleine : « Vive Napoléon! Vive l'empereur!... »

Et maintenant, reste à conclure : Voilà les six premiers actes de celui qui a l'adhésion de ses partisans, amis par sentiment d'exaction et d'astuce, et le jésuitisme et les prêtres en ont fait un grand saint.

Passons à la suite.

ACTE 7e

Une fois que le plomb, le feu et le fer eurent décimé la raison, l'espoir et la vie, et éteint la lumière mentale dans les hommes reconnus justes et trop avancés dans le même amour du bien et de la justice, Bonaparte travaillait criminellement à l'assise de son empire. Alors, quoique croyant être fort avancé en besogne, il restait encore beaucoup plus à faire. Quand l'individu, à la célébrité connue, eut tombé les arbres de la liberté, des racines vivaient encore immortellement sous son cauchemar oppressif pour le renverser quand il aurait achevé la ruine de la France, car vouloir introduire partout sa main impure en croyant ne pas être vu ni senti, comment faire? Les édilités rurales ou des petits centres, dont l'influence desquelles ne lui paraissait pas bien gênante, sans se donner la peine de prévenir personne, il les faisait supplanter par d'autres mieux faits à sa complaisance. De cette sorte, un peu aujourd'hui et un autre peu demain, chaque jour comptait un pas de plus en avant vers le mal du brave monde et vers le bien des pouacres, des galeux, des fainéants habitués à vivre d'écorniflage à l'horreur du travail honorant et honorable, aptes et dispos à tous les mauvais coups de main. Mais partout les gens n'étaient pas d'un caractère tout à fait accessible à son utopie usurpatrice : dans les Hautes-Alpes et les autres départements du midi, principalement dans le Gard, l'Hérault, l'Aude, les Bouches-du-Rhône, les Pyrénées-Orientales, etc., son malin génie a trouvé de la résistance qu'il n'a pu surmonter qu'en usant de la force brutale.

Dans ces contrées-là, les hommes, certainement plus intègres qu'ailleurs, ne vallaient pas assez peu pour se monter en dénonce les uns les autres. A Paris, excepté les gens des classes honorables, des arts et de l'industrie, qui font à la fois le beau et la richesse des sciences et du monde, Bonaparte s'est trouvé dans un foyer de rebut social, se composant de tout ce qu'il y avait de plus mal famé et de corrompu dans la tourbe de l'ivrognerie et des détrousseurs sans vergogne ; de ces ventrus à ripaille, fourmillant à son entour comme une vermine à l'odeur de la curée, lui sollicitant sans délicatesse un emploi si vil qu'il fût. Or, le même sieur Badinguet admettait à son affiliation tous ces morts de faim pour les répandre comme un brouillard d'insectes dévastant les récoltes au travers d'un pays ; puis au dépens des contribuables riches et pauvres, il leur donnait largement assez de quoi baffrer en trimardant à la solde de tant par l'un, dont les uns sous l'apparence d'un bel ajustage, voyageaient à l'étiquette de représentant certaines maisons de commerce, cela pour épier dans les établissements ou chez les marchands boutiquiers, le sentiment, l'opinion que les propriétaires avaient sur l'homme suspect, se présentant dans les maisons un petit paquet à la main. Selon leurs spécialités, soi-disant les concerner, avec la différence qu'ils n'avaient jamais au service des clients les articles qu'on leur demandait, ne cherchant qu'à faire blaguer les imprudents en leur parlant mal de celui justement dont personne sans mentir ne pouvait en dire aucun bien, pour les marquer ensuite à la couleur de l'encre que bon leur semblait et les signaler à la mairie ou à la préfecture. De cette manière, les innocents étaient suspectés par la canaille elle-même, sans la connaître ni douter qui c'était. A tel point que chaque jour il se faisait des nouvelles arrestations, et en divers endroits, telles pratiques provoquaient des soulèvements armés de fusils, de fourches, haches, etc. Du côté de Digne, de Dieppe, dans les pays où les hommes, jaloux de la République, ce qu'ils aimaient le plus après leur femme, leurs enfants à qui l'on donna le nom d'insurgés, furent obligés de gagner les montagnes, mais la discipline manquant, et la troupe même contre sa bonne volonté, sous les ordres du nouveau bandit, avait fini à les avoir par la famine. Ces hommes enrégimentés à la défense de leurs droits, cachaient leurs armes au premier endroit venu avant de se rendre à la force supérieure, les traquant sur leur piste, rangés en sorte de guerrillards vaincus. La troupe avait dans elle des flatteurs, d'une langue assez capable de les séduire par l'amorce des meilleures paroles leur promettant que rien ne leur serait fait s'ils enseignaient l'endroit où leurs fusils étaient cachés, et seraient plutôt réunis à leur famille, à leur femme, leurs enfants ; quelques-uns, ceux qui avaient le plus résisté ou le plus fermement promis de ne pas se rendre, furent les premiers à prendre la débandade et se constituer prisonniers ; on les emmène désarmés vers Toulon. Et dans l'agonie de la nostalgie la plus cruelle et du chagrin, celui d'abandonner leurs biens, leurs enfants, leur chère épouse, en se voyant arriver de tout bord remplissaient des bateaux pour aller vivre loin des siens, à Cayenne, dans des climats inconnus, dont les parents se désolaient. Les femmes de leur côté, seules à la maison, se désespérant sur leur malheur, tandis que bien d'autres devenaient folles de douleur, ou se laissaient mourir de désespoir sans vouloir entendre ni recevoir de personne aucune consolation et sans que rien puisse toucher la pitié insensible de celui dont rien ne peut expier les crimes, car en songeant à ces terribles et poignantes calamités il faut être Bonaparte ou hommes du même poil si on ne sent le cœur saigner d'indignation. Quand la battue dans les montagnes, en trousse comme à la piste de bêtes fauves, du côté des Hautes-Alpes, fut faite, on envahit la Provence et le Bas-Languedoc ; par là, les gens, d'un tempérament plus ardent qu'en d'autres régions, ne pouvaient toutes les fois se laisser prendre sans échanger quelque coup de feu. A Bédarrieux, par exemple, la gendarmerie, à son grand malheur, trop audacieuse et emportée par le zèle, en ce moment tenta la première escarmouche en tirant sur le peuple qui en se sentant offensé d'une telle part, les gendarmes furent tués par la riposte d'une décharge et l'émeute surexcitée n'en finit qu'en mettant feu aux quatre coins de la caserne, tandis qu'ailleurs, d'autres parts, on noyait, on rossait les commissaires, où l'on pendait tout inconnu à la mine suspecte de mouchardage. Mais tout cela n'était qu'un mal ajouté à un autre plus grand. Bonaparte pour lui seul et exclusivement son parti, voulait régner malgré les dieux et malgré la volonté nationale, se disant la loi, c'était tout. A Paris, Lyon, Marseille, le sang coulait à effusion dans les rues, plus loin le maire d'une notabilité irréprochable refusa de rendre l'écharpe ; certains préfets refusaient de reconnaître aucun ordre de l'empire, moins d'y obéir, ne voulant céder ou mourir plutôt si d'autres préfets républicains ne venaient les remplacer. Le peuple, partout en révolte, se faisait traîner plutôt que capituler à la volonté d'un extorqueur semblable.

Ce qui prouve, au point de vue matériel, si mal que la chose soit en substance faite par le nombre ou par un assassin couronné, ne saurait jamais être jugée comme une faute, ce qui convient de dire au reste que sur les deux anges de la pensée, on est porté à écouter les conseils du mauvais et rejeter de préférence ceux du bon, en ce temps-là, tel qu'on le verrait pareillement en ce temps-ci, si la même occasion se présentait. Alors, selon l'ange de bon conseil aux époques que les brigands de cet ordre faisaient la loi, tout ce qui était brave et honnête, parce que les maîtres n'étaient ni l'un ni l'autre, était de la canaille méritant le traitement des méchants; c'est pourquoi, dit le même ange, les brigands, n'étant braves ni honnêtes, voyant noir ce qu'au yeux du petit nombre, quant à la justice, est blanc, et voient blanc quant au point de l'iniquité ce que les bons voient noir, c'est pourquoi, ceux du mal ne pouvait se sympathiser à ceux du bien, ils les font séquestrer, fusiller, déporter; mais en République, quelle qu'elle soit, on ne moucharde, on n'emprisonne, ni on ne déporte personne; chacun dans la place qu'il occupe sur la terre est respecté comme citoyen, et doit être considéré comme semblable sinon comme frère. En République, il est permis de penser, de parler, de lire, d'écrire, de se communiquer librement les idées des uns aux autres sans qu'aucun lourdeau, si grotesque qu'il soit, ait droit d'y mettre obstacle. Sous un César quelconque, entendant et pratiquant la justice à l'envers, rien de tout cela n'existe; pire encore, ceux qui corroborent le régime d'un tel despotisme, assurément, réellement n'ont dans la cervelle aucun genre de bon sens pour comprendre ce qu'ils sont eu égard à ce qu'ils doivent mutuellement être envers les autres.

Lorsque sous le fameux Bonaparte, les avantages de la liberté redevables à toute personne furent supprimés, de quels privilèges l'humanité était-elle dotée ? Les avares comme lui, ceux qui en avaient, celui de remuer l'or, de le faire sonner. Aussi reste-t-il sur la conscience des Bonaparte et les identiques, cet éternel dilemne : en détruisant les hommes, c'était plus que les exproprier. Et, dire qu'à lui seul, la France devait constituer son domaine, et la propriété son tribut intégral, les Français ses machines, outre le droit de disposer de leur vie et de l'argent. C'est monstrueusement un écart de sentiment moral, une aberration qui dépasse toutes les audaces et de toute animalité sans pudeur. Et celui qui objecte, qui conteste cette raison, afin de ne pas l'écouter, est un fanatique abruti poussé par quelque intérêt dépravé.

ACTE 8º

Bonaparte, autre homme qu'on ne l'eut dit ou qu'on ne le jugeait, c'est-à-dire plus roué qu'on ne le croyait, voulut d'abord, au moins de qualité, montrer qu'il n'était pas bâtard à l'acabit de son oncle.

D'après Paul-Louis Courier, un des meilleurs témoins du temps, voici, dans un passage de son ouvrage, comment il s'explique sur le compte de l'oncle :

« Plaisance, le   mai 1804

« Nous venons de faire un empereur, et pour ma part je n'y ai pas nui. Voici l'histoire. Ce matin, d'Anthouard nous assemble, et nous dit de quoi il s'agissait, mais bonnement, sans préambule ni péroraison. Un empereur ou la république, lequel est le plus de de votre goût ? Comme on dit rôti ou bouilli, potage ou soupe que voulez-vous ? Sa harangue finie, nous voilà tous à nous regarder, assis en rond. Messieurs qu'opinez-vous ? Pas le mot. Personne n'ouvre la bouche. Cela dura un quart d'heure ou plus, et devenait embarrassant pour d'Anthouard et pour tout le monde. Quand Maire, un jeune homme, un lieutenant que tu as pu voir, se lève et dit : S'il veut être empereur qu'il en soit ; mais pour en dire mon avis, je ne le trouve pas bon du tout. Expliquez-vous, dit le colonel ; voulez-vous, ne voulez-vous pas? Je ne le veux pas, répond Maire. A la bonne heure. Nouveau silence. On recommence à s'observer les uns les autres comme des gens qui se voient pour la première fois. Nous y serions encore si je n'eusse pris la parole. Messieurs, dis-je, il me semble, sauf correction, que ceci ne nous regarde pas. La nation veut un empereur, est-ce à nous d'en délibérer? Ce raisonnement parut si fort, si lumineux, si ardent.... Que veux-tu, j'entraînai l'assemblée, jamais orateur n'eut un succès si complet. On se lève, on signe, on s'en va jouer au billard. Maire me disait : Ma foi, commandant, vous parlez comme Cicéron ; mais pourquoi donc voulez-vous tant qu'il soit empereur, je vous prie ? Pour en finir et faire notre partie de billard. Fallait-il rester là tout le jour? Pourquoi ne le voulez-vous pas ? Je ne sais, me dit-il, mais je le croyais pour quelque chose de mieux. Voilà le propos du lieutenant, que je ne trouve point trop sot. En effet, que signifie, dis-moi... un homme comme lui, Bonaparte, soldat, chef d'armée, le premier capitaine du monde, vouloir qu'on l'appelle Majesté. Être Bonaparte, et se faire sire ! Il aspire à descendre : mais non, il croit monter en s'égalant aux rois. Il aime mieux un titre qu'un nom. Pauvre homme, ses idées sont au-dessous de sa fortune. Je m'en doutais quand je le vis donner sa petite sœur à Borghèse, et il croit que Borghèse lui fait trop d'honneur.

« La sensation est faible. On ne sait pas bien encore ce que cela veut dire ; on ne s'en soucie guère et nous en parlons peu. Mais les Italiens. Tu connais Mandelli, l'hôte de Demanelle.

« Demanelle, je crois, ne fera pas d'assemblée. Il envoie les signatures avec l'enthousiasme et le dévouement à la personne. Voilà mes nouvelles ; mande-moi celles du pays où tu es et comment la farce s'est jouée chez vous ; à peu près sans doute.

« Chacun baise en tremblant la main qui nous enchaîne.

« Avec la permission du poète, cela est faux. On ne tremble point, on veut de l'argent. On ne baise que la main qui paie.

« Ce césar l'entendait mieux, et aussi c'était un autre homme, il ne prit point de titres usés, mais il fit de son nom même un titre supérieur à celui de roi. »

Des deux empereurs de race et de nom, on

vient de voir comment a fait le premier ; disons maintenant comment s'est comporté le second.

Rois ou empereurs, dynasties bâtardes ou légitimes, autant les uns que les autres d'une valeur opposée à la prérogative concédant à tout individu probe le droit de vote, pour l'abolir au contraire. Mais ne pouvant le détruire entièrement, ils disent : « Puisque malgré nous, le premier des droits de l'homme existe, exigeons que chacun en use ; oui, que tout le monde vote, mais pour nous seulement. » Voilà de ce premier bord la manière que les ennemis du suffrage universel s'expliquent dans le fond.

Quand à force de tuer, d'emprisonner, de déporter tout fut terrifié, comme plongé dans un calme funèbre, Napoléon III, surnommé par le poète le petit Badinguet, homme d'un caractère insensible et solide, d'un esprit subordonné à ses caprices et au charme de ses passions, comme l'oncle, il trouva encore au fond de son âme noire l'art de corrompre l'esprit de la troupe. Afin que les officiers supérieurs et inférieurs qui constituaient les cadres n'eussent pas le temps de délibérer contre son arbitraire, il agit par une surprise encore de son invention, calculée d'avance. Voici laquelle : il envoya à chaque régiment de troupe dispersé sur tout le territoire de la France un ordre portant que le plus brièvement possible, en vingt-quatre heures, du jour au lendemain, tous les états militaires devaient lui remettre un résultat des votes exprimés pour savoir si la troupe tenait ou non qu'il fût empereur.

Alors, il est très certain qu'aucun officier ni soldat ne voulait adopter pour son chef principal, pas plus que pour celui de la nation, un tel paillasse politique de contrebande. Mais que faire? Pris au lacet sous une telle pression, chaque homme de la hiérarchie des grades trépignant de rage dans les casernes en présence d'une pareille rigueur, les obligeant de rendre dans un délai si court le compte d'un vote forcé qui signifiait : « Vote pour moi ou gare! » On eut à délibérer promptement sur l'assentiment d'un parti suranné, contre leur opinion. D'après les coups qu'on lui connaissait et dont on le savait capable, chaque cadre fut réuni à l'effet de résoudre une décision si pressée concernant l'affaire. A quelque régiment qu'ils appartiennent et si éloignés qu'ils fussent les uns des autres, sans se parler, consentant par force à mordre le fer contre leur droit le plus sacré, signèrent malgré leur volonté la mort de la jeune République de 1848 en votant pour l'empereur. Car voter contre l'individu, c'était se placer devant son coup visé sur tel ou tel sujet dont il ne dépendait que de lui de briser la carrière. Or, comme l'explique très bien Paul-Louis Courrier, bouilli, rôti, de la soupe ou du bouillon, c'est toujours du potage. Tous les gradés, les premiers, votèrent *oui*, puis après eux vint le tour des simples soldats, que par compagnie, chaque sergent eut à prendre ses hommes sans les préparer ni les informer de ce dont il s'agissait; on les fit entrer dans une salle et un sergent assis devant une table les faisait sortir l'un après l'autre après leur avoir demandé leurs noms; de cette façon, ils avaient donné leurs voix à Bonaparte.

Et voilà comment du jour au lendemain se firent les élections dans toute la France militaire, obligée de crier : Vive l'empire ! (et en effet, depuis, on n'a pas cessé d'y être dans les *ans pires*) jusqu'à l'indigestion, enfoncé plus qu'on ne voulait jusqu'aux oreilles. Enfin, on en eut tellement de cet empire que la lumière du soleil en paraissait assombrie en se reflétant même sur les plus belles fleurs. Sans excepter le pain et le fricot qu'on mangeait et le vin qu'on buvait, tout semblait imprégné, galvanisé de cet auguste nom. Tout y sentait ou s'en ressentait tant les idées étaient comprimées sous l'autocratie du rapace; il leur semblait avoir changé les espaces immenses dans lesquels s'ébattent les hirondelles contre l'obscur royaume de la taupe. Ce sont les grenouilles de Lafontaine qui, imbues d'idées très louches, préfèrent un sombre coucher de lune à un radieux et beau lever de soleil qui trouvaient, en ces longues époques, le pain du prix de 57 centimes le kilo meilleur que celui de 27 centimes et qui, depuis, font une laide moue parce que les pauvres batraciens sont en république, n'ayant pas à leur service un vautour pour les croquer avec trop d'honneur, sous prétexte de les couvrir sous ses ailes à large envergure.

Mais en tout cas, il vaut mieux que de telles bêtes souffrent de leur maladie que les hommes censés dépendent d'un régime qui n'a plus sa raison d'exister.

ACTE 9e

Bonaparte troisième, sujet d'une stoïcité de cœur imperturbable et d'une conscience tournée solidement en voûte, doué d'un toupet à résister à tous les affronts et à ne respecter aucune pureté, fait aux épreuves du fer de sa qualité ; son premier crime consommé sur la personne de l'homme commis à sa garde, à la prison de Ham, l'atteignant mortellement d'une balle, il avait pour signe le commencement de ses actions familières. Ce Bonaparte, échantillon de tous les tyrans de son genre, en faisant à la fois le mal à la France et aux

Français, savait à ne pouvoir en douter qu'un jour il serait l'objet de la réprobation et la honte même de son parti. Et alors il commencerait de s'aviser pourquoi la société, un jour, aurait raison de le détester, de l'abhorrer comme un empesté ; il avait à se méfier de la vengeance qu'il avait provoquée et qui le poursuivrait en tout lieu avec des menaces de mort dans l'âme. Pour se distraire de ces illusions importunes qui le minent et le corrodent intérieurement, il avait l'affolement des passions, la monomanie de la coquetterie, l'amour du beau sexe et la fréquentation des sociétés dont en quelque sorte le contact semblait lui enlever de la tête les taches lugubres qui obscurcissent sa cervelle. De là, il recourut au progrès. Le premier qu'il effectua, pour la grandeur de son nom, c'est aux hommes des classes de 1847, 48 et 49 qu'il nous a fallu le demander, lesquels jouissant d'une mémoire assez bonne, se rappelaient de la première spéculation qu'il fit pour commencer l'entassement de son trésor en retranchant à l'estomac de chaque homme 4 centimes de pain par jour, alors que 5 centimes de plus, au contraire, n'eussent pas été de reste. Mais passons l'éponge sur cette vétille ; parlons de ses bienfaits. A sa manière, l'art de bien rendre la chose plus équitable était celui de voler au pauvre pour donner au riche. Il diminuait la ration de pain bis aux malheureux petits soldats et augmentait le traitement de ses chefs, le sien en particulier. A part cela, il croyait qu'autour de lui-même tout Français était suspect ; il infesta la France de gendarmerie, et il ouvrit à grands battants toutes les portes les plus larges du royaume aux saints hommes jésuites, non qu'il les aimât purement pour l'amour de Dieu, Bonaparte pas plus que les jésuites ne croyaient le moins du monde à la divinité ; mais afin qu'espions, mouchards, gendarmes et jésuites ne constituent en personnel qu'un formidable parasitisme à la garde de sa personne et pour crier, quand il eut, dans les grands hommes, terrassé la loi : « Ah ! quel coup de balai ! Il n'était pas trop tôt que le sauveur de la société y mette les mains. » Et on l'appelait le sauveur de la France...

Le jésuitisme, cette caste ou plutôt cette engeance, propagea ses institutions, multiplia ses établissements, envahit les idées, dépravant les sentiments, faussait l'éducation de la jeunesse par le dogme des doctrines corrompues, en faisant entendre l'un pour l'autre, le bien pour le mal et le mal pour le bien, tout cela à l'aide du règne Bonaparte, lequel à poignées d'argent deçà et à sacs d'or delà se faisait aimer et passer pour un homme généreux et riche en estime acquise à tous les prix.

Mais quand lui jubilait, d'autres écrivaient. Il a vécu, il a bien joui d'une manière si drôle qu'il ne faut rien respecter après la matière pour l'admirer.

ACTE 10e.

Quand ce qui restait de moral et d'humain dans la généralité au fond de l'homme .fût entièrement annihilé, quand l'avarice, la cupidité, l'orgueil eurent remplacé les qualités désirables, sans lesquelles nul n'est honnête homme; l'or, les diamants au service du couronnement d'une si superbe tête était peu de chose, l'argent encore moins. Il manquait du sang ; car au point de vue du matérialisme monarchique, sans être trempée dans du sang, une couronne est sans gloire. Il fallut nécessairement en faire verser quelque bonne marc. Mais quoique l'argutie des langues puisse ergoter à ce sujet, pendant les premières années de cet empire de guignon, l'Angleterre étant belliquesement engagée en hostilité avec la Russie, sans qu'aucun intérêt politique, ni autre intérêt à défendre, l'oblige à s'en occuper, de se mêler aux querelles anglo-russes allant défendre l'honneur d'un pavillon à l'aversion de l'autre; lorsque là-bas aux champs de mort les hommes étaient à se disputer la vie les uns les autres à coups de fusil, donc à la seule question de sang, jamais trop pour l'arrosage de sa gloire infernale et ridicule, Bonaparte voyant que personne ne l'attaquait, commença à ingérer, à immiscer son pouvoir usurpé dans des luttes sanglantes qui ne lui regardaient point, lesquelles coûtèrent la vie à beaucoup d'hommes et de très rudes souffrances aux autres, toujours au plaisir du même homme impitoyable, insensible aux pleurs des mères en deuil. Entouré de son formidable mouchardage, il se la passait tranquillement à la plus douce et agréablement la plus belle. Fier alors, car pour lui c'était la plus grande jouissance en apprenant que tant de mille misérables baisaient la terre, et du même coup les chauvins l'encensait des flatteries les plus obséquieusement basses, tandis qu'en vrai fantoche, il s'enflait aux moindres adulations dont il se sentait jacté. Puis, dès lors, les emprunts par centaines de millions de francs commençaient à circuler sur des placards publics. Et ce mode d'emprunts contracta une familière habitude. Des centaines de millions on passa aux milliards. Les boursicotiers ne s'en portaient que mieux.. A la faveur de cette occasion, plein d'extase tout le monde criait : « De quel homme Dieu nous a-t-il dotés! c'est bien le règne qu'il nous faut! » Puisqu'en ce moment la fortune, comme la pâte au levain, nous sourit à vue d'œil, vive l'empereur !!!....

— Mais pourquoi faire tant d'argent, s'il vous plaît ?

— De l'argent, il en fallait à ne jamais assez, ne fût-ce que pour gorger les bons pères jésuites et enrichir le haut clergé, et nourrir de la même manne l'innombrable fourmilière des mouchards et cafards connus ou inconnus, peuplant la France au seul effet d'espionner les braves gens dans les établissements ; soit dans les hôtels, auberges, cafés, etc., sans parler des autres sinécures. Puis enfin pour entretenir les guerres tel qu'il vient d'être dit, contre la Russie en tenant Sébastopol pendant un an de siège en 1855. A Magenta contre les Autrichiens, en 1859 ; en Cochinchine, en Afrique, partout ailleurs ; et plus tard pour l'expédition du Mexique, bonne contrée. Des Amériques que le même croquemitaine regardait comme une perte regrettable qu'elle ne fût la propriété inféodée au profit d'un confrère à poigne, et comme un membre de plus compris dans la famille des ogres avilissant, comme renfort entre eux, en cas de quelque soulèvement général ou partiel. Dans ce pays pour l'arracher à la liberté, il tenta follement en dépit des indigènes, d'aller y placer un Maximilien, dont le sort dirigé sous l'inspiration d'un dessein habitué aux violations, fut changé en contre fortune; et le malheureux, faute de réflexion, ayant hasardé le tout pour le tout dans l'intention d'y aller faire des sujets, voir même des esclaves et non fraternellement des amis et des partisans dociles d'un peuple noble et vigoureux, capable de mourir en combattant, en défendant ses droits avant de se laisser attacher au joug d'une obéissance passive, sous le sceptre d'un nouvel oppresseur. Or selon que cela parle de soi, dans ces contrées d'une nationalité à l'œil et au caractère relativement plus américain que les bandits de la Corse, à l'heure même que l'homme exotique croyait n'avoir qu'à bâiller et proférer à sept ou huit millions d'indigènes plus éveillés que lui : « Par la grâce de Dieu — par la grâce des armes — et malgré la volonté de la nation mexicaine, me voici maintenant maître absolu de tout individu naturalisé de ce nom. En personne, vous ne dépendez plus de vous mêmes, vous m'appartenez : vos biens sont ma propriété. De liberté, ici qu'on n'en parle plus. Ce droit est aboli. La liberté c'est moi, c'est de la mienne que vous dépendrez en qualité de roi ou de votre empereur, régnant ici au nom de la France, à qui je devrai toujours ma reconnaissance. »

A cette déclaration outrecuidante faite despotiquement à ce vaillant peuple de la bouche d'un étranger, venant audacieusement s'introniser son monarque, il lui fût, par écrit sur pancarte, fait cette intimation :

« Avis aux prétendants de toute couronne, avant d'en faire l'épreuve, qu'on observe d'abord que cette petite puissance unie comme sœur à une autre plus grande, n'est pas une terre féconde quand aux monarques ; malheur à tout individu quelque nom qu'il porte, roi ou empereur, si dans deux fois vingt-quatre heures, il n'a regagné la frontière ; sa condamnation formulée d'avance, porte qu'à près ce bref délai, l'homme en question sera fusillé. » Et conformément l'arrêt, en effet la sentence fut mise à exécution un surlendemain de l'annonce sous l'avis suprême ; dix balles furent envoyées dans le cœur du feu Maximilien pour lui sonner le réveil du matin. De cet événement fâcheux, soudainement, le sieur Bonaparte en fût pour une contradiction des plus pantoises qui, en comparaison aux frais et la misère des hommes qu'il aimait tenir en souffrance en cette expédition ; son chagrin, d'en parler n'en valait pas la peine. Moins l'adhésion des Chambres, le très saint homme (le très lâche homme) sous prétexte de vengeance parce que les moutons, les brebis de ce vaste parage, n'avaient pas voulu reconnaître le loup qu'on voulait leur imposer comme gardien, il voulait les faire broyer en paté à canon.

ACTE 11e.

LA NOBLESSE ET BONAPARTE

Ces gens de la haute parade, subordonnant à leur malice la morale, pas plus qu'ils ne veulent savoir ce que veut dire souffrir, n'aimant qu'à faire souffrir, non plus ne peuvent savoir ce que c'est le bien en s'y mettant de travers, afin de lui ôter l'existence selon tout le dont que sur la terre ils sont capables de faire traîtreusement à leur conquête, sur les plaintes à l'adresse de l'obstacle qu'elle est sur la terre; pensant que le peuple ne se rappelait plus des gouffres profonds et obscurs, qui existent quelques parts, de nos jours, encore qu'on appelait les oubliettes, que leurs ancêtres faisaient pratiquer souterrainement sous des trappes à bascule, s'ouvrant et se refermant dans une salle noire au coin de leur château: creusées en forme de puits d'un orifice plus évasé à l'ouverture qu'au milieu, venant coniquement en rétrécissant au milieu garnis de lames, dont les rayons étaient symétriquement disposés en losange, tournées de façon que le malheureux, horriblement ainsi condamné à disparaître de la vie, souvent pour n'avoir que manqué de s'incliner platement devant le seigneur ou devant le curé, ou le seul motif d'avoir tiré sur un lièvre dans une terre seigneuriale, se brisait en tombant avant d'arriver entre deux roues mobiles également garnies de pointes en sortes de coutelas, tournant en sens contraire l'une vers l'autre au moindre mouvement si peu que la victime remue. Expirant cruellement en cette position abominable le dernier râle d'une agonie raffinée à leur invention diabolique qui déjà n'était plus qu'un tas de débris informes, défigurés, ayant sur les traces de la chute, une fois réduits en lambeaux de chair, laissé les entrailles pendant verticalement comme des rubans rouges de leur sang. Ce que dans toute sa piété, la noblesse pouvait croire qu'un semblable Styx à son système était une chapelle expiatoire digne de répondre aux actes de charité. Depuis l'abolition de ces privilèges, pour arme, elle a conservé l'horrible procédé de ses premiers âges. Elle recourut encore à la famine, son seul moyen propre à soulever les masses du peuple en colère contre toute institution n'étant pas de son goût. Lasse d'empire, de la même manière qu'elle eût été d'un autre règne à la même place, tant qu'il n'est exclusivement celui de sa manie écervelée. Pour faire dégringoler Louis-Philippe du trône, avons-nous dit, elle avait mésusé du factieux système du trèfle, système duquel il en est résulté que, de ses coffres-forts, les écus d'argent blanc, comme la muscade de l'escamoteur, étaient passés dans les sacs en toile grossière des paysans qui étaient un pour si peu riches terriers. Donc, l'argent une fois disparu, il ne restait à la noblesse en question que les billets de banque et l'or, cette monnaie de luxe, dont jusqu'alors laquelle avait fait plus de la moitié de son dieu. Comme matière, moins lourde, plus facile à emporter et se cacher, en cas d'événements fortuits. Quatre, cinq, six ans d'empire commençaient à lui venir à charge, tant lui tardait de faire un grand pas de plus vers le but à elle. En 1855, ce fut une année des plus riches en récoltes en paille et en grains, en blé surtout, qui rendait communément dix hectolitres la centaine de gerbes.

Un jour, et je crois que c'était un 18 juillet, il me souvient qu'avec peine si on avait commencé d'empiler les gerbières, je fus déjeuner à une auberge qui se trouvait au centre d'un petit village, là où je vis en entrant quatre ou cinq bon appétit, chacun leur serviette sur leurs genoux, à la mine de bourgeoisement bien s'entretenir et de payer assez largement.

Quand ces individus furent partis, car ils finissaient leur repas quand je suis entré, l'aubergiste me dit : Voilà depuis quelques jours que j'ai ici en pension ces hommes sans comprendre quel est leur commerce. Ils parcourent les campagnes, vont de maison en maison, achètent partout tant qu'ils en trouvent du blé à 39 francs les 80 kilos, soi-disant que dans le nord la récolte du blé ne vaut rien.

— Bah ! répondis-je à l'aubergiste, vous n'êtes pas assez clairvoyant dans l'abîme malicieux de la politique pour comprendre le rôle qui se joue présentement dans toute la France. Ici on trompe l'ignorance des imbéciles qui, pour l'amour de l'argent, veulent bien simuler la bêtise, on fait entendre que, dans le nord, le blé a péri, et moi je soutiens qu'à l'heure actuelle, dans le nord, d'autres commis lancés à ce commerce par la même bande, se servent également de ce prétexte que les blés dans le midi ont péri également à la suite d'un mauvais brouillard et d'un fort vent d'autan qui a tout broui. Qu'en conséquence d'un si terrible désastre, ils ont ordre d'acheter du blé autant qu'ils peuvent en trouver aux prix ci-dessus indiqué. Mais, j'en suis convaincu d'avance, dis-je, tout ça n'est qu'un coup de cette toujours qualifié noblesse, pareillement qu'elle fit sous Philippe, lorsqu'elle voulut noyer son règne en le plongeant dans la mer avec la dite graine à fourrage, tente encore un de ses coups sur Bonaparte. Or, dans sa prétendue habileté, quelle sottise !... Voyez combien le diable est souvent maladroit : comme si elle eût voulu chasser loin de ses jambes le farou de la ferme en le menaçant à coup de gigots rôtis, la noblesse, toutefois sans pouvoir la plaindre, ne comprend pas quelle va contre où elle veut en venir? parce qu'après avoir à repasser chaque jour le chapelet en contemplant ses écus, le paysan n'entend rien à la politique; surtout à la sienne, de qui il a peur lorsqu'il en entend parler. Au reste, dis-je au même aubergiste parlant de la noblesse et de Bonaparte, savez-vous si le paysan va se révolter contre un homme s'il vient à savoir que le nom seul est la cause qu'il empoche tant d'écus en faisant une année, je suppose, de récolte de deux ans dans un et vendre deux fois le blé et le reste deux fois la valeur ordinaire, c'est-à-dire tel que les années passées il avait récolté vingt toiles de blé ne le vendant que vingt francs et cette année en récolter quarante hectolitres et le vendre quarante francs, ce qui fait pour le paysan à peu près quatre années dans une. Bravo! il va dire, si ça dure.

Eh!, quant aux finances pour acheter et payer comptant à un prix fou je ne sais combien de millions d'hectolitres de grains, du numéraire devait y en avoir fameusement de caché se rouillant à la ruine des mêmes qui l'avait stilé goutte à goutte à la sueur de leur pénible travail pour ne servir aujourd'hui qu'à faire une telle sorte de guerre et encore à la perte, à la ruine de ceux qui la font.

Ce n'est pas fini. Continuez, lisez et jugez de la valeur des oisifs que ci-devant nous avons nommé les ne vivant que pour manger, se reposer et pour ne faire en ce monde que le mal.

ACTE 12e

Le commencement de cette intrigue conspiratrice donna suite à un agiotage factice sur tous les comestibles et denrées de première nécessité, tellement qu'on ne voyait dans les cafés que des marchands grainetiers. Tel qui n'avait pas de fonds, s'il s'adressait à un châtelain pour lui demander une somme de... qui lui était nécessaire, ce dernier lui demandait premièrement ce qu'il voulait en faire.

— Pour acheter une pièce de terre, construire ou réparer une maison.

— Pauvre, en ce moment-ci, je suis complètement dépourvu de mes fonds; je suis mourant de regret de ne pouvoir jusque-là vous être agréable.

Un autre moment après :

— Bonjour monsieur de... ou monsieur le... je viens voir si en vous payant l'intérêt, comme de juste, vous pouviez me prêter la somme de huit à dix mille francs.

— Pourquoi faire?

— C'est que le commerce en ce moment va rapidement si bien que j'aurais envie d'acheter et revendre du blé, du maïs, etc.

— Mon ami, avec huit ou dix mille francs, vous ne pouvez pas faire grand'chose; mais c'est quinze ou vingt mille francs qu'il vous faut; achetez toujours et ne craignez rien, l'argent ne vous fera point défaut.

L'argent était venu plus rare que l'or, car on ne payait au comptant qu'avec celui-ci. De telle façon que le fanatisme finit par croire que sire Bonaparte, dit Badinguet, avait, en entrant en France, porté sur sa bosse les mines de la Guyanne et du Pérou!

L'aubergiste, étonné en voyant faire des paiements semblables, me dit :

— Que sont ces hommes? D'où viennent-ils qu'au lieu de lourds goussets en porte-manteaux, comme les autres négociants, ne portent que du papier et de l'or?

Moi. — Si vous saviez me comprendre, c'est bien ce que je veux vous dire : précédemment, en 1845, 46, jusqu'à 47, la noblesse s'est épuisée en pécune du premier métal par l'agiotage de la graine de trèfle, ne lui restant que l'or au fond des caisses, avec lequel à présent elle joue son dernier effort.

L'aubergiste. — Dans quel but croyez-vous que celle-ci puisse, contre ses intérêts, abuser ainsi de la fortune en la répandant si insensément à tort et à travers.

— Ceci s'explique d'une manière toute simple : elle sème à larges poignées en espérant récolter à grandes brassées ; mais je crois qu'elle s'égare dans la nuit ténébreuse de sa grande erreur, qu'elle court à sa ruine, qu'elle en sera pour la semence de son argent d'abord, puis de son papier et de son or en pure perte ensuite. Cette récolte, il faut que je vous le dise et croyez-le, n'importe quoi que l'on vous argumente, consisterait, si elle, la brave noblesse, pouvait réussir, à faire arriver, la burette du sacre pendue au cou, le bon roi légitime, dit du droit divin :

— Les rois ! justement ce que Dieu déteste le plus en ce monde, c'est-à-dire que par cette pratique secrète, la câlinement très pieuse noblesse s'exerce en se lançant à travers le hasard dans l'intention de retirer à l'homme le droit de vivre librement, d'en faire comme ses anciens pères son esclave, et le dépouiller ensuite de l'or et de l'argent plus que du double qu'elle n'en gaspille follement en rétablissant le beau régime de la dîme par le tant désiré Henri V.

De telle façon que la grande affaire concernant aux deux castes, la noblesse et le clergé, tourna en mal dans la marche des choses. Bonaparte ne fut pas l'homme du jour, tout à fait celui qu'on croyait faire détester en revenant au système de la famine. Le paysan, tout rustaud qu'on le croit, n'est pas toujours fait à d'autres illusions à part celles d'embrasser autant qu'il le peut à lui toute la ficelle, surtout chaque fois qu'il arrive à la maison, venant d'un marché ou d'une foire, portant des lourdes charges d'or, ne pouvait faire de l'empire son ennemi, il s'en serait bien gardé, mais plutôt le demi-dieu de sa très chère pagode, car personne vivante n'avait plus vu tant rayonner le soleil de l'or comme sous ce règne. Enfin, quelques années plus tard, après son apparition sur le trône de France, tout le monde crut d'abord que sous l'apparence d'un homme, Napoléon était la poule pondeuse; et, en attendant, la pauvre tireuse de carottes, la noblesse, en se brossant le ventre sur scène, regardait la rusticité rire fièrement de ses coups de tête.

Or, à la vérité, comme l'on sait, monsieur Bonaparte n'était pas absolument fait aux meilleures des vertus humaines, ni d'une très grande perspicacité. En compensation de cette faculté lui manquant, il avait des bons ministres artificieusement assez éveillés, comprenant la manière de jouer adroitement le tour, persiflant à l'oreille de l'homme providentiel que l'or nouvellement émis en circulation commerciale, battu jadis sous l'effigie de Louis XVIII, de Charles X, même de son oncle, ne provenait pas récemment des mines du Pérou, ni même de la Californie ; cet or, bien conservé à l'abri de la rouille, portant encore fraîchement la virginité des salons derrière les stores, où on l'avait enfoui à la contemplation de toute l'avarice, montrait sous un titre pur une qualité sans mélange ou fort peu. Rouher, l'un de ses premiers ministres, le plus sincèrement dévoué à la poigne, n'eût qu'à dire à son maître :

— Sire, daignez observer combien ce métal est joli, comme il sonne d'un tint virginal, il me paraît presque cassant si on le remuait trop fortement dans les poches. Si Votre Majesté voulait me croire, voici la proposition que j'aurais à lui soumettre : Je pensais qu'un énorme et tant riche trésor à votre fortune et celle de vos dévoués pourrait sortir d'une refonte de cette matière en y plongeant seulement un dixième d'alliage. Voyez, chaque milliard ferait cent millions à partager entre vous et nous sans toutefois altérer le métal qui, pour la monnaie et pour les arts, ne serait que plus ductile sous la pression du balancier et plus malléable sous le burin du guillocheur. Puis, comme nous venons de le dire, convertir alchimiquement le cuivre en or sans néanmoins altérer la valeur intrinsèque ; sire, je vous prie de considérer, avec conséquence, que tout l'or de France soumis à un tel procédé donnerait fameusement de la richesse au pays et ensuite l'avantage inconcevable du plaisir que chacun éprouverait de voir premièrement effacées les figures sinistres des rois de sur les anciennes monnaies, et d'admirer celle de leur cher empereur en la regardant sur les nouvelles pièces de vingt francs frappées à l'image adorable de Votre Majesté.

L'empereur, se sentant touché par ces flatteries, dit :

— Vous avez raison, Rouher, vous avez raison, car cette fois vous pointez juste au but qu'il faut atteindre. Eh bien! ce qui est dit, parole d'empereur et de son très distingué ministre, doit être exécuté.

Enfin, comme si une main puissante y eut contribué surnaturellement par quelque volonté favorable, à l'auguste homme, même ses plus grands ennemis se sacrifiaient à sa chance; ce n'est que les porteurs de besace qui allaient leur train courbés sous le même sac porter leurs meilleurs sous aux bureaux de la perception, fièrement, sans murmure, ni plainte, en même temps qu'ailleurs leurs enfants échangeaient avec l'ennemi du sire quelques coups de fusils. Avec cela, on peut bien crier hautement : « Ah ! que l'on était heureux du temps de Bonaparte ! »

ACTE 13e

Voici l'intelligence agreste, inculte des hommes, comment elle conclut dans sa digression burlesque, sans logique, ni moralement bien civilisée, ni scolastiquement bien éduquée. Du temps que le paysan boursicotait plus familièrement qu'antérieurement quelques sacs de mille francs, que sa fortune semblait lui grossir, c'est vrai, il prit un peu plus de goût à l'agriculture et au travail de la terre ; dans son grand amour de pécunes, il faisait des efforts pour la féconder en défonçant ses champs, en défrichant la pelouse de tous les parages et les bruyères incultes. Alors, dans son grand contentement de prospérité, celui-ci s'évertuait de faire entendre que, depuis l'empire, la pauvreté en France n'était plus croyable ; tandis que les pauvres eux-mêmes, à côté de l'or nouvellement changé de bourse, croyaient également être parvenus au niveau du grand capitalisme, tellement que les journaliers, terrassiers, lorsque le blé se vendait en moyenne trente-cinq à quarante francs l'hectolitre, comptaient sur les quelques sous de plus qu'ils gagnaient pendant les journées de travail, mais quand il pleuvait pendant les mauvaises saisons, ils ne comptaient pas ce qu'ils payaient du pain, du vin, de la viande, etc., de plus qu'avant; les métayers qui vendaient mille et souvent douze cents francs une paire de vaches à d'autres meneurs de terre, et cependant quand ils m'achetaient un des instruments utiles à leur partie agricole, ils ne pouvaient me payer à l'échéance du terme convenu sans me provoquer cette exclamation : « Comment, vous qui faites de l'or à poignées de la moindre chose et de l'argent de tout, vous vous plaignez en ne pouvant payer vos créances? » « Et oui, répondaient-ils, si nous vendons cher, c'est qu'aussi nous achetons chèrement. » Alors donc, cette seule raison doit vous faire comprendre que l'or et l'argent ne pouvaient s'arrêter qu'à la terre par les revenus de la propriété d'où ils sortaient à l'épuisement de la petite bourse du pauvre qui payait tout plus cher. A la fin, de ces orageux coups de bourse il en est résulté que les chaumières sont devenues de nouveaux châteaux, les grands châteaux et les palais des nobles sont descendus au rang des masures, et le paysan bon terrien, un peu aisé, n'ayant pas la gloriole des titres et n'y tenant même pas, commençait à s'adonner au luxe, à la vanité jusqu'à la cité des morts. Ayant aussi bien que le premier des nobles assez de quoi se payer le plaisir de se distinguer au cimetière, se faisait construire des mausolées superbes avec des épitaphes poétiques, au lieu que de ses bizarreries séditieuses, la noblesse, quoiqu'elle veuille alléguer, n'en a été que pour la fortune de ses fermiers et puis pour la vente de ses vastes domaines.

Enfin, le peuple à son préjudice, toujours plus sot par ignorance ou par cupidité trop brutale qu'on ne saurait le croire, durant le bruit de fortune tout le monde criait vive. Car cette bévue est du caractère de l'homme des classes du même peuple. Le pauvre, comme le chien fidèle à son maître, moins la comparaison cependant, s'il voit content le riche son contraste il bâille de joie, il est toujours prêt à applaudir à tout propos sans réflexion, ni examen si l'objet de son enthousiasme, dans le fond, n'est quelquefois le pire de ses plus grands revers de fortune. Eh bien ! que veut-on y faire, puisque d'être ainsi fait, chez l'homme, est une épidémie de naissance ; vu que les autres animaux, que l'on dirait naturellement d'un instinct plus philosophe, ne peuvent contracter ni adopter comme lui un régime d'inégalité de vie et de chose semblable ; en se montrant plus sobres, ils sauraient eux-mêmes se faire justice, en s'entendant d'un commun accord, s'il y en avait un qui prétendît se rendre maître de tout au détriment des autres, pour l'écraser. Ce que l'on ne fait pas chez les humains.

Quand le pays en fut aux extrêmes folies de l'argent, lorsque tout semblait se rouler dans l'or provenant merveilleusement d'une source la plus mystérieuse, le budget de l'Etat aussi, pour sa part, tombait en déficit, avec la dette d'un jour à l'autre croissant de quelques milliards que le divin empire, ultérieurement, devait laisser aux contribuables comme actif et passif de ses œuvres mémorables à liquider.

Et pour éblouir le peuple d'une prospérité controuvée, le même divin savait amuser les imbéciles en créant des concours de musique, de chant orphéonique, des expositions régionales agricoles, où, d'un côté, les musiciens et les chanteurs; de l'autre, les inventeurs d'arts et mécaniques de toute habileté étaient invités à concourir pour les distraire de l'attention sur sa conduite, attendu que Sa Majesté ainsi que les excellences de son entourage maltotaient leur colossale fortune, sans que nul, par cause de l'esprit occupé à l'émulation de l'honneur et des primes, puisse s'apercevoir de la convoitise.

Or, les idées, la plupart du temps, poussées par la prétention de faire fortune sous bénéfice d'une invention toute simple, chacun, même à l'oubli de la situation politique, se désonglait pour créer de son imagination un nouvel objet d'art sinon en exécutant sous modèle de fabrique, ne retouchant qu'une chose, la moindre pour enlever au produit la renommée du premier maître et s'en accaparer le droit de fabrique. De telle manière, en fait de récompenses si, quelque fut l'individu, il ne pouvait obtenir une entière satisfaction, un modique diplôme de dextérité suffisait souvent pour l'encourager à concourir de nouveau — ou plutôt à courir au devant de la ruine à la plus prochaine occasion. — Et l'avarice de tous les bords de par-ci par-là, fine ou stupide sans autre idée que la sienne fixe, sans cœur ni conscience, laquelle ne sert dans la vie humaine que d'office de cran permanant, sous lesquels sont rivés et les dépendances de l'homme et les droits de ceux qui en sont privés, à la vue que tout prospérait à son grossier avantage, elle ricanait narquoisement sur cette guerre purement d'intérêt et d'antagonisme, dont les auteurs, à l'envi, se tiraillaient à coups de génie inventif.

Au temps même que les petits ambitieux s'exerçaient à la perfection ou à l'invention pour grimper jusqu'à l'extrémité de l'espèce de mât de cocagne qu'on leur dressait dans un but inconnu, la législation impériale napoléonnienne tendait, avec soin, quelque piège à l'attrape des nigauds, tel que la loi appliquant la rigueur du collier et la taxe sur les chiens, qui, depuis les pauvres animaux, ont raison d'être plus fiers en levant la queue puisqu'ils payent patente au souvenir de ce noble règne, qui ne trouvait pas assez d'imposer aux gens, à leurs maîtres, la cote personnelle comme droit de vivre, imposait à leurs diverses espèces ou catégories canines un impôt de droit d'aboyer durant son existence jusqu'à son enterrement; puis le raffinement de la police de la chasse, de la pêche et l'obligation aux charretiers d'illuminer leur charrette avec une lanterne, excepté les voitures de gala, dans lesquelles s'emballent des barons et des évêques, qui étaient affranchies de ces rigueurs pécunières, pouvant voyager soit de nuit soit de jour sans besoin de cet éclairage, pour éviter d'être accointé par les gendarmes. Quoique en dehors de la taxe appliquée sur les chiens, dans le cas prévu d'en réduire le nombre, l'on ne puisse tout à fait critiquer la rigueur des autres mesures, nous avons cependant le droit d'objecter : Mais pourquoi donc ces lois se faisaient-elles et se promulgaient-elles à l'insu du public, et sans aucun avis donné préalablement à personne de leur existence, afin de prévenir la contravention ? parce qu'on y comprenait, au profit fiscal, plus que de l'équité de la part de ceux qui les faisaient, qui les corroboraient. Mais pourtant, au lieu de protester contre aucun de ces actes arbitraires, toujours dociles comme les mêmes grenouilles de la fable, trouvant si doux de mourir par le trop d'honneur que monseigneur le dauphin leur faisait en les engloutissant aimablement au fond de son jabot, rien n'empêchait aux fanatiques embistrouillés, de crier : Vive l'ogre qui nous gruge. Oh ! que le joug de son oppression est doux quand on sait mourir en souffrant pour le plaisir de lui être agréable ! . . . .

ACTE 14e

Napoléon III, surnommé l'amoureux du beau sexe, grandement insigne par savoir obérer le budget national, dont à force d'homme taré, comme toute chose qui ne prend du commencement que pour mourir avec le germe qu'elle porte en naissant, c'est-à-dire de la même façon d'un mur qui toujours tombe du côté qu'il penche, comme il est dit, le même Napoléon, à l'occasion qu'il fut délivré de sa captivité, retenu en prison, a d'une balle mortelle ôté la vie à un soldat consigné à sa garde ; c'est donc incontestablement par un grain d'homicide qu'il a commencé la longévité de crimes pour convoiter le trône dans l'intention, à l'avenir, de consommer le reste. Avant de descendre dans la fosse éternelle, cet homme de race bonaparte, trouvant que les enfants du peuple jouissaient d'un peu trop de liberté et de bonheur, quelques années avant sa chute, mit, de sept ans qu'il était auparavant, le service militaire à neuf ans.

Mais dix-huit ans d'un pareil règne d'égoïsme sans exemple fait à toutes les doctrines dignes de reculer l'humanité au temps du plus antique brutalisme, enseignant quand on s'appelle la force, à ne rien respecter et à n'aimer personne après soi. An par an, sentant lui-même approcher chaque jour son détrônement, désiré d'ailleurs ardemment de grand cœur par la nation. Or, en proie à une maladie que l'opinion publique attribuait à une cause mercurielle et entouré de la haine publique, commençant à le détester, son audace voulut quand même triompher d'un mérite illusoire en se prévalant d'une estime de laquelle on ne pouvait lui tenir aucun compte. En voyant enfin que d'un jour à l'autre il devenait pour la France un poids des plus lourds, il voulut ôter donc de cette estime publique de laquelle tout se targuait, en consultant l'idée générale du royaume par un plébiscite qui eût lieu le 9 mai 1870. Ce plébiscite avait pour objet la consultation du pays tout entier pour savoir oui ou non si la France était pleinement satisfaite de lui.

Cette consultation solennelle comme ses procédés analogues, avait pour suite de près la récompense ou la disgrâce. Dire oui qu'on voulait de l'empire, c'était confirmer la paix, et dire non c'était signer la guerre.

Sous une telle pression ou impulsion de puissance officielle, le *oui* triompha sur le *non* avec un succès à peu près de huit parties sur dix. Mais cet absurde triomphe du *oui* sur le *non*, quoiqu'il dût être la paix, n'a pas pu empêcher du mois de mai à juillet prochain la Prusse de déclarer la guerre à la France, ce qui prouve du reste que tout mensonge, si bien brodé qu'il soit, ne réussit pas toujours, quelque royal ou impérial qu'il soit.

A l'occasion de ce plébiscite, les deux classes du peuple, la rurale et la citadine, commencèrent à se montrer un grand dissentiment politique l'une contre l'autre. Le gros chiffre du *oui*, ce fut la campagne qui le fit sortir des urnes plébiscitaires. Les grands et les petits centres, où l'intelligence se faisait le plus remarquer, se prononcèrent résolument pour le *non*. Ce fameux *oui*, Bonaparte voulait bien le faire flotter comme une grande victoire pour fortifier sa dynastie en lui donnant faussement comme conséquence un caractère qu'il n'avait pas et sans que toutefois rien pût le ramener à aucune concession de libertés qu'il devait au pays; il serra au contraire davantage la vis de son régime arbitraire. Mais la Prusse qui, déjà on ne sait depuis quelle époque, préparait contre nous une campagne, fabriquait des armes, des canons Krupp d'une très longue portée et de bons fusils Chassepot, alors que notre empereur passait son temps à recevoir des personnages de la plus haute réserve, à donner de grands repas, de brillantes soirées, des bals splendides et des parties de plaisir les plus voluptueuses, etc., etc. Et quand le roi Guillaume fut sur le point d'envahir notre territoire national, tous les officiers de nos armées n'avaient pour tactique que la parade du grade et celle de bien traîner le sabre ou l'épée en se frisant la moustache ou accoudés sur les tables des cafés; juste au dernier moment ils se sentirent soudain comme éveillés d'une sorte de torpeur par un coup de surprise, quand en lisant les journaux, voyant qu'il fallait aller se mesurer sur le terrain, vaincre ou mourir, avec l'ennemi qui était à nos portes, entre la France et l'Allemagne.

Enfin, la destinée de l'homme fut telle que lui-même devait la fixer. La tache de sang de son premier crime tant reproché à sa couronne ne pouvait s'effacer de son front qu'en accomplissant la carrière de ses œuvres criminelles; le premier sang versé en demandait d'autres plus grands torrents qu'il devait faire couler en livrant lâchement les hommes à la mort et la France au pillage d'un autre bandit de même aventure et du même mérite, en engageant une guerre sauvage et de traîtres qui devait en susciter encore une autre plus terrible, celle du massacre entre patriotes, entre frères, la dernière humiliation et la ruine irréparable que la France ait jamais pu subir. C'est-à-dire que depuis la victime innocente tombée à côté de l'officier de garde à la prison de Ham jusqu'à sa capitulation honteuse à Sedan, il y a un abîme de dix-huit ans, lequel renferme les évènements les plus horribles que l'histoire des faits accomplis tas sur tas à l'œil dorment nonchalamment sous le beau vernissage de l'or et de l'argent sonnants, puisse décrire comme couronnement dépassant l'édifice de tout crime ignoble.

ÉPILOGUE ET CONCLUSION

SUR L'EMPIRE ET LA GUERRE DE 1870, LAQUELLE, DES DEUX COTÉS, FUT EXCLUSIVEMENT FAITE SOUS UN PRÉTEXTE DYNASTIQUE.

La mort des hommes, la défaite et cinq milliards de rançon restant à payer à la Prusse, voilà l'héritage que Bonaparte a laissé de son beau règne à la France.

Bonaparte avait besoin d'une guerre, celle en question ou une autre; il lui en fallait une, car il n'aurait pu donner à son fils ce qu'il appelait le baptême du feu. D'autre part, il la fallait aussi au roi de Prusse, pour la raison du plus fort contre le faible, la raison de la bête cruelle contre l'agneau se désaltérant dans le courant, à cent pas au-dessous d'elle. Il lui manquait encore la préparation de l'avènement de Hohenzollern comme prétendant de plein droit au trône d'Espagne pour en faire sa propriété.

C'est par le feu et le sang que le premier entendait administrer à son fils le premier sacrément d'orgueil et de gloire, tandis qu'au second de ces deux fiers lions il manquait contre la France la perversité comparable à celle d'un bandit foulant aux pieds la vigne, ou le champ, sans quoi il ne pouvait provoquer au propriétaire une vexation sans droit ni sujet, en allant sans l'avis de ce peuple chaudement vif et intelligent, même sans le consentement d'aucune puissance, s'accaparer le bonheur du trône d'Espagne. De la poudre et des hommes tels étaient les deux éléments relatifs qu'il fallait pour résoudre l'affaire entre ces deux hommes néfastes.

Au sujet de ce caprice politique, on va voir qu'il est aussi facile aux personnages royaux de soulever une querelle souvent sans motif que d'en venir belliqueusement aux hostilités pour la moindre contradiction pouvant blesser leur morgue.

Hohenzollern, encore un individu de la race radicale des trouble-ménage et de l'arbitraire providentiel, ne pouvait être ce qu'il prétendait, car il s'en manquait d'une couronne. Sans consulter aucune loi de pacification ni conformité à aucun traité concordataire, comme il vient d'être à peu près signifié, il voulait, sans rien vouloir considérer de sacré, dédaigneusement, en provocateur signalé, marcher sur le corps de la France dans l'intention de la réduire plus tard en allant, d'abord intrusement malgré la volonté et le patriotisme des Espagnols, s'introniser monarchiquement leur cher roi, leur cher despote, censé dans le but bien exprimé de nous enserrer comme entre deux Prusses, afin d'étendre le pouvoir germanique jusqu'au Portugal. Comment faire pour provoquer un tel évènement ou plutôt un pareil désastre sans offenser directement la France ? Pour violer un respect que l'on porte seulement pour la forme, il en faut si peu, que le simple refus d'un salut à rendre à un représentant d'affaires peut suffire à la rupture des liens de la paix entre deux puissances. On n'eut qu'à manquer de convenance politique envers la personne de notre ambassadeur, qui, je crois, était alors M. de Gramont.

En effet, en pareille occurrence, pour rompre l'intimité qui déjà depuis longues années était plus mal que bien fondée de par l'ambition de Bismark et de Guillaume, convoitant l'Alsace et la Lorraine dans le but d'avancer leur frontière en empiétant sur notre territoire. Il ne fallait en plus que l'imbécilité, la couardise ou la trahison de notre empereur, l'une ou l'autre des trois, tant il semblait satisfait en apprenant la mésintelligence qui commençait à se manifester diplomatiquement à Berlin contre la France. Ne sachant quel plan résoudre pour concéder héréditairement la couronne à son fils, l'empereur ne peut se donner la peine d'attendre que le dernier signal de la guerre parte de celui qui voulait bien la lui déclarer; en poltron plus qu'en véritable prousse, il demande sur délibération aux Chambres législatives, manière, leur approbation qui, excepté la gauche, lesquelles ne surent lui refuser avec considération la funeste campagne. Par conséquent, la plupart des députés partisans de sa dévotion officielle, craignant de le contrarier, à l'unanimité, tous signèrent la guerre, et tout ce qui était chauvin criait à gorge déployée : « Vive la guerre ! A Berlin ! à Berlin ! »

Grimace d'agir avec prudence, avant de se mettre en campagne, on fit le semblant de se renseigner auprès de Le Bœuf ministre de la guerre, en lui demandant si l'effectif de notre armée était assez conséquent pour répondre aux engagements contre l'ennemi dont l'issu s'accentuait de plus en plus d'un jour à l'autre. Celui-ci répondait affirmativement d'une façon regrettablement mensongère à cette interpellation, en faisant entendre que nous avions sur pied prêts à partir plus de 500,000 hommes de troupe, armés, équipés, préparés à la marche, et nous n'en avions que trois cent mille mal armés, très mal équipés, sans compter environ 80 à 100,000 hommes qui étaient dispersés pour veiller aux troubles qui pouvaient surgir du côté des Pyrénées. La faute, la grande faute du gouvernement impérial fut celle de préférer la consommation, la dilapidation des finances à des fêtes, à tous les plaisirs et d'autres vétilités à l'acceptation du système canon Krupp et du fusil se chargeant par la culasse dit chassepot, se joignant au mensonge intolérable de Le Bœuf, soutenant à l'interpellation de M. de Keratry, député du Finistère, cette déclaration nette et formelle : « Nous sommes prêts, nous ne l'avons jamais été plus, nous ne le serons jamais davantage. »

Le Bœuf trompait la Chambre et le pays en parlant ainsi. Or il assume sur la tête un très lourde responsabilité. D'un mensonge de général et d'un coup de quasi insanité impériale, il en est résulté que les trois ou quatre cent mille hommes armés avec des fusils à percussion et de quelques canons à âme lisse, et commandés passivement par des officiers lâches, traîtres et maladroits, n'ayant appris l'art de la stratégie que dans le soin de bien se pommader les cheveux, de s'adonner à la parade, au luxe des gentilshommes de cercle, plus que de sabre devant Reishoffen, fut le grand malheur des Français et de la France à l'époque. Et Le Bœuf, loin du carnage où à force de morts les cadavres appuyés par monceaux restaient debout, et loin de la fumée de la poudre, ricanait impassiblement de sa balourdise, tandis que l'insigne Bonaparte du temps que la fusillade et le canon de l'ennemi crachait en pleine poitrine de nos hommes la mitraille fauchant les rangs, avec son fils faisait bêtement le semblant de glaner des balles, en disant: Bon, j'en tiens une, j'en tiens deux, voilà la troisième.

En suivant le cours des fatales journées d'échange de projectiles avec le fameux Molke, la presse n'avait à faire qu'à nous entretenir de ses bourdes fallacieusement brodées à plaisir, en disant: notre infanterie et notre artillerie, cette fois, ont bien mérité de la patrie; l'une et l'autre ont vaillamment donné fort sur l'ennemi, l'ont repoussé de tant de kilomètres, en laissant tant de mille morts ou blessés sur le terrain après tant d'heures de combat. Mais c'était le contraire, au lieu de tant de kilomètres c'était de tant de lieues que l'ennemi avançait chaque jour dans nos possessions; et si de morts ou blessés restaient à relever de la poussière, c'était plus que moins de nos hommes tombés sous le boulet ou sous le choc des balles où à peine si nos pièces et nos fusils Remington pouvaient atteindre la demi portée. Mieux que cela encore, une espèce de tête brûlée de journaliste, un jour s'est plu à reproduire par son journal ce fabuleux canard : que pour s'amuser à faire brûler aux Prussiens leur poudre en l'air les Français, dans l'obscurité de la nuit, avaient imaginé de planter des pieux, puis avaient au bout de chacun mis un képi rouge sur lesquels les Prussiens avaient niaisement tiré dessus toute une journée. Mais cette fanfaronnade vaine et controuvée, lancée même au discrédit de la confiance des journaux mieux renseignants, ne fit que passer avec les bris de son papier, accompagnée du mépris des lecteurs, emportée par le vent.

La première des choses que nous apprîmes à la suite des premières tempêtes désastreuses à notre ruine fut la capitulation de Sedan ; l'empereur ayant rendu l'épée à Guillaume et fait prisonnier de guerre ; événement duquel pour le maintien de l'ordre les contrepartis se hâtèrent de prononcer sa déchéance et de proclamer, en attendant, provisoirement la République, ce qui donna un peu d'embarras à nos députés pour se sortir louablement d'affaires. Enfin plus loin nous reviendrons sur cette question. Comme poursuivis par la fatalité, d'un moment à l'autre nous étions en perte des meilleures positions ; ne nous restant que l'espoir que chacun nous avions en Bazaine défendant Metz, mais hélas! l'émotion fut d'autant plus générale quand on sut qu'après s'être héroïquement défendus et s'être vus criblés de subsides, que les habitants de cette éternellement regrettable cité avaient subi le dernier affront, celui de la radiation de l'Etat français pour dépendre arbitrairement d'un pouvoir que de père en fils ils avaient toujours eu en horreur. Beaucoup de ces très honorables citoyens, dans la douleur d'être séparés de leurs mère-patrie, de n'être plus Français, mouraient de chagrin ou de langueur, d'autres vendaient ou vendirent leur avoir pour rester Français en maudissant Bazaine, dont la confiance en qui les avait déçu lorsqu'espérant en l'habilité de sa stratégie, en tête de 70 à 80 mille hommes, ce traître! il négociait sourdement la défaite et la réduction de notre puissance, en livrant à l'ogre de Prusse l'une de nos places la plus forte, nos canons, nos fusils et nos hommes, dont la nouvelle ne fit qu'un bruit lamentable dans tout le royaume : grand dieu! Bazaine a vendu aux Prussiens la ville de Metz ; nous sommes perdus....

En effet, en particulier, chacun dans la

crainte de devenir cosaque, avait peur de perdre le nom de Français.

Metz pris avec ses forteresses, ses canons, une centaine de mille hommes faits prisonniers et la razzia d'autant de fusils, c'est un de ses plus puissants membres que l'ennemi a ôté à la France. Après ce démembrement formidablement, Molke n'avait qu'à diriger d'étape en étape ses corps d'armée sur Paris sans craindre aucune résistence. Mais il me souvient toutefois qu'à Ferrières, Guillaume, pendant une brève armistice, ayant fait parlementer aux hommes de la défense nationale, puisqu'on n'osait encore bien ouvertement dire la république, leur faisait proposer relativement ses bonnes conditions, un traité de paix, certes moins hontable que l'ultérieur. Pour une pareille mission on délégua des hommes reconnus ayant le plus du poids auprès d'un tel personnage et comme plus capables de traiter légalement une pareille question. M. Jules Fabre et quelques autres furent désignés à remplir cette mission difficile. Lui Jules Fabre a, le premier, exprimé son avis consentant à une translation pacifique, par laquelle concédant à l'ennemi Strasbourg et l'Alsace, dont le même ennemi s'en tenait pour satisfait.

Au retour de ce digne mandataire, apportant aux Chambres les conditions que l'opposé acceptait moyennant l'annexion à son territoire de la radiation ci-dessus comprise. Cette nouvelle piqua la susceptibilité de quelques un peu trop irréfléchis esprits sur les conséquences de l'avenir, je crois que c'était M. Gambetta, à qui, quoique jeune, l'âge n'enlevait rien à son génie comme talent, remplissant à l'époque le rôle de ministre de la guerre qui, mal à propos, aurait lancé le mot de guerre à outrance; bien entendu, cependant, non qu'il désirât voir couler du sang plus que d'autres, mais dans la croyance de tenir tête seulement pour effrayer l'ennemi. De sorte qu'une fois le délai que Guillaume avait accordé à M. Jules Favre fut expiré sans obtenir aucune réponse favorable à sa prédilection de vainqueur souverain, l'homme farouche, se voyant favorisé par la force, voulut, jusqu'au bout, manifester sur nous tout le prestige de sa puissance et fit prévaloir, en les mettant au-dessus de toute conscience, ses plans de dévastation à notre ruine de longtemps réparable, et, à pas accélérés, il a marché sur Paris; dans peu de jours celui-ci vit forcer les habitants d'évacuer les alentours, à abandonner leurs propriétés se composant de belles plantations, de beaux alignements, de plaisances, de domaines superbes, de magnifiques jardins, tout ce qui, après Rome, faisait le charme de la capitale du monde civilisé, tandis que le malin a, sans égard, foulé à ses pieds ce que la nature avait pu resplendir de grand et de beau par sa richesse sous le soleil pour l'assiéger, et le forcer à capituler par la famine; et, effectivement, les Parisiens, nos frères, furent réduits au dernier des extrêmes par la Prusse; faute d'autres aliments, on se nourrissait de la viande impure de chat, de rat, voire même de chien, alors qu'en province, d'un moment à l'autre, nous attendions la nouvelle de leur délivrance à l'aide de quelque bon coup donné par les forts écrasant les assiégeants.

Oui, je le répète encore, chacun en province nous mettions la confiance aux forts défendant Paris, mais tous les officiers, à partir du fameux général Ducrot jusqu'au dernier de ses subalternes, tous embéguinés de bonapartisme, exprimant la République en horreur, en hommes inertes comme des automates de fange, sans énergie, ne montrèrent à leur honneur le plus misérable aucun effort vaillant; ils étaient lâchement assez assoupis d'un sommeil de trahison dans l'âme, alors qu'ils auraient dû donner de toutes les bouches à feu pour repousser l'invasion; mais non, on laissa entrer l'ennemi sans tirer un seul coup de canon, au contraire, ils lui soumirent poliment les clés, et, de cette sorte, l'ennemi se rendit maître de toutes nos positions, même les plus inexpugnables. Puis, en récompense de ses gracieusetés, le Prussien nous taxait au régime de ces lois slaves, et les pauvres Parisiens, eux, s'y conformèrent régulièrement sans murmure, sinon gare les rigueurs de la guerre !

Néanmoins, sans critiquer personne du parti, car dans toutes les coteries politiques il y a de très honnêtes gens, malheur à qui les déshonore en les trompant. Mais que l'on fasse avant tout personnellement abnégation de ses préférences partiales, qu'on juge avec un esprit de sagesse le commencement de ce malheureux, et finalement dans quel état a-t-il trouvé la France et dans quel autre l'a-t-il laissée cet homme à tous les vices et à tous les parjures?

NOTION SUR LA COMMUNE

SUCCÉDANT A LA GUERRE DE 1870-71

La vérité, parlant au nom de l'équité pure, dit qu'après les misères les plus avilissantes qui récemment, pendant seize ou dix-huit mois de dissension belliqueuse, venaient de s'abattre sur la pauvre France, sans pouvoir, hélas! être le comble des maux, qu'à la suite des irréparables dégâts causés spontanément par le fléau des attaques guerrières avec la Prusse, il fallait encore le débordement des passions politiques en révolte acharnée contre la forme nouvellement établie pour recommencer la lutte entre frères de la même nationalité; la minorité, avide de domination et à toutes forces voulant gouverner, tendait à en venir aux prises contre le nombre protestant, et je ne sais depuis combien de siècles travaillait à reconquérir ses libertés, dont jusqu'alors, par le roi ou par l'empereur, ce même nombre avait été iniquement maîtrisé; l'hypocrisie, le mensonge et le mal se déclaraient en révolte contre la majorité des masses populaires, parce qu'à la fin cette grande majorité voulait briser le fer des chaînes trop lourdes de la servitude et de l'injustice qu'on faisait peser sur elle; en plus, cette majorité humaine voulait un jour en venir à dévoiler le mensonge officiel ou béat et à démasquer la superstition et l'hypocrisie pratiquée de tous les temps par les sectes religieuses, qui est du premier devoir bon de se couvrir; en un mot, le grand peuple aspirait à ce que un jour vienne faire connaître aux diverses masses sociales la misère, la douleur constante des pauvres, résultant du trône et de l'autel, dont l'un et l'autre de ces deux objectifs, comme du passé éternel voulant prévaloir au-dessus de toute droiture, se déclarent en rébellion contre le bien intégralement commun, contre la vérité se dressant en face eux comme un fantôme pour les confondre, c'est-à-dire trois loups de l'ordre affamés de pouvoir et de places, sauf de travail, bâillant de faim au pied du trône sans roi, sans empereur, voulant de leur dent terrible engloutir la brebis de la chétive République, qui était nouvellement venue remplacer l'un ou l'autre, le roi ou l'empereur; de ces trois loups en question, d'une voracité réciproque, aucun n'osait mordre le premier l'amorce de crainte que les autres deux lui tombent dessus et fusionnent ensemble pour entraver à la jeune République la marche du progrès.

Le dernier de ces trois partis déchus, par suite de l'incapacité du grand chef tombé maladroitement d'une façon triste, dévergondable, n'était pas néanmoins le moins audacieux, le moins impérieux, le moins imposant, mais bien le plus arrogant; présumant être l'éternel propriétaire de la nation et le maître absolu de tous les Français; car il avait ses acolytes, se croyait fort derrière cette bande prête à tous les mauvais coups de main en la recrutant chez toutes les conditions du bas étage, de qui chacun avait raison de suspecter la présence.

Seul, un de ces trois partis d'un sentiment divergeant en réaction constituée à l'opposition de la démocratie, avait un égide connu sous le nom de Thiers, homme remarquable par son talent et comme ingéniosité politique, le plus capable de mener la cabale en faveur des Orléans, et, par conséquent, le mieux à même d'ourdir adroitement l'abolition du régime nouveau de la République. Les autres deux, d'un accord et d'une entente limitée, espéraient de la République nouvellement adoptée se disputer au plus fort les entrailles; mais réfléchissant aux inconvénients, ils se tournèrent tous les trois du même côté. Or, ce M. Thiers était le saint vénérable des trois fractions coalisées en partialité inverse, et, momentanément, d'entente commune, dans la même intention de renverser le nouveau gouvernement de la défense nationale. On fit, de l'intérieur, réunir toutes les troupes sur Paris, afin d'imiter et reprendre du téméraire Molke les mêmes positions et continuer son œuvre de dévastation contre les Parisiens.

Celui-ci avait exclusivement occupé cette place pour faire souffrir les dernières misères aux citoyens de la capitale, nous vaincre une fois, puis nous emporter cinq milliards. — A nous à présent, à leur faire pire s'ils refusent de se rendre à notre volonté — dirent les anti-français de Versailles. De cette manière, les Parisiens, au lieu d'être bloqués par l'ennemi de dehors, furent, sans s'y attendre et sans méfiance, assiégés par les Prussiens français. Eux, les Parisiens, en qualité de population la plus intelligente et la plus libérale du monde, ne savaient quel dessein couvait au fond de ces tarquins coalisés en vandales modernes, réunis à Versailles. Les Parisiens fiers de leur triomphe et jaloux du bonheur d'être parvenus à se débarrasser d'un tyran, duquel il leur avait si chèrement coûté de se dépêtrer, connaissant Thiers de longues années, ils le regardaient d'un œil douteux comme un tribu de factions révolutionnaires et de contre révolution. La crainte qu'on leur escamote la République, ils acclamèrent d'abord la formation d'un comité central, lequel en vertu d'un pouvoir dont il s'était revêtu de sa propre autorité, agissait, il faut l'avouer, avec un peu trop de violence ; fit instantanément dresser des barricades relativement la sûreté publique, bon jusqu'à ce point. Mais il s'est trompé quand il a envoyé sous otage de parlementaires pour savoir enfin ce que pensaient de la situation actuelle ceux de la représentation nationale, siégeant hors Paris. De ce côté aussi, on commit à jamais impardonnable, la première grande faute, celle de retenir en prison les mandataires ordonnés à leur adresse, n'ayant pour offense qu'un caractère respectif portant à leur remise des informations instructives, sur les renseignements à prendre afin que la tête puisse se comprendre et s'entendre sur la même ligne à suivre avec le corps. Point ne fut cela, quand les fiers bourgeois semi aristos monarchistes, ne parlant qu'après les hautes décisions du speudo-roi Thiers, virent à leur adresse des dictées pleines de civilité et d'une bienséance distinguée et plus que suffisamment eorrecte de la part d'hommes censés appartenant au travail, de pareilles sans doute, beaucoup d'entr'eux ne se sentaient capables d'en ébaucher de semblables, mata leur bestial orgueil, se moquant des dépêches qui leur étaient soumises ainsi que des porteurs. Chose que toutefois auraient dû mieux accueillir avec respect. Quand après cette sotte et provocatrice façon d'agir entre patriotes, entre frères nationaux, l'immense population de notre chère capitale comprit la nique, le mépris que l'on faisait d'elle, — car souvent en pareille circonstance les Parisiens ne sont jamais aussi pédants que le premier de nos prétendus hobereaux provinciaux, — s'apercevant qu'ils étaient trahis par le monarchisme, c'est alors qu'ils se virent forcés de se déclarer autonomiquement en commune ; et dès ce moment, les colères montèrent à perte de la raison, et l'agression commença par la fusillade des otages ; — ce qui d'une vengeance de caprice de parti reste dans l'histoire un crime si grand et si abominable qu'il noircira à la mémoire des auteurs la circonstance sur tous les points des horizons mentales. Ces faits ou crimes si effrayants qu'ils fussent, il faut avant tout observer qu'ils n'auraient point eu lieu sans l'effarement des hommes provoqué par l'absolutisme autoritaire de la fanatique et ridicule agglomération de Versailles, composée d'hommes imbus, ivres de fierté jusqu'au vertige de l'ostentation ; refusant toute conciliation envers ceux qui voulaient se dire leurs frères. Aussi ce refus d'amitié et de reconnaissance frénétique a subtilement distrait les hommes qui, à défaut d'autre autorité licite, prirent en main la direction des affaires communales, et l'exécution des décrets et des arrêts que la commune prenait.

Sans nous faire l'apologiste d'aucune part, la fumée de la poudre brûlée en visant le plomb sur la poitrine des innocents, mourant patiemment au pied du pilori sans avoir commis d'autre crime à mériter une mort si tragique que celui : les uns d'être général, les autres d'être évêque, d'être prêtres ou royalistes peut-être et non républicains, n'était purement qu'une repousse allégorique à celle de l'armée tirant sur le peuple, de quelque côté que la chance en dise, pour signifier aux vaincus qu'un jour payeraient cher leur audace. L'irritation en brouillant les esprits empêchait aux hommes pendant leurs actions de ce genre, de réfléchir à ces dangers plus qu'imminents ; on les massacrait, et les Parisiens ripostaient par le massacre, et ils massacraient, répondant par ce qu'on leur faisait.

Bonjean, homme de très bonne grâce; Darboy, archevêque de Paris, et plusieurs autres prêtres ou laïques reconnus ou soupçonnés partisans du monarchisme stationnant sans aucun droit légal au Trianon, pour commander à la troupe d'incendier la ville et d'y brûler tous ceux qui seraient reconnus comme républicains trop prononcés refusant de se rendre aux ordres de l'officier major commandant l'état de siège. Sur toutes ces observations trop officielles sans aucun droit de l'être, les communards mirent à mort les malheureux dont le sort doit reposer sur la pitié de chacun; oui, ils tuèrent des hommes qui ne méritaient pas de mourir pour pousser la vengeance sur leur ennemi d'outre-barrière, lequel, dans un moment donné, ainsi que ceux qui dirigeaient le mouvement dans Paris, ne savaient trop que juger de l'avenir. L'affaire était entendue d'avance, si la Commune avait gagné, il pendait au nez des Versaillais la même poire qu'ils firent tomber sur les communards, pour les payer de leur première faute. Pour en revenir aux exécutions imméritées et très inutiles, elles ne comptent à la gloire des survivants que comme un véritable assassinat exécuté sur la personne d'anges inoffensifs, sans passion, ni colère, ni haine contre personne, dont le sang doit retomber non seulement à la responsabilité des exécuteurs appartenant à la Commune, mais encore à la charge des provocateurs de l'ordre moral qui avaient injustement retenu ses envoyés.

Pendant qu'ici on faisait trop de mal au point de vue de la conscience humaine, ailleurs un brigandage sans nom, issu de la plus basse populace, hommes et femmes sans aveu, la plupart repris de justice, ce qui naguère constituait en majeure partie sous l'empire le mouchardage, se nourrissant au biberon du budget, en étant sevrés, ayant perdu l'habitude du travail, afin de rendre la Commune encore plus horrible aux yeux de ses détracteurs, se mêlèrent dans les échauffourrées communeuses. Les uns, ceux de ce dégoûtant acabit, poussés par les tant prônés honnêtes gens de Versailles, ameutaient la probe populace, l'excitaient à faire du mal le plus possible en lui suggérant des rapports faux ou vrais ; tandis que les autres, les deux sexes en mélange, tiraient des plans, causaient, délibéraient en immonde promiscuité ; les femmes portaient à la main ou sur la tête des grands vases pleins de pétrole dans. lesquels les hommes mal famés qui les suivaient y trempaient une éponge fixée au bout d'une perche qu'ils portaient et ils enduisaient de ce liquide inflammable les maisons qu'ils avaient préalablement marquées avec des pains à cacheter, et toutes les boiseries auxquelles ils pouvaient atteindre et on y mettait le feu. Par ce procédé malignement ingénieux, certains quartiers devinrent la proie des flammes. Enfin, il faut conclure que si ce n'eût été la clique des gens de sac et de corde, sans cœur, ni âme, ni mœurs, aucune bagarre de désordre semblable ne se serait produite, aucun sinistre ni ruine par le feu n'aurait eu lieu dans Paris à la souillure et à la dégradation d'aucun citoyen honnête n'ayant pris les armes que pour défendre en commun la cause de leur conviction. Mais les hommes ! Nous savons ce que sont les hommes quand chez eux ce n'est pas la raison qui juge, mais la colère qui parle, qui délibère, surtout quand cette colère est animée par la moindre instigation de quelque diable dont l'élément à sa joie est le boulevement d'une société ne pouvant exister sans la paix.

Revenant à la question des intrigues, il est à présumer que la basse tourbe avait des confidences secrètes du côté de Seine-et-Oise, qui lui donnaient la double mission de répandre le désordre et la corruption, toujours dans le but de nuire à la Commune et à la République, et que le mieux de leur cause et la réalisation de leur espoir devait sortir de la destruction. « Tranchez, brisez toujours, causez le plus de dégâts possible; plus tard les caisses de l'Etat paieront les frais de la fête macabre. » En effet, des citoyens, gens des plus honnêtes, quelque temps plus tard, après les avoir connus par leurs actes, se rappellent qu'un tel ou un tel, un jour leur disait : « Que pensez-vous des messieurs de Versailles ? Les voilà là-bas, ces types qui se la passent la plus belle en bouffant leur cigarette, en se pavanant à l'ombre des lilas ou autres arbustes d'horticulture sous les rayons du beau soleil, ayant ici leur belle maison, leur château, Thiers, par exemple, son beau palais, ce qui de chacun est la propriété, la fortune, la richesse, ce que, nécessairement plus que nous, ils ont intérêt à défendre et cependant, durant le blocus par la Prusse qui nous cernait, est-ce que nous ne nous sommes pas mille fois exposés à la mort pour la leur conserver? Aujourd'hui que le Prussien n'est plus à nos portes, observez comment ils entendent satisfaire notre vigilance. Des coups de fusil et des coups de canon envers nous, telle est leur gratitude. Eh bien! que ces riches immeubles soient mutuellement leur reconnaissance envers nous de pareille sorte, l'objet de nos représailles! incendions-les, réduisons-les en cendres. Si les propriétaires se saoûlent paisiblement là-bas à leur aise, chauffons-nous ici de leur bois, et plus tard ce sera autant de besogne tournant au profit de la maçonnerie, de la charpente, de l'ébénisterie, etc., etc.

Les faits les plus inqualifiables s'étant ignoblement déroulés sous les yeux des pauvres habitants de Paris égarés, ne sachant plus où ils en étaient de la tête, n'ayant plus conscience de leurs actes, cédant, hélas! aux obsessions malveillantes de la séduction, de la perversité. Les bons firent cause commune avec la canaille; et puis faisant à qui le plus pouvait agir sans pudeur, violer les règles de toute conscience en détruisant, incendiant, saccageant, massacrant. Alors, ramener les hommes au calme n'était plus possible. A la vue du sang de leurs frères, de leur père, de leur mère, de leurs enfants, de leurs amis, coulant par les ordres de Versailles, des braves Parisiens le cri général partant de derrière les barricades : « Vaincre les tyrans ou mourir ! » Telle fut leur devise. Les victimes des effervescences ne connurent leurs perfides instigateurs qu'en témoignage à leur mise en accusation, ainsi qu'on le verra plus loin, à la cour martiale.

Mais pour les Parisiens, gens d'une foi stoïque, tomber sous un coup organisé à mauvais escient contre eux d'avance, sans vengeance, l'agonie de ce souvenir à regret était ce qui pouvait rendre leur mort plus cruelle.

En conséquence, quoique l'on argumente contre elle, la Commune avait deux faces, une bonne et l'autre mauvaise, au lieu que Versailles n'en avait qu'une, celle du mal, de tous les crimes qui se sont commis à la satisfaction des rancunes des hommes aux partis compris qui s'y étaient réunis dans le même but, celui d'étouffer dans les ruines de la grande cité la République et les républicains qui la défendaient. Car beaucoup de ces esprits légers souhaitaient bien ardemment que Paris fût rasé. Ces esprits d'un si malin souhait n'étaient pas ceux qui devaient y périr, mais en seconde main, de connivence avec la première, quelqu'un de par le commandement de ces généraux et consorts qui s'étaient montrés lâchement couards et fainéants en tête-à-tête avec le Prussien, tel que le célèbre Ducrot, dérisoirement surnommé par la presse « Deux heures trop tard, » à un journaliste de laquelle il intenta un procès pour lui faire rétracter ces entêtes bien méritées et se faire payer une indemnité en réparation du dommage; mais de ce procès le gros général en est issu pantois. Les juges ayant affirmé que le journaliste avait dit vrai, ce dernier fut acquitté. Ils comprirent sans doute qu'en fait d'indemnité, avec ce qu'il soutirait de la bourse de l'Etat, il en avait suffisamment plus qu'il n'en méritait; le journaliste n'eut qu'à rire de sa farce. Faute à lui-même, cet étourdi, d'avoir un jour laissé entendre par ces mots qu'il ne s'était levé, ce jour de bataille décisive, que deux heures après que l'ennemi était entré dans les forts de la capitale. Or, quand on voit de tels actes de pagnote se manifester à la barbe des hommes droits et intelligents, on ne peut s'empêcher de dire que s'il existe des lois pénales, comme nous l'avons souvent dit, elles ne sont instituées que pour frapper exclusivement le pauvre; et pour les hommes à couvert sous une grande épaulette, sans forme un autre, le droit de les exécuter, de les violer impunément.

Que pouvons-nous y faire ? C'est ainsi que les législations humaines ont fait la chose, il en sera toujours ainsi. Sauf que las de supporter le même souci, les peuples d'une intelligence littérairement plus avancée, ne s'entendent un jour pour ne former qu'un seul homme dans le même sentiment de délivrance entière, poussés par la colère et l'indignation, ne les crossent et ne fassent un pâté de tous les rongeurs de budget, les uns s'enrichissent au nom de la loi, les autres s'engraissent au nom de la justice. Mais quand ce retour de chose à elle-même ? Il est encore bien loin ce temps, surtout de la façon que la jeunesse met si peu de goût à s'instruire.

Quant à Thiers, un brillant fait, c'est vrai, peut immortaliser un homme et le rendre notablement grand quand ce même fait n'est pas anéanti par un autre fait pire. Thiers, on ne peut contester le contraire, au traité de paix, en 1871, grâce à son influence et au crédit attaché à son nom, la France, devant l'Europe, moyennant caution à hypothèque sur l'Etat, trouvait 43 milliards lorsqu'elle ne demandait que 5 milliards; 38 milliards de reste, l'homme a mérité de l'histoire. Mais, à la suite, plus tard, le même homme s'est montré l'instrument de la division, de la discorde des partis contre la plèbe, juste au moment où la conciliation était la plus urgente ; il a très mal fait en séparant à la France la tête du corps, et la grandeur de son prestige s'est effacée sous le mépris et la détestation du peuple, ne restant après lui sur le fronton du temps futur que ces gros caractères : S'il a rendu quelque grand service à la France durant son existence, en retour, la France la plus que bien nourri, bien paré, bien logé et rémunéré d'une fortune si belle et si avantageuse qu'il n'en eut jamais acquis de pareille en restant simple avocat à Carpentras, sa ville natale.

Au Trianon, le grand politique au milieu des trois partis coalisés à l'opposition du droit commun, leur tenait habilement le bec dans l'eau en attendant que la commune finisse de se débattre entre la vie ou la mort, et les ranimait en leur donnant à chacun une lumière d'espoir. Mais le digne vieillard ne pouvait toutefois dissimuler la préférence qu'il avait pour la famille des Orléans, son parti favori. Les bonapartistes et les légitimistes, à la fin du compte, s'aperçurent de cet acte de prédilection trop apparente, et voulurent aborder au plus tôt la question qui les regardait en ce moment pour savoir à qui le premier d'entre eux devait échoir le droit à la couronne.

— Prenez patience ! leur disait l'homme

vénérable, le moment n'est pas encore propice. Ce n'est pas tant que le sang de la Révolution bouillonne de surexcitation dans les veines du peuple qu'il faut parler de ceci; donnez au pays le temps suffisant de reprendre son calme, puis nous verrons.

Dans cet intervalle, les troupes de Versailles vainquirent la commune et celle-ci rendit les armes; on arrêta immédiatement tous les principaux chefs, puis on ouvrit des enquêtes, et des perquisitions minutieuses à domicile furent ordonnées pour saisir toute pièce ou objet reconnu compromettant, et la République, nonobstant les injures qu'on lui crachait à la face, cette gueuse tenait toujours bon, et tant que, la veille, ses ennemis la condamnaient à ne pouvoir vivre plus longtemps que du lundi soir au mardi matin, mais d'agonisante qu'on la disait à chaque moment, si c'était le soir, je crois qu'elle ne s'en portait que mieux le lendemain. Voilà, par exemple, combien il y fait de souhaiter avant terme la mort à quelqu'un que l'on ne peut aimer.

Les trois loups, par allusion aux trois princes de différent ordre dynastique, guettant à la porte du Louvre — parole du proverbe — pour savoir en faveur de qui le four chauffait, tout semblait, à chacun de son côté, temps de sauver la France d'abord, l'honneur de la France, le drapeau de la France. Mais enfin il s'agit de savoir combien il pouvait y avoir des drapeaux, combien de sortes d'honneurs et combien de France il y avait à sauver, puisqu'à géographiquement parler de France on n'en connaît point d'autre que celle où les Français ont l'honneur d'habiter. La France, selon notre territoire, nous n'en discutons pas, elle venait d'éprouver une terrible échancrure, mais de cette morsure, de ce coup de ciseau quoique sensible, elle n'était pas tout à fait perdue, ni aussi malade que messeigneurs les Dauphins voulaient le faire entendre. Après tout, si de la déchirure qu'elle venait de subir elle avait à se plaindre, chacun des drapeaux disparates avait bien consenti à ce déchirement pour se débarrasser au plus tôt de l'obstacle qui déjà pesait sur elle. Des Frances! ah! ah! des Frances! pour contenter le monde, il eut fallu qu'il y en eut autant que des princes. Pas possible!

Et les drapeaux! passons à la question des drapeaux. Ensemble, on trouvait que ce mélange de coloris, bleu, blanc et rouge, faisait trop républicain. Blanc, aux yeux d'un parti, n'allait pas trop mal; rouge, au goût d'un autre parti, non plus; bleu, encore mieux. Mais bah! à quoi servent tant de bizarres questions de caprices, puisque le bleu, le blanc et le rouge peuvent se comporter cousus ensemble; laissons-les-y, ne faisons pas de jaloux :

Vive le tricolore! Et vous, race maudite de princes, mangeurs de pauvres, avaleurs de peuple, tout en vous disant sauveurs d'honneur, sauveurs du drapeau, sauveurs de la France, sauveurs de ceci, sauveurs de cela, votre rôle de grands bâteleurs est aujourd'hui connu. Pardon de loups affamés, avides d'honneurs, de gloire et de richesse au bon plaisir de régner sur la misère de ceux qui sont en tout plus à plaindre sans pain que vous sans trône, quoique la qualification dont je vous traite avec trop d'honneur, selon l'acception du mot qui convient à la chose dont vous êtes capables de représenter d'après les attitudes de votre être, causant le trouble partout où l'ordre social est le plus nécessaire. Donc, comme sauveurs, quelle France pensez-vous sauver avec tant de souci, lorsque contrairement vous êtes pour la France et pour les Français ce qu'est le phylloxera pour la vigne, c'est-à-dire puisque la France ne ressent le trouble que lorsqu'elle touche à votre personne, sa physionomie change sensiblement comme prise dans les ténèbres; et ceux qui vous désirent, les partisans qui vous acclament ne sont que des petits crevés et ne sont point encore des hommes.

En somme, si messeigneurs les bons princes vous n'avez pas de couronne, en souhaitant une à tout prix à l'intention de mieux vous prélasser, vous dorloter sur notre corps et avec notre argent en guise de siège, ce que vous appelez votre trône, sur lequel vous aimez mieux vous asseoir à large fesse à votre aise, venez que je vous entrelace sur la tête un joli rondeau de ronces un peu hérissées de pointes que je saurais trouver au premier hallier, puis avec l'argent que vos pères ont volé et rapiné à nos parents, achetez des friches, que je vous apprenne à les mettre en rapport par le travail de vos mains; puis, je vous enseignerai comment se font les hommes dignes de ce nom. L'art de remuer la terre, voyez-vous, est un métier que vous ne connaissez pas, parce que vous croyez ne devoir exister que pour l'exploiter, écumer ses fruits, avilir au gré de votre orgueil seigneurial ceux qui la travaillent; cependant vous pourriez y trouver un bonheur plus doux et plus louable que celui d'être tourmentés par le démon de l'ambition, ne rêvant que de l'or et du sang, qui vous taquinent à tel point que vous croyez n'être jamais heureux en ne pouvant faire assez de malheureux, car l'individu qui souffre de votre mal n'est à plaindre de personne. Après tout, du reste, si ma proposition ne vous plaît pas, qu'un autre sort vous soit fait pour longtemps : Passez la frontière et faites-nous la paix.

La commune abolie, ses barricades et les

barrières enlevées par la force exécutant les ordres qu'elle recevait contre le droit, les deux centres, comme s'ils n'eussent jamais eu de querelle, rentrèrent en fraternité, et les habitants de l'une et de l'autre de ces deux localités, se justifiant entr'eux, se dirent : Alors je fis ce que je ne ferais pas aujourd'hui. A cet spectacle épatant, le vieillard n'en fut encore que plus sollicité, plus pressé par les princes ou leurs afférents; mais, plus que jamais dans l'embarras, le pauvre homme ne savait vers lequel des trois faire pencher la plus grosse part du gâteau, il lui vint à la tête le souvenir d'avoir commis une très grande bévue dont il aurait pu éviter la conséquence, se rappelant qu'en décentralisant Paris il avait assumé une large part de responsabilité du sang que la commune avait fait verser; encore davantage si à la suite il tentait d'enlever au peuple français le mot de République; alors c'était pire, il y allait de son honneur au risque de perdre sa place dans l'histoire, même du danger pour ses vieux jours, car à son âge, si mécréant que soit l'homme, il sent avoir une conscience; il se tourne vers les trois sortes de loups aspirants, et leur fait sans ambages cette déclaration : « Messieurs, la peine en ce monde la plus grande que j'éprouve en ce moment, c'est non sans regret celle de falloir décliner la dernière espérance que j'avais en votre avenir. Il n'y a qu'un trône en France, et malheureusement pour vous et pour moi il ne peut y en avoir davantage. Vous êtes trois de la même idée qui le voulez tout entier, chacun pour soi, serait-il bien plus conséquent ? Or, c'est compris, il y a plus d'aspirants que de trônes. Je suis royaliste convaincu, n'en doutez nullement, je ne suis pas républicain le moins du monde ; néanmoins, en présence de la circonstance et la force des choses m'obligent à vous dire que dès cette heure et pour longtemps peut-être, aucune autre forme de gouvernement n'est possible en France que la République. Du reste, voulez-vous-en faire l'essai, je le veux bien et c'est votre droit, mais je me dégage de toute responsabilité des évènements imprévus. Faites au plus hardi, au hasard, tentez le coup. »

Nul n'osa y mordre, se contentant d'aiguiser les dents, attendant jusqu'à une autre fois.

« La dernière consolation que je puis vous donner, reprit le vénérable homme ; je vais à vous autres, comme au peuple, vous faire une République sans républicains, une monarchie sans monarque, c'est-à-dire un gouvernement constitutionnel par lequel le peuple n'en sera pour cela pas plus heureux, ni vous plus malheureux. La politique ne tiendra que de l'échange du terme. En guise d'une telle monarchie on dira république, et vos titres, vos privilèges n'en souffriront de rien. »

Les Chambres, depuis la capitulation de Sedan et la proclamation de la déchéance de l'empire remplacé par la république, avaient fini leur mandat, elles n'avaient qu'à prononcer la dissolution et se retirer pour revenir se retremper dans le suffrage universel. Le pouvoir dont elles abusaient, elles ne le tenaient que d'elles. Incontestablement, dès le moment qu'elles n'étaient plus valides, c'était un pouvoir usurpé; pourquoi donc le disputer à ceux de la commune qui en avaient fait de même, à la seule différence qu'en cernant Paris dans ses remparts on l'a forcé de se constituer en commune. Ah! c'est qu'en définitif, il y a dans ce problème bien des choses à apprécier et à approfondir avant de trancher cette question d'affaire politique, importante, il ne s'agit pas d'y mettre de l'entêtement lorsqu'on ne connaît aucune surface ni fond.

LA COUR MARTIALE

ORGANISÉE D'HOMMES DE SABRE, OCCUPANT LE SIÈGE DE LA MAGISTRATURE RELEVANT DE LA CONQUÊTE DES ROYALISTES SUR LA COMMUNE POUR CHATIER LES COUPABLES QUI L'AVAIENT DIRIGÉE.

D. Quelle est votre appréciation sur cette cour, je ne sais de par quelle étymologie on nomme martiale?

R. Prendre pour juge des hommes d'un métier ou plutôt d'une carrière où la justice n'a jamais pénétré, et où la protection ou la malveillance occupent toute la place du poids et de la mesure, pour n'en dire du mal quand on ne peut dire autrement sans mentir, mieux vaut se taire. D'une cour telle que celle en question, il me semble l'avoir dit d'autrefois, l'odeur seule du cuir des bottes de la magistrature antilibérale, antihumaine, si incompétante en matière criminelle que mal judicieuse en clémence, puant à l'arbitrairement téméraire, paraît me provoquer un rebut de quelque chose que je ne puis exprimer sans m'écarter des règles de la grammaire.

Par exemple, désigner des soldats, des brutes pour l'exécution des lois au service de la justice, oh ! je crois que des militaires, la moitié engendrés ou bâtards de leur chef, maître Bonaparte, parents ou descendants du tigre par analogie, dont la férocité et la qualité dépasse l'instinct. De cette espèce de cour draconnaire, si ce n'était l'intention d'instruire les nouvelles générations à l'avenir sur l'arbitraire se manifestant encore de nos jours, d'en parler je m'en serais dispensé. Mais si on ne parlait de rien, personne n'entendrait, ni personne ne comprendrait. Alors dans cette prévision, il est bon de relater un petit peu, en passant, comment cette sapre assemblée d'individus à grosse épaulette n'ayant pour tâche que le métier d'apprendre à tuer, à fusiller les républicains, coiffés d'un parti pris, la haine au cœur remplaçant l'indulgence, semblaient éprouver une grande satisfaction de ce que l'on arrête beaucoup de républicains, et le plus souvent qu'on les condamne à mort dans la croyance qu'en tuant avec joie les prisonniers de la commune, ils auraient à la fois la tête et la queue de la République. Mais non, des juges de ce genre sont morts depuis qu'ils ont fait mourir les autres, et la République vit encore ; d'autres mourront et elle vivra. Certains vont même jusqu'à dire que ces juges interlopes, figurant si mal aux délibérations sous la loi civile, qu'ils tenaient à l'envers les feuillets du code judiciaire, et par trop fainéants, figuraient mal à corps défendant avec la Prusse, c'est-à-dire, par grande animosité, manière particulière à eux d'enseigner la charité — militaire — en faisant fusiller beaucoup de victimes humaines, sans jugement ni sentence, ne demandant une fois morts ce qu'ils avaient fait que quelques jours après qu'on les avaient enfouis. Que c'était facile, grand dieu ! à ces jeunes ratapoils et à ces vieux grognards, à commander sur la poitrine d'un homme une décharge de balles en nombre égalant celui des otomates mobiles, obéissant à leur ordre. On tuait aussi familièrement sans scrupule que de prendre une tasse de café, pour le plaisir stratocratique d'abattre des hommes à contre vengeance plus comme soupçonnés républicains que comme convaincus coupables des forfaits qualifiés la commune.

Ce qui du reste prouve l'accord qu'il y avait entre Versailles et la canaille qui correspondait avec Versailles, les incendiaires, ceux qui avaient fait tout le mal, et commis les plus grands crimes dans Paris à l'occasion de la Commune, émeutant les bons, les poussant à l'incendie, et de la façon ci-devant expliquée, à la perpétration du crime, étaient les premiers invités à venir mensongèrement comme des bons témoins déposer ce qu'ils savaient et ce qu'ils ne savaient pas à la charge des misérables, des martyrs affolés, aveuglés en toute occurence, au sûr moins coupables que ces malfaiteurs consommés, racolés à témoins à gage, crus et les autres cuits. Eh ! vous plaisantez ! alors tuer un communard, c'était une œuvre sainte parce que communard voulait dire républicain ou une canaille de moins pouvant gêner quelques ventrus de l'ordre des honnêtes, cela va sans dire, des aimant ronfler tranquillement à l'ombre du grand soleil, croyant les survivre éternellement. C'est ainsi que les gens bien pensants entendaient purger la société ; et ils exubéraient avec tout le soin de se justifier en se sanctifiant eux-mêmes des uns aux autres, sans considérer si l'homme qu'ils tuaient était un père dont la mort pouvait à jamais déshonorer ou ruiner une famille, ou si en lui on ne détruisait un talent utile aux arts, à quelque science, duquel talent les juges eux-mêmes ou quelqu'un des leurs pouvaient tirer quelque avantage. Mais bah ! mieux valait quant au caprice des juges, un bon exemple donné par la loi, et que cent familles plutôt fussent anéanties d'honneur et de position. D'ailleurs, au dire des mêmes juges, qu'est-ce que cela pouvait faire à l'humanité en général ? attendu qu'en fait d'objets d'arts, de talent ou de sciences, si riches, si instructifs qu'ils puissent être, il y en avait tellement de ces choses d'art et de sciences, que l'esprit des dits juges et comparses, joint à leur conscience, en étaient bondés, rebutés. Donc qu'aucune de ces machines d'art, de sciences pouvant être utiles au service des honnêtes gens, ne servent plus d'instrument à aucune raison; que d'eux en soit fini et le reste consommé pour ne plus en parler, s'écriaient dans leurs passions les juges iniques écumant de rage, satisfaisant non la justice mais leur haine.

A propos d'exemples donnés par la fameuse loi « militaire », vous allez l'apprécier tout à l'heure à l'article Bazaine ; et, si quand vous l'aurez lu vous ne m'approuvez sur toute la ligne attaquant en brèche tout ce qui nous ronge à grosse dent jusqu'aux ongles, pour nous écraser ensuite, je m'en fiche.

— Mais les communards, vous en convenez vous-même, avaient fait beaucoup de mal, méritaient bien un châtiment ?

— Oui. Je ne m'en dédis pas, les communards en fusillant les otages commirent un grand crime, méritant un jugement même sévère, mais néanmoins avec bénéfice des circonstances atténuantes, considérant que, quoique crime qualifié attentat à la vie privée, il n'avait ni caractère, ni suite d'aucun mobile autre que celui de venger leurs camarades qu'on croyait morts, fusillés par l'armée qui avait, de l'autre bord, pris les mêmes positions de la Prusse à les mitrailler mêmement après les plus cruelles souffrances d'un siège apostrophant, les ayant toujours menacés à brûle pourpoint. Pour cette bonne raison, on ne pouvait les assimiler aux coups-jarrets, aux brigands de grand chemin, pas même aux témoins que, la plupart du temps, on payait pour mentir lorsqu'eux-mêmes, ces témoins, avaient fait tout le mal.

— Vengeance de parti, parlant de Paris et Versailles, que voulez-vous y faire ? tant pis à qui prend ou qui laisse ; malheur à celui qui tombe du côté du mal provenant follement d'une colère. S'il n'y a d'autre passion que l'optimisme, cette animosité passe toujours avec le ver rongeur du repentir et du regret au fond de la conscience. Qualités qui ne s'éveillent jamais chez les assassins de profession qu'à la présence de l'échafaud, se rappelant seulement alors trop tard qu'il faut mourir. La stractocratique cour inexorablement ou cour brutale, ne tenait aucun compte aux égards.

— Condamnons, fusillons, telle est notre besogne prétorienne, disaient les hommes du funèbre conseil.

— Vous dites bien des choses mordantes et saugrenues, non seulement contre la cour martiale et contre ses juges, mais contre les épaulettes militaires en haut grade, surtout lorsque vous affirmez que la justice n'a jamais pénétré dans ce métier.

— Je le dis et je le soutiens. A témoin oculaire même des officiers enrôlés sous le même drapeau, très capables, étant détestés de leurs supérieurs, ne pouvant avancer en grade, vous diront que dans ce métier du « Vous avez raison, taisez-vous! » souvent on tolère le protégé et non le juste; des deux, on acquitte le coupable et on punit l'innocent. Mais je vous prie d'observer que toutefois je ne pousse pas mon assertion jusqu'à l'extrême sans excepter que dans tout art et métier, il y a des bonnes âmes; pourquoi n'y en aurait-il pas de même dans le militarisme? Louange à ceux-là, quel que soit le rang qu'ils occupent sur la terre, et que les mauvais deviennent bons et justes. D'ailleurs, en parlant avec prudence et réserve, je ne nomme point directement personne.

— Précédemment, vous avez parlé nommément du général Ducrot et vous l'avez surnommé de ce ridicule sobriquet « Deux heures trop tard ».

— Ce que j'ai dit du général Ducrot c'est d'après la publicité des journaux, vu même que du procès qui eut lieu en 1880 ou 81, — je ne me rappelle pas bien l'année, — il est résulté un arrêt rendu par la Cour de Toulouse qui a acquitté le journaliste qui lui reprochait des faits passés ou commis par sa faute. Je n'invente rien contre cet homme ni contre son honneur, car je suis toujours disposé à honorer toute personne qui fait le bien et qui pense bien. Seulement, si autrefois, en d'autre temps, toute faute restait cachée pour les grands, nous voudrions, pour que les grands aussi bien que les petits se tiennent sur leur garde, qu'en république il n'en soit plus de même.

Je me suis intitulé la vérité; à ce titre, je ne dois point la cacher. L'art militaire, d'après mon jugement le plus exactement précis, est plus que moins un métier de grandes dépenses, de passe-temps, d'esclaves et de souffrances humaines, ne faisant rien, ne produisant rien de profitable à la table de la société, faute à nous de ne pas être braves, de ne pas être tous sages, faute encore plus grande, celle d'aimer l'argent et les biens de la terre plus qu'entre nous; puis en outre de plus, celle d'être comme les grenouilles des marais, ne pouvant vivre sans l'honneur satisfaisant de se voir avaler vivants par un géant : nous ne pouvons exister sans la domination d'une main formidable. Enfin, j'en suis de ma thèse seulement à ce qu'après la discipline indispensable la justice fût au moins un peu mieux rendue à qui de droit et pas qu'il soit accordé à un simple caporal une part aussi large de pouvoir, sans preuve et impunément, faire des misères à un pauvre diable qui lui aura refusé une chique de tabac, ou un verre d'eau-de-vie, on bien de lui prêter quelques sous, que l'infortuné soldat n'a pas lui-même à son service, tandis que le plus bas chef, prenant vengeance sur cet homme, le fait pourrir pendant la moitié de son service dans les salles de police, en prison, ou passer par un conseil de guerre sans motif valable.

Après toute hypothèse, je conclus qu'au point de vue de la vie matérielle et morale de l'homme, il y a d'un puits très bas du fond duquel il ne remonte que des vapeurs mauvaises, une odeur suffocante, à une fontaine de laquelle jaillit une eau claire, limpide, fraîche, tout à fait agréable à la soif des gens qui vont y puiser, la même différence que sur la terre entre l'homme qui fait pour vivre à son aise sacrifice de l'amour du prochain, de la paix et du reste, à celui qui le combat par un exemple opposé. Les puits sont ceux qui ne respirent qu'au plaisir de voir leurs semblables réduits à tous les degrés plus bas qu'eux, afin de conserver le droit de prévaloir et de dominer avec empire; et ceux de la bonne fontaine sont ceux qui, vivant dans un sentiment contraire, ont le seul chagrin de savoir comment peuvent faire ceux qu'ils sentent plus malheureux qu'eux personnellement. Cette distinction de générosité mérite d'être comprise. Voilà tout mon vouloir aux hommes de guerre et à chacun en particulier.

Au reste, si on m'argutie : « Mais les Parisiens, au lieu de se constituer en Commune, devaient se rendre au vœu de l'Assemblée de Versailles, dont le groupe des hommes ici renfermaient le *statu quo* politique au courant. Revenons-y, les hommes de Versailles le savaient à ne pouvoir le nier, leur mandat de député avait périmé. Autant les uns que les autres, les Versaillais et les Parisiens étant sans pouvoir, pourquoi ceux de Seine-et-Oise n'allaient pas confraterniser avec les Parisiens qui les auraient reçus avec affection et une cordiale bienvenue? Est-ce que les Parisiens, après tous les éléments nécessaires à la réception de tout bienvenant, n'étaient pas des hommes d'une transcendance aussi méritoire que leurs adversaires? Messieurs, tant que la passion s'en mêle, ne disons pas un tel a raison et un tel autre a tort, car il n'appartient qu'à une personne d'un discernement lucide et perspicacement droit, sans intérêt ni parti-pris d'aucun bord, qui peut trancher l'obscurité du dilemne.

BAZAINE TRAITRE A LA PATRIE

L'épilogue de Bazaine se traduit ainsi qu'il suit : Lorsque Bazaine, dit-on, a, comme tous les conscrits, débuté sa carrière par sa première corvée de Thomas, il aurait vraisemblablement déjà compris que le métier de soldat signifiait à peu près l'homme réduit au rang de torchon. Par cela seul, il exprimait qu'en l'exerçant sous la prescription des rigueurs mal imposées il n'était point fait à tenter tout le monde ; c'est pourquoi les riches, qui ne se croient faits que pour jouir d'un bonheur le plus agréable, jadis s'en exemptaient. Bazaine, d'après ce qu'il m'a été raconté, en pensant à son chien, par comparaison à l'homme qu'un jour il tiendrait sous sa dépendance, disait qu'entre l'un et l'autre des deux n'y aurait que la différence de ce que l'un porte au collier d'attache le nom du maître, ce que l'autre porte sa sentence, sa condamnation écrite dans la poche. Le premier, flatté selon l'humeur de qui il appartient, et l'autre en lisant son livret y voit pour texte la teneur suivante : — Ici tu n'appartiens plus à ton père, à ta mère, même à toi-même, au premier de tes chefs seulement. — Gardavos ! attention : demi tour à droite, demi tour à gauche : 1º de regarder marcher fixement un chef par deux fois lorsque venant en face et en se tournant pour le regarder marcher de par derrière, mort; 2º ne pas le saluer aux premières rencontres en voie publique, puni ; 3º se moucher devant lui avec les doigts sans mouchoir à la main, mort ; 4º manquer de bien faire son lit comme il faut, d'astiquer ses plaques, ses bougles, de brosser ses effets, de fourbir ses armes, puni; 5º frapper sur l'étoffe du pantalon un peu sur l'avant-cuisse avec la main plate plus par mauvaise habitude qu'autrement manière de secouer la poussière à la vue de son chef, lequel peut interpréter en mal l'acte sans conséquence et le formuler au gré de sa plainte y impliquant que le nigaud lui a taillé une bazane, mort; 6º lâcher devant le même chef un vent puant, sourd ou bruyant, qu'on ne peut retenir, puni; 7º répondre à un supérieur pour expliquer ses raisons sans que celui-ci l'exige, mort; 8º si au lieu de trois corvées on ne peut en faire qu'une alors qu'on en commande quatre, puni ; 9º si le cheval du capitaine échappe par faute de force nerveuse au poignet lorsqu'il commandera de le retenir, que ce cheval se couronne ou qu'il se tue accidentellement par son emportement, mort; 10º faute d'être assez leste par défaut d'équitation, puni ; 11º donner un coup de pied au chien du colonel parce qu'il a voulu mettre le museau dans la gamelle, mort ; 12º ne pas baisser les yeux, les bras verticalement comme morts, les mains sur la couture du pantalon devant un sergent en pourparler, puni ; 13º ramasser de parterre une feuille de chou pour faire un peu de bouillon plutôt que mourir de faim, mort ; 14º ne pas nettoyer proprement le plat après avoir mangé la soupe, puni ; 15º déserter à l'ennemi armes et bagages en temps de guerre, mort.

Bazaine avait bien lu, bien vu, et apprécié tous les paragraphes consignés dans le petit code renfermant tout ce que le fils, rien que le fils du pauvre, pouvait espérer gagner pendant sept ans de servilisme militaire à la défense du roi, des places et des écus des riches ; il avait tellement du goût à la cocarde, poussé par la chance du destin, que le tant de menaces à la peine de mort au prix d'un rien, ne put le dissuader de son brillant avenir : comme un homme qui se sent instinctivement poussé vers un but par le bonheur le rendant hardi, toujours fier, content ; de même celui que la fatalité, le guignon, tous les revers de fortune poursuivent, le dégoût, la crainte du hasard, le rendent triste, morose. Guidé sous sa belle étoile, distrait par le même horoscope, Bazaine brava les pénalités édictées dans le petit formulaire, il gravit rapidement les degrés de l'échelle aux grades jusqu'à celui de général, puis maréchal, ensuite je crois même pair de France.

Ce qui du reste indique que l'homme comme lui, sortant d'une si maigre ambition, finissant par se voir arriver au faîte des honneurs et de la gloire, jusqu'à la plénitude des désirs à se rouler dans l'or et, hélas! comme il devient matériellement bête! à tel point souvent à perdre le peu de bon sentiment s'il en avait lorsqu'il était à l'école. Gorgé de satisfactions et de tout plus qu'imbu, que pouvait-il manquer de plus à la folie de Bazaine? la place de l'empereur peut-être était le dernier souhait à sa convoitise. C'est pourquoi il pouvait cacher mystérieusement le dessein de le détrôner en contaminant l'honneur du drapeau par une trahison, en vendant à la Prusse une parcelle de la France et l'une de nos plus principales ressources de défense, en lui faisant perdre la prépondérance acquise au premier rang des puissances de l'Europe. Oui, ce triste hère, à une époque réputé si grand personnage, plus tard redevint petit, en se couvrant d'une faute à la grande perte de son prestige et à la ruine de la patrie car le traître fit contre la France ce qu'un Judas fit pour tromper l'homme aux premières doctrines humaines.

Pourquoi Bazaine commit-il à la détresse,

de sa patrie une si grande faute? Parce qu'on n'étant que simple piou-piou comme les camarades, il n'avait point trouvé dans aucun feuillet de son livret aucune loi qui porte: — Un officier, ou chef à quelque grade qu'il appartienne, qui, par une de ses balourdises aura fait punir injustement une compagnie de soldats, pouvant les retarder dans la pratique de leurs exercices compris dans la théorie, sera puni de tant de jours d'arrêt; n'y ayant pas trouvé non plus: — un tel chef de la même hiérarchie qui aura fait condamner un ou plusieurs hommes à la prison, etc., que cet homme ou ces hommes étant reconnus innocents, à son tour tel chef devra être militairement condamné à prendre place de la victime de son faux rapport, à lui réparer l'honneur et dommage, même à la dégradation si le cas du préjudice porté à la personne est trop sérieux. En plus, par suite à sa bonne raison, Bazaine ne trouvant pas que la trivialité des peines comprises dans le même opuscule porte: — Tout général qui livrera à l'ennemi, clef à la main, une ville forte, ses hommes, ses fusils, ses canons, telle que celle de Metz, et qu'il passera à cet ennemi en temps de guerre, sera fusillé par les hommes même qu'il aura livrés à l'outrage de l'étranger.

Sur le vide de cette grande lacune de la loi n'émancipant que les grades de l'extrême,

Bazaine, se parlant à lui-même, dit: Bah! puisqu'il n'y a aucune loi au-dessus du grade pour qu'un général en dépende, ni de justice qui puisse exercer un pouvoir sur des hommes de ton plumet, essayons, trahissons, capitulons et que la volonté du hasard soit faite. — Tant mieux si je réussis, je serai empereur ou président de la République, puis grand de France dont eu égard à ce fameux titre, tu jouiras irrévocablement des droits de sanction sur tous les grands conseils d'Etat et parlementaires. Quoi! et l'Europe entière va, à ta louange, vénérer la grandeur de ton nom en le comprenant dans tous les traités de libre échange et ses négociations avec la France. Oh! que tu vas être illustre!!!... » De fait le plus qu'évident, s'il avait agi en brave, s'il ne s'était vu empereur il aurait du moins par tous les enfants de la France républicaine, été chaleureusement acclamé son président à vie peut-être, et son nom, devenu célèbre, aurait immortellement existé dans les annales politiques et survécu éternellement dans l'histoire des grands.

Mais le contraire, sans craindre lui-même de se faire horripiler en plongeant tout bon citoyen dans la honte, en voyant que lui était la cause que la France en comparaison d'une femme auprès d'un grand héro de guerre, ou d'un innocent auprès de l'aigle vorace de Prusse, pour qui l'avait vue dans sa grandeur d'abord par l'exemple de la civilisation et la prospérité des arts toujours croissante, puis l'avoir réduite au même degré de ces autres classées au second rang par la faute impardonnable d'un traître, est une infamie à l'outrage moral de quiconque est fier de sa patrie; tellement que le sort du coupable en eut été si malheureux, si au peuple en colère soulevé contre lui eut appartenu à se faire justice.

L'indigne comprenant la malédiction qu'il méritait des hommes qui le poursuivaient pour être libre à l'abri de toute poursuite et de tout châtiment de la loi, il passa directement en Prusse où il fut reçu non-seulement comme prisonnier de guerre, ni comme Français, mais comme capitulard conspirant contre son pays, intervenant et favorisant de son possible la conquête qui l'hébergeait toutefois piteusement dont sa honte, sans bien tarder, finissait par comprendre l'horreur qu'il inspirait aux hôtes qui le servaient, qu'il n'était pas outre-Rhin si bien accueilli qu'il croyait; il s'en fut en Allemagne, en Hongrie, en Belgique, amusant le temps comme bon lui semblait convenable pour laisser taire les langues parlant mal de lui, il pensait en attendant que si la République ne s'effondrait et se fortifiait sur des bases solides, il n'aurait qu'à rentrer en France et venir cueillir les lauriers de son juste mérite. Pendant ces machinales entrefaites, Mac-Mahon, homme du même grade, fut nommé président de la République pour sept ans. En apprenant cette nouvelle, — bon, dit le sieur Bazaine, un de tes confrères étant à présent maître de la situation et chef du pouvoir, l'affaire qui en ce moment te touche de près aura sous son sabre plus de chance d'accommodement à l'amiable, vu surtout que presque tant l'un que l'autre pouvons être impliqués dans la même compromission ; — puisqu'un député, s'il n'était un Rochefort, foliculaire, enfin bref, l'un ou l'autre des deux, par contestation de probité ou autre question récriminatoire, ayant promis dix mille francs au médecin qui aurait soigné la moindre égratignure à ce dernier, provenant d'une blessure reçue sur le champ de bataille.

Encore une de ces prétentions terribles dominant impérieusement sous les épaulettes d'or, autrement dit un de ces grands prêteurs modernes à qui le privilège permet de s'élever ou de se croire souverainement au-dessus de tout le monde et d'abuser de leur droit d'assigner la raison à leur barre afin de bâillonner la vérité et l'empêcher de parler contre leurs écarts. Mais, hélas! pour le grand spadasin, faute à l'aile d'un grand aigle ou de la grande main d'une couronne à le couvrir, et, en République, exigeant à la preuve le médecin qu'il ne pouvait fournir, le procès n'eut pas de suite pouvant accorder à la doléance du fameux maréchal la douce satisfaction de pincer pécuniairement la mauvaise langue, laquelle sans doute devait être bien renseignée sur ce qu'elle avançait à certitude avant de parler.

Enfin, du reste, après tout, un jour nous fûmes surpris de la nouvelle nous apprenant que la ouaille Bazaine, égarée du troupeau qu'elle avait sciemment bien voulu abandonner à la volonté du loup, était rentré en France, la tête basse comme un criminel, mourant de regret et de repentir sur son crime. En effet, le marri Bazaine, le mortifié Bazaine, le contrit Bazaine était venu de loin se constituer prisonnier en simulant plus de regret de n'avoir pu réussir au but de son ambition, que d'avoir exposé la situation, que d'avoir contribué de toute sa part à nos grands désastres. Mais il fallait bien le sortir de l'opprobre du déshonneur l'accablant. Mac-Mahon et sa séquelle, entre bretteurs, avaient préparé l'affaire sur la couture au même fil blanc. Il était presque déjà temps, car la rumeur publique venait chaque jour en se compliquant. Les hommes congédiés de leur service arrivaient de tous les points du territoire; quoiqu'ignorant la stratégie, racontaient ce qu'ils avaient vu de toutes parts à la culpabilité des chefs dirigeant les armées, dont au dire de chacun des arrivants, presque tous les commandants étaient compromis d'inertie, de lâcheté ou de trahison. On se hâta au plus vite de passer Bazaine par un simulacre de conseil de guerre. Heureusement que sa patience et ses légitimes circonstances que l'illustre Mac-Mahon, ses défenseurs et ses juges n'étaient ni républicains, ni communards, qu'ennemis de la République seulement; la cour suprême, en cas de rendre infailliblement un jugement inique à leur point de vue, prit avec précaution des mesures autrement précises que si c'eût été contre un chef de la commune — cela se comprend. — De gré ou de force, on eut toutefois à faire, du moins, le semblant d'examiner de près la requête des pièces de conviction à charge, portant les motifs à éclairer la procédure; et les juges y allaient d'une lenteur à provoquer l'impatience de l'auditoire qui commençait à ne pouvoir plus se contenir. Néanmoins, il ne faut pas croire qu'à l'information de cette importante affaire, les magistrats, je suppose, faute de matières renseignantes à charge, fussent le plus dans l'embarras de formuler l'acte d'accusation, mais bien plus pour éluder l'ostensibilité de l'imperpétration aux griefs démontrés. Or, l'entente entre le parquet et le président de la République étant conclue d'avance, les délibérations se firent dans un caractère décisif, et le président de la même cour fit à l'endroit des égards le semblant de se montrer sévère et sans équivoque sur la gravité des faits accomplis; relativement aux rapports judiciaires soutenant l'accusation en rendant son verdict sous l'impulsion de la voix clémente du pieux Mac-Mahon, soufflant : « Que la peine de mort lui soit appliquée seulement par simple forme, afin qu'immédiatement après votre arrêt je l'acquitte, que de la mort je le rende à la vie. » Bazaine, persuadé, instruit d'avance comment ce beau tour de comédie devait se jouer et sachant qu'il n'avait rien à craindre, se montrait impassible, répondait avec calme et sang-froid aux questions qui lui étaient posées par les juges qui l'interrogeaient; car, n'en doutons nullement, en certaines occasions, ces hommes de toque, en vertu du respect qu'ils s'arrogent au nom de la loi, ont tous les arguments et toutes les répliques nécessaires à leur boniment; quelque grande que puisse être la faute qu'ils commettent au préjudice de la justice, il est toujours une raison qu'ils trouvent à leur défense. Par le même procédé, particulier à eux, éludant que c'est par charité humaine que Bazaine avait refusé de donner sur l'ennemi voulant éviter la mort d'un trop grand nombre d'hommes, tandis que plus de cent mille de ces mêmes hommes dévoués à mourir en combattant plutôt que d'accepter une capitulation honteuse, d'un accord unanime, soutenaient qu'ils l'auraient assommé à coups de crosse de fusil si ce n'eût été la crainte de payer la vie d'un lâche comme lui au même prix que celle d'un homme de mérite.

Mais les honnêtes soldats, de retour à leur foyer, se rappelant des peines énoncées par la loi de poche, permettant aux forts de la transgresser contre le droit des faibles, une telle cour ne pouvait exiger à témoin d'entendre un si formidable personnel. Bazaine, sans aucune émotion, entendit prononcer sa sentence confirmant sa culpabilité sans bénéfice des circonstances atténuantes, le condamnant — pour un moment, le temps de tranquilliser l'opinion publique — à la peine capitale, et sitôt après cette prononciation comique, on le ramena en prison.

Vingt-quatre heures plus tard, Mac-Mahon, en sa qualité de chef du pouvoir exécutif, prononça sa résurrection de mort à la vie dans une enceinte fortifiée à perpétuité, d'où il devait s'évader sans crainte de montrer à la nique des vivants qu'il n'y a de cuirasse plus forte que la chape d'un cardinal ou d'un évêque, et que l'épaulette d'un chef ou d'un général haut gradé, vu qu'une balle et tout autre projectile se refuse à percer l'une et l'autre;

la poudre n'est jamais assez forte quand elle l'est de reste pour trouer l'habit et la peau des fils ou des frères de ceux qui la fabriquent. Quand donc viendra le temps où les hommes feront de la poudre assez violente pour atteindre ceux des coupables qui commandent sur les innocents la combustion !... Beaucoup de législations passeront encore avant que les hommes soient égaux sous son effet mérité par le crime.

UN RÊVE DANS LA LUNE

CHAPITRE 1er

L'épigraphe : Un Rêve dans la Lune, a d'abord pour objet principal la conclusion finale de mon travail littéraire, puis le texte inclus de la République de 1870, ses évènements successifs et ses résultats jusqu'à ce jour, dont la dissertation, en son début, a premièrement pour conséquence très intéressante la définition des réflexions ci-contre, préludant l'entrée en matières :

Qui bien pense, mal ne fait ; juge bien qui aime la justice et déteste le contraire ; on n'est point humain sans l'amour magnanime, et c'est s'opposer à la charité si on ne parle d'elle. Seul, n'en est digne que celui qui prend part à l'intérêt des autres avant le sien propre, c'est-à-dire celui qui n'a soin de lui-même qu'après les autres. Or, si j'étais le moindre digne d'une de ces qualités, je pourrais dire que de petit que je suis, si petit que l'on voudra — puisqu'en termes de philosophie — en cet enfer terrestre, l'on n'est grand sans fortune, j'ai au moins une bonne idée, si absolument au point de vue de l'énergie littérale il faut l'avouer.

Il me souvient qu'un jour, il y a longtemps, en feuilletant, comme un fait du hasard, au fond de la Bible, dans un recoin de laquelle j'ai trouvé ce mot usé, datant depuis le premier monde, remontant à la plus haute antiquité, que l'on a mis de côté pour ne s'en servir que très rarement, manière de compléter la cent-millionième note de l'harmonium aux orateurs de la chaire, lorsque, manquant de ce dernier ton à la gamme de leur gesticulation, ils voulaient enflammer l'auditoire jusqu'à l'extrémité : LE PAIN TU MANGERAS A LA SUEUR DE TON FRONT EN TRAVAILLANT. Aujourd'hui, de ce mot, l'estime qu'on en fait est : « Oh! oh! qui a dit ça? — Moïse, de la part du Seigneur Dieu. — Moïse! Est-ce qu'il y a jamais eu de Moïse qui parle de cette sorte? Si jamais il en est existé, il faut croire qu'il ne savait plus que dire. Valait bien mieux qu'il se taise, le pauvre vieux!... »

Mais, à moi, ce mot démodé, plus que caduc, n'a jamais pu m'oublier, tellement que je l'ai conservé dans ma mémoire au bénéfice de mes inductions.

Après ce mot indélébile, j'avais entendu

parler de quelques hommes exceptionnellement dignes d'être appelés grands : de saint Lamennais, homme qu'en vertu de sa charité sans exemple et de ses écritures, je canonise, moi ; de Cabet, de Charles Fourier, de Volney, de Voltaire, de Barbès, etc. Tantôt l'un, tantôt l'autre, je voulus donner un petit coup d'œil dans les ouvrages de chacun ; trouvant leurs idées compatissant tout à fait aux miennes, je redoublai de zèle, je travaillai plus que jamais à faire des prosélytes.

A la fin, après quarante-quatre ans d'épreuves de toute sorte, j'ai compris que tout être qui pense doit posséder la faculté de la sensation du bien et du mal. Le mal, nul ne peut le faire sans la même puissance de faire le bien ; tant l'un que l'autre, il ne s'agit que de vouloir. Donc, qui souffre le mal résultant des lois humaines et qui s'y résigne sans songer à élever des plaintes et protestations contre cette puissance, c'est montrer de l'indolence, de l'indifférence, de l'imbécilité ; préférant vivre indolemment, en sorte de machine, sans aucune virilité morale et matérielle, plutôt que de s'évertuer à... Moi, sans trop de vanterie, fils ou partisan donc de cette grande idée, j'ai, depuis ma connaissance, toujours plaidé cette cause : la cause du pauvre ; mais le très peu d'adhérents et la multiplicité des contradicteurs, tous aspirants, fricoteurs ou intrigants, fiers et orgueilleux, égoïstes et ambitieux de tout ordre, faisant chacun au plus avide, au *tout pour soi*, est, dans ma pauvreté, le mal au cœur que je ressens comme le plus cruel de ma misère.

A force d'élan et d'enthousiasme, plus tard je m'aperçus que je n'étais pas le seul apôtre de la justice et de la vérité, que d'autres travaillaient simultanément à la même mission : celle de détruire premièrement les obstacles s'opposant à l'union des peuples et au progrès des lumières et de la liberté de l'homme, de ses droits, de tout ce qui portait ombrage à leur existence, l'altérant sous la racine du trône. Quelqu'un encore plus avancé que moi parlait même d'extraire celle de l'autel, que néanmoins je préconisais comme utile au service de la morale. Donc, quand on sait, on ne sait jamais assez. Jugez ceux qui ne savent rien et qui veulent tout savoir! Or, de travailler tous pour la même cause : renverser pour jamais la tyrannie impériale et tout despotisme, abattre la monarchie, établir la République, telle me paraissait l'œuvre que l'homme doit s'imposer.

Aux mots *liberté, fraternité, égalité, république,* je faisais à la fois des adeptes et des ennemis; tant d'un côté que de l'autre, tant mieux; après tout, cette résolution m'était acquise; car qui fait le bien ne doit s'en rapporter qu'à la grandeur des actes à tenir sur son compte et ne plus s'occuper de ce que dit le monde. Les adeptes étaient ceux que j'appelais gens de bonne volonté, et les ennemis étaient ceux que je regardais commé d'une mauvaise foi, comme cupides, que l'amour de l'intérêt personnel, à mes yeux, rendait détestable.

Pourtant, à force de temps et de patience, à la fin, nous sommes arrivés à cette République tant désirée. Un 4 septembre 1870 nous l'a apportée malingre, triste, pâle, souffrante, enveloppée d'une divergence de langes multicolores, de bénédictions et de malédictions, couchée à malaise dans le berceau des plus mauvais auspices, sortant d'à travers la fumée de la poudre, causant ailleurs de grands malheurs, mais comme une poire tombant de l'arbre sur la voie à la saveur du premier qui la cueille. Trop innocente, on ne pouvait la vitupérer de quelque défaut pouvant faire du mal à ses ennemis; au contraire, ses ennemis, qui n'étaient pas, la plupart, de ceux qui font passer l'amour d'autrui avant le leur, lui portaient envie parce qu'elle voulait, sans différence de rang ni distinction, reconnaître tous les hommes comme ses frères. Beaucoup des mêmes ennemis les plus influents entrèrent dans le gouvernement pour la houspiller et satisfaire leur avidité famélique, c'est-à-dire que, de si peu grave de caractère qu'on la prenait, chacun de ses *anti* voulait en faire une sorte de petit bonhomme à sa farce, tellement qu'en mauvais prophètes les uns et les autres la condamnant que, d'aujourd'hui au lendemain, elle ne devait plus être.

A la suite de la haine de ses adversaires surgirent d'autres incidents, pas des moins regrettables : même ceux des siens, les républicains qui paraissaient le plus entichés d'elle, entre eux commencèrent à se chamailler; chacun, suivant sa façon de voir, voulait la coiffer d'après le mode des statuts qu'on pensait établir au nom d'elle. Enfin, balancée d'un bord, tiraillée de l'autre, la pauvre République a vécu plus que de la veille au lendemain, comme il est déjà dit; beaucoup de ceux qui accusaient son agonie prochaine sont morts avant elle et d'autres ne seront plus qu'elle sera encore. En somme, elle est vivace; elle peut mourir pour ne ressusciter que plus fière.

Tous les gloutons et petits gloutons de comptoir, de bureau et de places, comme de la vermine rabougrie, s'éveillant aux rayons de son doux soleil d'automne, cherchaient à s'insinuer dans son grand cercle de cocagne, ceci dans un double dessein de la trahir, de l'aider à tomber, si elle menaçait ruine, ou de la servir machinalement, si elle promettait de tenir bon et de vivre. C'est alors qu'on vit sortir de la poussière, à l'ombre, tous les porte-respect à la famille « de noble, de prince ou dynastique », des écus et de la propriété; mais de la canaille spoliée, déshéritée, tant pis à elle! il ne valait pas la peine d'en parler. « Si nous pouvons aboutir à ce que nous prétendons, nous saurons la réduire au silence, et, pour ne pas la voir si fière, l'obliger à travailler et la surcharger de corvées et de tailles; voilà toute notre intelligence. »

CHAPITRE II

Les premières Elections de la République de 1870.

La République n'existait que de nom; comme un fœtus, elle avait un corps, il lui manquait la tête. Le plus pressant du moment était d'organiser un pouvoir sortant légalement d'un vote général. Les délégués provisoires à la représentation nationale s'empressèrent de décréter un avis informant le pays que chaque circonscription, en France, devait convoquer ses collèges électoraux dans un délai limité, à l'effet de pouvoir choisir les candidats à présenter par les comités qui travaillaient à préparer le succès au suffrage universel depuis 1848, remettant à tout citoyen honnête le droit d'en user au service de ses sentiments politiques. Cet ordre fut officiellement émis assez de temps à l'avance, afin que lesdits comités pussent désigner les candidats qu'ils devaient patronner. Jugez de la situation présente : quatre partis en lutte obstinée, c'était alors quatre députés en brigue du mandat à solliciter dans chaque circonscription, dont l'un pour représenter la cause de la légitimité, l'autre celle des Orléans, cet autre le bonapartisme et le quatrième la République. Au même instant, dans toute la France, ceux du parti dont l'histoire du passé laisse à la mémoire éternelle une page lugubre, entachée de crimes et de misères dont le souvenir exalte la peur, allaient mollement en voiture, se faisaient porter de village en village, de hameau en hameau, de maison en maison, de chaumière en chaumière, de métairie en métairie, et y prêchaient en pleurnichant : « Mes amis, si vous saviez ; mon Dieu, quel malheur ! nous sommes perdus ! Après les désastres de la guerre, nous voilà en pleine anarchie : pas d'homme, pas de monarque, pas de roi, plus d'empereur pour nous gouverner ; on va chasser les prêtres, fermer ou démolir les églises. Nous allons devenir comparables aux bêtes de l'étable. Si la République triomphe, tout le monde le sait incontestablement d'après sa propre voix, le terrible Gambetta, son tribun,

demande la guerre à outrance. Donc, da[ns]
ce cas, vous ne pouvez l'ignorer, en vota[nt]
pour la République, c'est voter cette guer[re].
Et qui de parmi vous veut la guerre ? En pl[us],
on va partager les biens, et les fainéants, ce[ux]
qui n'auront jamais rien fait vont avoir [en]
terrain la part la plus avantageuse, et no[us]
obligés à travailler. Pour éviter un pareil d[é]-
sordre, il faut tous nous ranger du côté [de]
l'ordre moral et voter pour les candidats d[es]
honnêtes gens, tels que M. de... ou M. le...
Aux métayers et ceux que la même colle ten[ait]
passivement comme des esclaves, ils leur [di]-
saient : « Mes amis, de quoi avez-vous à vo[us]
plaindre ? Est-ce que ces grandes terres do[nt]
on vous confie le soin du rapport, vous n'[en]
jouissez pas la moitié du revenu aussi bi[en]
que le maître lui-même ? Eh bien ! lui c[e]
comprend les choses et la façon dont el[les]
doivent être menées, il votera pour les bo[ns]
qui sont les vrais conservateurs de votre bo[n]-
heur et du sien ; il ne donnera pas sa voix a[ux]
méchants, aux partageux qui voudraient s'e[n]-
richir aux dépens des autres. Du reste, [si]
monsieur votre maître venait à savoir, q[ue]
vous avez voté pour la République, il vo[us]
mettrait à la porte. D'ailleurs, mes amis, [ne]
vous y trompez pas, on saura quelle est vo[tre]
conduite à cet égard ; ordre vous sera enjo[int]
de passer au château, le matin des électio[ns]

où vous devrez prendre les bulletins qui doivent vous être remis, portant en abrégé et d'un caractère sympathique les initiales de votre nom, et si absolument ces bulletins ainsi marqués ou biseautés ne sortent pas de l'urne le soir du dépouillement du scrutin, ce sera au plus sûr le congé et votre renvoi de la métairie. »

Les orléanistes, dont le parti était des quatre le moins influent, mais entre le légitimisme et le bonapartisme au moins le plus libéral, passait ensuite faisant des harangues en l'honneur du règne sous Louis-Philippe, pendant vingt ans de paix avec le dehors et de tranquillité au dedans et du progrès la première mise en bonne voie ; critiquant fort contre l'henriquinquisme, contre le bonapartisme sans toutefois inventer calomnieusement tant de mal que les premiers au désavantage de la République.

Puis venait le tour des bonapartistes, en vrais sans pudeur ne pouvant se mouvoir ni rougir d'aucun malheur, lorsque voyant même encore les plaies de la France saignant en la blessure de ses enfants dont ils étaient de la cause la part toute entière, prônant leur empire d'or, dont sur ce alors, moi, regrettant le malheur que la réplique, quant aux questions politiques, faute d'habileté des hommes, qu'elles ne soient jamais combattues, contestées avec la même finesse d'objections et de sophismes que dans un procès entre chicanes, entre contractants d'une affaire y en mettent devant un juge plaidant leur motif ou contestant des cas de redhibitorité réels ou mensongers, tout le monde comme satisfait de se laisser prendre stupidement au piège des fallacieuses promesses ou menaces, écoutait, approuvait et nul ne savait leur riposter le contraire, se contentant de signifier entre eux.

— Monsieur a parlé; il a raison, mais personne qui soit capable de mettre ces charlatans de politique ambulante en demeure de s'expliquer d'où les Bonaparte avaient tiré la forte fortune à pouvoir répandre en si grande profusion la graine de tant d'or dont ils s'attribuaient à faux la sainte cause.

Vers la dernière heure, ce fut aux républicains à entreprendre la campagne et à faire leur propagande avec non moins d'activité. Ceux-ci, pour réparer les insultes que les Henri V et les Bonaparte avaient dégobillé contre eux, étant plus voisins de la vérité que tous les partis dénigrants, ayant à meilleur témoin la preuve vivante de ce qu'ils pouvaient citer authentiquement les douleurs sociales restant sans remède sous une monarchie quelconque les animant, ne pouvant se soulager ni s'améliorer que par des réformes au moyen d'une république; raison qui ne peut du reste que donner explicitement une force d'arguments plus expansifs et rendre les démonstrations de leur langage plus attrayantes et plus véridiquement dignes de foi que celui des autres qui, en parlant beaucoup ne disaient rien qui puisse les faire bien sentir, puisqu'ils ne prêchaient que pour étouffer la cause des plaignants à bon droit, et si en cette place parlaient peu, leur laconisme n'exprimait que la tournure du mensonge. Quoi donc, puisqu'ils ne pouvaient prononcer une seule parole sans recourir au sujet de leur propriété à caution du rang qu'ils prétendent élever comme un étendard au-dessus de toutes les autres dignités humains avouant par leur langage cynique, en effet, en traitant de partageux les misérables, que ce n'est pas eux qui sont l'homme mais en la propriété, en la richesse de leurs immeubles est leur personne, et sans cette fortune, ils ne sont rien.

Une fois élus, les députés n'eurent pas bien du temps à perdre, car en deux fois vingt-quatre heures, ils devaient se rendre à Paris et passer immédiatement par la vérification des pouvoirs. Thiers, en qualité de vieux levain parlementaire, et à titre de doyen ayant vu toutes les législations qui s'étaient écoulées depuis 1830 et par respect pour son grand âge, fut proposé comme président honoraire du premier bureau des conseils. Cette vérification des pouvoirs terminée, chaque député validé promena d'abord ses regards sur les figures qui paraissaient lui inspirer plus d'accessibilité, s'accueillirent mutuellement les uns les autres par de grandes accolades ou des poignées de main et avec un atticisme flatteur et en quelque sorte le plus expressivement cordial, exprimant mystérieusement par la suite des gestes : « Formons en particulier notre groupe entre les deux extrêmes; soyez avec moi, je serai avec vous. » Or, la première préoccupation de cette totalité dissidente fut celle de se diviser par groupes selon les nuances d'idées plus ou moins avancées. Les républicains radicaux, sincèrement francs de cause, se nommèrent l'extrême gauche; les tièdes prirent le nom de gauche; les timides, les peureux du roi et de la République, s'intitulèrent centre gauche, et ceux qui étaient républicains et royalistes pour l'amour d'une place, par simple forme, se disaient l'union républicaine. Et ceux de l'autre grande partie également divisible, furent : l'extrême-droite pour les ultra royalistes, dits de droit divin; le banc du groupe de droite était plus ou moins les orléanistes qui l'occupaient, et au centre droit, les bonapartistes en mixture avec quelques épaves galeuses du royalisme.

A la fin, au bout d'un temps si long à perte de patience, les cinq ou six cents députés ainsi classés en sept à huit groupes législatifs, on passa à la nomination d'un premier chef du pouvoir. Thiers fut nommé président de la République pour une durée de sept ans. Puis on entama des discussions en se tiraillant, dont la suite des dissensions parlementaires fut aussi longue que la durée du mandat de cette Assemblée au préjudice de la situation politique et de la confiance commerciale ; le commerce paralysé en ressentit le premier l'effet ; les affaires furent indéfiniment en suspens. Ne restant dans l'âme au patriotisme du mode démocratique que l'extrême résignation à tout souffrir jusqu'au bout avant de compromettre l'avenir de la République par aucune effervescence ni trouble ; car le moindre signe d'insurrection n'eût profité qu'à la réaction, qui ne demandait qu'une faute à commettre par les républiceins pour mettre le feu aux poudres sous le mauvais prétexte de la calomnie.

Ces premiers, seconds ou derniers porte-grand respect à la religion, aux honneurs, à la propriété, à la famille ergotaient d'abord dans leur rage écumante : — « Puisque le peuple veut tant la République, nous qui tenons les clefs de la fortune, faisons-lui-en faire un bon saoûl de République ! Commençons par faire un demi-tour au robinet de la source du travail. Du reste, qu'est-ce que cela peut nous faire, à nous, que les maçons, les charpentiers, les serruriers, les ébénistes, les charrons, les chapeliers, les cordonniers, etc., tout ce qui forme principalement les agglomérations constituant la masse des « partageux », qu'ils crèvent de faim faute de travail! Criblons toujours d'impôts les industries sociales, où se créent les conspirations; augmentons les patentes du petit commerce. Et d'ailleurs, pour payer le Prussien, il faut bien sortir l'argent de quelque part; car plus de mal nous pourrons faire à la République en nous disant républicains, plus nous attirerons la haine publique sur les autres, et plus nous aurons occasion de dire : Eh! pauvres, vous l'avez bien voulue, la République; de quoi donc à présent avez-vous à vous plaindre? Hélas! si déjà vous commencez à vous fâcher, vous avez bien du temps à souffrir, puisque d'après vous-mêmes elle doit tant durer. — Ah! la République, après tant de questions, essayons, voyons si à la fin, les petits républicains ne feront pas comme le loup que la faim fait sortir du bois et met en révolte contre l'homme. S'ils mordent le frein jusqu'à la haine de ce qu'ils adorent, incitons-les par la misère à échanger quelques coups de fusil entre canailles, et nous, les trois partis, nous nous disputerons à qui revient le premier droit au trône. — Nous verrons qui sera le plus pressé à la fin de la comédie. »

Ceux de l'extrême gauche en très petit nombre, seuls alors de la France, représentaient le vœu du parti avancé.

Quant à ce dont seul pour lequel tous les braillards de cette première assemblée de la République, n'étant d'accord que sur les questions du budget ; ha ! ha ! le budget ! ce tant et si aimable budget ! y tenant tellement tous au budget, plus qu'à réaliser les promesses qu'ils avaient faites aux lecteurs, qui ne cessaient d'y avoir nuit et jour les yeux et le cœur fixément braqués sur le pauvre budget. Et des questions de ce premier à leur intérêt, les sans comparaison très honnêtes gens, passèrent au vote des crédits avec toute la largeur de l'âme premièrement à celui d'une bagatelle de 300 mille francs affectée à l'infortuné Thiers, comme immortel ayant un pied dans la tombe, les deux bientôt, pour relever des cendres de la Commune et reconstruire assez solidement sa chaumière, — dis-je son luxueux riche palais en grosse pierre de taille, — crainte de le voir usé avant de quitter le porte-monnaie — le trésor de ce monde ; — et à la suite de ce menu, on mit encore un autre petit crédit de 40 à 45 millions pour indemniser, je ne sais quel dommage par exemple.., l'autre infortunée famille des Orléans, de peur que les pauvres gargantuasseaux eussent claqué la petite fortune de quelques millards, à pouvoir de Paris à Toulouse, paver une route tout en pièces de 5 francs, que leur brave père avait volé sur la vente des forêts de l'Etat, et des biens communaux au début de son règne.

A Thiers 300,000 francs, c'est un cadeau qu'on lui fit, manière de le flatter pour mieux le tordre à leur fin plus facilement, tandis que lui le même Thiers, comme un enfant trop cajolé de la mère, se prévalait de ce privilège presque paternel. Un jour pour éprouver l'attachement de ces sortes d'enfants gâtés presque dépravés, lorsque menaçant de dépasser la limite des ordres qu'il n'entendait, fit le semblant de donner sa démission de président de la République. Mais les fins leaders n'ayant pas préparé leur coup, se virent comme des enfants d'iniquité que, pour les punir de leur désobéissance, le père les eut menacé de se noyer, bondissant de regret auprès de lui, l'embrassant et, dans leurs sollicitations, le priant instamment de rester.

Thiers assez rusé, lui qui ne demandait mieux au comble de son bonheur que d'être adulé, prié, adoré, il reste au pouvoir pendant quelque temps encore. Mais le bon vieillard s'était tellement habitué aux sucreries d'un dorlotage, que ses intimes, cette fois, l'ayant trahi, en vue de le remplacer, avaient trouvé un autre homme d'un caractère à leur guise plus maléable, n'attendant de ses cheveux blancs qu'une autre brusquerie et accepter pour de bon sa menace de démission s'il y revenait. On l'y poussa même, et il recommence une seconde rebuffade ; il n'eût pas plutôt prononcé le semblant de sa démission, qu'elle fut acceptée avec satisfaction cette fois, et on mit Mac-Mahon à sa place.

Et les affaires, comment allaient les affaires ? En ces époques de crises commerciales et ministérielles, comme aujourd'hui même, selon que le mal se fait, les affaires et les choses vont de pis aller toujours de travers. L'or ancien, ainsi que nous l'avons dit, ne folatrait plus, ayant changé de main. De chez la noblesse étant passé à la campagne où l'on ne s'amuse que pour solder les acquisitions de la propriété ou pour compter des riches dots de mariage. Là, de rustres, tout à fait rustres, a fait des demi-bourgeois ; l'ancienne bourgeoisie en voulant mordicus à la noblesse réellement de nom en aversité contre les uns, contre les autres. De crainte la noblesse d'être remplacée par la bourgeoisie et la bourgeoisie par la noblesse dans les hautes fonctions d'Etat et dans les privilèges, les dévots de l'évangile corrompu, aux Chambres, faisaient..... et les prêtres, dans les églises, disaient..... tout le mal imaginable contre la République. Tel était le vrai moyen de la pièce comique dont les députés et les curés agissaient à la prospérité du pays ; toujours les affaires sur la marche du progrès d'avant en arrière.

CHAPITRE III

Les secondes élections de la République en 1875. — La constitution Waddington. — Thiers et Mac-Mahon. — Le sénat, sa signification en République. — Le 16 mai et l'interdiction de lire à haute voix les journaux républicains dans les établissements publics. — Le monopole des allumettes chimiques. — Provocation à la révolte le peuple contre peuple par des manifestations illicites au sujet de l'expulsion des jésuites et le renvoi des frères ignorantins et des sœurs congréganistes, les moins capables d'enseigner la jeunesse faute de brevet de capacité. — La magistrature monarchiste ne faisant tomber le poids de la balance de la justice que sur les républicains. La même représaille exerçant partout sa sévérité même dans les armées. — Volontariat d'un an.

D. En se retrempant dans l'esprit du pays par le suffrage universel, qu'a gagné l'opinion publique au second choix de ses députés ?

R. Quelques membres de moins à la

droite, quelques députés de plus à gauche, et à l'extrême gauche. Peu de chose. Où les braillards de la précédente Chambre se plaignant de n'avoir pas la majorité sur les monarchistes, cette fois avaient acquis celle de 363 sur à peu près 575 membres ; mais ne rendant pas pour cela la besogne au point que le pays l'attendait légitimement avec impatience.

D. A cette seconde assemblée législative, est-ce qu'on procéda à la vérification des pouvoirs de même qu'à la première législature de cette République ?

— Toujours.

— Il n'y avait donc rien de changé dans le système politique ?

— Non. Notons seulement la façon combien de politique le peuple s'intéresse peu, et combien l'ignorance règne encore au dix-neuvième siècle ; dans les campagnes surtout, où l'on aime beaucoup à faire platement la courbètte devant un maître, puisque ce n'est pas le sentiment de l'homme que l'on recherche, c'est le nom qui leur faut au point de vue des grandeurs éblouissantes qu'on sait lui attribuer ; s'il a des métairies au soleil, où s'il est réputé avoir des grandes fermes à donner à bail ou s'il mène un grand train industriel.

Chez tout campagnard, la sensation du sentiment politique alors était faible, on ne comprenait pas bien encore ce que voulait dire la

République, parce qu'on ne se souciait guère de le savoir. Que firent donc cette fois-ci les députés pour faire mieux que n'avaient fait les précédents? — Rien. Egalement, ils dépensaient la même somme de temps en véléités vagues, en métaphysique, en discours de collège, en des contestations absurdes.

Qui de Thiers et Mac-Mahon en République, a prévalu en influence sur le siège présidentiel de la politique? — Thiers, à ne pouvoir disputer le contraire, était homme d'un talent diplomatique, et Mac-Mahon un homme de sabre. Thiers, tel que tous les personnages de la terre : se piquant de distinction ; grands par l'apparat du dehors politique et petits par les qualités d'un dedans humanitaire. Malgré le bien que la bénévolité populaire lui attribue avoir fait à la République « sans républicains », en quittant les trésors de cette vie il a emporté avec lui dans la tombe une large macule de sang qu'il aurait pu éviter ; et Mac-Mahon aussi, tant qu'il vivra, aura à se reprocher cette effusion qu'il ne put faire répandre grâce au noble citoyen Labordère, homme tout à fait digne de la France et de l'épaulette, qui déjoua son coup de lâche complotant avec les insignes bandits du 16 mai, que nous lirons plus loin, oui, avec ces hommes que les législateurs de l'époque, trop timorés, les trouvant trop indignes de la corde et du plomb qu'ils auraient mérité, ne firent que les flétrir de leur infamie, de leur honte ; se contentant de les renvoyer devant le pays qui les aurait disséqués en apprenant qu'ils pensaient ensevelir les grands centres dans la fumée de la poudre, etc.

Or, parlant de l'ignorance générale, la réaction, convaincue de cette infirmité intellectuelle chez les basses couches sociales, voulait, de connivence au même attentat, en faire une bonne occasion à ses prétextes ; tandis que la République cette malheureuse, les mêmes ennemis plus embarrassés qu'elle, ne sachant lequel aspirant de trois installer sur le trône, voyant qu'elle promettait de vivre longuement, pour l'empêcher d'exister trop longtemps en dégoûtant le peuple, un singulier Waddington élabora à sa guise une Constitution du reste très incorrecte, dont la proposition fut par les uns acceptée dans l'espoir de prolonger la République entre la vie où la mort au moins jusqu'aux circonstances d'une revision, les autres dans l'intention de l'enterrer d'avance. Enfin, n'importe quoique chacun en pense, cette Constitution fut adoptée à presque l'unanimité des représentants présents.

Cette constitution, dite du nom de son auteur, fut en quelque sorte instituée comme devant servir de citadelle à la parade des récalcitrants, derrière laquelle le monarchisme devait conserver ses espérances ; ne tendant à d'autre résultat que les événements les plus décevants à la cause que de tous les temps ayant généralement fait l'espoir des souffrances humaines. Laquelle intercalant d'abord l'urgence d'un sénat désigné sous l'en-tête de Haute-Chambre, composée d'hommes élus audéni de toute légalité souveraine par la voix d'un suffrage restreint, c'est-à-dire pour s'élire entre indignes de toute estime, entre rebut du suffrage, entre hommes conspués, chassés de toutes les urnes électorales, comme des infâmes reconnus coupables d'impolitique et de liberticide.

Voyons, faites-nous un peu le détail quel fut l'évènement de ce néfaste Seize-Mai ?

— Le 16 Mai, devenu traditionnel, signifie la baie, le gland, la poire, le fruit échappé de la si belle rose de l'ordre moral ; ce dont enfin les hommes de cette triste époque se vantant à ne pouvoir assez se béatifier eux-mêmes, de peur qu'on les maudisse alors que sans droit de récrimination à leur défense, se sentant dignes de tous les anathèmes et du mépris de la France au moment qu'ils réprouvaient dans l'honneur de la probité civique l'estime des autres. Or, quant à ces infâmes, dans notre sérieux, voici comment nous jugeons la chose. Lorsque des hommes de la nature d'un Mac-Mahon, des Broglies, des Fourtou, des Buffet et complices, sans oublier quelqu'un des principaux membres de la tartufurie catholique appelée Dupauloup, s'y faisant aussi à tirer vers lui, du peuple, toute la couverture, se sanctifiant hypocritement avec le dessein du crime au fond de l'âme sont des monstres, sont des pires Lucifer, et non des saints ni des predestinés à aucune gloire. Que voulait dire le petit sabreur Mac-Mahon lorsqu'un jour grognant : — Les chassepots partiraient tout seuls ? Comme tous les mauvais drilles, à l'instinct de sa brute, exprimant par sa menace: « que les bons devaient trembler et les mauvais se rassurer sans crainte! » toutefois avec la différence que son discernement trop embrouillé, d'une sagacité trop courte, distinguait mal les qualités pour ne pas prendre renard pour lièvre, et poule pour renard; ne pouvait juger sainement que lui et ses compagnons de bande étaient le loup encore plus féroce que le renard, et que les chassepotés de son entendement étaient l'innocence, n'ayant à eux aucun droit de l'empêcher de vivre, de la détruire, ni même de la troubler par ses fameux coups de rrram..... Car, dans leur fier orgueil, des hommes de sa sorte et comme ses instigateurs avaient actuellement assez que faire de mentir à se disculper du malheur général dont ils travaillaient clandestinement à leur responsabilité. Pour cette raison, ces gens de l'ordre des brigands célèbres : Troppmann Cartouche, et Mandrin, ainsi que le reste des scélérats n'importe quel nom que l'histoire les baptise en rapport leurs forfaits, ceux du même 16 mai n'ont pas de terme plus convenable; c'est du sang jusqu'au genou coulant des cadavres du peuple inoffensif et sans méfiance d'aucun danger de la trahison des pires factieux planant aux horizons, prête à fondre sur les destinées humaines, voulant au gré de leur ignoble caprice donner à la France une leçon de terreur, en couvrant le sol de morts entassés par monceaux les uns sur les autres à chaque carrefour dans les villes, sans parler des arrestations qui se seraient arbitrairement pratiquées en province. Tel est le but qu'ils s'honoraient d'atteindre.

Ah! les énergumènes, pour se défaire de la République au plus tôt, voulaient, par un massacre général, faire assassiner les trois quarts de la France, puis gueuler et faire crier que c'est elle, la République, l'auteur de leurs meurtres. Mais, disons-le hardiment et sans crainte, le coup qui devait les rendre cent fois dignes de la potence a râté, heureusement, vu que beaucoup peut-être à l'heure actuelle ne seraient plus; si ce coup avait abouti à leur projet, la première goutte de sang qui aurait jailli des veines d'un citoyen allait demander vengeance, et le peuple ahuri, surexcité sur cette plainte, n'aurait pas manqué du plomb, de la poudre et de la mitraille, il aurait su découvrir les coupables et les traiter suivant le mérite de leur criminalité, car si des faits d'une nature si déplorable s'étaient produits en 1793, leur tête aurait roulé sur l'échafaud. Donc, que leur attentat à la vie publique se rattache éternellement à la mémoire des crimes des temps barbares et des atrocités du moyen-âge. Qu'à l'avenir, cette préméditation coupable serve de signal à l'éveil d'une pareille défiance contre toute tentative du même genre et que le peuple soulevé en masse tombe sur les fomentateurs de désordre troublant la sécurité, sans égards à la robe, à la froque, à la toge, ni à la calotte, mais qu'il soit fait aux aimant répandre le sang des autres, que le leur premièrement soit leur dernier breuvage, car l'hydre de cet à jamais maudit 16 Mai, au moment même de l'attentat aux lois et au bien de l'homme, n'avait point crainte de nous vexer par la présence de ses sbires commandés de venir la pointe de leur épée, pour ainsi dire, croisée sur nos poitrines, nous défendre de lire intelligiblement les journaux d'une nuance républicaine trop avancée, tellement, qu'un jour, il s'est trouvé un homme riche en estime de toute personne le connaissant, à qui un tout petit gendarme vint l'aborder en signifiant :

« Pardon, monsieur, en qualité de Français et quand même, vous devriez donner l'exemple du respect aux lois de votre pays ; vous devez savoir qu'un nouvel édit vient de paraître à l'*Officiel*, lequel porte défense expresse de lire aucun journal ni brochure séditieuse à haute voix. » Le très brave et très honnête homme, emporté par la colère contre les quelques diables abusant d'un pouvoir dont ils avaient usurpé le droit de sanction, par lequel faisaient astucieusement tout le fracas dans toute l'étendue du domaine politique, répliqua à cette estocade qu'il respectait exemplairement avec obéissance et soumission les lois des hommes quand elles étaient revêtues d'un caractère de justice, mais qu'il n'obéirait jamais aux ordres d'aucun fripon digne du bagne, dont la seule présence de tels hommes au Parlement pouvait déshonorer la diplomatie française ; et, quant à vous, malheureux, dit l'honnête homme au valet de police, je vous engage de vous contenir personnellement et de ne pas insister sur aucun point de la question courante, car si quelques Mac-Mahon, les Fourtou, les Broglie, les Buffet, etc., n'étaient pas des vrais pagnotes, ils viendraient ici pour se mesurer avec les hommes au lieu de les trahir pour les égorger par derrière, et vous, en qualité de témoin oculaire, vous verriez de vous-même comment je saurais les jeter les uns après les autres par la fenêtre.

Alors, en ce moment de forfaiture et de violations criminelles, voyant que le temps n'était pas plus solide à la garantie de la réaction que pour la République, le gendarme s'est retiré en fuyant sans rien dire.

La réaction, constamment assidue à l'exécution de ses rôles irraisonnables contre la nouvelle politique et contre le bien de tous, a connexé son stratagème à celui d'une bande de ces exploiteurs oisifs, ne spéculant qu'à faire fortune sur le travail d'autrui, parce que leur semblant avoir un filet — une bourse à tarir, celle de tout le monde — d'une maille plus fine et d'une ampleur plus vaste, prétendaient s'emparer de toute la manne financière, en quantité plus grande que celle des cultivateurs même de cette manne. Si vous m'entendez bien, c'est du monopole des allumettes que nous voulons parler ici. Les allumettes est un art qui ne remonte pas de si loin pour que nous ne puissions nous rappeler de l'usage du briquet et de l'amadou, moyen par lequel on obtenait du feu à volonté à l'aide d'autres allumettes, consistant simplement en tiges de chenevote coupées en longueur, mises à paquets, soufrées, tandis que les allumettes chimiques sont d'origine espagnole, du moins ce sont les Espagnols les premiers, vers 1837, qui les introduisirent en France. Alors, une fois cette précieuse découverte mise à la libre disposition du public, elle devint tout d'abord sans nulle opposition de personne la propriété de qui voulait s'adonner spécialement à cette branche d'industrie récemment connue par laquelle beaucoup de gens vivaient. L'association du monopole constituée sous le patronage des plaintes mensongères, des raisons et prétextes fabuleux, faisant ressortir par allégation artificieuse que telle fabrication entre les mains de particuliers pouvait imminemment causer des fréquents dangers d'incendie. Mais les sinistres préjugés après l'existence du monopole ont justifié que ce qu'on avançait à son égard était monstrueusement faux, attendu que depuis cette création les cas sont devenus presque multiples. Et pourquoi? Parce que les allumettes du monopole loin d'atteindre la perfection des vrais fabricants, les consommateurs se voyaient souvent obligés d'en frotter plusieurs pour en réussir une, jetant négligemment les autres où elles se rencontraient, venant la température chaude, pouvant brûler à la moindre collision en y marchant dessus sans attention, alors surtout qu'elles peuvent se rencontrer parmi de la paille ou d'autres combustibles, si on y en déposait dessus. Au reste, quoiqu'il en soit, parlant du même article, on a attaqué violemment là un droit en vue de l'extorquer aux fabricants et aux marchands moyennant une somme, laquelle, fort loin de compenser l'équivalent du rapport annuel de cette propriété à son propriétaire, que malgré tout consentement on força iniquement les maîtres d'accepter l'offre qu'on leur faisait sous menace d'expropriation forcée ou de séquestration au besoin pour punition de ne vouloir renoncer à vivre en travaillant, de ne vouloir refuser de servir honnêtement chacun leurs clients, à la préférence d'une bagatelle presqu'insignifiante. Parbleu ! vu qu'avec une loi en main pareille à celle des « conservateurs » du gros 16 Mai, aimant de la propriété le respect (vous venez de voir comment) lorsqu'au nom de laquelle il n'y avait plus de domicile inviolable, les monopoleurs profitant de cet avantage n'y allaient pas trop doucement, car, naturellement, de la manière que les sans-pudeur procédaient si bassement au mépris de toute réserve morale, je ne puis le cacher, ils devaient être bien pauvres en pécunes; ils ne respectaient rien de digne, rien de prohibé ni de sacré, allaient partout, entraient partout, fouillaient tous les lieux des appartements, toutes les chambres, dans les armoires, dans les lits des femmes, des filles, jetaient ici et semaient par là des allumettes de contrebande qu'ils portaient sur eux après les avoir saisies ailleurs et disaient bravement en termes à « l'ordre moral » aux propriétaires présents : Voilà monsieur ou madame, des allumettes, desquelles vous êtes convaincu aujourd'hui que l'usage est illicite. Vous ne pouvez ignorer de la saisie que nous procédons présentement chez vous et contre laquelle nous protestons en vertu de la perquisition légale dont l'exercice nous est permis avec autorité de plein droit partout où le devoir nous appelle. Votre nom, s'il vous plaît?... En conséquence de votre infraction à la loi, nous vous accusons procès-verbal pour vous punir conformément au jugement qui va s'en suivre formellement et qui pourra vous coûter beaucoup plus cher que toute l'économie que vous auriez pu réaliser durant votre vie sur la consommation des allumettes...

Heu! au spectacle de choses si dévergondables, il n'eut toutes les fois pas fallu que la République, en voyage, se fut présentée dans toutes les maisons avec son bonnet phrygien dans la pensée d'être bien reçue, car elle se serait vue plutôt chassée à grands coups de manche à balai. Cependant elle n'avait aucune conscience du mal qu'on tripotait à son nom, personne ne comprenait que c'était l'effet du même numéro 16 qui jouait à sa fortune en pionnant sur les misérables qu'on pouvait prendre la tête dans le sac de l'ignorance. Une fois ces sortes de chenapans, de retour à leur destination, invitaient leurs verbalisés par lettres apostillées à venir transiger s'ils voulaient éviter un long procès. A cette occasion, les fins larrons avaient des avocats choisis à leur manche, leur procuraient des fausses pièces, des dossiers et tout ce qui était nécessaire pour effrayer leurs dupes en leur proposant un accommodement, moyennant une somme plus exagérée que possible, sur quoi souvent les infortunés donnaient les uns en tremblant et les autres en pleurant ce qu'ils avaient d'argent à leur disposition; les plus rusés attendaient, voulaient voir le résultat des si terribles jugements, et depuis n'ont ni su ni vu la moindre signification d'aucun.

Quant à moi, notamment, je puis me glorifier avoir sauvé de ce piège deux pauvres femmes soi-disant avoir été condamnées pécuniairement par décision rendue par un tribunal ne sachant lequel, également à la somme de 300 francs, pour laquelle elles allaient un jour ensemble porter un acompte de 30 francs chacune, tout ce qu'elles possédaient en nature ou en crédit. Je leur ai demandé curieusement au hasard :

— Et où allez-vous, malheureuses ?

— A tel endroit, me répondirent-elles.

— Revenez-vous-en, leur dis-je. Allez remettre votre argent à sa place et gardez-le pour un meilleur emploi; laissez en paix ces tas de f....., et de g..... confir dans leur crasse. Si on veut vous forcer à payer, vous viendrez me trouver et je me charge de votre affaire.

Elles suivirent mon conseil et plus tard n'eurent pas à s'en repentir; et moi, crainte de faillir à mon devoir d'honnête homme, j'ai protesté de ne jamais acheter pour un sou de leurs allumettes; en achètera qui voudra, je n'empêcherai personne, car chacun doit être libre.

L'expulsion des jésuites, renvoi des frères ignorantins et des sœurs congréganistes exerçant sans aucune autorisation que par lettre d'obédience le droit d'instruire la jeunesse. Qu'est-il résulté de l'expulsion des premiers et du renvoi des autres ?

R. Un moment de bruit, un peu de sarcasme seulement, sans éclat ni aucun trouble à regretter, c'est-à-dire pas du mal autant que les expulsables et les renvoyables auraient voulu faire à la main les chassant, si de se venger il leur avait été possible.

D. Pour quel motif les jésuites ont-ils été expulsés de France ?

R. A raison que dans un État où la politique doit être la sauvegarde de l'ordre et de la paix, le jésuitisme est une pépinière de fauteurs de troubles, de porte-désordre et de crée-misère dégénérant en guerres.

— Comment! les jésuites, dont le nom *Jésus*

signifie symbole de paix et de bien, pourraient-ils faire le mal dont vous les croyez capables ?

— Jadis, du temps que personne ne connaissait le fond de cette caste, les jésuites passaient pieusement, dévotement, pour de parfaites braves gens; mais, aujourd'hui que leur secret est connu de tout le monde, ils sont des loups si horriblement détestables à ne pouvoir en douter eux-mêmes; de peur qu'on ne connaisse le fin de leurs inclinations perverses, ils tiennent, quant à l'intérêt de leur cause, à se couvrir de la peau de l'agneau, suivant l'Évangile.

— Est-ce là tout le grief que vous avez à nous raconter des jésuites, des sœurs congréganistes et des frères ignorantins ?

— Non; l'induction de notre histoire est toujours que la République, entourée de haines, de menaces, de crises, de rancunes jusqu'à l'extrême paroxysme de la colère des contrepartis, à la fin se voyant comme le taureau du bois assailli par la vermine, par les moustiques, les taons et les mouches, tout le parasitisme pouvant le harceler d'importance, afin de paralyser ses mouvements de défense par la fatigue des tourments, comme pour lui dire ensuite : « Taureau, tu n'es fait que pour notre suçoir, et non pour t'appartenir toi-même. Ton sang est le liquide qui convient à notre subsistance; alors broute, mange l'herbe, prends ta nourriture; que très peu, sous la piqûre de notre dard, ta douleur nous occupe. » De tous les temps, depuis qu'il s'en parle, les jésuites avaient été les taons, d'autres les tiques et le reste les mouches, les cousins du grand parasitisme humain, vivant mollement, grassement, de la succion de celui qu'on appelle le peuple. Mais, par la République, ce peuple n'a plus voulu être le taureau du pré, du bois, ni de la vigne, pour être fait à la merci des fainéants le maîtrisant, l'exploitant. Parmi les élus du même peuple il s'est trouvé un homme qui, non plus, le pauvre, n'était pas d'une sévérité à les avaler de travers, fit le semblant de s'armer d'une flexible houssine, manière de leur secouer légèrement la poussière de la jupe d'étoffe lourde; leur fit, en tremblant lui-même, intimer un ordre de gagner la terre étrangère; qu'à dater du jour de l'information de cet ordre, ils n'avaient à se délecter en France que jusqu'à l'échéance du temps déterminé à l'application des anciens décrets. Et les maîtres jésuites, au lieu de mettre à profit l'avis les prévenant et de préparer leur échine à la réception des petits coups de baguette et d'apprêter leurs malles de voyage, ceux de plusieurs endroits se fortifiaient, se barricadaient plus opiniâtrement dans leurs établissements; à quelque autre part, voulant essayer de se faire tirer l'oreille exigeant jusqu'à la présence de la gendarmerie, de la police, même de la force armée, pour faire croire à leur martyre et attirer sur eux la pitié publique et soulever quelques manifestations scandaleuses. A quelque autre grande jésuitière, dans le Midi, espérant qu'en prolongeant le temps la chute de la République pourrait arriver, il s'étaient munis de comestibles de toute sorte, de denrées, de céréales et de tout corps d'état, pour mieux résister jusqu'à la fin ; mais la famine est un furet qui souvent oblige le lapin le plus obstiné à partir de son trou. Arrivés au fond du butin, que firent nos gaillards? Voyant les masses populaires ne se réunir que par curiosité à voir leur attitude et rire de leurs grimaces en les implorant à leur vengeance ; mais, article connu, l'imbécilité d'autrefois, au temps que l'on est, n'étant plus, les mêmes foules, plutôt que de se soulever en corps, les armes à la main, les défendre, semblaient leur exprimer : « Si vous partez, nous restons ; adieu, bon voyage, long retour. » Faute d'aucune intervention généreuse et dévouée à leur désir, l'obligeance de telle circonstance les fit obéir à la loi ; ils s'en furent à l'étranger rejoindre la tête, et, par manque d'exécution des décrets énergiquement assez rigoureuse, laissant la queue remuer librement en France, pour ne pouvoir vivre tranquille sans suspecter de leur mauvaise part, tôt ou tard, la reprise de quelque coup de force. La noblesse seule et les honorables est ce qui faisait tout l'esclandre à leur départ.

Passons à la question des frères ignorantins et des sœurs congréganistes. Qu'avez-vous à narrer sur le compte des frères et des sœurs? La réponse aux questions que nous pouvons leur faire sur l'enseignement est fort brève; elle s'explique ainsi que vous allez voir aux lignes ci-dessous :

— Savez-vous lire, écrire? — Oui.

— Quelles sont vos preuves de capacité requises pour enseigner, instruire la jeunesse?...

Connaissez-vous d'abord bien la grammaire?...

De la géographie, êtes-vous capables d'en faire la description?...

Et de l'histoire de France quelles sont vos notions? La connaissez-vous bien, de manière à pouvoir l'enseigner aux autres?...

De philosophie, de rhétorique, d'arithmétique, de mathématiques, quels sont les éléments dont vous êtes capables de définir?...

Si vous restez muets, muettes, sur tous ces points d'interrogation, pourquoi donc faire êtes-vous ici?

— Étant faits, faites pour aimer ce qui est bon et non ce qui ne l'est pas, cela va sans dire, nous ne savons pas travailler parce que nous n'avons jamais voulu apprendre. Nous savons juste lire, écrire, mais nous ne savons rien de ce que vous exigez de notre savoir. Alors, dans ces conditions, nous enseignons à lire, non à comprendre, comme nous apprenons à écrire, et, faute d'orthographe et de français, nos élèves ne comprennent plus rien à ce qu'ils écrivent.

Monsieur l'inspecteur, pardon! ne sachant rien de ce qu'il faut savoir, comment faire? Nous renvoyer au travail, duquel la plupart se nourrissent, c'est nous accabler de honte, et, du reste, si vous exigez de nous ce qui manque à notre intelligence en fait de notions d'histoire de France, de géographie, de grammaire, de philosophie, d'arithmétique, de mathématiques, etc., à la place d'instituteurs, d'institutrices, nous ne sommes que de vieux élèves; à notre âge, falloir reprendre les premières leçons de l'école. Pitié! grâce à notre ignorance, s'il vous plaît! sinon... grand Dieu!

— Revenez à l'institution de vos maîtres, de vos maîtresses. Travaillez fort à vous instruire, afin que vous soyez assez savants, assez érudits, pour obtenir un brevet au premier ou second examen qui se présentera, et si, par votre application, vous acquérez ce mérite, bonne justice vous sera rendue; vous ne serez point les derniers à être admis au lauréat du droit relatif. Allez! que présentement d'autres plus capables occupent votre place.

De toutes ces mêmes disgrâces que nous avons nous-même vues, c'est l'excitation à des actes scandaleux par un petit détachement de dames dites *sœurs de Nevers*, qui aussi, faute d'instruction, ne pouvant instruire, forcées de quitter, non sans regret, un pensionnat qu'elles dirigeaient à l'instruction des filles, saturé des privations de l'estomac des malheureux d'un hôpital qui en dépendait. La veille de leur départ pour on ne sait où, elles s'érigèrent en madones, faisant processionnellement plusieurs fois le tour de la ville, escortées par tout le plus méprisable cafardage de la localité. Les bienheureuses! avec leurs cantiques et le chapelet à la main, tendaient saintement à devenir un sujet de révolte sanglante. Mais point : comme partout ailleurs, le même calme et le même mépris par le silence et un haussement d'épaules, ainsi qu'aux provocateurs hypocrites beuglant : Vivent les sœurs! leur fut jeté à la face. Après n'avoir pu se venger, voilà de tous le plus grand mal qu'elles ne purent digérer sans réchigner grincheusement leur dépit contre la justice de la République.

Question sur la magistrature antirépublicaine. La magistrature de l'ordre moral, pendant le 16 et le 24 mai, comment l'interprétez-vous ?

— En cette vie de tourments et de fastes, où le travail, le talent, le mérite de l'homme ne sont prisés à rien, où ce n'est que l'or et l'habit qu'on salue, des hommes il en est comme des arbres, des plantes. Un arbre, hors la dégénération par le greffage, n'étant du règne ligneux reconnaissable que par le fruit, selon la qualité; s'il tient de la mauvaise, le fruit ne peut être bon. Les juges découlant de source impériale, ce que les autres hommes nous avons dans le sang une telle quantité de phosphate aussi bien qu'eux, les magistrats y avaient un mélange de jésuitisme. Résultant de cette différence qu'en République, entre hommes se détestant mutuellement, la magistrature, la noblesse, la bourgeoisie vraie ou bâtarde et le clergé, toute cette oisiveté élégante en voulait aux républicains, de même qu'ils détestent l'homme des classes qui sue, qui travaille péniblement en souffrant de privation pour les faire ce qu'ils sont; eux, toute cette chair et os prenant l'argent, mais qui ne le gagnent pas, n'aimant que l'or suintant atome par atome du travail fait, sans lire ni méditer la tâche combien cet or coûte à la main qui le rend tout prêt à prendre, à mettre en bourse; c'est avec erreur qui le méprisent aux termes d'un métier qu'ils ont appris pour le juger et non pour se juger eux-mêmes avec application de justice. Car en toute circonstance ce n'est jamais l'homme qui travaille à les faire ce qu'ils sont qui les méprise, mais c'est eux plutôt qui donnent à l'homme préparant leur bonheur, le premier exemple du dédain. Si relativement au fruit selon la qualité de l'arbre, les hommes ne jugent que selon l'idée qui incite leur esprit sans se réprimer par quelque sorte de reproche occulte les juges, les magistrats, dans ce cas n'étaient pas la seule main qui sévissait à leur préjudice mais encore tout ce qui avait droit d'autorité supérieure soit dans les ateliers, dans les chantiers, dans les armées, la représaille de cette vengeance répondait aux actes que la magistrature exerçait par les tribunaux contre les vraiment, sincèrement républicains, parce que ces derniers, par essence, étaient l'axiome de la vérité patente, manifeste, aimant d'un pouvoir ce qui est digne d'être aimé : la liberté de droit et d'examen, et la clarté de la lumière politique et spirituelle, de la raison sans entraves.

Vous, ô hommes des classes baffouées, finirez-vous enfin un jour par comprendre ce qu'est le privilège que la clique des castes donné sur vous ? — D'abord, le mot clique dans un auteur qui sait se respecter n'est pas bien convenable. — Est-ce que les mêmes en nous traitant méprisablement de serfs, de manants, vilains ou de la canaille, croyez-vous que des termes semblabes soient plus parlementaires ? Du reste, admettons pour cette fois que réponse sotte vaille sotte demande ; je veux dire, si jamais l'idée vous prend de lire l'histoire du passé dissertant sur les souffrances du peuple d'ancien temps en pleine dépendance du royal et seigneurial despotisme, vous ne pourrez la démentir en voyant que dans une espèce de république soi-disant d'égalité, avec toutes les peines du monde, on ne pouvait obliger les gais viveurs jouissant au grand soleil de la richesse, à partir pour la défense de leur sensualisme temporel ; et avec le reste des autres misères laisser exclusivement en plus toute la part de ce service passif et abject, c'est-à-dire jusqu'alors et aujourd'hui encore, tout ce qu'il y avait comme danger, de rude et pénible dans la vie, était le cadeau du riche fait au pauvre, qui, ce dernier ne pouvait, ou n'osait, je ne sais sous l'impulsion de quelle crainte, subvertir le système et secouer le joug iniquement infâme, auquel en sorte de bœuf on le tenait lié. Pour faire seulement le semblant de toucher à cette coutume, on établit, non sans de très longues discussions, le volontariat dit service ou engagement des conditionnels, lesquels moyennant 1,500 fr., ne servaient qu'un an, toujours avec la conservation de la distinction de ce diable d'argent afin de ne pas mêler le sang du riche avec celui du pauvre, comme ils disent eux.

Mais le témoignage d'estime que nous portons à l'honneur des officiers qui les commandaient à cet égard, c'est qu'ils leur faisaient dans un an sentir l'effet de la même discipline de trois ans de service régulier ; car de tellement qu'on les faisait droguer sans presque du repos la nuit ni le jour, pour leur apprendre qu'il y a de l'existence molle, cagnarde, relâchée du bonheur perpétuel, la même différence que de courir les champs portant à la main un beau fusil de tir aux cailles à celui du tir à l'homme, le sac sur le dos en marche contre l'homme.

Etant plus frais de figure, plus nouveaux à la fatigue de la course et de tout exercice, plus frétille, moins usés, plus enjolivés, mains brunis par l'assolation du temps que ceux des métiers. « Tandis que sur la terre, vous n'êtes d'aucune valeur suffisante à la défense de vous-mêmes, attendez ! attendez ! » disaient les quelques braves chefs qui savaient, eux, ce que veut dire le métier militaire. En effet, un peu de misère et un peu de la vie de caserne ne pouvait être que profitable aux jeunes damoiseaux que le mélange de leur sang avec celui du pauvre leur inspirait du dégoût. Mais cependant, quand à moi, il me semble que trois ans de service régulier pour tous également au lieu de cinq pour les uns et de un an pour les autres, le sort serait mieux égalitairement partagé sans laisser tant à désirer.

CHAPITRE IV

Apologue satyrique, relevé d'après l'exemple de l'égalité et de la fraternité que les présidents ont alternativement donné par les deux républiques : celle de 1848 et celle de 1870, 76 et 80.

Thiers, tel que nous allons reprendre la peinture du portrait incomplètement ébauché à la mention ci-devant, ayant, au commencement, si mal faufilé la situation de la République que depuis elle n'a plus cessé de ressentir les effets de la mauvaise fondation, caprice trop personnel de tous les personnages de sa qualité; gorgés aux truffes de l'or du peuple jusque par-dessus les oreilles, ne désirant, sous d'emphatiques promesses de liberté, d'égalité, que la ruine et l'obéissance des hommes soumis à leur volonté, c'est-à-dire lui ni ceux de son parti n'ayant de la pauvreté jamais fait grand cas, ne pouvait comprendre qu'il y avait des souffrants au-dessous d'eux, surtout en ne les regardant dédaigneusement que d'un œil de fierté, après l'estime forcée de les considérer comme des sources les plus petites, abondant à la banque générale, jouillant le grand biberon du budget. Et, en-dehors de cette nécessité, l'excès d'infatuation d'eux-mêmes leur fait aussi oublier de remplir tout devoir envers le peuple, qui les acclame comme ses protecteurs.

Or, parce qu'alors, sans doute, l'argent devait être plus rare ou les hommes plus sages, moins habitués aux splendeurs coûteuses que maintenant, en 1848, le traitement du président de la République était taxé à 100,000 fr. par an; Thiers, en la République de 1871, touchait 300,000 francs par an, et Mac-Mahon 600,000. Bref, Thiers, en sa qualité de vieillard, il avait personnellement la prétention du grand respect que chacun devait à sa tête blanchie, et comme doyen des intellectuelles facultés politiques dont il s'arrogeait la rareté du mérite. Un jour, nous venons de dire, tombant en difficulté de quelque question avec les Chambres, pour se venger de cette algarade envers elles, à l'heure même qu'il les croyait le plus embarrassées dans le pétrin sans sa tête, il fit, cette première fois, le semblant de donner sa démission de président, afin qu'on le priât de rester; ce qu'on fit en effet. Il se prévalut de cette instance. Tout vieux qu'il était, l'homme promettait de devenir comme l'enfant de ses volontés, menaçant les parents de ne plus vouloir aller à l'école si on lui fait trop de réprimandes. Donc, c'est par un petit coup de tête que Thiers descendit pour la dernière fois du pouvoir. Quoiqu'il soit à supposer que la perte de ce gage ne l'empêchait pas de manger une bouchée exquise de plus, ni à boire un coup de fine champagne de moins, mais de cette précieuse divinité — l'argent — de laquelle le diable n'est jamais repu, ne dut pas moins, pour l'orgueil de l'homme, être une grande contrariété.

Cependant, à bonne justice rendue à qui de droit, parlant de Thiers, son intégrité à toute épreuve contre les séductions cléricales est un mérite bon à signaler que nous ne pouvons refuser de porter à sa louange. Quoique, au triomphe des royalistes sur la Commune, en 1871, les hommes de l'autel l'aient une fois sanctifié, prêts à le canoniser, puis anathématisé, maudit, réprouvé, lorsqu'ils l'ont vu sacrifier ses sentiments monarchiques à l'érection du temple de la République, il s'est montré d'une fermeté de caractère aussi rare qu'inviolable, de sorte qu'aucun fanatisme de goupillon n'a pu le faire dévier ni corrompre dans sa foi politique. Harcelé de tout côté par les uns et les autres, lui demandant la restauration du trône, il dit : « Je descends du pouvoir; de trône en France, il n'y en a qu'un, et des princes, vous en avez trois. Mettez-y celui que vous voudrez. » Ce qu'avec regret on ne peut dire de Mac-Mahon, qui, d'une humeur si timide devant les soutanes que brute et poltron devant le canon de la Prusse, séduit par le fanatisme de sa femme, s'inclinait sous les ordres qu'elle recevait des marabouts ultramontains, par la correspondance directe du confessionnal de quelque Dupanloup. A une certaine époque, Gambetta fit un long discours, chauffant par l'éloquence du talent dont il était digne le patriotisme de tout cœur sensible et intelligent; le petit sabreur répondit impérieusement que, pour sa part, il entendait que la raison fût donnée aux hommes de sa préférence. A cette condition, chacun des autres avait à prendre garde de ne point troubler l'ordre moral et matériel, pour ce dont il avait engagé la foi de son honneur, sinon les chassepots partiraient seuls; qu'on avait beau faire et dire; que, quant à lui, il avait accepté une mission, de laquelle, avant de céder d'un seul mot avancé à sa défense, il irait jusqu'au bout. Dans le moment présent, ces propos de violence proférés textuellement par un vieux troupier de caserne ne purent émouvoir le tribun des gauches, tant il comprenait, en effet, que les qualités peuvent souvent se trouver meilleures dans des cœurs pareils au sien, qui parlent ouvertement, que chez ceux qui veulent en faire leur machine; attendant que l'occasion se présentât pour répondre à son impertinence, il fit semblant de ne pas l'avoir entendue. Mais son audace gagna progressivement de l'empire ; la circonstance ne tarda pas à se renouveler. Gambetta lui riposta vertement : « Maréchal, n'allons pas en besogne si vite. Écoutez : au lieu de parler si outrecuidemment, moi, répondant à votre vouloir aller jusqu'au bout, je dis qu'il faut vous soumettre ou vous démettre. » De telle façon que, dorénavant, Gambetta et Mac-Mahon firent au plus tirer de la longueur pour savoir à qui le dernier resterait à la main de la raison le bout de la corde. Pendant ces vains efforts, Mac-Mahon n'avait guère envie de se soumettre ; mais, voyant qu'en présence de l'homme avec qui il avait affaire, il était dans l'impuissance de répondre, il se démit, et les gauches avec les centres nommèrent M. Jules Grévy à sa place.

— Voyons, que fit, par la suite, Jules Grévy que les Thiers, les Mac-Mahon n'aient fait à l'égard de la République?

Tout le monde doit savoir qu'en République, telle que celle de l'époque, un président n'est à la tête du pouvoir exécutif qu'un bâton de maréchal entre les mains de son maître, obligé de se taire et de rester à la place où il plaît à celui-ci de le mettre.

M. Jules Grévy, au dire même de beaucoup de personnes le connaissant, était un de ces républicains qu'alors on appelait modérés, un républicain sincère, à l'âme bonne, juste, tranquille, n'étant pas d'un caractère à s'emporter sans examen. Il était d'un cœur humain, beaucoup réflectif sur les malheurs de l'homme, vertu qui le rendait fort clément aux endroits de la justice. On peut, à sa louange, dire qu'il a montré de l'indulgence même en faveur de beaucoup de misérables en sauvant aux uns la vie de la guillotine en commutation de peine à perpétuité, et abrégé leur peine à d'autres condamnés aux travaux forcés, qualité rare pour un homme à sa place, que nous n'avons pas vu de Thiers ni de Mac-Mahon. Ce qui honore encore le plus la conduite de M. Jules Grévy est la confiance du pays au renouvellement du mandat conféré pour sept ans, échéant en 1885, réélu président de la République en 1886 pour autres sept ans. La réélection à la présidence de M. Jules Grévy comme chef de l'État prouve que ce n'est point dans les 100,000 francs qu'on allouait au président de la République en 1848, ni dans les 300,000 accordés à Thiers, ni tout à fait dans les 600,000 livres émolumentées à Mac-Mahon, ni dans les 900,000 francs que le Sénat et les Chambres ont accordés à M. Grévy, somme ou traitement qui est de beaucoup inférieure au chiffre de 35 millions que Bonaparte défalquait, tous les ans de son règne, de la liste civile, que la bonté de l'homme se trouve.

Et si en France on continue d'augmenter ainsi progressivement le traitement des présidents en République, de cent mille à trois cents, à six cents, etc., comme simple gage de n'être que très médiocrement républicains, on finira bientôt par dépasser la ruine des royaumes sous les rois de la première race, qui se contentaient d'être riches de l'objet qui faisait la misère du peuple.

De retour, il reste à nous aussi de dépeindre à notre guise le tableau chacun en rapport du mérite suivant : la République de 1793 est celle des grands hommes; celle de 1848, la République des tièdes, et enfin celle de 1870, 76 et 80, la République des amendements, des discours de couloirs, de passions personnelles, de compétitions ministérielles, de questions de portefeuilles, de folles promesses, de récriminations, d'antagonisme, et non des affaires qui concernent les intérêts du pays.

Cher peuple! hommes et femmes, garçons et jeunes filles, tous gens de travail, de toutes nos déceptions des rêves dans la lune et de tous les maux qui brisent nos cœurs, une seule chose se présente à notre consolation : celle comme un bonheur sombre de voir mourir pour une bonne fois, aussi bien que les autres, les gros vers de tout bord qui nous rongent de notre vivant sous un pouvoir qu'ils se donnent ; mais ce qu'entre les uns et les autres il y a de si étrange pour le peuple en changeant d'homme, l'espoir d'un mieux que sous un autre, tant qu'il ne lui en coûte que de changer ; mais, à la fin, la mort de ceux qui ont mal agi est une loi sans deuil, souvent plus grande encore que celle de leur naissance, même pour les dames une bonne occasion à la variation des vives couleurs de leurs étoffes en noir. Voilà le résumé de leur gargantuasisme.

Et ils meurent, en effet, ces grands ou ordinaires bourdons aux ailes de large envergure, quand ils ont fait autant que possible du mal à la cause nécessitant le bien ; la mort vient les arracher du milieu où tout brille autour d'eux, et c'est pour les parents et le peuple désœuvré un grand jour de fête que celui de leur enterrement, où tous les génies de l'art étalent à leur pompe funèbre tous les aspects les plus richement magnifiques. Le bruit qu'on fait autour de leur cadavre en le portant à la poussière est le relevé de l'histoire qui reste après eux au lieu du bien à leur mémoire. La superstition religieuse, surtout sans exiger du mort le billet de confession en pareille circonstance, n'est pas la dernière à étaler le faste de son diacre et sous-diacre, s'empressant de jeter autour de son néant son encens à profusion. La burlesque pantomime se joue aux cloches à grande volée; à leur suite, tout chante et pleure pour la monnaie.

Tandis que, non sans frémir, hélas! retirant de ces obstacles l'œil de notre conscience, jetant en arrière un regard de pitié sur une malheureuse mère que, sans nulle considération, la loi criminelle, faite à leur gré, trouve iniquement toujours assez aisée et assez riche pour la forcer à payer, sous pression de l'ignoble contrainte, si la perception des impôts luisent au soleil seulement la valeur d'une pièce de quarante sous.

A présent, lecteurs et lectrices, il vous reste à apprécier attentivement comment et de quel denier la fortune de ces frêlons s'accumule au bénéfice des grands héritages qu'ils laissent, sans nullement besoin de recourir à aucun expédient de l'économie, de l'épargne à côté des dépenses si voluptueusement grandes qu'ils veuillent les faire, dont l'appréciation des frais que coûtent leurs fêtes perpétuelles manque à notre intelligence de le comprendre autant que pour l'expliquer. De là, il faut savoir, du moins, se faire une idée combien dans ces fortunes empilées du fruit de chacune de nos privations, il y entre des sommes pareilles à celle de la mère indiquée ci-dessus, pour faire toujours de ces grands buissons à l'Abimelech, à l'ombre desquels, abrités sous la loi, les victimes souffrent en reconnaissant leur obole, et sans pouvoir dire : Cet argent est à moi, je ne l'ai pas donné, comment est-il là ? Quoi ! et dire qu'un tel objet est un larcin, un vol, on s'expose !... Grand Dieu ! vengez toutes les victimes à l'instar de la dite mère et confondez les exacteurs dans leurs prétendus mystères, qu'il nous semble les entendre exclamer de cette sorte par voie indirecte : « Eh ! vous plaisantez donc ! Qu'avez-vous à réclamer puisque c'est l'Etat qui les paie ? Mais avec quels fonds, s'il vous plaît, l'Etat les...? »

Enfin, pour conclusion de l'histoire écrite aux éloges de ces êtres qui, sans savoir comment la bénévolité populaire les élève à des hauteurs de distinction, desquelles ils ne sont point dignes, promenons dans les allées du Père-Lachaise et que l'on observe la richesse de leurs monuments, exclusivement construits en agate ou en marbre blanc le plus beau pour renfermer commémorativement leurs ossements, et où sur les épitaphes desquels on voit en majuscules dorées : CI-GIT Thiers ou Mac-Mahon. Or, de même que celui, sans comparaison, qu'en passant, comme au mépris de quelqu'un, lève la jambe sur toutes les bornes qu'il rencontre, le *bon sens* examinant de plus près les choses, réfléchissant sur le bien qu'ils ont fait, qu'ils ont laissé derrière eux à faire sur la route de leur vie, mais n'y voyant rien qui les honore au point de vue de l'humanité ; pas un grand trou de plus, pas un petit trou de moins par eux n'a été fait à la terre, après le large coup de main porté bassement aux finances. Quant au bien public, n'ayant rien fait de plus que ceux qui les ont devancés au pouvoir et à la tombe, regardant sur les brouillards de la montagne qui non plus n'exhibent rien à leur glorieux passé, alors, d'un haussement d'épaules, le même bon sens se contente de jeter sentimentalement son mépris sur les mausolées sans respecter aucune inscription, les réprouvant dans ce sentiment d'indignation : Vanité! vanité! que de douleurs tu as causé à la vie de ton passé.

CHAPITRE V

Le peuple enjôlé, la première victime de l'ignorance de sa cause. — Sa tentation sur un espoir qu'il ne peut acquérir au prix d'aucun de ses plus grands sacrifices. — Son mandat confié à la troisième Chambre de la République en 1880. — L'hydre qui a partout cent mille têtes. — Digression du présent chapitre sur les prêtres, les nobles, etc.

D. Quelle est l'appréciation de votre jugement sur les Chambres législatives de la République en 1880 ?

R. Ni plus, ni moins, sans cette législature nous ne pourrions voir réaliser nos prévisions instinctives ou naturelles jusqu'au dernier iota, car une République si pessimiste, rien ne s'est produit qu'à l'assertion de notre conviction pressentie longuement d'avance, que, sous les faits qui se sont déroulés, nous ne pouvions nous persuader effectivement si bien à la lettre, et sans les phases éventuelles et les péripéties dramatiquement soulevées par les querelles de parti, impossible d'écrire avec la même certitude des cas pour l'instruction des postérités.

De République parlant, alors encore, tout le monde ne connaissait pas bien ce que signifie République. Comme, du reste, il nous manquait à nous-même la pratique, afin d'engager le peuple à cette expérience, il fallait la phraséologie pompeuse et creuse des grands paraphrastes, se prévalant de leur savoir au plus haut degré, afin de mettre plus adroitement à leur profit cette ignorance en se la disputant par de vains mots, en promettant au peuple le plus de bien, les uns par la monarchie, les autres par la République. Mais pour les hâbleurs de ce genre, la chose était alors très facile. Les soi-disant républicains avaient à leur argutieux battelage l'allusion au mal que dans le passé les rois et les empereurs ont fait souffrir au même peuple ; ce que les impérialistes et les royalistes ne pouvaient, faute de preuves, dire de la République sans recourir au mensonge, en disant inventivement, suivant leur habitude, que si par malheur la République sortait triomphante des urnes électorales, les églises allaient être fermées, la religion abolie. Qu'allions-nous devenir ?

Or, en plus franc aloi, les royalistes d'origine, même la plus légitimiste du droit divin, ne pouvaient dissimuler qu'avant 1789, le peuple, courbé sous le joug de la dépendance, était tenu en état d'esclavage ; il ne pouvait exister que dans la nuit du servage le plus abject et le plus avilissant. Il était, en un mot, très malheureux. Ce n'est qu'à la Révolution de cette éternelle époque qu'il doit de vivre et de respirer au grand jour de la liberté. Quel mal peuvent donc dire aujourd'hui les enfants ingrats de ce même peuple contre cet inappréciable coup de main qui a fait que depuis l'homme s'appartient et est maître de lui-même ? Il est vrai que nous avons encore les fils de leur père qui sont les plats valets de la courbette moderne, les mouchards, les cafards, les espions, tous les individus du dernier étage, les neveux, les arrière-neveux des sbires, des sicaires, des bourreaux, dont le sang versé de tant de crimes semble encore rougir la face des cieux à la mémoire terrible de ces anciennes époques. Tous ces hommes de table et compagnons de bouteille ne frémissent d'aucune honte. Ils préfèrent le retour de ces infamies et gagner salement de l'argent, à l'estime de tels maîtres, en égorgeant dans les rues, en plein jour ou la nuit, l'honnête homme. Oh! il ne manquerait certainement pas, de nos jours encore de ces saint-barthélymiens qui, pour une couenne rance, éventreraient impitoyablement leurs frères, leur père et leur mère. Mais aujourd'hui on les connaît, ils sont méprisés de toutes les sociétés; tout le monde les fuit et ils ne peuvent plus fréquenter personne que leurs semblables.

Du règne de Louis XVI au règne de Louis-Philippe, il y avait une grande différence entre le libéralisme de 1789 et celui de 1830; c'est-à-dire que sous Philippe le peuple n'avait pas souffert comme avant la Révolution et qu'on ne pouvait pas se plaindre comme des fautes commises sciemment par Louis XVI pour son malheur, puisque de Philippe à la République de 1848, il n'y eut qu'un petit pas à faire.

Car d'être voleur de forêts et autres biens communaux, cela n'empêchait pas l'homme d'être bon, tolérant, libérant et généreux en émancipation envers les Français, car il n'avait pas l'impudence de ses cousins pour dire : Mes sujets.

S'il n'avait que l'amour de l'argent et pas le mépris du peuple, qu'avait donc à faire la République de 1848 de plus que lui à l'avantage des citoyens?

Sans toutefois dire plus de mal que je n'en veux à la République de 1848, on doit constater d'abord qu'elle n'a pas assez duré pour qu'on puisse bien la connaître et bien la raisonner. Alors, le peuple ne pouvait pas dire avoir gagné autre chose à l'échange politique que de vivre en République au lieu de vivre sous le régime d'une monarchie constitutionnelle. Voilà tout en simple résumé.

La République de 1848, en effet, est venue sous de meilleurs auspices que celle de 1870, pendant la guerre. Puis la première de ces deux avait encore censé l'avantage d'être entourée d'un parti de moins, et les hommes d'un dévouement plus sincère, d'un égoïsme moins prononcé, d'une ambition moins apparente, d'un antagonisme plus réservé que celui des hommes de cette dernière, qui, en se chamaillant, la tripotent au revers en tout son dévolu. La voulant chacun au mieux de ses passions et en général de ses intérêts particuliers. En 1870, le monde avait perdu presque totalement le souvenir de ce bon temps quarantehuitien.

Nous avons, du reste, assez parlé de Bonaparte; il n'est point utile d'y revenir. La noblesse, avec ses procédés de disette, de famine au grand gaspillage de son or, tout en croyant le renverser plutôt, ne fit qu'activer la défection du parti républicain de 1848 tout entier pour enraciner plus solidement le prestige obtenu de l'influence napoléonienne sous le nom de son oncle. Tel s'explique brièvement enfin le malheur, le grand malheur, d'où dépend que le peuple des diverses classes soit si oublieux du passé, si peu jaloux de l'avenir, si indifférent de ce qui le concerne en politique. Il en résulte à la fin que ses intérêts propres souffrent de cette incurie et de l'imminence des disgrâces qu'il déplore plus tard, non pas comme regret de sa grande faute, mais pour les souffrances de ceux qui se sont sacrifiés pour la cause des bons principes et que l'on a raison de plaindre.

L'hydre, cette hydre cagote et politique, grand canal de tous les maux sociaux qui, en se déroulant de sa forme moitié homme, moitié serpent, ayant loin de la queue, toujours prêtes à mal faire, cent mille têtes à la ronde dont le seul plaisir est de se voir entourée de misère et de soumission; altière et voluptueuse, mangeuse d'abord et non travailleuse ensuite, tel est le reproche que j'ai promis de lui faire jusqu'à la mort. Au temps où nous sommes, évidemment la bave gluante de son orgueil qui couvre le sol attire toutes les malédictions du ciel qui frappent aujourd'hui la terre.

Assoupi depuis 1850, ce malin génie qu'on croyait raide mort, glacé au fond de la tombe, d'un coup d'œil félin, attentif et défiant, aux aguets, s'apercevant que l'empire de sa domination sur les destinées menaçait ruine, sort éveillé soudain comme d'un sommeil d'enfer, relevant le front de même que le reptile fascinateur, méditant les perfides moyens de la destruction en faisant périr cruellement les œuvres sacrées de Dieu qui doivent exister.

Au contraire, sans avoir plus besoin de rabacher la même histoire, dans son espèce, pour tant qu'il veuille se croire de la haute, il est digne de toutes les trivialités renfermées dans le mot *parasitisme*, que de l'Alpha à l'Oméga nous poursuivons, ainsi que l'on voit, pour venger la justice et la croyance outragée, toujours avec la même rigueur à outrance. Donc, par la même conséquence, nous avons cru ne remplir strictement que notre devoir en attaquant vivement un à un, sans respecter aucune condition, excepté celles qui ne sont pas couvertes sous l'ombrage du grand parapluie de l'or, tous les mauvais principes, comprenant : la fainéantise, la gourmandise, la fortune, qui, dans tous les âges, ont fait l'irrégularité du système organique des choses légales et incontestablement la division de l'humanité en catégories adverses.

Ces qualités du château au Louvre, dont toute morphose et toute calotte, quoique très divergentes entre elles, se sont réunies dans un seul esprit de parti en réaction déclarée contre la prospérité de la République.

Pour empêcher ces terribles faits de s'accomplir contre leur « mignonne cagnardise », ne sachant comment faire, ni comment s'y prendre pour se préserver d'un coup réellement plus imaginaire dans le fond que réalisable par le fait, ils mirent à leur service tout le venin qu'ils pouvaient distiller de leur fieleuse puissance, en disant : « Maintenant, si le temps ne change bientôt de face, nous n'aurons plus de ressources, nous sommes perdus n'ayant plus d'imbécilités à notre défense. Si, malheureusement, l'intelligence littérale s'inocule dans les basses classes, il ne nous reste plus que la stupidité de notre valetaille : métayers, servantes, cochers, maître-valets, palefreniers, marmitons et cuisiniers. Profitons-en donc! mentons-leur! effrayons-les en leur faisant entendre que dans les grands centres, en France, les plus éloignés, on s'égorge, que les républicains se battent contre les honnêtes gens. Payons même au bénéfice de quelques surprises nos mouchards, afin que dans la nuit on allume quelques bombes ou quelques cartouches de dynamite, cela principalement devant la porte des églises et, au besoin, qu'on renverse quelques croix et qu'on défigure quelques statuettes dans leur niche, cela pour trouver des prétextes à les accuser et les faire houspiller, détester autant qu'il dépendra de nous.

« Au risque de tout gagner ou tout perdre, il faut que nous exterminions dans son germe la République et les républicains avec ; allumons la guerre civile et qu'on fusille sans pitié ceux qui participeront aux premiers attroupements dans quelques échauffourrées, et nous crierons : Voilà ce que c'est que la République et ce dont sont capables les républicains… Comment voulez-vous que les affaires puissent reprendre? Quelle confiance voulez-vous qu'il y ait dans le commerce avec une telle anarchie, toujours exposé aux bagarres où l'on est à la veille de s'égorger les uns et les autres. Afin que les républicains soient de plus en plus dénigrés, faisons-les accuser comme les plus fauteurs de désordres, n'en voulant qu'à la religion, disons : Voyez à tel endroit, non contents d'essayer la dynamite sur les églises, ils ont été jusqu'à l'audace d'arracher aux pauvres morts les croix du cimetière, et à tel autre endroit ont enlevé le grand Christ en fonte qu'il y avait sur une place et l'ont jeté par terre, puis s'en sont moqués... Mais Dieu! demandaient les plus timorés. Laissons Dieu avec ses anges, car à l'heure actuelle le moment n'est pas à nous occuper de lui; vous le voyez, du reste, il n'y a pas trop du temps à perdre, il faut agir; de Dieu, nous en parlerons plus tard. Quant à lui, d'abord, notre règle doit être celle de ne jamais en parler tant que nous travaillerons aux œuvres de sa destruction, ne songeant qu'à tuer s'il nous est possible; d'ailleurs, si nous sommes vainqueurs, nous lui rendrons oratoirement des actions de grâce, sinon que sa volonté se fasse d'elle-même, et à nous à faire la nôtre.

« Tenez! voici encore un autre moyen qui nous sera infailliblement très efficace, celui de défendre qu'aucun ouvrier, par nos verdets dénoncé comme républicain, entre chez nous, et, si des mendiants viennent de jour ou de nuit frapper à la porte, renvoyons-les les mains vides, qu'ils aillent se faire assister par les leurs! Soit par la nécessité de travail ou par la famine, voilà le seul moyen de les vaincre. Et la charité? Bah! la charité... à telle circonstance, Dieu permet aux braves gens comme nous d'exterminer les méchants qui menacent d'abolir son culte.

« O doux Jésus! ayez pitié de nous. Aidez-nous à vaincre soit par le fer, le poison ou la flamme et nous vous bénirons. »

Ah! les double et triple plus hypocrites que tous les tartufes de la pièce comique de Molière! Voler, piller, saccager, tuer, empoisonner, brûler, assassiner, si c'est dans leur but de réussir, vous l'entendez, pour eux aucun crime, aucun forfait n'est rien, qu'une fois avoir fait de l'homme, œuvre de Dieu, un instrument de fortune aux millionnaires aux dépens de plus des trois quarts des gueux et des misérables est une de leurs plus grandes actions de sainteté. Vraiment, il y a de quoi se demander si de ce qui vit et rampe sur la terre, ce ne sont pas eux, ces gens-là, la bête féroce!

A la fin, passez-moi encore cette digression continuant le chapitre, sans m'accuser de chimère, de superstition, d'halluciné, ni de visionnaire; dans la teneur qui suit, écoutez ceci : Je viens de dire tout à l'heure que le peuple, en effet, avait à lui un défaut bien grand, celui de ne pas mieux graver dans la mémoire les éventualités du passé, plus qu'il ne fait à la prévision du présent et de l'avenir. Mais comme lui, moi aussi je dois avouer ma faute; en 1848, lorsqu'on bénissait les arbres de la Liberté, de n'avoir pas mieux étudié les prêtres, lorsque d'un fond trompeur ils disaient :

« Mes frères! aujourd'hui nous bénissons à la prospérité de la République ces arbres qui, par le fait, leur représentation sont le symbole de l'union des hommes devant s'embrasser comme des frères sous la même bannière et pour vivre dans un seul sentiment d'amour, dont l'objet pour signal de cette fraternité est le drapeau de la nation qui désormais doit également flotter au gré de tous les vents de la même union pacifique avec les puissances étrangères, lequel Dieu ne saura que couvrir de sa protection. Oui, mes très chers frères, disaient-ils, rendre durable cette cause à l'abri sous ces arbres que Notre Seigneur Jésus-Christ est venu au monde, et que par haine de cette même cause les ennemis l'ont fait mourir. »

Ces paroles faciles à la pratique de toute langue mobile, je ne les ai pas tout à fait oubliées, mais je ne pensais pas que des hommes sacrés pussent mentir de la sorte; j'avais confiance. J'en voulais même quelques fois à ceux qui les raillaient sur ce point; mon fanatisme était-il donc par excès de crédulité aussi susceptible de se laisser tromper que celui des autres. Je ne manquais pas d'assister à la messe le dimanche et les autres jours de fête.

Voilà que, un dimanche, pendant un de mes pieux instants où du fond de ma pensée je croyais être en relation directe avec un esprit de lumière, j'entendis le bruit produit par les chaises se remuant ou se fermant ; j'ouvre les yeux et j'aperçois notre prêtre qui montait dans sa sorte de cuvier, pensant qu'il allait nous entretenir de quelque homélie édifiante ; en effet, il commence d'abord par relever ses manches blanches garnies de dentelle, et il lance son oratoire sur la cause du Seigneur (toujours) en faisant rouler tour à tour les foudres de son éloquence sur les questions de la religion, puis tombant finalement sur la République, il dit qu'elle n'est point une institution faite pour sauvegarder les dépôts sacrés de la religion catholique. — Catholique, à la bonne heure, même polythéiste et hypostatique, capable de deux, au moindre caprice, de livrer le père et la mère aux flammes du bûcher et le fils au massacre de sa défense, puis de vendre plus cher qu'au poids de l'or les cendres à leurs fidèles. Mais qu'on ne dise pas toujours chrétienne, vu que la distance de royaliste et de chrétien, selon leur christianisme, est absolument la même que celle de roi, tyran et despote à Christ de charité, d'amour et de paix, tandis que roi veut dire le contraire : fortune, guerre et misère. — Le même homme continuant de porter mortellement le dernier coup au temple et à la secte dont ils se disent l'Eglise, disait que les hommes qui étaient à la tête d'un pareil gouvernement étaient des ci, des là..... ce que, par respect à la chasteté de mes lecteurs, je franchis cette phrase pour éviter de reproduire ici toutes les invectives les plus dignes de souiller la bouche d'un prêtre, sortirent du sac de ce bonze imbu de feu, de flamme, de passion et de colère, contre qui? contre quoi? contre lui-même, le misérable! Et alors, moi, perché sur un ballet qu'on appelle tribune, à l'oubli subit de mon moment de calme avec ma conscience, une sorte de mouvement convulsif me déchirant le cœur, je faillis à ma prudence et la patience m'échappa, je dis tout haut : S'il n'est ivre ou énergumène, possédé de quelque diable malin, il est donc fou cet homme, qu'est-ce qu'il dit ?

De si contrarié au sujet de cette algarade, que toute la semaine j'en fus presque malade. Etant dans l'indécis de moi-même, pensant si le dimanche à venir je reviendrais à la messe du même personnage, ou si j'irais à une autre église qu'il y avait plus loin dans la même commune. Au même instant, j'appris qu'un prêtre étranger devait, le dimanche prochain à l'heure ordinaire, en dire une à sa place; c'est à celle-là que j'avais déterminé d'aller; mais mon désir fut encore trompé, je vis à la même heure, le même individu franchir lestement les marches conduisant à son cuvier. Même répétition. Cette fois-ci, par exemple, il ne s'est pas épargné, ménagé le mot que tous les républicains n'étaient que de la canaille, et des monstres engendrés du démon..... A sa descente, toutes les poitrines enflées de consternation d'entendre ses doctrines révoltantes, un sourd murmure se répandit dans l'enceinte. A la sortie de cette messe ou plutôt de ce spectacle, je me promis de ne plus y revenir, d'aller ailleurs. Mais point, ce même jour; j'ai parlé à d'autres confrères de l'autre paroisse à ce sujet, et ils m'ont dit que leur curé avait outre passé les bourdes de celui-ci, qu'il avait dit espérer avant peu, se voir à lui, une gerbière la plus belle de la commune; c'est à la dîme d'autres fois que celui-là avait vraisemblablement fait allusion en continuant sa morale: quant aux républicains, la question n'en vaut pas la peine, Caïenne c'est la part qui leur est réservée. — Et les saints-hommes! des républicains, l'expropriation des biens à leur profit, sans doute?

Alors v'a-t-en te faire promener, mon parti n'eut qu'à changer de plan. Avant de bien me résoudre à ne plus mettre les pieds dans aucune église depuis peu transformées en club politique ou de marchands d'invention interlope, faits au métier de curer les bourses sans avance ni crédit d'aucune marchandise, je me suis bien concerté moi-même sur ce point capital. Mais je l'avoue, il en a énormément coûté à mon fanatisme de rompre, de céder à la puissance de la raison. Pour calmer les troubles que le fanatisme radical me causait j'eus recours au Nouveau-Testament, pour me conformer aux préceptes du Christ, ce que je ne rougis pas de dire hautement. La première chose qui s'est présentée sous mes yeux, fut le chapitre VI, verset 6, de Saint-Mathieu, expliquant :

« Lorsque vous voudrez prier, entrez dans votre chambre, la porte en étant fermée, priez votre Père dans le secret ; et votre Père qui voit ce qui se passe dans le secret, vous en rendra la récompense. N'affectez pas de prier beaucoup dans vos demandes comme font les païens qui s'imaginent que c'est par la multitude des paroles qu'ils sont exaucés. »

J'ai suivi les sages avis de l'évangile ; plus tard je n'ai pas eu à m'en plaindre. Sur ce, quelques amis me questionnant : Qu'est-ce que tu fais ? et le dimanche, nous ne te voyons plus près de nous à la messe, tu n'y reviens donc plus ?

— Non.

— Malheureux ! Et pourquoi donc pas ?

— Depuis que je connais les prêtres tels que je ne pensais pas.

— Pourtant tu étais d'une assiduité fort exemplaire aux commandements de l'Eglise.

— Pas de l'Eglise, détrompez-vous, qui au point de vue physique n'est que matière exécutée par la main des hommes, mais aux ordres de Dieu, oui bien, qui, au point de vue psycologique, n'est purement qu'esprit. Au reste quand j'allais comme les autres à l'église, c'est que je croyais bien faire, et maintenant de ne pas y aller je crois faire encore mieux.

CHAPITRE VI

Vision et communication avec des personnages du ciel. — Prolégomène concernant la politique des avares ; leur plainte contre la République, ne vendant pas leurs denrées. — Les vignerons frélateurs, étant eux-mêmes la cause qu'ils ne vendent pas leur vin, critiquant la République. — Le vote des paysans préférant être esclaves qué déplaire à leur maître et au curé. Leçon qui leur est donnée à ce sujet. — Dernière harangue aux ouvriers de tout art et métier.

Article 1er. — A une époque, je crois en mil huit cent quatre-vingt-trois, quatre et cinq durant un assez long espace de temps, je fus saisi comme d'une vision une fois joyeuse et l'autre affreuse. Par cette vision, il me semblait être en nombreuse compagnie de gens très affables, d'une démonstration aussi exactement juste qu'équitable ; avec eux je croyais franchir des longs parcours, traversant des monts et collines sans ressentir la moindre fatigue. A la fin, nous nous arrêtâmes à un plateau qui se trouvait sur une bosse, un peu plus élevée que les autres d'alentour. Ces sortes d'aimables gens, dans un langage très difficile à comprendre, me dirent laconiquement bien des choses en peu de mots, qu'il me fallut deviner. De tellement que je me plaisais à leur compagnie, lorsqu'ils me quittèrent, me trouvant seul, j'éprouvais un grand ennui d'en être séparé. Je voulais m'endormir je ne pouvais, voulant m'éveiller non plus. Jugez de ma situation : c'est qu'en ce moment mon esprit était réellement séparé de la matière, et le moment d'y rentrer n'était point encore venu.

Au bout de je ne sais combien de temps, je vis revenir à moi les mêmes adorables personnages ; je les priai de me sortir de cette extatique position.

— Laisse-nous te dire avant : « Le premier signe que tu viens de voir explique le ciel en courroux contre les abominations de la terre, contre la cupidité, l'égoïsme, l'orgueil des hommes à son comble montant jusqu'à lui ; le second point que tu as vu dessiner en ronds de diverses nuances renfermés en cercles les uns dans les autres, c'est Dieu qui est fatigué de se voir renié, méprisé ; et premièrement trompé par l'hypocrisie des hommes ordonnés au ministère de son culte dont l'avarice profane son temple et ses autels.

Trop parfait et ne pouvant lui-même exécuter sur les méchants sa divine colère, Dieu déchaîne du fond des enfers les esprits impurs et leur permet de porter le glaive de l'extermination parmi les vivants et de répandre un grand fléau sur la plante qu'ils ne cultivent que pour cet ignoble intérêt plus que par sentiment de nécessité humaine. Alors, tant que les abominations de cette sorte continueront de s'élever en haut comme des vapeurs immondes jusqu'à l'obscurcissement des astres dans leur conscience, de retour, le Ciel frappera la terre tantôt de la peste (du choléra) les hommes, et du phylloxera les vignes et les autres récoltes. C'est-à-dire que par la volonté de Dieu, l'enfer céleste fera la guerre à l'enfer terrestre.

Article 2. — Une semaine à peu près s'étant écoulée, du trouble étant revenu au calme, la neuvième nuit, dans un songe dont il me rappelle très bien, je vis encore ma charmante compagnie avancer de loin vers moi.

Eux, ainsi que des personnes dont le bonheur est accompli sans plus besoin de s'occuper de rien, me parlèrent également en peu de mots : « C'est par la volonté de notre maître que tu es ici pour haranguer ce peuple qui se désole là-bas ; dis-lui tout ce qui te viendra dans l'idée, tâche de le ramener à la raison de laquelle il s'est égaré par sa faute. Nous te quittons en paix, sois humain, conserve ta charité pure. » Et je ne les vis plus.

Pendant qu'ils me parlaient du peuple en question, je ne voyais personne vers le lieu qu'ils m'indiquaient ; ce n'est qu'à leur départ que j'entendis dans le lointain un bruit confus, semblable au brouhaha d'une foire très populeuse ; là où rien que l'envie de m'y rendre, j'y fus transporté au milieu comme par enchantement, me trouvant sur la pointe d'un petit mamelon qui semblait avoir été préparé par une main exprès pour me recevoir pendant l'exercice de ma mission. Ce grand peuple paraissait dans un terrible abattement, affligé, contristé, mécontent, surpris de me voir.

Debout, appuyé à un billot coupé de mesure un peu plus haut que le séant d'un homme, je contemplais tristement cette populace, impatiente tant il lui tardait de savoir quel agent je venais représenter auprès d'elle. Et, ô bonheur du ciel ! en effet, dans ce moment, il me semblait que tous les oracles de l'éloquence s'étaient réunis dans ma bouche. Je dis : « Que la paix vous soit faite. Quelqu'étrange ma figure puisse paraître à vos regards, que je ne sois point parmi vous la cause d'aucun trouble, si contrairement à votre fortune, je ne puis satisfaire à tous les bonheurs que vous pouviez envier sur la terre, pas plus que je n'apporte la puissance de remédier à tous les maux, je les soulagerai de mon possible. Donc que rien de ce que j'avance ne vous étonne, car je vois plus loin une autre foule de gens plus compacte et plus importante en nombre que vous tous ici réunis, qui murmure également sur la chose mal lotie, mal départie, sans toutefois s'offenser contre le sort ni contre la cause de leur misère, ne la comprenant peut-être pas.

Vous ici, à ma présence, qui semblez avoir des motifs vous donnant le droit de vous plaindre, parlez par catégorie, chacun à votre tour.

C'était justement tous des propriétaires les plus riches qui gémissaient, murmuraient, critiquaient le plus fort. Je leur demande :

De quoi, mes amis, avez-vous à vous plaindre ? Parlez.

Réponse : C'est que depuis quelques longues années nous faisons de très mauvaises récoltes et nous trouvons à la suite de cela que les céréales : les orges, les avoines, les maïs, le seigle et le blé en particulier, au prix qu'il se vend, falloir payer les journaliers bien cher, franchement la façon des travaux coûte plus cher que la valeur de la propriété en rapport. Impossible à nous d'atteindre honorablement au bout de nos affaires.

— Très bien! je comprends. A qui attribuez-vous les années mauvaises et que le blé ne se vend pas?

— A la République! répondirent-ils tous par un cri assourdissant.

— A quel prix le blé devrait-il se vendre, afin que je fasse auprès du ministre de l'agriculture mon possible pour intervenir dans votre pénurie financière?

— Au moins de vingt à vingt-deux francs l'hectolitre, dirent les premiers.

— Dites donc de vingt-cinq à trente francs, firent les autres.

— Chut! répétèrent encore d'autres, dites donc de trente-cinq à quarante francs... On se rappelle des époques au temps de l'empire, on récoltait du blé trois fois plus qu'à présent et on vendait le blé quarante francs, et tout le monde se la passait mieux.

— Mais de ces masses d'argent tiré des denrées pendant ces années de l'empire où la gerbe rendait dix hectolitres pour cent et où le blé se vendait 39 francs les 80 kilog. avant d'être dépiqué. Si cet argent ne s'est ni volatilisé ni fondu, qu'en avez-vous fait, qu'est-il devenu? Le blé à 40 francs, c'est vous qui le vendiez; et qui le payait à ce prix? Le pauvre.

Et en ce temps-là si révéré, c'était toutes les économies qu'un père de famille pouvait faire en payant le pain 57 centimes le kilog. Enfin, messieurs, vous avez parlé, vous vous êtes expliqués sur la question qui vous importe le plus en ce moment, n'est-ce pas? Eh bien! moi, pour formuler ma demande d'un impôt sur le libre-échange, franchement, je suis aussi embarrassé que si vous n'aviez rien dit. Vous vous êtes prononcés, les uns, pour le blé au prix de 20 à 22 fr. l'hectol.; les autres pour celui de 25 à 30 fr., et enfin d'autres pour 35 à 40 fr. Cette variation de prix relatifs de votre demande devant qui de droit, assurément ne pourrait avoir d'autre prise en considération que celle de lettre morte ou non avenue; et à moi il reste à établir, après information prise, que ceux d'entre vous qui n'avez très peu de céréales à vendre, notamment du blé, dans la crainte de falloir en acheter avant peu, ont limité le taux de 20 à 22 fr.; en deuxième lieu, les seconds à celui de 25 à 30 fr. marché courant, tant les bonnes années que les mauvaises, ceux-là appartiennent à la catégorie des riches de longue main, et ceux qui réclament le prix de 35 à 40 fr. sont de la catégorie appartenant aux pauvres naguère relevés de la misère et devenus riches ou à leur aise, soutenant que de 35 à 40 fr., autant le riche que le pauvre, tout le monde s'en porterait mieux, car on doit supposer que plus le riche manie de l'argent, plus il en fait gagner au pauvre.

« Et moi, de ceux-là, j'exige une explication clairement démontrée, et à défaut de réponse précise, je conclus : « Oui, plus les riches remuent de l'argent, plus ils peuvent en faire gagner, selon qu'on dit; mais les riches aimant trop l'argent pour eux d'abord, ne peuvent faire gagner au pauvre qu'ils détestent celui qu'ils gardent... et il y a aujourd'hui tant de riches qui ont l'argent serré en caisse, que c'est comme la terre crevée ou gercée de sécheresse, il faut de la pluie bien forte avant qu'elle n'en laisse échapper une seule goutte au profit des étangs et des petits ruisseaux; c'est-à-dire que connaissant les hommes si peu généreux, on doit considérer comme bien malheureux ceux qui ont à vivre du sacrifice des autres.

Après les agriculteurs, je fis aux viticulteurs signe d'approcher. Ceux-ci, à leur tour, obéirent à mon appel avec toute la convenance digne de mon interrogatoire; je leur rendis cette accolade : A tous présents, salut et bénédictions. Si vous avez à me parler, qu'avez-vous à me demander?

— Il y a longtemps que nous ne faisons pas beaucoup de vin, ni bien bon et nous ne le vendons pas le prix qu'il nous paraît valoir.

— A qui attribuez-vous ce désagrément?

— A la République et au phylloxera. A la République d'abord, parce qu'elle laisse trop libre la sophistication, c'est-à-dire la fabrication artificielle des vins, ce qui fait que où se consomme le faux vin, nécessairement le vrai, le vin naturel est condamné à rester dans les fûts chez le propriétaire.

— C'est premièrement à la République que vous attribuez vos désastres et au phylloxera ensuite, parce que vous croyez peut-être que le phylloxera est républicain; c'est pourquoi que vous ne récoltez pas beaucoup de vin et que vous ne pouvez le vendre autant que vous voudriez. Dans ce cas vous avez presque raison, la République et le phylloxera se mêlent de trop de choses; l'un et l'autre feraient mieux de rester tranquilles.

Moi, je ne conteste pas que le phylloxéra ne soit un fléau que, si on pouvait, il ne soit bon de combattre; mais s'imaginer que la République est la cause que vous ne cueillez pas beaucoup de vin, que vous ne le faites pas bon, que vous ne pouvez le vendre autant que vous voudriez, je ne puis aucunement partager votre opinion. Je soutiens, par l'occasion de votre illogisme, qu'il faut aux hommes une fixité individuelle, afin de pouvoir sur elle jeter leur accusation.

Si du vin, suivant la proportion de votre plantation, vous n'en récoltez pas à volonté, considérez, avant de parler, que toutes les fois il ne peut dépendre que de votre grande faute du soin que vous mettez à la vigne, lorsque d'un œil trop sordide, par comparaison à une vache, une chèvre laitière, du pis de l'une desquelles, sans rien lui donner à manger, vous prétendriez traire du lait à foison, de même que l'on va à pleine cruche chercher de l'eau à une fontaine très abondante sans qu'il coûte d'entretien, vous vous trompez.

Vous vous plaignez contre la République, soit disant qu'elle donne trop de liberté à la fabrication artificielle des vins; mais apprenez que, en parlant de cette liberté, il en est de même que ceux qui volent, sachant qu'il est défendu de s'approprier les biens des autres, et ils se permettent cependant cette liberté; pour le vin, chacun se l'est prise de soi, sans consulter aucune loi ni la République. Les frelateurs, c'est vrai, ont acheté quelques barriques de bon vin pour couvrir la fraude et pour faire passer celui qui ne méritait pas la vue de tout le monde. A propos de cette liberté, touchant essentiellement vos intérêts, et que vous voudriez faire interdire aux autres, alors que vous mettez du sel, du plâtre dans la cuve, des grappes de hieble, de la graine de sureau, du campêche, du sang de bœuf, de la fuchsine, de la cochenille dans les barriques, vous croyez bonnement, à tous les viols de la conscience, à votre tour n'avoir, pendant la République, profité de votre grande part de liberté, et de n'avoir pas dépassé les lois humaines et de Dieu, à l'outrage de sa puissance, en lui exprimant par vos procédés qu'il était imparfait dans ses œuvres? De plus, vous qui avez un grand air de vous plaindre contre la sophistication des vins, d'après les actes démontrés, voyons, examinez-vous un peu sérieusement, retournez votre conscience du dedans en dehors, regardez en arrière : l'année de la Comète, lorsque vous vendiez le vin à 50 et 55 francs l'hectolitre, et pour mieux mettre cette disette au profit de votre cupidité, moyennant une addition de la véritable saloperie, ainsi qualifiée à son propre terme, déguisée sous la véritable apparence de suif à chandelle ou de savon blanc qu'on appelait *sucre de maïs*, ce que vous avez fait fermenter en second lieu avec du marc et de l'eau chaude aussitôt décuvé, et que vous avez expédié là-bas pour du vin première qualité, est-ce que ce n'était pas aussi de la sophistication, de la falsification, de la corruption, en un mot du poison que vous avez fabriqué pour empoisonner les pauvres gens, qui en buvaient sous le nom et la couleur réelle du vin, en le payant au prix de leur argent, de leur santé, de leur vie? Ah! braves et honnêtes gens que vous êtes ! De spéculer sur la santé, d'exploiter la vie des autres, pourvu qu'on ne soit pas pincé par la justice d'ici-bas, selon vous, ça se comprend, ce n'est point un péché de nature à prier M. votre curé, qui le lie et le fagote avec les autres. Ni ne vous plaignez alors contre la République quand, dans les cafés, réunis en groupes, le front allumé, entre les uns les autres vous disiez : Vive la vigne ! vive le vin ! j'ai fait pour 1,000, 2,000, 3,000, 4,000 francs de vin de sucre. Et ce tripotage était pour vous autres autant d'empoché, sans qu'il vous empêche de dormir en paix, quand ailleurs des familles entières se tordaient de mal de ventre, de tranchées de coliques, ceux à qui vous avez volé l'argent en leur expédiant ce que Dieu n'avait pas fait. Mais, sans vous en douter, après l'artifice de votre exploitation sur la vie humaine, la chimie, cette digne et noble chimie, plus fine que vous autres, même en ce cas plus consciencieuse peut-être, avec le trousseau de ses sciences, est venue analyser votre mixture de contrebande et a parfaitement reconnu les drogues que vous y aviez fait entrer ; elle a dit à votre nargue et à sa bonne raison de droit : Avec de tels produits sortis de nos laboratoires, point n'est difficile à se procurer du vin potable de cette qualité à moins de 20 francs la barrique, sans besoin de travailler la vigne ni payer au premier phylloxéra de cave 18 fr. pour 100, crac! d'un petit coup de ciseau qu'il donne entre le goulot de la pinte et la bouche du consommateur. Et, sorti de la langue indiscrète de la chimie, cette babillarde, ce vin; messieurs les plaignants viticulteurs, vous ne le croiriez pas, dans les grandes villes aujourd'hui chacun se le fabrique, à toutes les saisons de l'année, sans besoin de vendanger ni de tailler la vigne. Voilà tout le mal que vous pouvez attribuer à la faute de la République, en y comprenant premièrement la vôtre.

Par suite, voyant que l'eau de fontaine, de puits ou de rivière, se vinicolise et se vinicolorise, que le jus du raisin n'est plus utile dans la composition du vénérable nectar, Dieu veut retirer les éléments de son invention (de sa création) pour ne plus faire la concurrence à celle des hommes (à la vôtre).

Article 3. — Ainsi qu'on l'a vu des agriculteurs et des viticulteurs, bien au delà de leur question, j'apercevais au loin ondoyer, remuant, la grande masse humaine constituant l'universalité du grand peuple. Bien qu'il fût le plus souffrant en cette vie sociale, ce peuple me témoignait en quelque sorte être plus jovial, plus content du sort et plus fier de sa fortune, quand il avait du travail, qu'avec leur richesse tous les marchands de blé et de vin, d'abord moins avidement cupide et plus résigné à la douleur du jour et du sacrifice, ce qui renferme tout dans le mérite de l'homme. En réfléchissant, je pensais : Voilà comment sont les hommes ; ceux qui auraient tout lieu d'être fiers, gais, joyeux, sont tristes, soucieux, craintifs, peureux de l'avenir, comme si par leur timidité ils eussent avoué ne rien être sans les cornes du bœuf et les bras de celui qui partage l'abri sous la même toiture, tandis que les déshérités de la même propriété chantent, sifflent, rient, dansent, s'amusent. A ce spectacle de chose bizarre, je me disais : Y a-t-il donc quelque chose de mystérieux entre les uns et les autres que les hommes ne savent comprendre? Quelle est enfin cette puissance? — On ne peut le comprendre sans croire, répondit à ma question une voix d'enfant qu'il me parut entendre, se perdant dans l'espace.

En vertu de l'humble intuition, que par crainte de péché d'orgueil de moi-même, je n'osais dire mon autorité, en ce moment, je me permis néanmoins de l'influer sur les hommes voulant écouter ma parole, priant tous les vivants de cette grande classe de se rendre à mon invocation. Mais, en conséquence, un simple moi, plus misérable qu'eux, ne pouvait exiger le déplacement de tant de monde. J'ai imploré la puissance qui me protégeait de m'y transporter au milieu, où je fus d'abord entouré de paysans, de laboureurs, de piocheurs de terre, de mineurs, puis d'ouvriers de tous les métiers et de tous les corps d'état.

Eu égard les paysans, que je voyais les plus ignares, les vieux coiffés d'un chapeau aux larges bords ou d'un bonnet de laine burelle, et les jeunes mis d'une blouse de guingamt à petits carreaux, portant sur la tête un béret à la béarnaise, furent ceux que par moins d'instruction je crus le plus opportun d'entendre premièrement avant les autres. Par mon ordre, ils se rangèrent en groupe, faisant face autour de moi. Je leur dis : « Mes amis, que joie et fraternité soient le signe d'amitié, d'union et d'entente entre vous et moi; car je m'estime très heureux de me trouver ici en votre compagnie, pour vous donner en même temps, selon que besoin est, je crois, quelques leçons profitables à l'instruction qui vous manque.

— En ce moment, il me semble que vous avez l'air triste, mal contents de votre destin. De quoi donc avez-vous à vous plaindre? Dites-le-moi, afin que de mon possible je tâche de vous être utile. »

Hésitant un peu à mon interrogation, n'ayant pas trop la facilité de la réponse, ils me dirent :

— Ce qui nous contrarie, à l'heure qu'il

est, c'est que le commerce ne va pas; rien ne se vend.

— Qu'est-ce que vous avez à vendre?

— Heu!... heu!... rien.

— Si vous n'avez rien à vendre, pourquoi vous plaignez-vous donc que rien ne se vend?

— C'est notre maître qui se fâche de cela.

— Si votre maître n'est pas content, est-ce une raison pour que vous daigniez en supporter les conséquences?

— Hé! vous savez, quand on ne voit pas le maître content, ça donne de la peine aux métayers, aux valets.

— A qui attribuez-vous la cause du mécontentement de votre maître?

— A la République, qui pourrait, ce nous semble, fermer les passages à l'importation des blés étrangers, qui empêchent ceux de France de se vendre bien plus cher, et les rouvrir quand il faudrait.

— Alors vous croyez que les passages sur mer mettant la France en relation avec les puissances étrangères s'ouvrent et se ferment aussi facilement que la porte de votre chambre à la cuisine? Eh! non, mes amis; il y aurait énormément de travail, je vous assure, s'il fallait chaque fois en venir à un pareil *fas et nefas*. Quant à ceci, premièrement, pour maintenir pondéremment la paix avec les autres royaumes, il faut tout l'un et tout l'autre. En le voyant par vous-mêmes, ne récoltant déjà pas assez de blé en France, interdire l'entrée à celui qui nous vient de l'étranger rien que pour le seul plaisir de votre maître, nous serions exposés à une famine, obligés de nous dévorer les uns les autres, faute de quoi faire du pain.

Encore, la République, que vous tenez tant à vilipender, c'est bien vous, pauvres gens, qui l'avez faite, cette République, telle qu'elle est, quand, par le mandat, vous avez donné à vos députés plein pouvoir de vous représenter, et, s'ils vous servent mal, c'est à eux et à vos maîtres du même parti que vous devez vous en prendre et leur faire sentir le tort qu'ils ont de ne pas défendre vos intérêts, et non pas vitupérer la République, qui ne peut rien, qui n'est cause de rien, sous le poids de vos plaintes. Dites-moi un peu, est-ce que vous ne vous rappelez pas dernièrement, lors des élections, en allant au scrutin, que vous disiez à vos camarades, à vos voisins, qu'il fallait voter pour celui des candidats le moins rouge? eh bien! aujourd'hui, en voyant ce qu'ils font, ces députés les moins rouges, vous êtes les témoins de votre propre faute. Qu'est-ce qu'ils font? Ils font ce que nous dirions d'une méchante personne agissant contre vous, si vous étiez en train de chercher une métairie à travailler, et que le maître de cette métairie demande à prendre des informations après vous; trouvant cette méchante personne et lui demandant de vos renseignements, si celle-ci lui répond que vous êtes une canaille, un voleur, et que sur cette diffamation le propriétaire retire sa parole, qu'il vous renvoie, vous voilà cependant sans travail pour un mauvais coup de langue. De la République, il en est de même; en lui envoyant des ennemis, au lieu de lui attirer la confiance, ils la lui font perdre les premiers, en disant à tout le monde que la République n'est pas un gouvernement solide auquel on puisse avoir une grande confiance; si elle ne l'a pas, je suppose, cette confiance, les hommes qu'elle paie la lui feront bien perdre encore davantage, c'est clair comme du verre. La République mal solide en France, c'est vous-mêmes, les paysans et les métayers, qui êtes mal solides en vos affaires. Voulez-vous obstinément persister contre elle? C'est encore vous révolter contre vous-mêmes et peut-être exposer votre situation à des aventures si fâcheuses que plus tard vous pourriez déplorer votre faute. Les villes sont plus instruites, plus avancées que vous autres; vous ne leur aurez jamais le dessus; elles ne céderont ni à vous, ni à votre maître, ni au curé.

Les gens de la campagne, les paysans, vous avez tous ce grand défaut : vous parlez de la politique, de vous instruire, de vous occuper des sciences, c'est une poule s'amuser d'une perle. Il semble même dit que vous êtes dans le vrai en mécanisant un citoyen lorsqu'il raisonne et discute avec une facilité plus élégante que la trivialité tudesque de votre idiome. Si vous saviez en juger, que c'est riche de bien comprendre et de bien raisonner! A la fin de mon apologue, ce n'est que d'une chose qu'on s'aperçoit de vous autres, celle quand les villes inventent une tenue, une mode qui vous convient, vous tâchez fort bien de les imiter aussi bien qu'eux. Liberté de droit, qu'après tout, manière de parler, je ne vous conteste point; au contraire, vous faites bien. Mais d'un goût, ce me semble, vous pourriez également venir à un autre. Et lequel? Une chose plus importante que la suite de toutes les modes : celle que vous ne sachiez vous mettre à faire comme dans les villes, vous procurer de ces journaux d'un sou ou autres littératures. Les citoyens se procurent des ouvrages, des livres, des brochures, et lorsqu'ils ont un instant à eux, le soir, après souper, ils lisent et voient ce qui s'est passé de cruel dans le temps sous les règnes, et ne jettent pas, comme vous, au vent le fruit de leur première cause, en disant : « Mais je ne veux être ni avocat, ni ministre, pourquoi alors m'occuper à lire et à étudier? » Justement presque tous les députés ou ministres sont des avocats; mais n'oubliez pas que ces mêmes personnes, profitant de ce que vous n'êtes pas instruits et connaissant le fond de votre ignorance, ne demandent pas mieux que de vous raser plus facilement sans serviette. Il n'y a qu'un moment, vous venez d'avouer vous-mêmes qu'il faisait bien mauvais de ne rien comprendre ni savoir ce que je vous dis. — Oui, vous avez raison, nous vous le répétons, vous ne pouvez vous faire une idée combien on est malheureux quand on dépend des autres; la crainte qu'on nous chasse de la propriété, nous donnons notre voix à l'homme qu'on nous dit, et un malheur de plus si on nous trompe.

— Justement en disant qu'il fait mauvais dépendre des autres, vous rivez d'autant plus solidement de vos droits la chaîne de cette dépendance avilissante, et non autrement si vous prodiguiez vos efforts pour la combattre en donnant votre suffrage à des députés désintéressés et véritablement républicains.

— Et oui, mais si notre maître et le curé, qui ne font qu'un dans le même bonnet, si l'un d'eux venait à le savoir, gare à nous!

— Vous n'avez qu'à tenir votre secret caché; après tout, quand vous avez policé avec votre dit maître, vous êtes-vous engagé à lui corps et âme? Non, me répondrez-vous. Et moi, je vous répèterai : En vérité, en vérité, de faire le travail d'une journée entière pour n'avoir que la moitié de la rétribution, est une mesure de justice fausse, sans caractère d'équité, de droit digne de vous rendre, c'est-à-dire travailler toute l'année pour lui et pour vous en même temps, il faut être prêtre et homme comme ce maître pour ne pas reconnaître que votre mérite devant Dieu est en tout plus grand que le leur, en vous confiant la terre à moitié revenu de votre sueur, que tout en vivant sans rien faire, se promener, se reposer et dormir.

De retour à la question du vote, qui ne regarde nullement votre maître ni le prêtre, votez pour celui des hommes qu'il vous plaît de nommer pour votre représentant. S'il s'agit de les tromper sur un pareil article de légalité, qu'aucune loi ne leur permet d'espionner le secret qui ne regarde que vous seul, usez envers eux des mêmes moyens de ruse qu'un de vos voisins, supposons qu'il mettrait à vous confondre devant le juge en différant contre lui, l'accusant d'avoir fait manger l'herbe de votre pré, convaincu du délit exigeant de vous une preuve à témoignage, et dont à défaut il mettrait contre vous à son service l'habileté de la dénégation. Autrement dit, si vous me permettez l'expression, lorsque peut-être, sinon vous mais quelqu'un plus, ayant un cheval ou une vieille jument, voudriez le vendre et que très adroitement vous sauriez lui donner l'apparence d'un âge au-dessous du véritable en faisant ressortir de son pelage une couleur plus jeune.

Du bulletin de vote, il en est de même que de la bête de somme à laquelle vous tachez de cacher le mieux possible les défauts aux yeux de l'acheteur. Si vous ne savez quel est l'homme qui doit se présenter à la candidature relativement à vos sentiments, consultez avant celui des citoyens du parti le plus avancé de la ville. Méfiez-vous la première des choses, car beaucoup de traîtres à leurs promesses se feront patronner pour des républicains, et qui vaudrait souvent mieux un mauvais royaliste à leur place. Celui qui conviendra le mieux à votre choix, sera toujours de celui que le curé et le maître vous diront le plus du mal; dites comme eux alors, ayez garde de les contredire. Préparez votre bulletin assez à l'avance, pliez-le soigneusement et mettez-le dans une de vos poches, et prenez, sollicitez même un des autres au curé ainsi qu'à votre maître et plongez-le dans une autre poche prêt à le leur montrer s'ils exigent de le voir avant d'entrer dans la salle, et si les mêmes sans-pudeur avaient l'audace de vous forcer d'en prendre un marqué aux initiales ou biseauté, sous menace de vous renvoyer de la ferme, faites prévenir secrètement un des gardes-scrutin afin qu'au dépouillement ce bulletin soit annulé.

Malheureux ! et vous ne considérez donc pas que votre maître et le curé, par affinité politique, s'estiment, se prévalent orgueilleusement de la commune les deux pachas de tradition seigneuriale, l'un par la clef de la terre et l'autre par la clef du ciel; vous tenant et voulant vous tenir en minorité permanente sous la tutelle de leur domination en dépeçant les pieds sous la table et la fourchette à la main, une bonne gigue, une poule ou un poulard truffé, devant une dame-jeanne pleine du meilleur vin, sans nul chagrin de votre indigestion, quand après les longues journées, accablés de fatigue sous le manche de la pioche ou de la charrue, vous n'avez qu'une feuille de chou souvent mal cuite, mal assaisonnée, et pour assortir le repas une pomme de terre à la croque-sel, abreuvés au lavage du marc sortant du pressoir, ce qu'on dit piquette, que si ce n'était vous autres on jetterait au fumier, histoire, après leur exemple de franc chrétien, de vous apprendre à suivre moralement la voie de l'équité qu'ils vous tracent ici-bas !

Du curé, qui par adulation vous traite de cher frère, de cet homme aux attitudes du premier aristocrate du village, ne vous faites pas des illusions jusqu'à l'intimidation; ne prenez pas à la lettre tout ce qu'il vous dit et ne faites pas tout ce qu'il vous enseigne par ses œuvres; apprenez à être meilleur sans lui que par lui; croyez et craignez seulement de mal penser, mal dire et mal faire; évitez la querelle et soyez en paix avec tout le monde; si, comme prêtre, parce que vous ne voudrez pas tout à fait vous laisser tordre à sa volonté, il se croit en droit de vous excommunier, apprenez-lui que d'autres, en qualité de prophètes, après les bénédictions dues à son être latent, ont également droit de réprouver les actes de son être matériel, n'enseignant aux hommes, par leurs doctrines, de ne s'aimer que par intérêt.

— Oui, tout ce que vous dites est incontestablement la vérité; mais ce mâtin de curé, si vous saviez de lui à notre maître, c'est l'homme que nous avons le plus à redouter.

— Encore le curé? et vous revenez toujours à lui, que ne laissez-vous donc cet homme tranquille et ne pas l'interrompre dans son ménage!

— Ce n'est pas à la cuisine qu'il nous veut, c'est à l'église qu'il a le plaisir de nous voir et de nous entretenir à sa manière.

— Qu'est-ce qu'il vous dit?

— De ne pas manquer la messe au moins le dimanche et les jours de fête.

— Et vous y allez?

28

— Oui.

— Très bien, je vous répète, si c'est votre intention, je désire que devant Dieu vos humbles prières gratuites portent leur fruit aussi bien que les messes inventées par les hommes de son catholicisme, vendues au prix de sept à huit francs chacune en moyenne, et en plus même à cent francs par jour sans besoin d'arriver jusqu'à celles du pape. Enfin, et si par hasard il prenait au même homme l'idée de vous dire de ne plus venir les susdits jours à la messe, trouvant que vous feriez mieux votre devoir de rester à la maison en soignant vos bestiaux, vous n'y reviendriez donc pas?

— Non, pour la seule raison que notre religion nous ordonne de faire ce que le prêtre nous commande.

— Et s'il vous commandait d'assassiner votre père, d'empoisonner votre mère, tuer votre frère, votre femme, votre mari parce qu'il est républicain, vous disant que cet homme est un monstre, un démon que vous avez dans la maison, et que l'exterminer pour l'amour de Dieu serait l'œuvre la plus sainte que vous pourriez accomplir sur la terre, le feriez-vous?

— . . . .

— Alors donc vous n'êtes pas partisans de la séparation de l'Eglise avec l'Etat?

— Non, pas au moins sans consultation préalable.

— Pourquoi pas?

— Par bon sentiment que, pas comme les païens, nous ne voulons vivre sans religion.

— Vous ne comprenez pas. Qu'entendez-vous par séparation de l'Eglise et de l'Etat?

— Que nous n'aurions plus d'église ni de prêtres, parbleu!

— C'est la manière dont on vous instruit en vous faisant entendre au gré de la sacristie que le curé est la religion et l'église tout à la fois; que penser autrement, vous n'êtes pas religieux si vous ne prenez le prêtre pour Dieu? Moi, tantôt, quand je ne comprenais pas ce que je sais aujourd'hui, j'étais de même que vous, mais quand j'ai compris ce que c'est Dieu et l'homme, le ciel et la terre, la diversité du pauvre au riche, au prêtre j'ai compris également que la séparation de l'Eglise et de l'Etat était, du prêtre, la rupture des liens avec le budget dit des cultes, ce qu'on vous traduit en sens contraire, que séparer l'Eglise d'avec l'Etat est l'abolition de la religion; et vous autres, redoutant un péril semblable vous ne pouvez, sans consulter votre maître et le curé, aller déposer dans l'urne électorale le nom de l'homme le plus capable de vous faire aller plus vite à reculons vers le progrès de vos droits.

— C'est vrai, mais quand on ne comprend pas.....

— Si vous voulez bien vous persuader figurez-vous avant, qu'entre votre maître, le curé et vous il y a toute l'opposition de la comparaison ; dis-je, de vous autres à eux il y a autant de différence que de votre situation à la leur. Or, vous ne pouvez voter en leur faveur sans courir à votre préjudice, attendu que ce qui est à leur gré est contre vos propres intérêts. Vous deviez savoir d'abord que votre maître dans toute son honorabilité et sa moralité et le curé dans toute sa charité de cher frère, sont trop jaloux de leur bien-être, ne pouvant souffrir que vous partagiez leur bonheur.

Eh bien, le mot séparation de l'Eglise et de l'Etat vous dit que les curés ou prêtres restent libres de dire leur messe et leurs vêpres s'ils veulent, sans aucune obligation forcée, à une condition que l'Etat ne leur appartienne plus ; qu'ils n'en soient plus maîtres ; qu'ils en dépendent au contraire, ainsi qu'il en est de vous autres. Qu'à vingt ans, ils aillent sac au dos, comme vous autres, prendre place à vos rangs et à votre côté, faire porter arme. De tel âge jusqu'à la fin de votre congé, vous appartenez à la loi sans respecter le métier que l'on vous retarde d'apprendre ; ce qui toutefois ne vous empêche pas de le continuer, si vous voulez, dès que vous rentrez dans vos foyers. Pour quelle raison d'eux n'en serait-il pas de même ? Plus de privilège pour ces hommes ! pas de leurs objections, ni de leurs allégations ni de leurs doléances efféminées ; s'ils sont Français qu'ils appartiennent à la loi, qu'ils y obéissent et la servent, voilà tout.

A vingt ans, il est entendu que vous appartenez de corps à l'Etat, en s'obligeant lui de vous entretenir avec l'argent de vos pères, au régime que l'on sait. Au retour à la maison, mariés ou non mariés, vous lui appartenez encore par le tribut de votre cote personnelle, mobilière, patente, prestations et contributions directes et indirectes ; et damoiseaux les prêtres, aux prédilections sans toutes les garanties du gouvernement, vont chercher de chacun de vous, l'argent à la collecte, à la perception sans cependant rester de vous faire payer le baptême, la première communion, le mariage et l'enterrement, c'est-à-dire la peine de vous accompagner au cimetière. Et point ils ne payent de louage, de personnelle, de prestations, d'impositions ni cote mobilière ; et puis vous supportez que tels individus jouissent, outre ces immunités, encore le droit d'attirer à eux toute l'eau du courant sans conscience ni scrupule de mettre à la mort de soif et de faim, les vieillards et les femmes, manière de vous prêcher la charité ? Qui donc leur a octroyé ce droit ? les rois et les empereurs. Les rois et les empires n'étant plus en France, que le prêtre abdique ses anciens privilèges ou qu'il suive ses maîtres.

Je conclus : — A vous ouvriers, pères de famille, je vous demande, est-ce que le soir, la pratique et l'Etat vous payent de chacun leur main ? Non, mais si à la fin de la semaine vous avez gagné dix francs chez la pratique, la loi vous convoite deux francs, tant qu'elle vous les sent dans la poche. Et plus joli encore cette loi, d'une considération si humanitaire que les hommes qui l'ont dictée, si à la fin de vos jours l'indigence vous domine, cette loi n'a le temps ou l'occasion de vous mettre en prison quand faute du vôtre, la faim vous oblige d'aller solliciter celui des autres, vous laisse éteindre tout aussi bien derrière un tertre que dans un fossé.

— Si par la République on pouvait voir la réforme désirable de ces quelques tas de choses urgentes, quel bonheur ! D'ailleurs, d'un prêtre à un cantonnier, on n'a qu'à faire la comparaison du travail, et avec la différence seule on comprend que ce que vous dites est la vérité. Ce dernier étant marié, ayant une femme et peut-être des enfants, puis exposé à toutes les rigueurs du temps, et voir combien on lui donne à l'égard de l'autre, c'en est assez pour nous convaincre.

— Bon ! tant mieux ! je vois que vous commencez à comprendre ; quand vous reviendrez voter, au moins vous saurez quelle ligne vous aurez à suivre.

— Fait bon savoir.

— On peut toujours : il n'y a qu'à vouloir.

CHAPITRE VII

Instruction politique aux paysans. — Guillaume et la sorcière lui prédisant la ruine de la République. — Entretien des ouvriers. — Cabet et le Christ, Georges et Guillaume. — A suivre les trois points du même chapitre.

POINT PREMIER

Venant d'éconduire ceux des rustres les plus grigous et de renvoyer aux calendes d'à non plus les agriculteurs, les viticulteurs et tous les cuistres en grand, et d'accompagner les paysans de la côte et les campagnards de la plaine, d'instruire les laboureurs, les piocheurs de terre, les bûcherons et les mineurs, tous ceux de la tâche la plus lourde, la plus fatigante, la plus utile, comme des amis et des frères de la première branche de la vie sociale ; de retour aux autres amis et frères de tous les métiers et corps d'état, et que j'eus exprimé ma civique reconnaissance à tous ceux des classes formant le grand peuple, me tournant aussitôt, je vis nu-tête, son casque empanaché sur une chaise, son épée négligemment jetée à travers son avant-cuisse, les jambes croisées l'une sur l'autre, la tête dans la main, le coude appuyé sur un guéridon attenant une grande cheminée, Guillaume le combattant, à la fois grand initiateur et défenseur des droits du ci-dessus grand peuple, pâle, pensif, contredit en lui-même. A la vue de cette situation extraordinaire : Tiens! je me dis, encore quelque fâcheuse nouvelle est peut-être venue le plonger dans une terrible inquiétude; il semble me refuser son regard et ne pouvoir me parler. Voyons, essayons. Guillaume! Guillaume! réponds-moi, qu'as-tu donc?

Guillaume. — Quand un homme, après mille ans d'espoir et de sacrifices inouïs, tombe brisé sous les coups de la fatalité, et ne trouve sur la terre point d'amis assez dévoués pour le soutenir ou le relever en sa défaillance, cet homme, à la fin, voit en lui qu'il n'est que la mort qui puisse l'alléger du fardeau qui rend ici-bas sa vie si cruelle.

— Grand Dieu! qu'entends-je? qu'est-ce qu'il dit? Semble-t-il implorer la mort comme sa libératrice? Le pauvre! Qui sait si quelque forte contradiction n'aurait pas causé quelque dérangement à ses facultés mentales, et ne l'entraîne à l'envie de se suicider ? Oh ! quel malheur !... Dieu ! que je meure cent fois plutôt, avant que de subir la peine de la démocratie, voir son chef flétrir sa gloire par un suicide, ou que je le tue moi-même, afin d'éviter au peuple, au noble peuple, une pareille honte !

Touché par les propos de mon indicible résolution, Guillaume, revenant de sa faiblesse morale, ouvre la bouche et me dit : « Georges, sobriquet qu'à sa familiarité il avait plu de me donner, quant à mon suicide, garde-toi d'en venir à aucun préjugé qui puisse toucher à la dignité de mon caractère, car il n'appartient qu'aux lâches, ne vivant et n'agissant que sous l'impulsion de quelque triste sujet d'ambition, de se détruire pour ne plus supporter le désappointement de quelque misérable caprice. Mourir de chagrin de la part prise à la perte douloureuse d'un ami, cette mort a un mérite ; mais se détruire pour éviter de souffrir moralement est une action dégradante qui atteint même à l'ignominie de la famille. De moi apprends que je n'ai jamais songé à ma propre vie avant celle des autres, n'ayant eu de tout temps dans le cœur que l'amour et le souci de la classe méprisée, à qui, sur mon honneur, j'avais juré par mon bras terrible de chasser les tyrans et les rois, et de sortir son bonheur des cendres de leur trône.

« En conséquence, Georges, mon ami, ne sois point étonné de me voir dans une prostration si peu ordinaire. Écoute, je vais te raconter l'histoire : Un jour, dans la Gascogne, me reposant à l'ombre et à l'abri d'un soleil dardant le vert feuillage des branches de quelques vieux chênes, je songeais aux douces aménités de l'Helvétie et de là aux plans que je tirais sur l'avenir de la France. Par intervalles, il me semblait entendre derrière moi, au loin, comme un léger craquement de feuilles mortes, que je pensais sous les pas de quelque frêle fagoteur, n'osant même pas remuer pour n'éveiller en lui la crainte que je fusse le garde de cette forêt, pouvant l'empêcher de continuer de faire son fagot. A peine si j'avais fini ma réflexion, qu'aux traits d'un spectre à plus de mille ans de rides, le nez et la mâchoire inférieure à la Polichinelle, une vieille femme horriblement laide, car c'était une fée, une sorcière, se présenta et, m'entretenant, me présagea des choses qui me semblent être au point de leur réalisation. Elle me dit ceci :

« Sans que tu ne m'aies plus vue ni con-
« nue, cent ans avant ta naissance j'étais pré-
« venue de ta mission, et ce qui par ton mé-
« rite la rend d'autant plus grande est le sans-

« importance que tu mets à la gloire, dont le
« sentiment assez élevé te la fait détester à la
« préférence de ton devoir de digne homme;
« en disant que, selon les actes, elle ne doit
« rejaillir que de la poussière de la tombe à
« la mémoire de la personne, et quiconque ne
« fait des œuvres que pour s'en payer de son
« vivant, cet homme devient méprisable de
« lui-même et indigne de la palme de l'im-
« mortalité de son honneur. J'ajoute à la
« grandeur de ton chevaleresque courage et à
« ta sympathie, à l'amour que tu éprouves
« pour la cause de la justice, dit le même
« personnage, cause la plus sainte pour la-
« quelle tu dois te sacrifier tout entier, ton
« nom, couvert de gloire, emportera celle des
« plus grands conquérants du monde. Mais
« non, avec moins de mérite toutefois, tu ne
« triompheras jamais en tes projets, ni aux
« vues de ton espoir. Or, évite autant que
« possible que trop de citoyens ne se sacri-
« fient comme toi, parce que la République
« qui doit sortir des ruines de la monarchie
« ne sera qu'un simple changement de face à
« la situation humaine. Les hommes que le
« peuple adoptera au pouvoir seront, dans le
« fond, plus intéressés, plus ambitieux que les
« empires et les rois. Tellement que l'avidité
« de ces hommes à la curée des sinécures bien
« salariées fera que cette République ne sera

« point encore la dernière, ni la fin des rè-
« gnes dynastiques en France ; il faudra en
« plus l'expérience d'un autre fétiche monar-
« chique pour expurger du pouvoir tout ce
« qu'il n'y aura de républicain que pour
« l'amour de la monnaie. Quand cette Répu-
« blique, baptisée sous le contrôle de 1870,
« aura vécu vingt ou vingt-cinq ans, encore
« par la grâce de ses ennemis, qui auront
« beaucoup contribué à son existence, tout en
« voulant la renverser trop vite, cette fois-ci,
« elle tombera par la grande faute des répu-
« blicains, croyant que tout le monde doit se
« contenter du seul mot de *République*, sans
« droit d'exiger d'autre fait. Quelque temps
« avant la chute de cette République doivent
« se produire sur la terre, principalement en
« France, bien des choses que je ne te dis
« pas. Seulement, afin de mieux t'en souve-
« nir, je te répète qu'à la très grande faute
« des tyranneaux et petits tyranneaux, cou-
« verts du nom de la République, les gens,
« trouvant qu'elle n'aura rien fait pour eux,
« s'en fatigueront comme ils se sont fatigués
« des empires et des autres règnes; ils n'iront
« plus voter ; les bons, dont les voix seraient
« acquises à la République, s'abstiendront, et
« des ennemis, de toute affiliation contraire,
« pas un seul ne fera défaut aux urnes, et les
« candidats dits républicains, en pareille dé-

« cadence, seront remplacés par des députés
« monarchiques. Ils voudront s'en prendre au
« peuple, qui, irrité contre eux, les couvrira
« de ses injures, de ses plus noirs reproches.

« Le temps que je te marque ici, dit la
« sorcière, sera l'approche de tels événements
« qu'on n'en aura jamais vu de plus san-
« glants, dont la dynamite, par sa voix formi-
« dablement retentissante, sera le signal d'a-
« vant-garde à l'annonce des choses tristes,
« et plus tard la poudre accomplira le reste.

« Le peuple, je viens de dire, las de po-
« litique jusqu'au rebut, laissera faire qui
« voudra. Les citoyens garderont leur bulle-
« tin à la poche, et pas un seul petit crevé de
« folles promesses ne sortira des boîtes élec-
« torales. Les castes et tout ce qui fait plus
« que vivre fainéantement, la noblesse, le
« clergé, la bourgeoisie et accessoires, en le-
« vant haut crânement la tête, auront oublié
« ce que c'est que le peuple monté à l'excès
« de sa colère; ils ne comprendront pas que
« d'allumer le feu à une ville n'est pas aussi
« difficile que de circonscrire la flamme, une
« fois le feu allumé. En exerçant par abus
« d'expérience, ils voudront faire un appren-
« tissage qui pourra coûter plus cher à quel-
« ques-uns que le métier d'être sage.

Le fanatisme des partis, mêlé avec la crapule du peuple contre les honnêtes citoyens

surexcités, sera encore une occasion de plus pour signaler les républicains se démontrant à la défense du vaisseau de la République, pitoyablement effondré de la façon ci-dessus expliquée, car le téméraire qui tentera de relever le trône de la monarchie, en France, sera inexorable. Pour beaucoup de ceux qui auront échappé à la fusillade des barricades, la proscription sera leur partage.

— Ah! ça, mais voyons, tu railles, Guillaume? Il y a bon moment que je t'écoute, ce que tu dis là n'est pas digne de ta bouche, au moins si tu crois aux sorciers.

— Je me souviens de l'histoire de la sorcière ayant annoncé à Marat qu'il serait assassiné par la main d'une femme, et Charlotte Corday, poussée par un esprit de fanatisme, a assassiné Marat dans sa baignoire.

— Guillaume, crois-moi, chasse loin de toi ces chimères.

— Non, Georges, je ne suis pas de ton caractère, je ne suis pas sceptique jusqu'à ce point; pour savoir un peu, j'aime à croire beaucoup. Tu sais, dans la réflexion, tout revient à la mémoire : de la sorcière, je ne m'en serai peut-être plus souvenu si ce n'était la marche que prennent les affaires. Nos députés qui, non sans exception, sont presque tous des hommes de paille, que chacun nous payons pour ne souffrir de rien, ne s'occupent pas de ce qui se passe à Paris, Lyon, Marseille, Toulouse, Bordeaux, Nantes, Rouen, etc., ne pensent pas que, finalement, le peuple est comme une locomotive qui a force de vapeur fait éclater la chaudière.

— Eh bien! oui, tout ce que tu voudras, mais au peuple, à ce bon peuple, qui nous attend avec impatience, les uns se plaignent que rien ne se vend, car enfin il ne faut pas être trop pessimiste; s'ils ne font pas de l'argent les campagnards, ou les paysans si tu veux, qui sont le premier rouage du commerce, comment veux-tu qu'ils fassent pour acheter aux artisans, aux marchands de la ville? D'autres veulent bien travailler et personne ne cherche à les occuper, cependant nul de ce digne peuple ne voudrait mourir de faim pour faire rire les ennemis de la République; alors ce n'est pas des sorcières ni de leurs présages qu'il faut lui parler, il faut lui dire quelqu'autre chose de plus consolant, sinon pourquoi pourra-t-il nous prendre?

— Georges, sois prudent, tu sais que nous poursuivons le mensonge autant que nous le détestons; au peuple, si nous sommes dignes de nous dire ses frères, nous ne pouvons lui mentir. Malheureusement que nos députés n'ont pas nos idées, sans cela personne n'aurait à se plaindre; il faut simplement l'exhorter à la tempérance en lui donnant le bon espoir que les élections générales ne sont pas loin, pourvu que l'on abolisse la chicane du scrutin d'arrondissement, sciemment établi au profit des mêmes députés, dont par cela seul s'étant rendu détestables, elles pourraient se faire dans des conditions meilleures que les précédentes. Si dans toute la France une majorité plus déterminée et plus résolue a le bonheur de sortir des unes électorales, qu'elle nous renvoie ce tas d'égoïstes personnels se délectant à la législation actuelle, n'étant bons que pour embrouiller les étoupes, à ne point trouver le bout de la centaine qu'ils ne veulent trouver, passant leur temps à griffonner du papier, à écrire, à faire les mêmes discours d'antan, toujours dans un soin particulièrement exclusif, écartant autant que possible la cause des mêmes plaignants, à qui, je t'assure, une seule goutte de sang de martyr, de ceux qui sont morts pour la liberté, tels que les quatre sergents de La Rochelle, serait bien dommage qu'il se verse au profit de tels pleutres.

— On dit que l'espoir fait vivre, moi j'espère toujours, et tu as peur toi?

— Tu sais que si j'ai peur, ce n'est pas de la mort, mais bien la misère de la même plèbe qui m'effraie; au reste, mourir de la main d'un lâche assassin, non, mais si, au contraire, il était pour la délivrance que je rêve, partir présentement avec mon épée, mon fusil, de la poudre et du plomb, serait ma plus grande satisfaction.

— Tu as raison, Guillaume, car si je voyais sous une monarchie le peuple souffrir, faute de travail, comme il le fait en République, qui sait ce que je ferais ou dirais.

POINT DEUXIÈME

— Dis-moi, te souviens-tu du temps de cet empire, lorsqu'il semblait manquer à chacun un cran de boucle à la respiration de la liberté et qu'on n'osait trop, sans défiance, passer près d'un arbre de crainte qu'un espion de la police secrète ne s'y soit embusqué derrière, et n'osant causer librement avec qui que ce soit, également de crainte qu'il ne fût un mouchard.

— Je m'en rappelle. Parle.

— Nous en parlions alors de la République, et depuis longtemps déjà nous y voilà dans cette République de « forme » et non de chose. Alors, il s'en parlait des deux parts : nous, les blouses du peuple, en vue d'être dégrevés des impôts et soulagés dans notre misère ; eux, les ratapoils, les lévites, les truands en voiture en parlaient aussi beaucoup, non pour la servir, mais pour s'enrichir, c'est-à-dire dans le désir de remplacer les autres sans plus s'occuper de personne après eux.

— A propos de cela, pour savoir si nous sommes de la même idée, je voulais te demander quel est exactement le plus fin de tes sentiments envisageant l'institution d'une République, c'est-à-dire quel serait, selon toi, le meilleur du *statu quo* règlementant au mieux la politique de manière à ce que tout le monde soit heureux ?

— Mon cher Georges, tu me fais là une question à laquelle, sans trop périphraser, je te dirai que si la terre n'était une presque sœur de l'enfer où la folie fait que les hommes ne s'aiment comme des frères, ni comme des semblables, ni sentimentalement comme des amis, ne se considérant en première vue que dans cet esprit d'exploitation, et disant : Voilà un tel, comblons-le d'urbanités, voyons si en le flattant nous pourrions en sortir quelque gros intérêt ou un maigre bénéfice, sinon étant pauvre, n'ayant avec lui rien à gagner, qu'il passe son chemin, méprisons-le. Sachant bien assez le rôle de puissance et de dissension que joue l'argent pour rendre les hommes sages, il n'y aurait qu'à l'abolir et effacer les bornes de la propriété, revenir au premier état de l'homme, plus la morale et la civilisation, voilà tout. — Sur ce point, ton idée est absolument la mienne, mais parler d'abolir l'argent, malheureux, que dis-tu là ? Garde-toi bien d'en parler seulement, car si tu disais aujourd'hui cela à quelqu'un, on t'accuserait d'abord de partageux et tu ne serais pas sûr de voir le coucher du soleil; nie Dieu, le ciel, les anges plutôt, tant que cela te fera plaisir, mais ne parle jamais d'abolir l'argent, ni d'effacer aucune borne, de remettre la terre à l'état que Dieu l'avait faite, car il n'en faudrait pas autant pour qu'on te hache et qu'on jette ta chair au feu.

— Que le diable avec ses trésors, ou Satan si l'on veut, dans son avarice, dise ce qu'il voudra, mais il ne m'empêchera pas de dire que l'or et l'argent ronds ne sont élémentairement que le noyau du flibustage, l'instrument de tous les viols du siècle, le mobile du vol, l'appât des voleurs, l'amorce des assassins, la cause des guerres et de tous les crimes, que l'abolir serait la terre elle-même au retour de la justice.

— Mais ce qui regarde les arts et métiers, la terre qui la travaillerait tant, le monde donc alors?

— Oui, tout le monde qui mange devrait travailler sans honte, et tout le monde jouirait en mesure égale des fruits de la terre et des arts et métiers, au lieu que les uns en suant font venir ou procurent les fruits les plus délicieux et les plus recherchés, n'en goûtent pas; tandis que ceux des arts et métiers manuels, sont aussi des arbres d'où proviennent toutes les belles choses luxueuses, et ceux qui les créent ne peuvent en jouir eux-mêmes.

Pauvres tireurs de la ficelle d'or ! Pauvres prêtres ! pauvres avocats, etc., etc., que deviendrait tout ce monde, tout ces moissonneurs sur chacun de nous à large tirade, dont en revanche, si ce n'était les fastes qu'ils font à notre moquerie, tout ce que nous pouvons espérer d'eux.

Moi je soutiens que sans les grosses trompes de l'urbaine paresse, aucun travailleur ne serait misérable, et on verrait alors ce que seraient ceux qu'on appelle riches, sans les pauvres, qu'elle mine qu'ils pourraient faire en n'allant que voir la propriété !

— Du reste, de mon métier, en travaillant chez les riches et chez les pauvres, quand je faisais deux repas par jour chez les derniers, je n'en faisais jamais trois chez les premiers. Pour vivre, la vie du corps à l'homme ne lui en faut pas autant que pour les autres appétits déréglés. Autrement, de tout en serait de même, quand après refection nécessaire, l'homme ne peut en abserber davantage. Le pain quand on va le chercher au boulanger, nul ne prend que celui qu'il connaît avoir besoin. S'il n'y avait dans chaque commune qu'un seul grenier auquel tous y porter et duquel tous tirer, comme ils font des millions d'hommes de troupe, qui n'ont ni four, ni grenier, ni magasin, cependant chacun trouve sa part en vivant en commun au même régime, la terre au lieu d'enfer serait un paradis.

— Mais le commerce, les échanges ?

— Le commerce, l'industrie, ne serait qu'un j'ai besoin de toi tu as besoin de moi, donne-moi du tien que je te donne du mien, c'est-à-dire, les uns travailler pour une partie, les autres d'une autre ; et à soixante ans toute personne exempte de travail.

— Que faire à cet âge pour se garder de languir ?

— Les hommes, ceux qui voudraient, à la pêche ou à la chasse, ou s'ils préferaient, diriger les travaux. Déduction des heures du travail, plus du confortable à l'estomac, ferait plus du bien à tout le monde que le tout aux fainéants et rien aux travailleurs.

— Tu n'a jamais lu Cabet en Icarie ?

— Non, mais j'en ai souvent entendu parler. J'ai, comme nous venons de dire, beaucoup lu le Christ dans le Nouveau-Testament qui, suivant ses maximes et ses préceptes il conclut bien dans un à peu près.

— Le Christ, oui c'est bien, mais ne décrit pas la question aussi distinctement que Cabet.

— Du Christ, cher Georges, si tu approfondissais bien les doctrines, tu ne pourrais contester que c'est l'esprit du vrai communisme. C'est pourquoi, même je crois, que le bigotisme religieux préfère l'adorer et faire le semblant de croire qu'il est réellement Dieu, et se ménager le plaisir de faire contre ce qu'il commande, et non le contraire de ce qu'il défend suivant la thèse.

— C'est pour cela peut être que les grands successeurs de Pierre, le simple pêcheur de poissons et disciple du véritable saint, à l'exemple du célèbre PIE IX et confrères de tiare, laissent testamentairement à leurs héritiers la bagatelle de trois cent soixante-dix millions d'or ou d'argent, histoire d'enseigner aux petits vermisseaux populaires l'art de l'interpréter de la façon expliquée à satiété.

— Bah! avons-nous dit une fois, parlons du Christ et de Cabet, laissons cet orgueil planer dans les rêves particuliers qu'on lui connaît. Faisons comme il nous fait, rendons-lui le bien pour le même bien. Puisque d'après sa conduite il n'est ni notre frère, ni notre semblable, ni notre ami, sans mourir une fois et se reincarner dans un autre être aussi malheureux qu'opulent il est, tournons lui jusqu'alors le dos.

Moi pour ma part parlant de Cabet, je trouve que de la justice est un si frappant exemple qu'il n'y a du mérite assez grand qu'on puisse porter à sa louange.

POINT TROISIÈME

— Mon cher et très intime Georges, veux-tu que je te dise, franchement tes idées sont notoirement l'essence de la vérité, jusqu'à présent restée cachée sous le boisseau, dont la voix s'était perdue ou pas encore explicitement si bien fait entendre; mais quant à ce que nous parlions d'égalité, l'impossibilité est comme un cancer pénétrant si profondément les fibres de l'avarice mondaine, que la raison est attaquée par ce ciron jusqu'au dessous de la racine, je crois qu'à bout de tant et de plus, nous n'en serons de longtemps que pour les frais du supplice de Tantale et de nos rêves dans la lune. Si tu veux sonder ce que sont les hommes à l'esprit dissipé au voyage dans les astres de leur légéreté sans retenue mentale, tâche d'en réunir un groupe suffisamment considérable, tremblant, grelottant de froid et de faim, fais-leur allusion de l'état du riche à leur situation; voilà tout ce qu'ils sauront te répondre du fond de leur philosophie brute : Ah! les c....ah! les fils de p. ou de g.....; ajoute à leur imprécation bête et sotte, cette réflexion paradoxale : que voulez-vous, la chose est ainsi; d'ailleurs que feraient les pauvres sans les riches?... je te fais un pari de ce que tu voudras, que sur mille, pas un ne saura te répondre : en parlant que feraient les pauvres sans les riches, dites donc que les pauvres sans les riches, aujourd'hui nous ne serions pas sans pain faute de travail et de quoi, et que s'il n'était les pauvres, les riches seraient comme des vers rampant nuement sur la terre dépouillée de tout mourant de faim. Puis, dis-leur, s'ils n'ont l'esprit prompt à la réplique, sur cette plainte, c'est à la racine originelle du même égoïsme qu'ils doivent le mal qui vient en eux sans cultiver, surtout lorsqu'au mépris d'un peu d'instruction acquise ou infuse, laissent ce mal librement implanter dans l'âme en exprimant que si eux-même, au lieu de pauvres étaient riches, l'excès d'humanité chez eux n'aurait pas le moindre, un peu plus de mérite ; répondant par le même mysanthropisme, que si beaucoup d'entre les pauvres étaient à la place des riches et les riches à la place des pauvres, à ne pouvoir l'ignorer, serait frais compensés ; les uns ne vaudraient pas plus que les autres. En entendant raisonner certains pauvres, par leur idée, il n'est point difficile à sentir ce que sont les riches, le comprends-tu, Georges ?

— Diantre ! Guillaume, tu t'explique trop bien pour que je ne te comprenne pas.

— Alors ce n'est pas tout à fait de cette sorte de manants et de vilains, que les nobles appellent, que le sort est le plus à plaindre ;

mais ceux d'un cœur meilleur, plus humain, moins dur, plus sensible, prenant part à leur souffrance et maudissant le système qui les tient éternellement plongés dans la honte de la misère. Mais voir des individus serrés de cœur et de bourse se dire républicains, c'est ce que je ne puis comprendre.

— Alors tu n'estime comme républicains que ceux qui sont humains, généreux, magnanimes.

— Moi je ne puis souffrir qu'un individu en détracte un autre à cause de quelque défaut de qualité qu'il n'a pas lui-même. Or, à ce même fait, que faire d'un caillou à la place d'un roc, si l'un pas plus que l'autre ne valent que pour s'estropier en y trébuchant ? Le malheur est que tout a du mauvais dans le cœur sa part bien plus grande que du bon.

Je me rappellerai toujours des paroles du Christ, et il a bien raison, quand il signifie que la question de l'homme se tranche en deux sens : l'homme spirituel et l'homme matériel. L'homme spirituel ne vit pas seulement d'aliments convenables à l'estomac, mais il se nourrit encore des sciences, de la justice et de l'amour du bien. Et celui à qui cette nourriture répugne est le matériellement intéressé, l'avare, qu'un grand écrivain compare à ce batracien d'une locomotion lente appelé crapaud, qui recherche la solitude pour se nourrir de l'humidité de la terre. Et qui, parmi les hommes, n'est pas avare ? Enfin, la différence entre le premier qui se nourrit du baume de l'amour et le second qui se nourrit des attaches terrestres est aussi grande qu'entre celui qui a du cœur et une âme et cet autre qui n'en a pas. Mais il faut avouer aussi que dans l'intérieur, la joie n'est plus la même. L'homme désintéressé se sent dépendre d'une conscience. S'il souffre physiquement, il jouit moralement; souvent, la joie de l'esprit enlève les douleurs à la matière ou les adoucit par le seul mépris de la chair à la préférence de l'esprit. Si le soir l'esprit se rappelle avoir dans le jour fait quelque bien, il procure au corps fatigué un sommeil plus calme. Et en persévérant dans les vues de l'égalité en faveur de ses frères, cet homme commence à se connaître, à se mépriser et en même temps à s'apercevoir que ce n'est pas ici-bas qu'il doit espérer son bonheur ; en y pensant, il se prépare à la terrible décision à l'heure où l'esprit doit se séparer de la matière. Des idées nouvelles commencent à luire à travers son cerveau sans savoir à quoi attribuer leur étrange présence, et plus que jamais, il se résigne au joug du destin. Il devient doux de caractère et aimable envers tous ceux qui recherchent sa compagnie, surtout si c'est dans la bonne intention de s'instruire auprès de lui. Il n'y a que l'avare et le pédant à qui son fluide répugne, car le regard pas plus que les idées ne s'accordent entre les deux êtres, tant ils se détestent réciproquement sans savoir pourquoi.

En parlant du bien, chacun doit le faire indépendamment d'aucune obligation de procéder de la même façon que les autres : les uns sont tenus de le faire en secret ; d'autres à découvert. Le bien qui doit être fait en secret sont les dons, les prêts, les services rendus ; et celui qui doit se faire à découvert est l'instruction orale et littéraire. Un écrivain, notamment l'auteur d'un ouvrage, qui peut inconcevablement faire plus de bien que cet homme, s'il a consacré sa vie pour l'instruction des autres ? Et lequel cependant, si bon et précieusement utile qu'il soit, si l'ouvrage de cet écrivain ne convient pas à la censure de la politique existante, on l'annule, c'est d'abord un crime porté à l'atteinte de l'instruction de qui veut, puis la mort de l'auteur qu'on tue dans son moral, dans son mérite et dans ses droits. Il est donc évidemment manifeste que nulle autre institution politique n'est plus favorable aux grands cours littéraires que la République qui, par la liberté dont elle se donne le titre, doit donner large issue au progrès de toutes les sciences et de toutes les idées. Et quiconque se montrera jaloux de ce que la lumière des hommes se fasse par le savoir, je l'avoue ce même quiconque est un faux sage. Par conséquent que chacun se contente de faire le bien suivant ses dispositions, et selon ses moyens, sans se mêler de l'affaire des autres.

Qu'on s'en méfie, le mal commence toujours par un bout bien petit à notre œil et devient d'autant plus grand à la vue de quelqu'autre. Qu'on se rappelle même que tout acte de bien doit être dégagé de toute injonction, de toute entrave ; un bon conseil, un bon avis néanmoins ne peuvent jamais nuire comme la pression. Malheur alors à celui qui empêchera un homme d'accomplir son devoir, et honte à cet autre qui obligera une personne à faire ce qui n'est pas dans son idée.

— Tu sais, Guillaume, ce matin j'ai appris une nouvelle. Te rappelles-tu quand l'autre jour nous parlions des élections prochaines ? Eh bien ! à cette occasion, nous allons avoir demain la visite de M. de Champignon, le député conservateur, qui doit venir dîner chez M. de Bonnechose.

— Et M. Tantan, le fameux député de la démocratie, on n'a pas dit quand ?

— Après-demain.

— Bon, nous aurons encore au moins le plaisir de causer avec ces grands personnages.

— Qu'est-ce que nous leur dirons ?

— C'est à eux de commencer.

CHAPITRE VIII

PREMIÈRE SECTION

Un député conservateur en tournée électorale sollicitant à Georges et Jacquet, le mendiant, leur suffrage. — La loi devrait interdire la mendicité aux vagabonds en carrosse. — La liberté pour les pauvres de demander leur pain en priant Dieu et la charité libre dans ses œuvres. — Guillaume faisant de rudes reproches au député qui a failli à son mandat. — Les ouvriers paresseux envoyés au champ du maître.

— Qu'est-ce que tu regardes, Georges?
— Une voiture qui arrive à grande vitesse, traînée par deux jolis palefrois. C'est lui, oui c'est lui, M. de Champignon, le député conservateur, accompagné de M. de Bonnechose. Ils vont s'arrêter, bien sûr. Entrons; donnons-nous une attitude occupée. Les voici; ils descendent de voitnre. Ils la laissent au bord du chemin et Janot, les rênes à la main, reste sur le siège. Ils viennent, les voici, ne dis rien.
— Qu'est-ce qu'il y a donc qui dépende de nous à votre service? — Heu! mon Dieu, rien, peu de chose, et beaucoup cependant. Vous devez sans doute savoir que le jour des élec-

tions générales est fixé d'hier en trois semaines, que tous les collèges électoraux en France sont pour ce jour-là convoqués à l'effet d'élire de nouveaux députés. — A peine si nous en avons entendu parler. — Par conséquent, si vous avez été satisfait de mon mandat, je viens une fois de plus solliciter votre suffrage. — Quel parti avez-vous représenté ? — Je ne vous cache pas mon sentiment politique : je suis conservateur. — Pour quoi conserver, s'il vous plaît ? — Eh Seigneur ! la religion, la famille, la propriété. — C'est bon tout ça, oui. Mais la religion, la famille, la propriété, rien n'a changé ni bougé, tout est bien à sa place. — Grâce aux honnêtes gens, à nous, les conservateurs. — Et autrement ? — Avec cette malheureuse République, vous ne voyez pas, peut-être rien n'existerait, tellement les choses seraient oligarchiquement bouleversées. Considérez d'abord que les républicains, n'ayant pu faire davantage, ont chassé Dieu des écoles et les ont athéisées. — Hélas ! que dites-vous là, monsieur de Champignon ! Comment les républicains ont-ils pu faire pour chasser Dieu des écoles ? — En défendant aux prêtres d'y pénétrer. — Tiens ! encore un péché d'ignorance. Je ne pensais pas que les prêtres fussent Dieu même jusque dans les écoles. Mais, bah ! si ce n'est que les prêtres, à la bonne heure. Ils ne sont pas instituteurs, les prêtres ; que vont-ils se mêler de ce qui ne les regarde pas? Par exemple, si les instituteurs allaient les déranger dans leur église, c'est aux instituteurs que j'en voudrais, mais interdire sans suite d'autre peine plus inflictive aux curés d'entrer dans les maisons d'école, voyons un peu : je ne puis croire que ce soit selon vous Dieu qu'on en expulse. Ecoutez-moi, d'ailleurs : j'ai un livre, lequel parlant justement aux prêtres les premiers, dit que quiconque osera se prévaloir l'égal de Dieu est un blasphème et un imposteur qui mérite d'être confondu dans son propre orgueil; car il n'y a pas d'homme qui ait le droit de s'élever au-dessus des autres. Malheur à qui s'élèvera plus que ses frères.

« Vous avez, monsieur, parlé du respect à la propriété; en effet, c'est tellement digne de respect cela, la propriété. Mais Pierrogne, notre voisin, là, tout près, le pauvre homme, il a, l'année dernière, inventé une machine très utile aux arts de presque toute nature, à la création de laquelle il a consacré une grande partie de sa vie et en grande partie sa fortune; je vous demande : est-ce que cette machine n'est pas une propriété? — Pardon, cette machine, provenant de l'invention de cet homme, est sa propriété. — Cependant, pour cette propriété, il n'existe aucune loi qui la fasse bien respecter, vu que des fainéants, en vrais termes, au café tenant, tous les jours de l'an, aux mains les cartes, jouant du temps que Pierrogne a cherché, fouillé dans le génie de son invention, les dits fainéants, aussitôt la pièce finie et mise à même de fonctionner, ne faisant que sortir de leur délice, se sont dit : « Tiens! voilà encore quelque chose de bien inventé pour gagner de l'argent. » Or, étant eux-mêmes trop maladroits pour en fabriquer une semblable, ils ont été trouver Pierrogne, l'inventeur, lui en ont acheté une, l'ont démontée, et de ses mêmes pièces en ont fait des calibres, des modèles, en effaçant toutes les initiales de son nom ; s'étant ainsi procuré les éléments nécessaires, ils se sont fait une arme de son travail, de son invention même, pour l'acculer en tirant contre sa fortune. Le pauvre Pierrogne alors a bien cherché à se faire faire droit à la justice. Celle-ci n'ayant trouvé dans le Code aucune loi en sa faveur, il en a été pour ses frais et la ruine, puis la peine et le dépit de voir des lourdauds lui rire à la face. Est-ce ainsi que, les conservateurs, vous entendez faire respecter la propriété? — Non; pour cette sorte de propriété, il n'y a pas de loi; mais Pierrogne pouvait se nantir d'un brevet. — Et vous, monsieur de Champignon, pour le droit de posséder vos grands domaines, en payez-vous de brevet? — Je paie les contributions. — Pierrogne aussi payait patente. »

Juste au même intervalle où nous étions en train de discuter sur l'affaire à Pierrogne, Jacquet, le mendiant, à qui de coutume nous avions plaisir de manifester quelque acte de charité en lui donnant l'aumône, en voyant des figures qui lui paraissaient étrangères, ce jour-là filait droit son chemin sur la route sans s'arrêter; je lui fis signe de venir et il vint. Je lui dis : « Et bonjour, brave Jacquet! Vous voilà, vous aussi! Vous devez être fatigué; asseyez-vous un moment. Que nous racontez-vous de nouveau? — Rien, en ce moment, répondit Jacquet en regardant MM. de Champignon et de Bonnechose, qui sur mes paroles dirent : « Celui-ci nous donnera bien aussi sa voix, n'est-ce pas, monsieur Georges? — Oui, monsieur, dit Jacquet, je m'aperçois que vous n'ignorez pas le proverbe disant qu'au besoin toutes les nippes sont bonnes et à vendanges tous les paniers sont utiles, quitte ensuite de jeter les unes et les autres aux égouts lorsqu'on n'en a plus besoin. Comprenez-vous, monsieur de Champignon? — Il me semble, dit-il, qu'on devait établir une loi portant abolition du droit de mendier. C'est vrai, et je crois même qu'avant peu vous verrez cette loi en vigueur. — Tant mieux! Il n'est pas trop tôt, tellement il nous tarde de ne plus voir devant la porte ces vagabonds récidivistes en carrosse! — C'est de nous que vous voulez dire, farceur ! Eh bien ! nous allons vous quitter. — Pardon ! nous aurons bientôt fini ; attendez cinq minutes, que nous parlions un peu sur l'article de la loi en question. — Expliquez-vous. — Des victimes de la fortune, telles que ceux qui ne peuvent plus agir de vieillesse ou estropiés, s'ils n'ont rien pour vivre et que personne ne les assiste, que, par honte d'elle-même, la loi faite à leur malheur, contre leur existence, n'ose achever, ce que je dirais par le poison et faire disparaître autrement par d'autres procédés ostensibles, il faudra donc leur pendre au cou cette sentence : « Tous ceux du rebut social, hommes et femmes, vieux et estropiés, n'étant plus bons à rien ni aptes à aucun service sur la terre, mourez, hâtez-vous de débarrasser la situation, et le plus tôt ne sera que le mieux. Mais, au moins, si vous ne tenez à ce qu'on vous fasse porter la peau et les os au delà des mers, gardez à vos membres un peu de force physique musculaire, afin de pouvoir débarrasser la voie en vous traînant jusque dans le gîte le plus obscur, afin que l'on ne vous voie plus obstruer aucun passage, ni faire au soleil votre dernière grimace. »

En voilà, par exemple, de la chance ! Lorsque dans un temps, par forme de pitié humaine, on travaille à abolir la peine de mort, à arracher les criminels, les assassins à la main du bourreau, on interdit aux honnêtes malheureux la liberté de demander à la charité, plus humaine, de les secourir dans le malheur, et aux charitables la liberté de les aimer et d'intervenir à leur besoin. Qu'on poursuive donc tant qu'on voudra les malfaiteurs et les criminels; mais, pour le reste, nous protestons hautement à ce que l'on n'ôte aux pauvres de bonne probité la liberté de chercher leur pain en priant Dieu, car nous sommes d'avis que leurs prières sont meilleures que celles de beaucoup d'autres, et en même temps la liberté aux bonnes âmes qui jouissent de les assister et qui souffrent quand elles ne peuvent les soulager. La liberté de conscience et la liberté d'action, jusque-là, sont des droits inviolables. Que chacun l'entende, peuple et députés! gardez-vous d'y toucher. Défendre à l'homme d'aller chercher son pain où l'on veut bien lui en donner, c'est l'empêcher de vivre, et, repris en ce délit d'aumône, le bannir, le confondre avec les scélérats sont des actes qui n'appartiennent à aucune loi humaine. Députés! déjugez-vous, revenez sur vos décisions, mitigez cette loi; qu'il n'y ait exclusivement de la proscription applicable que pour les voleurs et les brigands, et la République ne s'en portera que mieux, sinon vous allez impliquer l'honneur de toute famille pauvre à l'horreur des pires bandits, ce qui ne peut et ne doit être.

— Monsieur Georges, je ne saurais, en ce moment, de transport de moi-même, vous exprimer combien je suis heureux de vous avoir écouté un moment. Vraiment, les cinq minutes d'audience que vous m'avez demandées ont été à ma montre fort longues, mais à mon oreille je vous promets qu'elles ont été très courtes. Désormais, je vous le jure, je rentrerai dans beaucoup de réflexions que sans vous je n'aurais jamais faites. Quant aux questions de l'indigence, monsieur Georges, tranquillisez-vous : on établira des caisses de retraite, afin d'éviter que personne ne souffre. — Pauvre homme ! à qui venez-vous conter cette sornette en parlant de caisses de retraite ? Eh ! toutes les rivières de France couleraient-elles de l'or jusqu'au-dessus de leur étiage, elles ne pourraient suffire à gorger tous les chevaliers gratteurs de papier, qui déjà, ceux qu'il y a, prennent tous les ans, sur la cote des pauvres, des sommes écrasantes, et, n'en étant maigrement que plus affamés, plus insatiables, vous pensez que bonnement on va créer des caisses de secours pour ceux qu'on ne peut voir vivre ? De ces prétendues caisses dites de retraite, on en créerait peut-être une à chaque canton, dans ces petits centres où il y a tellement de ces ventres minces qui, en un mot, ne sont ni nobles, ni bourgeois, ni ouvriers, d'un caractère patelin et souple, fait à toutes les courbettes, et ce serait encore une occasion bonne à leur faire un nouveau maître, pour ajouter un pacha de plus à la hiérarchie budgétaire, fait à l'instar de notre percepteur, qui touche 8,000 fr. par an rien qu'en prenant tout pur, bien pur, sans une pièce espagnole, l'argent des travailleurs, et qui semble ne le recevoir de bonne grâce si on ne le pose sur le guichet de son bureau doucement, avec le bonnet à la main, en tremblant devant sa plume; il en serait de même de l'individu à qui l'on confierait la caisse, si elle contenait une vingtaine ou vingt-cinq mille francs, que lui, pour la peine de se faire appeler grand monsieur, en prenne sept à huit mille; puis, qu'à chaque nécessiteux venant d'une dizaine ou douze kilomètres de chemin, il faille, avant de partir, un billet du médecin, signé du maire, un autre du curé, avant d'aller chercher quoi? Ce ne serait qu'un mode de prison duquel les pauvres gens auraient à se constituer les esclaves. Non! l'homme n'étant pas comparable aux animaux de cage ni de basse-cour, il ne peut être taxé dans quelle que soit la situation de son extrême misère; il lui faut, en outre, la jouissance de l'espoir, cette lampe qui reflète dans son âme l'encouragement à vivre. Et lui enlever ce libre exercice de lui-même, c'est le tuer intempestivement.

DEUXIÈME SECTION

— Hier lundi, aujourd'hui mardi, n'est-ce pas Georges?

— Oui, Guillaume, aussi vrai que deux et deux font quatre, pourquoi?

— C'est que, si je ne me trompe, il me semble voir au loin une calèche se diriger par ici; ce ne peut être que M. Tantan.

— Ah! je vois, il paraît aller rondement.

— Hier, tu as fait la langue tout le temps avec le député conservateur, et tu t'es sorti d'affaire bien comme il faut, je t'en félicite, mais, au moins, en qualité de président du comité électoral, tu vas avec M. Tantan m'accorder la parole.

— Oui, oui, très volontiers.

— Tu vois, je ne me trompais pas, c'est M. Tantan, le fameux député de la démocratie; ils sont deux et je ne connais pas l'autre. Tiens! ils ont su trouver le passage, ils n'ont pas manqué le chemin.

— Ce n'est pas la première fois qu'ils viennent et puis ce n'est pas difficile. Va te cacher et tu reviendras dans un moment; moi, je vais les attendre à l'ombre du marronnier devant le porche. — Bonjour, monsieur Guillaume. — Bonjour, monsieur Tantan et compagnie. — Vous allez toujours bien. — Et pas trop mal; vous-même? — Là et là, à peu près. — Je n'ai pas l'honneur de connaître monsieur. — C'est un ami, en causant nous ferons connaissance. — Allons, très bien. — Georges, où est-il, il n'est pas malade? — Non, il émotte là-bas dans un champ. — Je tiendrais beaucoup à le voir, car selon moi c'est un homme très intelligent et puis bon patriote. — Peuh! du patriotisme, et, comme l'on dit, tout n'a qu'un temps. — Que dites-vous là? monsieur Guillaume, il faut être plus que jamais bon démocrate. — Non, monsieur, et je le dis même très sérieusement; quand des attachements trop personnels rompent en l'homme jusqu'au serment prêté sur conscience pour tromper qui bien pense, la confiance se perd et il ne doit rester que le mépris du parjure à la honte de lui-même. — Ah! monsieur Guillaume, pas de railleries de ce genre, vous devez savoir que les élections vont se faire dans moins de trois semaines; d'y songer, c'est le moment sans perte de temps. — Je n'en sais rien. — Comment vous n'en savez rien, vous ne lisez donc pas les journaux? — Il y a déjà si longtemps que je n'en lis aucun. — Mal. — Bien mieux, le contraire, je m'en trouve depuis que je ne m'occupe que de mon travail.

— Franchement, monsieur Guillaume, une

chose me surprend beaucoup, celle de ne pas vous trouver dans la même bonne humeur d'autre fois ; est-ce que vous auriez éprouvé quelque contrariété ou essuyé la perte d'un membre de votre famille ?

— Je vous le raconterai tout à l'heure.

— Mais sans vous faire prier, monsieur Guillaume, vous resterez bien président du comité démocratique, ou, du moins, vous en ferez partie jusqu'après les élections. — Ne me parlez pas de présidence à moi, mais de si bien que vous avez servi le monde pendant que vous étiez à vos plaisirs, à jubiler sous les beaux lambris des Chambres avec les autres; je crois maintenant que dans toute la commune vous ne trouverez pas un seul homme qui veuille faire partie d'une société électorale à votre égard.

— Si vous parlez aussi sérieusement que vous en avez l'air, et si tous, en France, parlaient comme vous, c'en serait bientôt fait de la République.

— Des républiques à votre modèle, personne n'en veut plus, nous préférons une monarchie constitutionnelle ; c'est pour vous apprendre que lorsque nous envoyons des ouvriers à nos champs pour travailler et que ces ouvriers ne font rien, nous ne les battons pas, ni nous ne les maltraitons pas, le soir nous les payons, et s'ils nous demandent : Reviendrons-nous demain ! nous leur répondons : Non, nous n'avons plus de travail ici pour vous, adressez-vous ailleurs. Eh bien ! avec presque la même ressemblance de votre cas, monsieur Tantan, moi, en ma qualité d'électeur et de président du comité de la démocratie du canton et au nom de plus de douze mille suffrages, que dans la même idée de désir et de sentiment, depuis 1871 jusqu'à présent, chacun nous vous avons confié notre mandat autant de fois que vous nous l'avez sollicité, avec la promesse de nous représenter à la défense de nos vœux devant la législation, et au lieu d'être fidèle à vos engagements, vous avez toutes les fois été notre mandataire infidèle.

— Considérez qu'en France tous les sentiments ne sont pas de votre caractère, et les contenter tous est une chose trop difficile.

— S'il y a des sentiments qui diffèrent à mon caractère, c'est le vôtre ; c'est pourquoi, à la préférence du peuple oublié en souffrance, vous vous êtes affilié au centre des improbateurs de nos désirs. Voyez-vous, avec moi, presqu'aucun leurre ne passe; à vouloir contenter tout le monde c'est une chose trop difficile, vous venez de dire, mais quand on ne fait rien pour contenter personne, vous répondrai-je, qui est le plus mal servi ? Le mieux, c'est vous. En disant que de contenter tout le monde est impossible, moi je vous répartirai encore que, selon ce que vous dites, vous êtes comme un mauvais serviteur qu'on enverrait à l'exécution d'un ouvrage, lequel n'arriverait au travail qu'après les autres, se voyant tellement encombré de besogne et ne sachant par où commencer, se laissant gagner par le dégoût, par la nonchalance, irait se coucher et dormir pour ne s'éveiller qu'aux heures du repas; quand le maître du champ reviendrait reprendre sa semence, trouvant la terre toute en friche, se tourne vers l'ouvrier infidèle et lui demande compte de son ouvrage; celui-ci répond, pour s'excuser, qu'ayant vu tellement de l'occupation, qu'il en fut effrayé et qu'autant valait ne pas commencer du tout. Eh bien! le mauvais ouvrier c'est vous, espèce de vieux orléaniste et de mauvais républicain! non-seulement vous n'avez pas été fidèle à vos promesses, ce dont je ne saurais trop vous blâmer, mais encore vous avez, par vos votes exécrables, empêché aux hommes du progrès que leurs lois passent en les critiquant et en les écrasant par vos contre-seing. Les hommes que nous considérons et désignons comme avancés dans le progrès sont les vrais honorables de l'extrême-gauche où il n'y a exclusivement que des hommes de cœur et d'intelligence, tandis que ceux de l'union républicaine ou du centre vous n'êtes que des efféminés, ce que j'appelle les bruyants, les tapageurs de la Chambre, les peureux de la République. En somme, monsieur Tantan, si vous avez jusqu'ici fait de moi votre mannequin, je vous promets que vous n'en ferez plus le Don Quichotte de votre complaisance. Or, jusqu'ici, à votre sentence, monsieur Tantan, apprenez qu'après la tromperie, le parjure, le mensonge, s'ouvre la porte du crime. En plus, une sorte d'inspiration m'a fait entrevoir cet accord insidieux qui peut exister entre des hommes comme vous, du même talent, vous disant les uns et les autres : « Nous pouvons être convaincus que le peuple, le très bas peuple, un jour ou l'autre va se fatiguer de nous; mais, du reste, peu nous importe quoiqu'il dise, mais nous ne pouvons faire sans lui, sans ce méprisable peuple; alors, par distraction, à notre bon loisir, nous devons, d'intervalle en intervalle, les uns et les autres, composer quelques projets de lois que nous sentirons lui faire désirer le plus; ces projets, correctement rédigés à l'honneur de notre savoir mathématique et métaphysique, chacun le nôtre, quand rien ne presse, nous le présenterons sur le bureau de la Chambre; vous repousserez le nôtre et nous rejetterons le vôtre et les amendements reviendront aux orties; puis, nos organes foliculaires, les journaux soldés au patronage de notre cause, en y écrivant nous-mêmes comme si quelqu'un plus parlait apologiquement pour nous, ferons entendre qu'un tel a proposé une bonne loi, et cet homme est un de ceux qu'il faut, il mérite encore notre estime. Revenant devant les paysans aveugles et devant les villageois ignares, nous leur blaguerons de la République, et si quelque fanfaron veut s'élever et exiger de nous des explications relativement aux lois que nous avons faites et votées, nous répondrons à celui-là, serait-ce un décroteur : « Monsieur, impossible à un homme de faire seul autant que plusieurs ; si vous avez lu les journaux, vous devez avoir vu qu'à une telle époque j'ai proposé cette loi relativement à..... ce qu'il nous viendra de leur dire ; sortant de la poche un papier, nous dirons aux auditeurs : Messieurs, voilà le texte de cette loi émanant de ma proposition, écoutez. » Et nous lirons.

— Oh ! oh ! Guillaume, un homme comme vous, vous pouvez supposer des choses semblables !

— Quand on est aussi fin que les fins eux-mêmes, avons-nous dit d'autres fois, on y voit autant qu'eux, souvent même de plus loin ; c'est pourquoi nous tenons à ce que, dorénavant, le monde soit plus éclairé qu'il ne l'est à la défiance de vos leurres.

— Tout en parlant à notre aise, vous rappelez-vous, monsieur Tantan, quant à vous entendre vous deviez faire trembler tout ce qu'il y aurait de rebelle contre les institutions républicaines? Et juste, alors ceux que vous sembliez pointer de plus loin sur le guidon de cette menace, je crois que c'était les pauvres prêtres. Je me souviens de vos paroles. Ouf! que je les voyais malheureux ces pauvres prêtres lorsque vous seriez au pouvoir; mais l'avenir nous a montré qui de la victime au téméraire avait à courir le plus grand danger, et ce ne sont certes pas les prêtres qui ont tremblé cette fois, ce sont les hommes de votre groupe. En conséquence, ici, d'où vous ne pouvez reculer devant la barre du peuple, monsieur Tantan, vous devez sans hésitation, ni mensonge, vous expliquer sur toutes les réformes répondant aux promesses que vous lui avez faites pendant vingt ou vingt-cinq ans de cet interrègne que vous appelez la République; si vous n'avez rien fait qui vaille et prétendiez revenir briguer de nouveau son mandat, que voulez-vous promettre au même peuple sans lui mentir et que vous ne l'ayez déjà trompé? Vous avez juré sur la forme de votre chapeau que nous n'aurions plus la guerre et nous l'avons toujours eue depuis, tantôt avec la Tunisie, tantôt avec les Arabes, tantôt avec la Chine ou le Tonkin, etc.

Et des impôts, parlons-en des impôts, il me semble aussi que vous aviez promis de les faire dégrever, et maintenant il n'est pas un misérable qui ne se plaigne de payer double et triple plus de patente qu'avant 1871.

— Considérez, monsieur Guillaume, que sur ce point notre réclamation a été faite, mais nos demandes n'ont pas été entendues.

— Parce que vous n'avez pas crié assez fort : quand on n'est pas ce qu'on pourrait et qu'on devrait être, on trouve toujours des faux-fuyants à la parade des défauts que l'on a ; et par qui, homme ! vos demandes n'ont-elles point été entendues ? Par des sourds, qui, comme vous, n'avaient pas au cœur des yeux pour y voir, ni des oreilles pour entendre du bon côté, et cependant par qui l'on entend crier : Vive la République ! mais exceptionnellement une République pas trop avancée, une République excluant de notre politique les plus intelligents, y compris le roué (le roi). Monsieur Tantan, quand je pense à vos demandes non entendues, et que tous blancs, rouges et bâtards, moitié chien et moitié renards, semi-républicains, moitié royalistes, orléanistes ou bonapartistes, quand le plus audacieux de tous s'est plaint à tort, trouvant que vingt-cinq francs de pain chaque jour sur la table en se levant, n'était pas assez, lequel ingurgitateur faisait entendre que le luxe de vos femmes, aux atours de grande duchesse, coûtait plus cher qu'autrefois, et que pour couvrir les frais de ce coût, il fallait au moins le supplément d'une pistole en sus des vingt-cinq francs alloués par l'ancien régime, car, autrement, impossible d'y suffire; et puis, vous, citoyens députés, moyennant la somme de cent francs par an, vous pouvez voyager en première classe avec toute la famille et vos domestiques. Oh! comme il a bien pensé et bien parlé en faveur de toute la députation de la France celui-là, n'est-ce pas monsieur Tantan? C'est pourquoi vous avez à l'unanimité sans débat ni besoin d'en venir à une seconde lecture, adopté sa très digne proposition, c'est-à-dire que vous étant curé les oreilles, vous avez entendu cette proposition de loi. Dites encore, monsieur Tantan, comme excellent supputeur et mathématicien distingué, l'idée de résoudre sérieusement le grand dilemne social ne vous est-elle jamais venue?

— Non, pourquoi?

— C'est que si jamais cette idée vous venait de sonder cette très importante question, et que vous veniez à comprendre le sujet qui afflige d'un bord et qui intéresse de l'autre, les millions de prolétaires, vous verriez quel retour vous auriez à faire sur vous-même avant d'être ce qu'il faut pour se dire homme.

— Au corps législatif, je crois n'avoir à m'occuper que des décisions de la Chambre, pas d'autre chose.

— En cas d'oubli à la réponse que je puis

faire à votre disculpation, pauvre homme! et pouvez-vous tenir à cette fatigue? Pardon, à l'occasion disant que tout votre devoir est exclusivement de vous occuper des décisions de la Chambre, que ces décisions nous paraissent tellement absurdes, si puériles, qu'on trouve que les cinq ou six cents dépensiers de l'argent du peuple qui êtes là-bas, ne faites dans un an ce que dans un jour vaut le travail d'une simple couturière; et nous pouvons ajouter que si les travailleurs de première nécessité prenaient comme vous autres autant de mesures pour ne rien faire, il est fort évident que la bonne volaille que vous mangez ne serait pas peut être si grasse. Au reste, l'interrogatoire que je vous fais a pour caractère une réponse s'expliquant dans un sens tout à fait familier, mais toujours principalement avec vérité, que cela ne vous fâche. Moi, dans mes réflexions calmes, tranquilles, j'ai trouvé au fond de mes calculs philosophiques que la société générale pouvait, au point de vue de toutes les hypothèses, se comparer à un édifice divisé par étages démontrant en quelque sorte l'état de choses anormales, que la multiplicité travaillant déployant la dextérité de toutes les inventions imaginables pour faire ce que vous êtes dans le riche et le beau, dont en récompense vous faites de ces millions de peuple après vous en être servis, ce qu'on dirait le rez-de-chaussée et, successivement, le peuple fatigué de vivre en résignation sous les serres de cette dépendance oppressive du despotisme lorsque trop fatigué du joug, par maints efforts, il s'est révolté, il la secoué parterre, fixant son espoir sur des hommes comme vous lui faisant beaucoup de promesses. Il a renversé la montagne et vos pareils se sont rendus maîtres de la plaine. Mais de ces revirements politiques ou d'Etat de misère, qu'a gagné la situation de l'homme, quel mieux ont ressenti ses souffrances? Tout se résume en un simple changement de maître, voilà tout. Ses efforts, son sang n'a tourné qu'à votre profit; tout en l'abusant de vains mots de liberté.

La royauté et les empires en France semblent avoir fait leur temps, ne restant aux générations nouvelles de leur gratitude que la mémoire de leur chute, et pour les intéressés à bon droit, rien que la république de nom, l'impéritie et vos félonies sans suite de fait aucune. Ressortant de vos principes démocratiques et des régimes monarchiques soi-disant optimistes, ou pessimistes, mysanthropiques ou phylanthropiques tout ce que vous voudrez, que l'édifice dont il vient d'être fait mention à partir du premier, deuxième, troisième étages jusqu'au faîte de la vie, vous les mauvais députés de la république, les empires, rois et roitelets, voire la ribambelle hiérarchique jusqu'à ces pachas administrant les grands et petits départements, dont lesquels sus ou sous...... après le très petit plaisir qu'on prend de lire sur les placards officiels précédant le sousseing, un tel, chevalier de la Légion d'honneur (je n'ai encore pu savoir à quoi ces hautes places payées à trente mille francs étaient-elles bonnes); donc vous les mêmes députés, et le reste en pacotille, n'êtes en ce monde que la poussière étouffant ceux que vous appelez les basses couches. Et dont par mon expression la plus libre, en rapport à votre savoir de langue et de plume, targuez-vous, gonflez-vous, estimez-vous tant que vous voudrez, après le mérite reconnu à celles qu'on expose aux concours pour un autre usage, moi je dis que vous n'êtes que des machines dont le brevet d'invention ne vaut, certes, pas la peau du diable.

CHAPITRE IX

PREMIÈRE PARTIE

Guillaume fait des reproches au mauvais député Tantan. — L'homme, si jeune qu'il soit, peut être vieux par l'expérience. — D'un avocat et un médecin, d'un magistrat. — Revision de la Constitution. — Arguments d'un roi sur la faute des républicains. — Que dira à l'avenir l'histoire ? — Souffrir pour souffrir, autant vaut-il le roi que la République.

Sans avoir besoin de grandes études, monsieur Tantan, j'ai compris que pour faire un député de votre antagonisme, on n'avait pas besoin d'être inventeur de la pierre philosophale.

Vous disant député, mais pour quoi, pour qui représenter si vous ne le savez vous-même ? De se dire député il n'est pas plus difficile que de se dire ouvrier ; mais, avant tout, il faut observer qu'il y a l'un et l'autre. D'être bon ouvrier, souvent il n'appartient pas à tout le monde, ni d'être bon député non plus. Pour être bon député, il faut aimer la justice avant soi et il faut être judicieux, intelligent et audacieux jusqu'à la mort, s'il le faut ; vous n'êtes pas de ce nombre. Si tous les riches, en France, les uns avaient renvoyé de leur propriété tous les métayers, les autres une grande partie de leur personnel domestique, d'autres les ouvriers de partout, que nul n'eût voulu faire travailler, qu'on eût retiré les fonds de toutes les banques, afin de paralyser subitement le commerce dans un but de révolte contre la République, en vue de la faire tomber sous le choc violent d'une contre-révolution, je vous le demande, monsieur Tantan, qu'auriez-vous fait pour réprimer la cabale des uns et procurer du pain aux autres?

— Nous aurions fait entrer du blé étranger; puis, faute de finances, fait marquer du papier-monnaie, et de cette sorte nous aurions procuré des moyens à la subsistance du peuple.

— Du blé, ce n'est pas ce qui manque; mais, si le peuple n'a droit à aucune espèce de bénéfice monétaire ou fiduciaire sans travail, que lui auriez-vous fait faire?

— Monsieur Guillaume, vous me faites là des questions sur des choses qui ne peuvent exister.

— Quelqu'un plus éveillé que vous peut vous dire : « A la perversité des hommes, quand il s'agit de faire le mal, presque rien n'est impossible, et vous, monsieur Tantan, qui n'avez souci que de vous-même, n'étant député fait qu'au plaisir de vous balader en grand diplomate du Palais-Bourbon au Luxembourg, vous ne pouvez de vous-même avoir une perspicacité plus clairvoyante que celle de votre amour personnel, ce qui permet de croire que si les riches avaient tenté leur coup de la façon dont je vous parle, vous n'auriez rien fait qui puisse empêcher le sang de couler dans les rues, vous vous seriez caché dans quelque souterrain, afin de n'être vu de personne, ni atteint d'aucun danger; et si, par la guerre civile et la famine, on était parvenu à placer le roi ou l'empereur, tout me fait supposer que, sortant de sous terre un des premiers, vous vous seriez affilié à la ligue et auriez crié avec les autres : Vive le roi ou l'empereur ! Voilà ceux que de votre atticiste langage vous appelez républicains modérés, et que le bon sens toutefois appelle lâches, faits au service de toutes les opinions et d'une place. Eh bien ! moi, je vous le dis plus ouvertement : je défère plutôt mon estime à tout autre homme radical d'un parti, quel que soit le sentiment déclaré, qu'à des êtres à craindre comme vous, méritant que toute candidature leur soit désavouée. »

Encore une fois de plus, d'un député il en est comme de tout autre état; la tâche de l'homme peut s'envisager de deux manières, lourde ou pénible. Celui qui embrasse cette tâche dans un esprit de plaisir, d'agrément et de douce somnolence, plus qu'autrement est un traître, un fourbe, de qui l'on ne sait jamais trop se méfier, tandis que l'homme qui pense la remplir avec le véritable honneur du devoir éprouve de la peine, du souci, ce qui ne peut se voir chez vous, qui très certainement n'êtes pas fait pour gagner la palme du martyre.

Or, si vieux que l'on soit pour certaines choses, faute d'expérience, l'homme peut être jeune, et à force de pratique, quoique jeune, le même homme peut être vieux d'intelligence et de discernement. Alors, monsieur Tantan, voyez-vous, on a souvent grandement tort de ne pas écouter les anciens, et bien plus de tort on a encore en disant ou pensant que les pauvres, s'ils parlent, n'ont jamais raison. Ces précieuses paroles, depuis que j'ai fait l'épreuve de la politique, me rappellent les maximes d'un homme que les badauds du peuple le plus ordinaire traitaient de fou, parce qu'il avait plus d'esprit qu'eux, disant, à chaque changement de gouvernement : « Mes amis, ne vous disputez pas, ne vous battez pas, ne vous brouillez pas entre vous autres pour des affaires de gouvernement, auxquelles vous n'avez rien à gagner ni à prétendre. Dites tous comme moi : Voleurs nous avions, voleurs nous aurons; on peut changer d'avocat, de médecin, de magistrat et non de fripon. Ceux qui voudront des places, laissez-les leur disputer entre avides à cette curée. » Et tout paysan qu'il était, cet homme avait raison; je l'approuve encore.

— Si c'est de moi que vous voulez parler, monsieur Guillaume, je ne suis pas avocat, ni magistrat, moi; je suis médecin.

D'un avocat à un médecin ou à un magistrat, à mon point de vue, il n'y a que cette infime différence : où à l'un il faut du talent, de la fine blague, à l'autre il faut ce qu'on dit de la science. Quand l'un étudie pour de l'ignorance exploiter la bourse, l'autre travaille pour lui exploiter la vie. Mais abandonner le service assez rémunérateur d'une cause nécessitant la défense, quelquefois la revendication devant la justice, et l'autre abandonner le soin de ses malades, soit Pierre, soit Paul, pour embrasser une place parce qu'elle présente quelques aménités plus honorifiques, plus lucratives cela dénote d'avance aux électeurs, en principe, sans pouvoir se tromper, quels régimes de loi ils peuvent espérer émanant d'hommes tels que vous. D'ailleurs, ce qui atteste votre conduite à cet égard est l'affection que vous montrez à réunir une très forte majorité de voix à votre ostentation, plus que de l'intention vous n'avez d'accomplir les promesses que vous faites bon marché aux électeurs en leur mendiant leur suffrage. Quoi ? eh ! misérables !

même le lendemain des élections, crainte de vous déshonorer, seulement de parler à un de vos électeurs, s'il n'est de votre habit et ne porte comme vous un chapeau à boisseau, vous lui refuseriez la parole! De l'homme travailleur, après vous en être servi, vous le jetez au panier de chiffons à votre mépris, pour ne plus le ramasser qu'au besoin.

De vos marches et contre-marches de travers ou en arrière, monsieur Tantan, voici ce qu'il est advenu : par la république d'embrouilleurs ou les embrouilleurs de la République, une fois vous avez voté une loi aux termes de laquelle les maires de chaque chef-lieu de canton devaient être nommés par les préfets, — très bien! — mais tous les tièdes, les froids, les glacés de républicanisme, trouvant que cette loi promettait à la République trop de chances à sa prospérité dans l'avenir, sans mesurer la portée de l'obstacle à l'atteinte des institutions, vous l'avez spontanément bientôt abrogée pour remettre le soin de cette nomination au gré des conseils municipaux, et, bien entendu, sans se faire trop prier, les conseils municipaux, ceux qui n'étaient pas républicains, ont nommé des maires comme eux les plus capables de nuire à la République. Et la République, qui nécessairement puisait toute sa force de cette principale racine, en beaucoup d'endroits, elle perdit presque totalement sa prépondérance politique, aussitôt que la réaction put nuire à sa vitalité.

Toujours à la responsabilité de votre impéritie dans les affaires publiques, on est, à la fin, non sans difficulté, à la grande faute de tous, arrivé au pénible et langoureux accouchement de la revision de la Constitution; or, tout en dissertant tranquillement à notre aise, monsieur Tantan, parlons un peu de cette revision, et voyons quelles sont enfin les conclusions et les nouvelles stipulations qui sont insérées dans cette fameuse revision; tant qu'il s'en est parlé, de cette revision, laquelle, tout en la voulant les uns intégrale, les autres partielle, c'est trois ou quatre ans que vous y avez mis pour ne rien faire! C'est pourquoi l'on n'entend partout parler que de déception, fruit des promesses de M. Tantan, le terrible tribun de la démocratie, de cet homme dont la seule présence, au renom du stoïcisme de caractère, devait faire trembler la tribune.

Eh bien! en toutes les conséquences, médecins et avocats, tous gens d'appétence, attention! Si, jusqu'ici, vous vous êtes servis du peuple comme instrument à chasser les rois et vous les remplacer, dans un but assez explicitement démontré, prenez garde, veillez-y, qu'à son tour ce peuple irrité, par un coup d'intransigeance révolutionnaire, ne revienne éphémériquement à la monarchie et ne vous fasse déguerpir violemment de vos postes convoités, et que, au bout d'un autre petit temps, ne retourne à son aire épurée de toutes vos déjections, jusqu'à ce qu'il soit gouverné par les hommes les plus dignes de son affaire, lesquels il peut encore espérer trouver en fouillant dans le panier du suffrage universel à force d'y mettre la main. Et ces hommes, ces amis du peuple, sans que vous les connaissiez, monsieur Tantan, quelques-uns vous voient dans toutes vos actions, tellement qu'un jour, s'il vient à tourner mal pour vous, ils pourront vous en demander compte; car, aujourd'hui, de la bienheureuse position que vous avez sollicitée et obtenue au prix d'une conscience fourbe et de fallacieuses promesses, vous oubliez sans nul souci ceux qui, faute de santé ou de travail, n'ont pas de pain pour nourrir leurs enfants. Au contraire, comme les rois et comme l'empire, en termes d'arbitraire exprimant : Des pauvres, qu'il en naisse tant qu'on voudra, à telle condition pourtant que chacun soit un sujet imposable, sans que la loi ait à se mêler s'il est honnête ou mal famé, s'il a de quoi subsister ou s'il n'en a point. S'il n'a rien, qu'on surveille ses démarches et qu'on l'empêche d'importuner les bienpensants. S'il n'y a pas pour lui à l'hospice un obscur réduit, qu'il meure ou qu'on l'emprisonne, qu'on débarrasse de son infection la société élégante, sous l'inculpation d'anarchiste, de fripon, de canaille, de nihiliste, de suspect, etc.

— Alors, monsieur Guillaume, vous tenez la main aux gens de désordre tels que cet anarchiste qui, un jour, sur la tombe d'une mère dont le nom de la fille a fait beaucoup de bruit en France, s'écria : « Pas de maîtres ! pas de directeurs ! Les prolétaires qui ne peuvent plus nourrir leurs petits doivent prendre le fusil, voler et tuer si besoin est. Vive l'anarchie ! »

— Ces propos de la bouche d'un homme, c'est vrai, sont revêches. Aimant trop le vrai bon ordre, je ne puis soutenir cette cause honorée qui provoque dans l'ombre ce terrible désordre que je combats depuis le commencement jusqu'à la fin. Je veux dire que moi et vous, monsieur Tantan, n'entendons pas de la même manière. De l'anarchiste dont vous voulez me parler, je connais l'affaire. Quoiqu'il ne fût ni cardinal, ni archevêque, ni préfet, ni prêtre, cet homme n'était pas non plus médiocrement ordinaire, mais il était peut-être d'une conscience plus droite que la vôtre ; c'est pourquoi sans doute que la voix plaintive des souffrances humaines, au temps d'une république pareille à la vôtre, s'étant réunie dans son esprit, comprenait qu'en ce bas monde un seul PANTAGRUEL, je suppose, lequel en vertu d'une place, d'une fonction, d'un emploi, se disant maître ou directeur, se croit autorisé de consommer la ration de quatre, de dix, de vingt, de quarante, de cent, etc. C'est très agréable et délicieux, en effet, d'être maître ou directeur, de commander pour ne pas être commandé et gagner sur les autres plus que les autres même. De cette inégalité de régime, vous en savez bien quelque chose, vous, monsieur Tantan. D'où vient qu'en général, tous les pauvres de la société sont de vieux ouvriers qui, après une longue vie de travail, à la fin de leurs jours, se trouvent sans gîte et sans pain et que sous cette juste plainte on traite de brandons de désordre? Eh bien! ce sont ces vieux ouvriers et leurs fils qui vous ont nommé député, pensant que vous les auriez mieux représentés ; espérant que vous seriez homme à demander la réforme de tout ce qui sentirait le monarchisme qui a tout pris aux pauvres pour donner aux riches ; surtout pour demander l'abrogation de cette loi qui accorde de grosses pensions de retraite aux fainéants qui s'éventent à l'ombre quand les autres se rôtissent au soleil, ou se chauffent quand les mêmes se gèlent au plein vent d'hiver. Oui, je vous le répète, ceux qui vous ont élu, c'est afin que vous mitigiez cette loi datant depuis les premières qui ont tout fait contre leur médiation, et songer à leur payer des retraites pour leurs vieux jours encore beaucoup moins.

De toutes ces réformes nécessaires et trop urgentes, vous n'en avez demandé ni voté aucune. Tout est ce qu'il était ; caressant ce que vous faisiez semblant de détester, vous avez léché ce que vous aviez vomi et maudit. Tant pis pour vous, maintenant, si devant le peuple que vous avez trompé vous ne récoltez, à titre de récompense, que le fruit de ce que vous avez semé.

— Mais après cette République, l'histoire, monsieur Tantan, à l'avenir, que pourra-t-elle relater des républicains comme vous exclusivement bourgeois n'étant accourus au pouvoir avec tout l'empressement du fébrile désir d'oublier les uns et manifester partialement de la représaille envers les autres, c'est-à-dire orgueil contre orgueil, faire envers le peuple ce que de tout temps a fait la noblesse et vous venger sur elle par la République du mépris qu'elle a fait de vous par le roi. Parlant de l'histoire, non pas celle de France que tout le monde ne lit pas, mais la tradition légendaire qui restera imprimée dans l'éternel dicton populaire; si la République tombe pour ne plus se relever, selon que par votre grande faute elle ne peut faire de moins, à l'avenir tout le monde dira : Ne me parlez pas de République, rien ne se vendait ou rien ne se faisait. Une fois renversée, cette République ne doit plus compter dans les annales monarchiques que comme le blanc d'une grande page, comme un vide dans le temps des accords les plus nécessaires, comme une nuit de vingt ans, de vingt-cinq peut-être, séparant le roi du trône, dont la suite ne doit que fournir au monarque subséquent cette argumentation quand on lui parlera de République : Qu'ont-ils fait les républicains par celle de 1870 à..., lesquels n'ont pu s'entendre pour faire une loi qui leur vaille un mérite? Sur ces faits à votre reproche, vous et les vôtres faisiez le dindon mouillé parant la gouttière, écoutant sans souffler mot, vous effaçant à cause du retard que vous avez porté au progrès de la chose, craignant que l'on vous charrie en déportation ou encore dans l'espoir d'une place si le bon roi vous en présentait une.

— Pardon, monsieur Guillaume, vous ne faites que parler du peuple des classes ouvrières, mais considérez qu'un député a plus qu'à songer aux pauvres; après ceux-ci — avant eux — il y a aussi les riches, et chacun a plaisir d'être représenté. D'abord, la tâche d'un envoyé du peuple tel que moi ne doit s'occuper que de patriotisme et d'économie politique, pas d'autre chose.

— Quand vous me parlez de votre patriotisme, ah! ah! monsieur Tantan, j'en ris moi de votre sapré patriotisme! je vous le demande, qu'est-ce que cela peut me faire, je suppose, qu'on m'appelle François au lieu de Guillaume, ou qu'on m'appelle belge, anglais, espagnol ou italien au lieu de français, pourvu que moi, ni mon voisin, n'allions pas le soir nous coucher sans souper? Alors, suivant la question en contestation du mot patriotisme, c'est vouloir disputer une aberration qui, dans le fond, n'a du sens plus commun que celui qui s'obstinerait fatalement contre les lois de la nature; d'après ce mot patriotisme, est-ce que vous croyez que chacun dans son pays ne soit pas orgueilleux de sa patrie, sans besoin d'être Français et sans que cet amour de la patrie quelconque, puisse lui faire ni chaud ni froid à ses affaires? Non, le mot patriotisme, par son synonyme, n'est relativement profitable qu'à ceux de votre occasion, désirant être bien placés aux hautes galeries du pouvoir gouvernemental, où les bécasses tombent toutes rôties dans l'assiette des braves qui les gobent en bâillant à la plus belle; car cela se comprend, si vous n'étiez pas patriote Français, né ailleurs, en ce moment vous ne seriez peut être que quelque rustre ou quelque gros pâtre de montagne et non député, affaire de chance compétant au hasard. Savez-vous qu'un malheureux ouvrier, qui n'est riche tant qu'il a de l'ouvrage et ne souffrant plus que quand le travail lui manque, se soucie de votre patriotisme! Ce qui l'occupe, c'est le pain qu'il ne peut avoir sans travail et non par les lois à sa faveur, dont vous n'en proposez et votez aucune. Après tout, on est Français et on tient à la France parce qu'on y est né; mais pourtant cette qualification ne doit suivre qu'après la satisfaction du besoin de vivre.

Or, monsieur Tantan, voilà comment les hommes sont faits : votre illogique objection la plus formellement opposée à mes exigences en droit humanitaire, est bien l'objet des poursuites que je tends à dévoiler par des contestations attaquant l'arbitraire que vous caressez de vos sentiments antisociaux et contradictoirement démocrates.

Bien expliqué, bien entendu, bien compris, vous êtes médecin de profession, diplômé dites-vous, et grand Dieu! tous ceux de vos confrères ne recherchant de préférence pour l'orgueil de votre renommée, que ceux des malades atteints de quelque indigestion gagnée en jouissant, faute de modération du ventre, à quelques copieux repas, ce qui s'appelle souffrir pour avoir trop mangé à la négligence de la cause des pauvres valétudinaires, qu'au point de vue de votre exercice thérapeutique, la plupart du temps, vous ne traitez ou n'auscultez qu'à titre d'expérience pour apprendre encore ce que votre science n'a pu acquérir par les études anatomiques, ne sont pas rares; vous, à qui l'on accuse quatre métairies se composant d'un terrain du meilleur rapport, c'est à des maladies d'une identité pareille à la vôtre que vous aimez prodiguer le remède à la potion de votre patriotisme sans souci aucun d'oublier les constituant les mille corps d'état que votre politique a réduit à l'extrême des situations précaires, sans travail et sans pain.

Pour un député comme vous, soi-disant *républicain*, vous rappelez-vous quand un jour à votre habitude cherchiez à embrouiller un confrère de l'extrême-gauche, lequel vous a signifié : « M. Tantan, ce que vous semblez vouloir censurer ici par vos pointillations entre les doctrines monarchiques et les délibérations républicaines, les plus précises au point de votre sanction, est-ce tout ce que vous avez promis à vos électeurs quand vous avez voulu vous faire porter député? » Et auquel vous avez répondu sèchement sur cette question : « Aux électeurs, nous leur promettons sur verbale parole tout ce qui nous paraît tenable et même ce qui ne nous le paraît pas, mais ici toute décision doit dépendre de notre jugement, sinon de votre caprice. »

Eh bien! en vue d'une telle bassesse de sentiment, je vous déclare que si ce n'était les fastes, les manifestations bruyantes et scandaleuses et les provocations outrageantes que les honnêtes citoyens auraient à souffrir, souffrir pour souffrir mieux vaudrait le gouvernement de la noblesse; au moins, on sait que de cette dernière et de son gouvernement l'on n'a rien à espérer, on ne peut souffrir du désappointement, et en la flattant bassement, celui qui a la force de le faire, peut de rare en rare espérer quelque rognure à gratter ou quelqu'os à curer; du reste, tout est le mieux d'un régime quand on n'en espère que du mauvais.

CHAPITRE X

Seconde et dernière entrevue de Georges et Guillaume. — Guillaume infligeant ses cruels reproches au mauvais député Tantan. Soutenant du même coup qu'il ne faudrait quand à ce qui concerne les droits du peuple plus nommer pour députés des médecins ni des avocats. — Plus de dynamite, à bas le fusil, vive le scrutin de liste.

Après un échange de cordiale et bienveillante poignée de main, Georges dit à Guillaume: « Eh bien, à l'occasion, mon cher Guillaume, je t'en félicite, tu t'est selon tes promesses très bien acquitté de la commission. Je parie bien que présentement tu dois te sentir comme débarrassé d'un grand poids de la manière que, sans ménagement, tu lui en as fait sentir de cruelles en reproches, le pauvre M. Tantan n'est pas homme à faire preuve de bonne mémoire s'il ne s'en souvient longtemps, je t'assure. »

Guillaume. — Ce qu'il mérite, rien de plus.

Georges. — Si chaque électeur, sans crainte de les trop rudoyer, savait en dire autant à ses représentants, ceux-ci finiraient par comprendre le devoir qu'un ouvrier est tenu de remplir envers le maître qui le paye pour un travail. Et un ouvrier public, de l'ordre de M. Tantan, agissant contre la volonté du patron, devrait être responsable de ses actions devant la souveraineté prolétaire. De cette sorte nul du peuple ne serait ainsi facilement joué aux abus d'aucun pouvoir politique.

Guillaume. — C'est ce qu'il faudrait.

Georges. — Pour cela il faut encore l'instruction.

Guillaume. — L'instruction? Je te l'ai déjà dit, apprends encore que le parterre de l'ignorance à tous les degrés et à tous les rapports de la nonchalence personnelle du dégoût, c'est-à-dire la paresse, est pour l'homme certainement bien plus commode à cultiver sans tracas, avec moins de peine en dormant, ce qui n'est pas tout à fait de même quand à ceux qui ont l'amour du savoir qu'on ne peut acquérir qu'en veillant, en étudiant. Comme nous avons parlé, la vanité aux femmes, le jeu, la frivolité du siècle aux hommes est, au malheur de la plupart, ce qu'il y a dans le monde de plus agréable.

Guillaume. — Ceci plus que moins se voyait du temps de l'enseignement congréganiste, lorsqu'on n'enseignait à l'homme que l'état du bœuf tremblant sous la parole du maître, rien audelà. Mais aujourd'hui par les écoles laïques, l'enseignement primaire étant plus libre, ne dépendant plus de l'influence du prêtre, partisan de l'ilotisme, on instruit mieux la jeunesse.

Georges. — Oui, mais voyons, qu'est-ce qu'on lui apprend à la jeunesse de plus qu'auparavant, l'histoire de France, la géographie d'une façon peut-être un peu plus étendue, voilà tout.

Guillaume. — C'est déjà beaucoup.

Georges. — Moi je dis que non, d'ailleurs, ce n'est pas dès l'enfance, du temps qu'il va à l'école que l'esprit de l'homme se forme, c'est à l'âge adulte et d'un raisonnement plus requis en lisant des ouvrages scientifiquement instructifs, que ses idées se développent. Donc il faudrait dans les écoles primaires, plus que la lecture de livres classiques. Je voudrais, moi, qu'on enseignât élémentairement à chaque garçon et fille, ce que j'ai dit tout d'abord par principe, les termes propres à chaque outillage ou des pièces techniques dont la nature dispose relativement chacun son sexe, puisqu'on endoctrine les mêmes élèves diverses notions de philosophie spirituelle, de chimie, de physique, même de magie. Car l'homme plus il est avancé en savoir moins il est de mœurs grossières, et moins il est matériel et plus il est fin de chic et de caractère; plus il est instruit, plus il est prévoyant en toute chose et moins il est susceptible au danger des égarements en fausse route intellectuelle et matérielle ; et, par conséquent plus il devient essentiellement convenable devant Dieu et en société avec les hommes.

Guillaume. — Tu critiques toujours contre les riches. Pourquoi donc que tu ne peux les estimer davantage; si tu l'étais riche, voudrais-tu qu'on parle de même contre toi?

Georges. — N'ayant jamais été d'aucun rêve de l'avarice; vertu, au moins si c'en est une, de laquelle je puis me flatter, j'ai compris qu'au-dessus de ce que la loi, autre que celle des hommes, accorde juste pour vivre, la fortune signifie la puissance qu'en état de pauvreté manque à l'homme pour faire plus de mal, ainsi que je l'ai très bien démontré. Qui voudra comprendre, étudie, médite. Je n'en dis pas davantage. — Comment trouves-tu la réponse?

Guillaume. — Pas mal.

Georges. — Parlant de mal, avant que l'homme connût la manière de le faire poliment, modestement, honnêtement, légalement par l'or, l'argent-monnaie, il se regardait comme appartenant à une nature faite contre le bien ; le mal ne pouvant assez faire, il chercha même dans ce qu'il ne présentait à ses regards aucune apparence. Il est parvenu à découvrir en lui sous l'existence d'un fluide un quelque chose que plus tard il a activé en y ajoutant toute la force de sa volonté. Fier de cette decouverte, il n'a pu s'arrêter à cette expérience, il est descendu plus bas. Il est parvenu jusqu'au magnétisme magique. Et il a mesuré de son savoir jusqu'à s'élever au-dessus de ses frères et se faire regarder comme leur demi-dieu. Je m'arrête. Seulement que du mal qui se fait et qui ne peut s'éviter qu'au moyen d'une bonne instruction donnée par une République.

Guillaume. — Mais nous y sommes bien, comment la veux-tu donc enfin la République?

Georges. — De la femme nous n'avons encore que les jupons et non la personne ; et on ne l'aura de fort longtemps cette femme que par une République pareille à celle d'un pays très loin d'ici, où les aménités les plus douces de la vie ne sont pas tout à fait comme en cette vieille France, exclusivement au seul profit des fiers cadets ne sachant que bien poser sous le manteau de l'or à l'abri de tout blâme et de tout reproche mérité; de la mort excepté.

Pour avoir une République de fait, telle que celle que je veux dire, il faut des hommes de fer, et au cœur de miel, qui ne craignent que le viol des lois; des hommes laminés, rectifiés, distillés, sublimés, élus par un suffrage plus intelligent, plus éclairé qu'il n'est encore.

Ce n'est pas seulement au trône ni à l'autel monarchique que le peuple doit faire la guerre, mais à l'arbitraire, à la maladresse ignare, qui a toujours constitué l'arbitraire social. Si l'homme est lui-même le mal en nature, le peuple, le grand peuple par le nombre, doit comprendre que ce mal n'est que par la puissance qui existe plus ou moins entre les deux, à l'appui du riche, qui est le fort, contre le pauvre, qui est le faible. Mais le premier, ayant sur l'autre toute influence, le domine, et du pauvre le riche, qui sait le comprendre, est son dominateur. Et le pauvre, sans s'en douter, à son grand préjudice lui donnant sa voix, il donne à son ennemi toute la force de l'assujétir sans se faire une idée du malheur où pareille maladresse entraîne la situation. Or, voici le résumé : De tous les temps de cette ineptie caduque, les lois se sont faites, et dans quelles conditions, s'il vous plaît? Dans un ordre de justice tout à fait en sens le plus renversé, celui de prendre tout aux uns pour donner tout aux autres; celle du riche, le droit de s'approprier toute la jouissance du domaine, toute la richesse de la propriété et la construction des grands châteaux et des beaux palais de la dernière brique des misérables, c'est-à-dire lui accordant non seulement la richesse du sol, mais encore la fortune par le droit exclusif aux sinécures, aux places de l'État, sans oublier le premier droit à la législation; je vous demande quelles sont les lois que le pauvre peuple déshérité a jamais pu espérer d'une telle main à sa défense. Eh bien! moi, je le dis hautement, qu'on donne à la forme le nom qu'on voudra, tant que les lois seront faites par le riche contre le pauvre, qu'une loi légalement plus équitable ne viendra retirer à tout Crésus d'une opulence d'un chiffre limité le droit de candidature et le droit aux places, je ne dirai point être en véritable République. Puisque la propriété, que ce soit un droit volé ou usurpé, est inviolable, qui l'a chacun la garde, que le pauvre travaille et qu'au riche toute la charge des impôts lui reste à payer, même le droit des qualifications et des titres nobiliaires. Tel est le résumé efficace pour obliger les propriétaires à faire travailler la terre et celui de leur enlever le temps de s'amuser à des machinations illicites fomentant contre le gouvernement des conspirations contre la paix publique; car quelques-uns de ces espèces de gros Léon nous ont assez montré la preuve de ce qu'est l'homme que la fortune rend trop altier, quoique l'on doive à la vérité que ceux qui les ont élus n'avaient guère de bon sens plus que la poupée dormant sur le tablier blanc de la bonne.

Nous serons en République quand le peuple lira, s'occupera plus qu'il ne fait de politique, quand il sera aussi intelligent que Paris et qu'il suivra son initiative, qu'il aura conscience de son devoir de citoyen, quand il ne nommera que des ouvriers pour les fidèles représentants de sa cause, tels que des artistes, des fils de commerçants, de négociants, de manufacturiers, des peintres, des imprimeurs, des fabricants, etc., tous des fils ou descendants des classes constituant la roue de la grande machine sociale; en un mot, tous des fils des classes pauvres ou mi-aisées, sans dépasser la moyenne.

Georges. — Enfin, pauvre Guillaume, que veux-tu que je te dise? Je te trouve très austère sur bien des points.

Guillaume. — Austère, je ne le suis qu'à l'endroit de la vérité, plus encore je le suis faute d'une République d'action. Tu sais que de tous les temps les castes royales et cléricales, en se liguant toutes les fois qu'elles ont usé de tous les moyens de violence contre les droits du peuple, n'ont pas regardé d'être plus qu'austère en recourant à toutes les complications, même aux expédients de la famine. Je crains, moi, que, faute d'énergie et de prudence, nos gouvernants perdent ce qui fait de tous les démocrates l'objet de nos espérances.

Toi, qui es assez intelligent, quelle mesure appliquerais-tu, à la rigueur, pour éviter un retour de telles atrocités, capables de porter le trouble dans l'ordre social ?

Georges. — Je ne sais.

Guillaume. — Mais tu sais bien que, quand les ouvriers font grève en temps de monarchie, une loi, intervenant en faveur de Crésus, les oblige de force à travailler, sinon on les envoie pourrir dans les cellules des prisons; mieux que ça même, Badinguet (voir l'histoire du Creusot et de la Ricamarie), les nourrissait comme tu sais. Pourquoi donc, en République, ne pourrait-on pas établir une autre loi de fait plus en faveur de ceux qui ne refusent pas de travailler pour vivre ?

En la République de laquelle je t'ai parlé, qui est encore bien loin de celle de France, dans ce pays d'anges, on connaît l'homme pour le considérer comme ami et comme frère, mais non comme simple électeur; puis, s'il n'a pas de pain, qu'il s'arrange, signifiant au riche qu'on ne lui porte de respect pas un pouce de plus qu'à un autre, et que, par rapport à sa fortune, en ne le regarde que comme l'obligé de payer tous les impôts qu'ici on fait payer à la charge des pauvres, de façon qu'on ne lui laisse de plus qu'aux autres seulement que la jouissance de vivre sans travail, ce qu'on trouve déjà presque trop, c'est-à-dire on respecte la propriété au nom de tous et le propriétaire au nom d'un seul, ce qui ne se pratique pas de même dans tous les pays de cette terre, où précisément le riche joue tous les rôles de la quasi-divinité.

Dans cette République de bonne condition, on n'emprisonne que les malfaiteurs et les fainéants qui ne veulent pas travailler; en France, au contraire, on laisse souvent en liberté les coupables, et on emprisonne, on laisse mourir dans son réduit un misérable, honteux, n'osant faire la courbette, ni demander faute de travail, puis on se dit citoyens... Là, en cette République de bonne condition, au lieu de trente mille francs par an que l'on donne à grandes brassées sans marchander à un préfet, à un archevêque pour la seule peine de se faire remarquer comme les seuls de leur plumet dans un chef-lieu de département, où ces deux trop bienheureux font une somme ronde de soixante mille francs sans que beaucoup de monde comprenne sensiblement à quoi sert un tel luxe, on organise et on paie avec l'argent de pareille somme une commission départementale qui se divise hiérarchiquement en sous-commission arrondissementale et cantonale, laquelle se composant d'hommes choisis d'abord comme les plus connaisseurs à l'agriculture, et d'autres aussi comme les plus compétents sur les divers états, dont la mission des premiers est d'inspecter les champs, la propriété, de vérifier les travaux qu'elle réclame et s'informer s'il reste quelqu'un d'inoccupé faute de travail; si l'on a trouvé en cet état un étranger qui vive de vagabondage et ne voulant pas s'occuper, on lui demande son identité et on le conduit à la frontière; si c'est un indigène, on lui demande pourquoi il reste désœuvré, si c'est par raison de santé on s'instruit de son état pour vivre, s'il objecte que personne ne lui a point demandé s'il voulait se louer on le met en demeure d'expliquer sur quelle place il s'est présenté à cet effet et on le conduit devant les personnes qui, soi-disant, ont pu le refuser; disant vrai, soit propriétaires ou chefs d'ateliers, n'importe la profession ou le métier, sont tenus de lui payer le nécessaire du jour; s'il ment, on le coffre pendant une, deux, trois, quatre et même cinq fois, et, à la fin, s'il ne promet vouloir faire un bon sujet, on le déporte et l'exil devient son partage.

— Et si les monarchistes, les contre-partis, les riches, les nobles, voulaient tenter un coup de spéculation par la misère et la famine, en refusant de faire travailler les gens pour en venir à une machination contre les institutions établies, la même commission n'a aussitôt qu'à se transporter sur le lieu où l'on présume la cabale fomenter, et on s'adresse directement aux ouvriers sans travail pour leur faire des questions, et si tels ouvriers ou journaliers maintiennent leur plainte en disant que depuis tant de jours personne n'est venu les commander, la même commission réunit ses délégués et, se répartissant sous le même ordre, chacun en prit deux, trois, quatre ou cinq, les uns d'une part et les autres d'une autre, et furent chez tous ceux qui ont des appartenances les plus grandes à pouvoir les occuper, et là se faisaient expliquer pourquoi on laisse ainsi les hommes en état d'oisiveté, sans travail. Si ce n'est par cause de mauvais temps ou d'autres motifs légitimes, les délégués de la commission collationnent sur le livre des rapports le résumé des faits et causes, dont en vertu de la loi, moyennant un coupon détaché sur pièce et recouvert de l'ordonnance légale, chacun des nécessiteux sans travail peut aller chercher le pain qui lui est nécessaire chez le boulanger et le bois chez ceux qui en vendent.

Guillaume. — Mon ami, je dois te faire observer que dans un ménage il faut bien d'autres choses que du bois et du pain.

Georges. — En parlant de pain, je veux dire la première nourriture indispensable à la vie ; dans ces conditions profitables qu'aux désoccupés d'une journée ou deux, on dresse procès-verbal sur l'avis donné au propriétaire pour agir ensuite suivant ses dispositions. Dans le cas où il voudrait faire valoir des droits de refuser de faire travailler, pour lui signifier autrement, la commission prend autant d'hommes qu'elle en trouve sans travail et les amène à la première terre qui se présente en friche, la fait défoncer, ou travailler si elle est déjà labourable. Le samedi soir, chaque membre de la commission relève le compte du travail exécuté et va le présenter au propriétaire, lequel, s'il refuse de payer, le même délégué l'acquitte aux frais de la caisse de l'Etat, toujours avec usure d'intérêt. A la suite de la première façon donnée à tel ou tel terrain, on continue de faire successivement les autres encore sur le compte de l'Etat ; on ensemence ce champ, on soigne la récolte et on la cueille quand elle est mûre, et, en dernier lieu, on invite le maître à venir la reconnaître, s'il veut, en payant le montant de la somme déboursée par l'Etat. Refusant de reconnaître l'un et de payer l'autre, on le somme pendant trois fois, et, à la quatrième, il est déclaré déchu de ses droits de jouissance, et l'immeuble est soumis en état d'expropriation et livré à la vente aux enchères à l'exclusion de sa présence.

La même commission agricole est également chargée de passer tous les ans en revue la propriété foncière de chacun, afin d'ordonner des réparations où elle en juge à propos. Encourager les uns par des primes, des médailles, même de la croix d'honneur et des sommes en récompense, comme par sa qualité du même droit elle punit d'une amende de simple police ces autres qui n'exécutent pas les travaux qui leur sont prescrits; cette peine pécuniaire se renouvelle pendant trois fois graduellement, de plus forte en plus forte, et, finalement, la quatrième entraîne l'expropriation.

Passons à l'argent. Quand, en cette République, l'Etat veut à son nom montrer jusqu'au bout qu'il est la raison et la force, soupçonnant la moindre conspiration contre l'ordre public, détenant les fonds, nul ne peut lui retirer le crédit sans une sorte de visa de prévenance soumis au moins trois mois d'avance aux bureaux de perception, et, dans le cas où le gouvernement de cette République serait obligé de prévenir toute entente entre créanciers, menaçant dans un coup prévu de retirer chacun leurs fonds à la fois, histoire de faire en mal ce que d'un côté ne pourrait par la famine, le faisant de l'autre en lui créant des embarras par la pénurie des finances, l'Etat décrète que le retrait de tout numéraire placé entre ses mains est interdit jusqu'à telle préfixion.

D'un autre sens, sans ébruiter aucun mouvement, des agents partent aussitôt, vont dans toutes les maisons prendre note de toutes les mesures de blé et des autres denrées qu'il y a dans chaque grenier, et défense d'en vendre un boisseau sans le déclarer à l'agence communale, cantonale ou départementale.

Guillaume. — Cette mesure de sûreté doit être une grande gêne pour tout le monde?

Georges. — Du vin, comment se fait-il en France; est-ce que ce n'est pas une gêne lorsqu'on ne peut en vendre un litre sans le déclarer et payer un droit, tandis que là on n'a qu'à faire la déclaration, tant celui qui achète que celui qui vend, tout est gratis, et, faute de se conformer à ces règlements, il y a de l'emprisonnement et non d'amende, car on trouve que la peine pécuniaire est trop commode à l'individu, on préfère lui infliger celle de la prison, car en ce pays on ne fait pas plus cas de réduire un riche au travail pour vivre sans d'autre déshonneur, qu'en France, de réduire à la misère par la honte et le déshonneur, un pauvre ouvrier que le besoin aura tenté de faire main basse sur un objet quelconque qui sera même peut-être une création de son ouvrage à sa plus grande nécessité, et on le condamne à tant de jours, tant de mois ou dans une cahute noire, sans considérer qu'en ruinant son honneur on ne regarde pas de flétrir celle de la famille, des parents, alors qu'à son côté, les mêmes juges et à la même séance, acquittent des escrocs en lévite, qualifiés — monsieur — des notaires, des avocats ayant fait banqueroute de quatre, huit cent mille francs, d'un million de fortune, en ruinant je ne sais combien de malheureux qui auront souffert toutes les privations du monde pour parvenir à quelques économies pouvant leur servir au besoin pour leurs vieux jours.

Guillaume. — Très bien! cette mesure de précaution est le seul vrai moyen efficace pour tenir enfermé le diable dans un sac et lui couper la force de folâtrer au trouble de la paix intestine. En fait d'une République semblable, il ne faut point venir en France dans l'espoir de n'en avoir jamais une de cette sorte, surtout avec des Tantan.

Georges. — Que me parles-tu de la France, que de peu s'en faut qu'elle ne ressemble à ce pays de farfadets et de faux prousses, où, pour ainsi dire, on ne peut difficilement changer de voleur que contre un fripon du genre de Tantan, ne sachant faire que des lois de demoiselle, ne visant qu'à ce que le pauvre ne puisse prendre part à la jouissance de quelque droit, et à ce que les émérites, le riche ne soit divulgué, ni frustré dans l'honneur des crimes que l'Etat seul peut causer. Je te demande quelle rigueur peut surgir au respect de l'ordre public des attitudes d'hommes semblables aux tant mentionnés Tantan...

Raisonnons un brin : Par supposition, si, comme nous venons de parler, tous les riches s'entendaient pour ne rien vendre, rien acheter, ni rien faire faire, renvoyant tout leur personnel domestique, laissant en friche leur propriété, retirant des banques leur argent dans le but de créer une misère générale, attirant le peuple au rassemblement sur le pavé, bâillant de misère et de faim, l'excitant à un mauvais coup de rue ou de place, je te demande que feraient des semblables députés de paille ? Voici leur genre de mesures de sécurité : ils ordonneraient d'emprisonner ceux des malheureux autant qu'on pourrait en enfouir dans les prisons, puis laisseraient fusiller, entr'égorger les autres dans les faubourgs et les places ; voilà les bons de pain avec quoi la loi de tels républicains nourrirait ses électeurs qui ne seraient pas des « messieurs ». La preuve en est, en voyant que, quant aux riches, n'y ayant que des lois qui les protègent et aucune qui les frappe, si le peuple, en dernière circonstance, n'en fait à coups de manifestations et de représailles avec le canon de son arme, faisant à qui tombera avec honneur, frappé par le plomb, plutôt que de mourir de faim, dont une fois l'orage passé, tels députés n'auraient plus qu'à se soucier d'eux et de ceux de leur veste. Ainsi se traduit la définition du sujet à prévoir pouvant résulter d'une députation composée de bourgeois, je le répète, n'en voulant au roi et à la noblesse, parce que, x, ne sont ni l'un ni l'autre. C'est pourquoi, dis-je, il est impossible à l'ouvrier de n'être jamais rien qui vaille au point de son espoir le plus petit, tant que chaque électeur ne saura, comme il faut, avec intelligence, juger des lois exactement justes, entre ces autres qui font des hommes, les uns des fourmis, des abeilles au service des frêlons, des bourdons, rois ou républiques, bourgeois ou nobles.

Or, le plus grand malheur de l'homme est d'être naturellement lâche, trop content de lui-même et trop insouciant de l'avenir quand il a ce qu'il faut, ne songeant au besoin des autres si le sien ne lui fait défaut. Un seul alors voudrait faire ce que ne peuvent cent mille.

Le travail manque, tout murmure et menace d'en venir à ce que toutefois ne part pas du propre consentement de chacun; ceux qui ne peuvent vivre qu'en espérant une place sont souvent les plus forts à exciter les autres à une manifestation périlleuse et à se cacher pendant que la poudre fume. A ce sujet, je n'ai qu'une crainte : que si l'état de choses ne change, la poudre ne sonne ailleurs l'éveil du matin ; mais il ne le faut pas ! A bas le fusil ! Vive le scrutin ! car une seule goutte de sang français versé à la faute d'une mauvaise politique serait une honte au déshonneur de la France ; que chacun s'entende et que l'on ne vote que pour des hommes vraiment démocrates, comprenant qu'il y a beaucoup plus de sabots à contenter que des bottes.

PAMPHLET

SUR LA BOURGEOISIE GOUVERNANTE

Les élections du 4 octobre 1885 et la terrible secousse électorale que la République ressentit, l'ébranlaient, ce jour-là, dans presque toute la France, tellement que, à un moment donné, ses ennemis la croyaient même bien attaquée sans le médecin des ballottages, par le second tour de scrutin, qui donnait encore grand espoir sur elle, et qui, en effet, vint, une quinzaine de jours plus tard, l'appuyer de sa béquille, car le serpent de la royauté commençait à se dérouler et à compter déjà comme toute la tête passée par-dessus les remparts, prêt à glisser d'un bloc tout le corps dans le grand domaine des affaires publiques. M. Tantan, candidat républicain de la douce, à son quatrième mandat fut mis en ballottage contre M. La Guêpe, républicain radical, qui, au second tour de vote, l'emporta d'une majorité de voix écrasante, tandis que, pantois, honteux, confus comme le renard à qui une poule aurait échappé, il n'osait, cette fois, regarder personne autour de lui. Bien plus tard, il rencontre Guillaume et lui dit :

— Malheureux! c'est bien vous, au second tour de scrutin, aux élections dernières, la cause que je ne suis pas passé.

Guillaume. — Comment, monsieur Tantan, pouvez-vous m'accuser d'être la cause que vous n'êtes pas passé aux élections dernières? Vous tenez donc bien à être député? C'est pourquoi vous me faites, en vérité, l'effet d'un mauvais ouvrier qui se plaît beaucoup à un travail léger, agréable, pour ne rien faire et prendre la paye comme les bons; que, si c'était pour bien travailler, cet ouvrier tiendrait quelque moment à se reposer. Si, à la fin, monsieur Tantan, le suffrage universel vous a mis à la porte, ne l'attribuez qu'à la faute de vous-même.

A propos, ne vous rappelez-vous pas un jour, quand je vous disais que si nous avions la République, ce n'est pas à des hommes de votre poil que nous la devions; que, si elle devait à quelqu'un son existence, ce n'est qu'au clergé et à la noblesse, à ses ennemis implacables, à force d'en dire du mal, puisqu'au contraire, si elle était tombée, ce n'est qu'à l'incurie, à l'ineptie d'hommes de votre qualité qu'elle aurait dû s'en prendre. Donc, certes, le même 4 octobre est venu confirmer la vérité des faits que je vous avais prédits. Voyez de combien peu il s'en est manqué qu'elle ne soit arrivée, cette fois, le nez à terre avec des hommes inertes, prouvant à chaque instant qu'ils n'ont rien de rare d'eux-mêmes dans la cervelle. Voici comment : tous ces hommes d'un républicanisme centre-gauche dits *opportunistes*, soit du Nord, du Midi, du levant, du couchant, quoiqu'ils n'aient pas été élevés sous la toiture de la même école, ayant tous, de si loin qu'ils soient, la même idée, ils pensent et parlent tous la même chose, leur raisonnement, leurs sentiments politiques, leur jugement est absolument le même : celui de quémander au peuple le droit de le gouverner.

De ce terrible 4 octobre, monsieur Tantan, restant pour vous à jamais mémorable, dont par votre mine et mauvaise grâce, depuis il y a cinq mois et quelques jours, tant vous semblez m'en vouloir, lisez les affaires de Decazeville, qu'une bande, que par le respect que je dois à la convenance de mes lecteurs, je ne puis traiter de fainéants, pas plus que je ne puis dire laborieux ni vaillants, que d'exploiteurs à gros coups de Bourse, ce que l'on ne pourrait contester, découlant d'abord de la santé, même de la vie de l'homme. Voyez quels efforts ont-ils faits, les bourgeois de votre acabit, braillant aux Chambres, pour rendre la justice aux misérables qui les ont nommés sous le mépris des gros poufres enrichis de leur esclavage privé d'air sous terre. Oui, Decazeville est une occasion telle que les électeurs doivent se la rappeler, en considération des lois bourgeoises qui les auraient bien laissé entrer ou mourir de faim.

Ah! monsieur Tantan, ne vous rappelez-vous pas de la question précédente, quand je vous demandais, un jour, ce que feraient de la situation, je suppose, si tous les députés étaient de votre peau, que si tous les riches, par caprice ou par malveillance contre la République, refusaient de faire travailler, de vendre, d'acheter, et renvoyaient même tout leur personnel domestique, plus fin que vous sur ce point, ainsi que je le pressentais, embarrassé alors comme une mouche prise des ailes dans le pétrin, sur quoi vous ne sûtes me répondre? Eh bien! ce que vous auriez fait, vous, Chalotte et Piquecitrouille, on l'a vu à Decazeville : la descente ou l'arrivée des baïonnettes. Et contre qui tourner ces baïonnettes, s'il vous plaît? Au respect de l'ordre matériel, me répondrez-vous peut-être. Mais qu'appelez-vous *ordre matériel*? Sans que vous parliez, je vois votre réponse, qui se résume ainsi : La fourmi elle-même, réduite en esclavage, chargée l'arme au bras, la dite baïonnette au bout, à la défense que rien ne trouble les frelons et les gros bourdons, fainéants et parasites, la serviette pendue au cou en guise de bavette, bien assis à table, la fourchette d'une main, le couteau de l'autre, dépeçant tranquillement la gigue ou quelque poularde truffée, du temps qu'on croise les armes sur la poitrine des pauvres abeilles châtrées du plus précieux fruit de leur labeur pour la seule faute de demander du pain ou du travail, au lieu de faire tourner ces pointes acérées vers ces ventres gras, et, parole de sévère équité, leur dire résolument : « Oh ! hep ! camarade, du travail ou crache de l'argent, de manière que tout ce peuple mange du sien propre, sinon que tu sois exproprié des droits qui n'ont jamais été les tiens. Et si tu t'obstines et refuses d'obéir à la sommation, quelle que soit ta lévite, tu iras au violon. » Mais non ! mais non ! des lois Tantan, Chalotte ou Piquecitrouille, si brutes que les chassepots qui les exécutent, ne parleront jamais de la sorte aux Crésus de même bande; parlant au pauvre, à l'homme qui les gorge, qui les engraisse comme des..... : « Qu'est-ce que tu veux ? Tais-toi ou gare, l'homme ! — Mais je n'ai pas de pain, moi, ni les miens; pour le moins, il faut bien que nous mangions. » La loi Tantan, autrement dit la brute, parlant : « Si tu n'as pas de pain, mange de l'herbe; crève, si tu veux ! mais tâche de te taire, de faire silence, de ne pas troubler MM. les honorables de la Cigale, qui sont en train de ronfler en faisant tranquillement leur agréable digestion, ici et à Paris. » Voilà, messieurs Tantan, Piquecitrouille, etc., les leçons de principe que la canaille du peuple, selon vous, tous les geais de la fable, a gagné de cet insigne dont le nom fait une grande bosse dans l'histoire, de passer en République « bourgeoise ». L'homme au nom proéminent, que, pour ne pas souiller ma plume, je n'appelle pas par son nom, décorait les bas commandeurs, ceux à l'instinct le plus farouche, pour avoir commandé les esclaves à faire. feu sur leurs frères, et les Chalotte, les Tantan, les Piquecitrouille, en République, en feraient autant.

Ah ! monsieur Tantan, vous savez cette fois, alors que vous disiez à M. Chalotte : « De la République à présent, c'est fini ; elle est pour toujours enracinée en France ; le peuple ne veut plus entendre parler d'autre forme de gouvernement ! » que M. Piquecitrouille vous répondit approbativement : « Oui, c'est vrai ; aujourd'hui, le peuple, pourvu qu'il ait devant lui de quoi manger un plein râtelier de paille de république, il est content. » Vous répondites bravement : « De la paille pour le peuple, c'est bien de la ration toute la part qui lui revient. » Eh bien ! que cette paille maintenant serve de litière aux Chalotte, à Piquecitrouille et aux quelques M. Tantan !

Le peuple, voyez-vous, se rappelle de tout, même de vos escobarderies politiques, alors que vous faisiez allusion à sa conquête de 1789, remportée sur la noblesse et la royauté, en disant que le rejeton de sa liberté était né là où la tête d'un roi était tombée. Mais le peuple, plus intelligent que vous ne le pensez, a dit : « Après avoir coupé la tête à l'hydre, il restait encore la queue, de laquelle, tant qu'il subsisterait un seul anneau, le peuple aurait toujours à se tenir sur le qui vive. » Or, d'être dévoré par le tigre ou par la panthère, au même peuple, qu'est-ce que cela peut lui faire? Si la noblesse, quant à lui, a perdu son prestige influent, reste la bourgeoisie, d'autant plus pédante et pas moins pire au contre des intérêts de sa cause, excepté la générosité quelquefois; ensuite, il n'a qu'à dire : « Nous avons tombé les rois, la noblesse; il nous reste encore de plus fort la bourgeoisie à combattre. Et au peuple il reste à bien comprendre et à être gouverné par des hommes sortis de son rang, habitués aux souffrances, connaissant le travail. »

Cette grève de Decazeville restera célèbre dans la mémoire de la démocratie française, et les générations républicaines, à l'avenir, devront également, à la honte des repus, des contents, des satisfaits et de tous les Léons de l'époque, se rappeler des manœuvres dont les *leaders* de la bourgeoisie, tout en se disant républicains, sont capables au préjudice des classes infortunées. Mais, à leur grand honneur, la même démocratie doit se souvenir des cinq ou six personnages, vraiment dignes de l'estime populaire, qui eurent le courage, la bravoure, la vaillance de se placer entre les baïonnettes et les pauvres grévistes, pour former de leur corps un rempart entre la brutalité prétorienne et l'innocence, sans qui on ne sait le mal que les soudards auraient fait à l'infortuné peuple inoffensif.

Résultant de cette échauffourée, imaginée au plaisir d'un caprice de bourse ; qu'un petit honorablot, à votre point de vue, monsieur Tantan, parce qu'il n'avait pas les mains noires de charbon, se vantant d'avoir écumé sur le pot des misérables une somme ronde de 300,000 francs en quatre ans, dont toutefois, par sentiment d'humanité, nous partageons la peine du sort, ne fut pas épargné; mais, après tout, disant comme le poëte de la montagne, nous n'approuvons pas, d'un côté plus que de l'autre, qu'un homme se rende maître de la vie d'un autre. Mais le peuple, posé en victime, se voyant toujours acculé sans défense ni protection, le contraire, s'il l'a watriné, il l'a bien cherché : nous ne pouvons le plaindre, tant pis pour lui! car les messieurs à lévite, en se voyant soutenus par les chassepots, sont durs. Cet acte de justice populaire n'a pu suffire à la conviction d'un grand nombre : on l'y a passé.

TABLE DES MATIÈRES

Résumé de l'histoire de l'homme. Première époque.................... 11
Deuxième époque du monde................ 19
Troisième époque. Simple aperçu........... 28
Quatrième époque. La vie de l'homme ; découverte du feu...................... 35
Cinquième époque. Découverte du fer. Impuissance de l'homme sans ce précieux métal. 41
Sixième époque. Emission des premières monnaies................................. 46
Septième époque. L'invention des premiers caractères littéraux...................... 53
Huitième époque. Les fainéants et les travailleurs. Le prêtrisme d'origine druidique... 56
Neuvième époque. L'homme et ses premières ébauches en architecture................ 66
Dixième époque. Dépravation de l'homme. Submersion de la terre................... 75
Onzième époque. Comparaison de l'homme aux autres animaux, etc.................... 82
Douzième époque. Les premiers rois et le peuple en révolte contre leur pouvoir....... 90
Treizième époque. Différence des fainéants entre les laboureurs des champs et de la vigne............................... 98

Quatorzième époque. Invention de l'écriture.. 102
Quinzième époque. Le fétichisme et le vrai Dieu.
    Les prophètes....................... 107
Seizième époque. Dieu, l'homme et la femme ;
    Moïse, le feu dans le buisson........... 116
Dix-septième et dernière époque de l'ère du
    monde. Origine de la royauté. Premier
    livre des Rois (la Bible). Les Israélites
    demandant un roi..................... 125
Le Christ et l'ère nouvelle................. 145
Mort du Christ, etc....................... 165
Le Christ et l'antéchrist................... 175
Le sang versé par les religions............. 196
Bouquet monumental. Le jésuitisme à la tête
    de l'édifice........................... 203
Les âges d'or ; perversion de l'homme........ 215
Père Michel.............................. 235
Suite et description sur les rois............ 206
L'assassinat de Calas, à Toulouse, etc........ 275
La prise de la Bastille, etc. 287
Arrestation, interrogatoire et condamnation
    de Louis XVI à la peine capitale........ 299
Simple coup d'œil allégoriquement copié d'après
    les vignettes de l'Histoire de France..... 326
La République française en 1792............ 347
Coup d'œil sur Bonaparte.................. 353
Les trois règnes succédant à l'empire ; chute de
    Louis-Philippe sous la démagogie du trèfle.
    Invention de la noblesse jusqu'à 1848... 363
Extraction du trèfle démagogique............ 384
La République de 1848.................... 389
L'empire de malédiction et d'horribles désas-
    tres, issu du terrible coup d'Etat par l'at-
    tentat aux lois, le 2 décembre 1851, en
    quatorze actes........................ 409
Epilogue et conclusion sur l'empire.......... 475

Notions sur la Commune de 1870-71.........	487
La cour martiale et les hommes du sabre.....	500
Bazaine traître à la patrie................	519
Un'rêve dans la lune ; première partie.......	533
Chap. II. Les premières élections de la République en 1871......................	539
Chap. III. Les élections en 1875.............	551
Chap. IV. Apologue satirique d'après l'exemple donné par les Républiques de 1848, 1870 et 1880..........................	576
Chap. V. Le peuple surpris dans l'ignorance..	586
Chap. VI. La plainte des avares contre la République......................	602
Chap. VII. Guillaume et la sorcière lui prédisant la chute de la République. — Georges et Guillaume. — M. de Bonnechose, député conservateur. — Guillaume faisant de cruels reproches au député Tantan, infidèle à son mandat.....................	631
Chap. VIII. Premier entretien...............	653
Chap. IX Guillaume et Tantan.............	675
Chap. X. Seconde et dernière de Georges et Guillaume........................	690
Pamphlet sur la bourgeoisie gouvernante.....	709

www.ingramcontent.com/pod-product-compliance
Lightning Source LLC
Chambersburg PA
CBHW071708300426

44115CB00010B/1355